橋水基金應對國家興衰的原則

變化中的世界秩序

Principles for Dealing with
THE CHANGING
WORLD ORDER

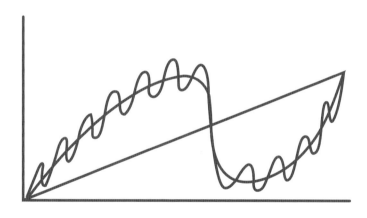

Why Nations
Succeed and Fail

RAY DALIO

瑞・達利歐 橋水基金創辦人、《原則》作者————著

陳儀、鍾玉玨、顧淑馨、陳世杰————譯

致

我的孫兒輩及將會親歷歷史演變的同世代

願進化的原力與你們同在

目錄

導讀 007

引言 009

第 1 部
世界是如何運作的
028

第 1 章　帝國興衰大週期概述 031

第 2 章　興起與衰落的決定因素 067

第 3 章　貨幣、信貸、債務和經濟活動大週期 113

第 4 章　貨幣價值的演變 141

第 5 章　內部有序和混亂大週期 159

第 6 章　外部有序和混亂大週期 197

第 7 章　順應大週期進行投資 219

第 2 部
五百年世界發展史
240

第 8 章　過去五百年概述 243

第 9 章　荷蘭帝國與荷蘭盾的興衰大週期 263

第 10 章　大英帝國和英鎊的興衰大週期 287

第 11 章 美國和美元的興衰大週期　　　　　　　　　　323

第 12 章 中國和人民幣的興起大週期　　　　　　　　　349

第 13 章 中美關係和戰爭　　　　　　　　　　　　　397

第 3 部
未　來
426

第 14 章 未來　　　　　　　　　　　　　　　　　　429

附　　錄 世界主要國家現況與前景的電腦分析　　　　　475

致謝　　　　　　　　　　　　　　　　　　　　　505

導讀

- 在寫這本書時。我不斷糾結著究竟應該寫得巨細靡遺一些，或是該寫得簡潔一點，最後，我決定兩者兼顧。我用粗體字打造了一份可供快速閱讀的版本。所以**如果你想閱讀簡潔版，只要閱讀粗明字體的內容就好，而若你想要了解更詳細的內容，便請完整閱讀本書。**

- 我也想透過本書傳達一些能善加因應現實狀況的原則，那些原則都是恆久有效且放諸四海皆準的真理，我會用粗黑字體、紅色來呈現那些真理，並在相關文字前加一個大紅點●。

- 我針對某些主題做了一些詳細補充，但我認為，雖然某些讀者會對那些詳細補充感興趣，卻也有些讀者可能沒興趣，所以，我選擇將那些詳細補充內容納入個別章節的附錄。請依照你個人的喜好決定是否要略過那些內容。

- 最後，為了避免整本書變得太過冗長，我並沒有將某些補充材料納入，

　　請上economicprinciples.org尋找相關內容，包括參考材料、引用文獻，以及和指標數據等。

引言

未來的時代將和我們一生的所見所聞截然不同，只不過，類似的情境早就在歷史上發生過許多次。

為什麼我得出這樣的結論？因為歷史向來如此。約莫過去五十年間，為了善加履行工作上的職責，我必須設法了解不同國家為什麼成功與失敗，並釐清導致國家成敗的關鍵因素。這個探究歷程讓我領悟到一個道理：若想預見並妥善應對我未曾經歷的各種情境，必須盡可能研究歷史上的大量類似個案。因為唯有如此，我才能了解促使那些情境發生的機制，而一旦了解那些機制，我便得以歸納出妥善因應各種情境的原則。

幾年前，我觀察到許多終我一生未曾發生過，但歷史上曾多次發生的重大發展正開始醞釀。最重要的是，我目睹了幾個不尋常事件同時匯聚，包括：鉅額債務與零利率（或接近零利率）促使世界三大儲備貨幣國大量印製鈔票；各國的財富、政治與價值觀鴻溝擴大到約莫一個世紀以來最嚴重狀態，並導致各國國內發生大規模政治與社會衝突，尤其是美國；以及世界新強權（中國）的崛起對當前世界強權（美國）與現有世界秩序所造成的挑戰等。在歷史上，前一次的類似情境是在1930年至1945年期間發生。這個相似性讓我相當憂心。

　　我知道除非我深入研究歷史上的類似時期，否則不可能真正理解那幾年所發生的一切，更無法因應迎面而來的各種狀況。那就是這份研究的緣起——這份研究的目的是要探討歷史上各個帝國、它們的儲備貨幣及其市場的興起與衰敗。換言之，為了系統化地理解眼前發生的狀況，並揣摩未來幾年的可能發展，我需要研究曾在歷史上導致眾多相似個案發生的背景機制——例如1930年至1945年期間，荷蘭與英國的興衰，中國各個朝代的興衰等，究竟是什麼樣的機制所造成。❶ 2019年新型冠狀肺炎（COVID-19）大流行之際，我正浸淫在那些研究當中，而這場大流行傳染病正好也是我一生當中未曾遭遇過，但在歷史上曾多次發生的另一種重大事件。於是，我順勢將過去曾發生的大流行傳染病也納入這份研究；而開始研究大流行傳染病後，我又聯想到，我應該也將突如其來的自然界異常現象——疾病、飢荒和洪澇——視為可能造成帝國興衰的重大事件，因為不管是以任何標準來衡量，那些罕見的突發性自然界異常現象所造成的衝擊，都比大規模經濟蕭條與戰爭更加嚴重。

　　我透過研究歷史的過程發現，歷史通常是經由相對定義明確的生命週期發生，就像生物的生命週期，在一代接一代的過程中不斷進化。事實上，我們可將全體人類的歷史與未來，視為所有個體生命週期進化的聚合體。這些個體的生命週期在我眼前匯集在一起，變成一個自有歷史記載以來一路延續迄今、包羅萬象的演進過程，而且迄今仍持續進化，在此同時，相同的事物也一次又一次地基於大致相同的理由反覆發生。透過這份研究，**我觀察到歷史上有許多環環相扣的個案一同進化，也從中發現典型模式與因果關係，並因而領略到教**

---

❶ 明確而言，當我在描述過去的這些週期時，我並非不求甚解，盲目相信過去曾發生的事未來必然會繼續發生，完全不深究各項變化背後的因果機制。相對的，我會試著去理解那些因果機制。這麼做的最主要目標是要引導讀者跟著我一同探討那些因果關係，並利用我們對那些因果關係的理解，進一步推敲未來可能面臨的狀況，同時就因應那些狀況的最佳可能處理原則達成某種共識。

訓，想像未來的可能發展。在歷史上，這些事件發生過很多次，它們既屬於許多帝國興衰週期的一部分，也體現了那些帝國的多數面貌，例如它們的教育程度、生產力水準、與其他國家之間的貿易水準、軍事、通貨以及其他市場等。

這些面向或實力的發生都呈現一種週期性，且彼此互相關聯。舉個例子，各國的教育程度會影響到它們的生產力水準，而生產力水準會影響到它們與其他國家之間的貿易水準，與他國的貿易水準又會影響到保護貿易路線所需的軍事實力強度，而那些面向又會共同影響到它們的通貨與其他市場，最後那些市場則會影響到很多其他方面。當那些面向同步波動，將構成橫跨多年的經濟與政治週期。例如一個非常成功的帝國或朝代，可能會歷經兩百至三百年之久的週期。我研究過的所有帝國與朝代，都是順著一個典型的「帝國興衰大週期」興起與衰敗，而由於那個週期有著清晰的里程碑，因此我們才得以釐清我們目前處於大週期的什麼位置。

這個「帝國興衰大週期」製造了在：1）和平與繁榮時期與2）蕭條、革命與戰爭時期之間來回擺盪的起伏。在和平與繁榮時期，偉大的創造力與生產力使生活水準大幅提升，而在蕭條、革命與戰爭時期，則會爆發許多因財富與權力而起的征戰，很多財富、生命及我們珍視的其他事物因此遭到大規模破壞。我發現和平／創造力時期的延續時間長於蕭條／革命／戰爭時期，通常這兩種時期的延續時間比為五比一，所以我們可以說蕭條／革命／戰爭時期是正常的和平／創造力時期之間的過渡期。

雖然對多數人來說，和平／創造力時期當然更輕鬆愉快，但上述所有現實狀況都有促成進化的目的，所以，廣義來說，這些現實沒有好壞之分。經濟蕭條／革命／戰爭時期的確會造成很大的破壞，但這些時期卻也像淨化風暴（cleansing storms），能去除許多弱點與不節制（例如過多債務），並回歸更健全的基本面，重新站穩腳步，雖然這個過程難免痛苦，最終卻能開創一個全新的開始。等到衝突獲得解決，權力誰屬就會變得一目了然，而由於此時多

數民眾迫切渴望和平的到來，所以大家會產生一股創造新貨幣、經濟與政治體系——合起來就是一套全新的世界秩序——以及促進下一個和平／創造力時期的決心。「帝國興衰大週期」當中包含很多其他週期。舉個例子，有延續大約一百年的長期債務週期，還有延續大約八年的短期債務週期。這種短期週期當中還包含許多較長的繁榮擴張時期以及打斷這些繁榮期的較短暫衰退期，而在這些更短的週期中，又有更加短暫的週期等……依此類推。

**　　但願你還沒有被這些週期論點搞得頭昏腦脹，總之，我想傳達的重點是，當長短各異的不同週期同時來到各自的起點，歷史的板塊構造就會位移，所有民眾的生活則會發生巨大變化。**這些板塊位移有時非常可怕，有時則妙不可言。那些狀況未來肯定會發生，而且，多數人肯定無法預見到那些狀況的到來。換言之，●在一個週期裡，各種狀況由某個極端擺盪到另一個極端是常態，而非例外。以一整個世紀的漫長期間來說，沒有發生過至少一次熱絡／和諧／繁榮期，與一次蕭條／內戰／革命期的國家可說是少之又少，所以，我們應該預期這兩種情況必然會發生。然而，綜觀歷史，多數民眾卻一向認為（且目前依舊做如是想）未來的樣貌看起來將和不久前的過去大同小異。那是因為●一如很多情況，真正的大榮景時期以及真正的大衰退時期一生大約只會發生一次，所以除非你研究過許多世代的歷史型態，否則當你碰上那種大規模的興衰，你一定會感到非常詫異且措手不及。總之，由於「妙不可言」的時期和「非常可怕」的時期之間的擺盪往往距離遙遠，●因此，可以想見我們將遭遇的未來很有可能和多數人的預期大不相同。

　　舉個例子，我父親和多數與他共同經歷過大蕭條與二次世界大戰的同僚，壓根兒想不到戰後會發展出那麼亮麗的經濟榮景，因為那種發展和他們早先的經歷大不相同。基於那些長輩的經驗，我可以理解為何他們從未想過要舉債，也從不打算將辛苦賺來的錢投入股票市場，因此，他們會錯過許多榮景期的獲利機會也是可以理解的。相似的，我也理解為何幾十年後只體驗過債務融

資榮景、從未經歷過經濟蕭條與戰爭的人，會為了從事投機活動而大量舉債，並認為經濟蕭條與戰爭不會發生。貨幣也是一樣的道理：二次大戰後，貨幣曾是「硬性」的（也就是連結到黃金），但到了1970年代，為了迎合貸款需求並防止許多實體破產，各國政府紛紛將貨幣變成「軟性」的（也就是法幣〔fiat〕）。這個發展導致我寫這本書當下的多數民眾將「借更多債」視為理所當然，即使在歷史上，舉債與債務融資型榮景曾經引發經濟蕭條與許多內部及外部衝突。

　　以這種方式來理解歷史後，我也不由得產生一些疑問，而這些疑問的解答能為我們提供一窺未來可能樣貌的寶貴線索。舉個例子，在我一生當中，美元一直是世界的儲備貨幣、貨幣政策向來是能有效提振經濟的工具、而民主與資本主義向來被廣泛視為較優越的政治與經濟體系。問題是，所有研究過歷史的人都知道，●世界上沒有任何一個政府體系、經濟體系、貨幣與帝國能長生不死，可是儘管有這個認知，每當那些政府體系、經濟體系、通貨和帝國真的衰敗時，每個人卻都還是措手不及且受到嚴重損傷。這種令人扼腕的狀況自然讓我不由得反躬自省：我和我關心的人要如何知道我們是否正進入那樣一個蕭條／革命／戰爭時期？而我們又要如何知道怎麼順利度過那些時期？由於我的專業責任是無論環境如何變化都要設法保護財富，所以，我當然有必要設法理解那些問題，並研擬理應能在歷史上發揮一貫效用的策略——包括能順利度過這類蹉跎期的理解和策略。

　　本書的目的就是要將我過去所學且曾對我有幫助的教訓傳遞給你，因為我認為這些教訓也可能助你一臂之力。在此謹將本書提供給你參考。

我如何學會鑑往知來

　　作為一名投資經理人，我必須在短時間內制定許多投資決策，因此，你可能會覺得我投注那麼多心力研究長遠的歷史似乎有點怪異。不過，我透過經

驗體會到，我需要這樣的宏觀視角才能做好這份工作。這不是一個為了學習目的而打造的學術派方法，而是為了善盡我的職責而打造的極度實務派方法。我的戰場要求我必須比競爭者更了解經濟體系可能發生的狀況，所以，我花了大約五十年的時間，密切觀察多數主要經濟體與它們的市場——以及那些國家的政治情勢，因為政治情勢也會影響經濟和市場——試圖清晰了解眼前的所有狀況，以便採取適當的投資行動。多年來，我投入市場征戰，並試圖歸納出能善加應對市場的原則，透過這些經驗，我領略到的教訓是：●一個人預測與善加應對未來狀況的能力，取決於他是否了解導致各種情勢發生變化的各種不同因果關係，而要真正了解這些因果關係，就必須研究那些因果關係過去如何演變。

　　我一生職涯當中錯過了幾次我有生以來未曾遭遇過、但在歷史上發生過很多次的大規模市場波動，那堪稱我一生職涯的幾個最大錯誤，而這些重大錯誤帶給我的痛苦教訓，正是促使我歸納出這個方法的根本動力。其中第一次震撼教育是發生在1971年，當時年僅二十二歲的我，在紐約證券交易所（New York Stock Exchange）交易大廳擔任暑期工讀生。我熱愛這件工作，因為它就像是一種超快節奏的賺錢與虧錢遊戲；交易大廳裡總是聚集著一群樂於和大家一起狂歡的人——交易員甚至曾在交易大廳玩起水槍大戰。當時的我完全浸淫在這場戰局，每天盯著世界各地的所有重大發展、推敲那些發展將對市場造成什麼影響，並根據我推敲出來的結果進行投機交易。有時候局面真的非常戲劇化。

　　1971年8月15日（星期天）晚上，尼克森（Richard Nixon）總統突然宣布美國將拒絕履行「美元紙鈔可兌換黃金」的承諾。我聆聽尼克森演講時，突然領悟到美國政府已違約不履行先前的一項承諾，而我們所熟知的美元已不復存在。我心想，那可絕對不是什麼好事。所以，我預期星期一的交易所大廳勢必會因股票價格重挫而陷入一團混亂。果然，星期一早上的狀況確實一團亂，

但不是我預期的那種混亂。股票市場沒有下跌，反而在美元重挫的情況下，跳空上漲了大約4%。這個結果讓我非常震驚。因為我從未經歷過官方蓄意引導本國通貨大幅貶值（devaluation）的狀況。接下來幾天，我開始鑽研歷史，並發現過去有很多官方蓄意引導通貨貶值的個案，而且這些個案都對股票市場產生了和這一次相似的影響。再進一步研究後，我才恍然大悟，並領悟到一些在未來幫助我很多次的寶貴教誨。接著，我又經歷了幾次令人痛苦的意外，並漸漸體會到，我需要設法了解過去一百多年發生在所有主要國家的所有大規模經濟與市場波動。

換言之，如果我無法準確斷定過去曾發生的某些重大事件（例如大蕭條）絕對不會發生在我身上，那麼，我就必須釐清它是如何發生的，以便提前做好因應那類重大事件的準備。我透過自行研究發現，很多同類型的事件（例如經濟蕭條）經常發生，所以，只要效法醫生為了解特定類型疾病而研究大量相關病例的那種精神，好好地研究那些事件，我一定能更深入了解那些事件的運作模式。於是，我透過個人的經驗、與傑出的專家交換意見、閱讀許多好書，並和我了不起的研究團隊一起深入探究許多統計數據和檔案，同步以質化與量化的方式來研究這些事件。

我從那個學習過程中觀察到具代表性的財富與權力興衰歷程的主要典型（archetypical）事件發展序列。這個主要的典型模型讓我得以觀察到究竟是什麼樣的因果關係驅使這些個案出現那種代表性的發展。那個主要的典型模型一確立，我便能著手研究所有偏離這個模型的狀況，並試著解釋那些偏離的狀況為何會發生。接著，我將腦海中的模型融入演算法，目的是為了監控各種現實情勢相對這個主要典型模型的差異，除此之外，演算法也能幫助我制定因應那些情勢的決策。這個流程讓我得以進一步精確了解各項發展的因果關係，最後更據此打造出一套決策規則——也就是因應我的現實處境的原則——這份規則的形式是：「如果／那麼」的陳述，也就是說，如果X狀況發生，就進行Y

操作。接著，我開始密切觀察實際事件的發展和那個模型以及我們的預測有何差異。我和橋水投資公司（Bridgewater Associates）的同事採用非常系統化的方式來進行這些工作。如果事件一如預期地發生，我們就會繼續押注賭「接下來通常會發生的事件」將會來臨，而如果事件的發展開始偏離這個模型，我們則會立即試著釐清箇中原因，並修正路線。這個流程不僅幫助我了解通常會促使那些事件漸進發展的大型因果序列，也讓我變得更加謙卑。我迄今仍沿用這個作法，而且我將在我的餘生繼續這麼做，所以，這本書其實還未完成。❷

這個方法影響了我對天地萬物的看法

　　以這個方式來看待各種事件後，我的視野明顯轉變。我跳脫當局者迷的窘境，不再頭痛醫頭地忙著應付各種紛至沓來的事物，變得能以居高臨下的姿態，放眼於那些事件長期以來的模式。❸ 透過這個方式理解的相關事物愈多，我就愈能理解這些事物彼此互相影響的機制——例如經濟週期和政治週期之間如何互相影響——以及這些事物在較長期間內的交互作用。

---

❷ 舉個例子，我就是依循這個方法來研究債務週期，因為過去五十年來，我必須設法順利度過許多債務週期，而且這些債務週期是導致世界各經濟體與市場發生重大變遷的最重要動力。如果你有興趣了解我用來理解大型債務危機的模型以及我歸納出那個模型時所參考的個案，可以免費透過www.economicprinciples.org網站，取得《大債危機：橋水基金應對債務危機的原則》（*Principles for Navigating Big Debt Crises*）的免費電子檔，或是透過書店及網路購買這本書的實體印刷本。由於我經常迫切希望理解周遭似乎已萌生的不尋常事件，所以，我依循這個方法研究過很多大規模的重要事件（例如經濟蕭條、惡性通膨、戰爭、國際收支危機等）。橋水投資就是靠著那樣的宏觀視角，才得以在眾人皆陷入困境之際，順利度過2008年金融危機。

❸ 我用這個方式處理幾乎所有事務。舉個例子，在創立與經營事業的過程中，我需要理解一般人實際上是如何思考的，也需要學習能妥善因應這些現實的原則，當時我也是用這個方法來處理這些繁複的問題。我對那類非經濟與無關市場事務也有很多領悟，如果你對我的體悟感興趣，可以參閱我的《原則：生活和工作》（*Principles: Life and Work*）一書，你可以免費在iOS／安卓（Android）應用程式商店中一個稱為「Principles in Action」的應用程式取得這份文稿，也可以在一般的書店購買這本書。

　　一般人通常會錯過人生許多重要進化時刻，而我相信箇中的原因是：在整體事態發展中，每個人都只會經歷到某些微小的環節。人類就像是終其短暫生命不斷忙著搬運麵包屑的螞蟻，永遠無法以較宏觀的視角看透大局的型態與週期、驅動大局型態與週期的重要交互關聯事件、自己身處週期的什麼位置，遑論預見未來可能發生什麼事。領悟到這一點後，我漸漸相信，自古以來，人類的性格類型❹ 是有限的，而由於人類性格類型有限，所以一般人只會沿著有限的途徑前進，而這些有限的途徑則將引導人們走向有限的局面，最後創造出長期下來反覆發生且有限的事件。在這個過程中，真正改變的只是當時的人所穿的衣物、他們說的語言，以及他們使用的技術。

這項研究以及我如何進行這項研究

　　在進行這項研究前，我已經做過一個接一個的研究，而正是那些研究帶領我展開目前這項研究。更具體來說：

- 研究過歷史上所有貨幣與信貸週期後，我發現了長期債務與資本市場週期（通常延續大約五十至一百年），而這項發現讓我大開眼界，從此徹底改變了我看待眼前各種事態的方式。舉個例子，各國中央銀行為了回應2008年金融危機而將利率降至零，同時還大量印鈔並購買金融資產。由於我先前已研究過1930年代的狀況，所以我了解中央銀行在九十年前大量印製鈔票與創造信貸／債務的行動，如何與為何會推高金融資產價格，也了解當時大漲的金融資產促使財富鴻溝擴大，從而開啟了一個民粹主義與衝突的時代。我們發現，相同的動力已在後2008年期間再次施展它們的威力。

---

❹ 我在《原則：生活和工作》一書中分享我對這些不同思考方式的觀點。在此不贅述，不過，如果你有興趣，可以自行參閱該書。

- 2014年時，我為了制定我們的投資決策而打算預測許多國家的經濟成長率。那時我用同一個方法來研究許多個案，希望能找出驅動經濟成長的共同因素，並進而歸納出可恆久有效預測各國的十年期經濟成長率的通用指標。透過這個流程，我更深入了解為何某些國家表現優異，某些國家則表現不佳。我將這些指標結合為幾項量尺和方程式，並用來歸納二十大經濟體的十年期經濟成長預估值，沿用至今。這份研究對我們助益良多，不僅如此，我認為這份研究也幫得上經濟政策制定者，因為他們能透過這份研究，清楚體察這些恆久有效且放諸四海皆準的因果關係，從而得以知曉若他們改變X，將在未來發生Y影響。我也透過這個研究發現，美國的這些十年期先行經濟指標（例如教育品質與債務水準）相對中國與印度等大型新興國家正持續惡化。我們將這份研究稱為〈生產力與結構性改革：國家成功與失敗的原因，而失敗國家又該採取什麼對策〉（"Productivity and Structural Reform: Why Countries Succeed and Fail, and What Should Be Done So Failing Countries Succeed"，請上economicprinciples.org取得這份研究報告以及上述其他所有研究報告）。

- 川普（Donald Trump）在2016年當選後不久，由於已開發國家的民粹主義氛圍變得愈來愈顯而易見，我展開一份名為「民粹主義現象」（Populism: The Phenomenon）的研究。那一份研究讓我注意到，財富與價值觀鴻溝曾在1930年代引發和當前非常類似的嚴重社會及政治衝突。我也透過這份研究發現，左派民粹主義者及右派民粹主義者如何與為何變得更加民族主義、更軍國主義、更保護主義與更針鋒相對；我從中了解到這類處事方法會招致什麼樣的結果。這份研究讓我體察到，經濟／政治左派與右派分子之間的衝突有可能變得非常激烈，並對經濟體系、市場、財富和勢力造成巨大衝擊，而這份體悟也讓我更了解當時

乃至今日的種種事件發展。

- 透過這些研究的進行，配合對周遭無數事態的觀察，我發現美國民眾之間的經濟狀況已有極大的落差，如果只看經濟平均值，根本無從得知這些鴻溝的存在。於是，我將經濟體系劃分為五等份——先是觀察頂層20%的所得者、接下來是其次的20%所得者等，依此類推，直至底層20%所得者的情況——並個別深入檢視這些人口的狀況。這催生了兩份研究，我透過〈我國最大的經濟、社會及政治議題：雙經濟體——頂層40%與底層60%〉（Our Biggest Economic, Social, and Political Issue: The Two Economies—The Top 40% and the Bottom 60%）研究，發現「富人」和「窮人」的景況已有巨大差異，這個發現幫助我理解兩極化與民粹主義（當時我認為這兩個現象正日益嚴重）為何會愈來愈嚴重。那些研究結果以及我和內人透過她在康乃狄克州的社區與當地學校的慈善工作所密切接觸到的現實面財富與機會鴻溝，又促使我進行第二份研究，我稱之為〈為何資本主義需要改革？如何改革資本主義？〉（Why and How Capitalism Needs to Be Reformed）研究。

- 與此同時，透過多年來在其他國家從事國際投資業務的經驗以及我對其他國家的研究，我發現，全球經濟與地緣政治情勢正在發生巨大變遷，尤其是中國。**過去三十七年來，我經常造訪中國，而且我很幸運地相當了解中國最高政策制定者的思維。這些直接的接觸讓我得以近距離體會他們採取各種行動的背景理由，而那些行動也確實創造了驚人的進步。**這些人與他們採用的方法，確實已帶領中國成為美國在生產、貿易、技術、地緣政治與世界資本市場等方面的強大競爭者，所以，我們必須摒棄偏見，以中性的立場來檢視並理解他們如何實現這些成就。

我最新的一份研究——也就是本書的根本議題——緣起於我需要了解我一

生當中從未發生過的三股巨大動力以及這些動力所引發的疑問。

1. **長期債務與資本市場週期**：在我們一生當中，從未有過那麼高額債務的利率降到像我撰寫本書之際那麼低的水準（或達到那麼大的負值水準）。貨幣與債務型資產的供給與需求狀況，已導致世人對貨幣與債務型資產的價值產生質疑。在2021年，以負利率計息的債務已超過16兆美元，而且為了取得彌補赤字所需的財源，有異常鉅額的額外新債務即將發行。而就在負債水準已極度堪憂之際，偏偏又有鉅額退休金與醫療債務必須因應。這些情境讓我產生一些值得思考的疑問。我當然想知道，為什麼會有人願意持有負利率的債務？利率又可能繼續降到多低的水準？我還想知道，當利率已降無可降，經濟體系和市場將會發生什麼狀況？而當下一波景氣衰退不可避免地到來，各國中央銀行還能再提供多少提振力量？各國中央銀行會印更多貨幣，最終導致貨幣貶值嗎？如果這些債務的計價通貨在利率如此低的情況下貶值，又會發生什麼狀況？這一連串疑問又進一步促使我產生另一個疑問：如果投資人逃離以世界主要儲備貨幣（也就是美元、歐元和日圓）計價的債務，各國中央銀行將會採取什麼行動？（如果那些投資人未來將回收的貨幣持續貶值，且他們可透過這些貨幣獲得的利率又那麼低，可以想見，他們遲早會逃離這些債務）。

   儲備貨幣是指世界各地公認的交易與儲蓄用通貨。可印製世界主要貨幣的國家（目前是美國，但誠如我們將討論的，在歷史上，享受這個優勢的國家不只一次換人）**坐擁強勢地位，而以這項世界儲備貨幣計價的債務（也就是目前的美元計價債務），更是世界各地資本市場與經濟體系的最基本組成結構。**不過，過去的所有儲備貨幣，最終都失去儲備貨幣的地位，而且這樣的變化一旦發生，經常導致原本享受這

項特權的國家遭受極大損傷。有鑑於此，我也想知道，作為當前世界主要儲備貨幣的美元，是否會有跌落神壇的一天？那一天將在何時到來？會是什麼原因導致它淪落？哪一項貨幣可能會取代它？而一旦美元跌落神壇，又會對我們所知道的世界帶來什麼樣的改變？

2. **內部有序與混亂週期：此時此刻的財富、價值觀與政治鴻溝，已遠大於我一生當中的所有時刻。**研究過兩極化程度也相當嚴重的1930年代與其他早期年代後，我領悟到哪一方（即左派或右派）勝出一定會對經濟體系與市場造成極大的衝擊。於是，我自然而然想要知道，今日的鴻溝將造成什麼樣的後果？在仔細檢視歷史後，我搞懂一個道理：

●當財富與價值觀鴻溝非常大，且經濟又不巧陷入衰退期，便很可能會衍生許多和經濟資源分配方式有關的激烈衝突。當經濟不可避免地再次衰退，民眾和政策制定者之間將如何互動？由於各國中央銀行充分降息以提振經濟的能力終究是有極限的，因此，我對這個問題特別感到憂慮。除了這些傳統工具缺乏效率，印鈔票與購買金融資產（目前稱為「量化寬鬆」〔quantitative easing〕）也使財富鴻溝擴大，因為中央銀行購買金融資產的行為會推高金融資產價格，並使持有較多金融資產的有錢人獲得比窮人更多的利益。未來那又將會如何發展？

3. **外部有序與混亂週期：美國正面臨一個真正勢均力敵的強權，這個狀況是我一生首見（蘇聯只是軍事上與美國勢均力敵的對手，但在經濟上，它從來不是美國的對手）。中國在多數方面已成為美國的競爭對手，更重要的是，在多數方面，中國正以比美國更快的速度變得更加強大。**如果現有的趨勢延續，中國將在能使一個帝國掌握支配地位的多數最重要領域勝過美國；或者就最低限度來說，中國至少將成為一個旗鼓相當的競爭對手。我一生的多數時間都是用來近距離觀察這兩個國家，而我認為目前這兩國的衝突正在加速，尤其是在貿易、

技術、地緣政治、資本等領域，還有與經濟／政治／社會意識型態上的衝突。因此，我不由自主地想知道，未來幾年這些衝突將會如何發展？世界秩序又會因這些衝突而產生什麼變化？而這一切的一切，又會對每一個人產生什麼影響？

　　為了釐清這些要素的未來發展，並了解這些要素的匯集可能代表什麼意義，我觀察了過去五百年間所有主要帝國與其貨幣的興起和衰敗，其中，我特別密切聚焦在三大帝國：目前最重要的美國帝國與美元、在美國之前最重要的大英帝國與英鎊，以及在英國之前最重要的荷蘭帝國與荷蘭盾。我也留意了其他六個重要帝國，包括德國、法國、俄羅斯、日本、中國和印度，但我比較沒那麼費心研究這六個帝國，因為它們的金融支配力稍低。在這六個帝國當中，我最著重中國，而且我回溯了西元600年以降的中國歷史，因為1）中國對人類歷史而言實在太重要；2）它目前也很重要，且未來很可能變得更舉足輕重；另外，3）中國擁有很多朝代興衰個案可參考；這些研究幫助我更加理解中國各個朝代的興衰背後的型態與動力。透過這些個案，我更清楚體會到其他影響力──最重要的是技術與天災──確實會發揮影響深遠的作用力。

　　檢視上述幾個帝國與各個時期的所有個案後，我發現最偉大的帝國通常延續大約二百五十年，有時多一百五十年，有時少一百五十年，而當中的大型經濟、債務與政治週期，則延續大約五十至一百年。研究過這些興起與衰敗個案的單獨運作方式後，我看出一般而言，這些個案都沿著一個主要典型模式運轉，這個初步的發現，讓我得以進一步審視所有個案的運作各有何不同，不同的原因又是什麼。這個研究過程讓我獲益良多，不過，我現在要應付的挑戰是該怎麼試著將我的研究心得傳達給你。

　　如果你過度近距離觀察各種事件，或是只研究平均值而非個別個案，就有

可能忽略這些週期。儘管這些大週期是引發眼前各種事件的最大驅動因子，但幾乎每個人都只是忙著談論眼前發生的事件，沒有人討論這些大週期；另外，當你只看全體情況或是平均值，就不會看見個別個案的變化，而那遠比全體情況或平均值大得多。舉個例子，如果只看股票市場平均值（例如S&P500指數）而不研究個別公司，你就會忽略一個重要的事實：幾乎所有構成平均值的個別公司都各有它們的誕生、成長與凋亡期。如果你從頭到尾完整投資其中任何一個公司，除非你分散投資且進行投資部位再平衡（例如標準普爾公司〔S&P〕建構S&P500指數時的作法），或者你有能力比群眾更早領悟興盛時期之後將是衰敗時期，並因此得以妥善採取行動，否則你只會隨波逐流，在參與了那個公司的驚人上漲行情後，再隨著它的凋亡而一路走下坡，直到毀滅。我所謂的「採取行動」並不僅是指處理你在市場上的部位，就帝國興起與衰敗的狀況來說，我是指針對幾乎所有事「採取行動」，包括遷移你的住處。

這引領我們進入下一個重點：●若想看清大局，絕對不能一味聚焦在細節。儘管我將試圖正確描繪這個廣闊的大局，卻無法精準描繪出每一個細節。所以，為了看清大局並理解大局，請你也不要嘗試用過於精細的方式來看待與理解它。原因是，我們研究的是涵蓋極漫長時間範圍的巨大總體週期和進化。要看清這些週期和進化，勢必得放棄對細節的執著。當然，如果是重要的細節——細節經常很重要——我們還是需要將焦點從不精確的大局轉向較詳細的動態。

若能從這個極度宏觀的大局視角來研究過去發生的事件，你看待各項事物的方式將劇烈改變。舉個例子，由於涵蓋的時間跨度非常長遠，很多我們視為理所當然的最基本事物，以及我們用來描述這些事物的用語，在歷史上並不盡然存在很久的時間。因此，為了不要被一些看似攸關重大但以我們的研究範圍來說相對瑣碎的事物干擾，我的用字遣詞將不會很精確，如此才能順暢傳達大局的情況。

　　舉個例子，我原本不斷斟酌是否應該明確區分「country」（國家，譯注：側重地理的意涵）、「kingdom」（王國）、「nation」（民族國家，譯注：側重民族的意涵）、「state」（邦／州，譯注：側重政權的意涵）、「tribe」（部落）、「empire」（帝國）和「dynasty」（朝代）之間的差異。現代人多半是以「國家」的角度來思考。但是，現代人所知道的「國家」，是直到十七世紀才開始存在，也就是歐洲三十年戰爭（Thirty Years' War）之後才存在。換言之，在那場戰爭結束前，世界上並沒有所謂的「國家」，儘管不是各地的情況都完全一致，但一般來說，當時的世界只有「邦／州」和「王國」。時至今日，某些地方還有王國存在，一般人甚至可能誤把它們當成「國家」，另外，也有些地方既是「王國」，也是「國家」。一般來說（但並非絕對），「王國」比較小，「國家」比較大，而帝國是最大的（帝國的分布範圍超過王國或國家）。不過，這些名詞之間的關係並不是很清晰。大英帝國（British Empire）原本主要是一個王國，後來逐漸進化成一個國家，接著又進化成一個遠遠超出英格蘭疆界的帝國，所以說，它的領導人控制了非常廣大的地區與很多非英語系民眾。

　　這些型態的單一掌權實體，即邦／州、國家、王國、部落、帝國等，也各自使用不同的方式來控制它們的人民，而這又進一步使凡事力求精確的人感到混淆。舉個例子，有些帝國由是受某個主導勢力佔據的許多地區組成，不過，受某個主導勢力的威脅與利誘影響的不同地區，也可能組成一個帝國。例如組成大英帝國的國家大致上是被它佔據，而美國帝國則比較是經由威脅利誘的方式來控制其所屬地區──儘管這樣的形容並不完全符合事實，因為在撰寫本文之際，美國在至少七十個國家設有軍事基地。儘管世界上顯然有一個美國帝國的存在，但美國帝國究竟涵蓋哪些地區，則比較不是那麼顯而易見。無論如何，我要強調的重點是：試圖追求精確，反而可能無法清晰傳達最大且最重要的事物。基於這些理由，我將會使用很多不精確的表達方式。你也將會了解為

何我接下來會不精確地將這些實體統稱為國家,儘管嚴格來說,那些實體並不全然是國家。

按照這些思路,有些人一定會主張,不同時期與不同系統下的不同國家,根本就無法比較。雖然我能理解為何會有人抱持那樣的觀點,但我保證,只要有重大的差異存在,我一定會設法加以解釋,而且,我也要鄭重宣告,恆久有效且放諸四海皆準的相似性遠大於差異。如果一味著眼於差異而看不見相似性就太可悲了,因為那些相似性能提供我們所需要的歷史教訓。

但也請記得:我的「不知」仍遠多於我的「知」

在提出這些疑問時,我從一開始就感覺自己像一隻試圖理解整個宇宙的螞蟻。我的疑問比答案多太多,而我也知道,早在我之前,就有其他不少人終其一生認真研究過我所鑽研的很多領域。我擁有一個堪稱得天獨厚的環境,身處其中的好處之一是,我有不少機會和世界上許多最優秀的歷史研究者與現在或過去的歷史創造者(因其職務之故)深談。我因此有幸和其中佼佼者共同探討很多問題。儘管他們都各自能深刻洞察這個大難題的某些環節,卻沒有一個人全盤了解能為我解答所有疑惑的充足知識。不過,和他們所有人對話並藉此多重檢核我透過自身研究所領悟到的道理後,原本支離破碎的細節,最終逐漸理出頭緒。

這份研究也包含了橋水投資公司許多同事與工具的寶貴貢獻。由於這個世界錯綜複雜,所以,要想在這個競爭激烈的戰局裡出奇制勝,一定要理解過去、釐清目前發生的一切所代表的意義,並利用那一項資訊,好好規劃未來的投資操作;若非數百名人員的投入以及龐大的運算能力,這件巨大的工程不可能完成。舉個例子,我們積極利用我們的邏輯框架來處理大約一億個數據序列,這項資訊經由這個框架的系統化處理後,便能轉化為世界上每一個主要國家的每一個市場上所有可供我們操作的交易機會。我相信我們觀察與處理所有

主要國家與所有主要市場資訊的能力，絕對是無人能及。經由橋水投資公司這整部機器，我才能觀察並試著了解這個世界的運作方式，而且，我高度依賴它來進行這項研究。

儘管如此，我還是不敢斷言我的觀點全部正確無誤。

雖然我已學到非常大量可供我善加利用的知識，但我也知道，若想精確推斷確定的未來展望，我的知識還只能算是滄海一粟，遠遠不足。儘管如此，我也透過經驗得知，若非要等到學會足夠精確推斷未來所需的知識才採取行動或與他人分享，我絕對永遠無法使用或傳達我已學會的知識，因為我不可能學會足夠精準判斷未來的所有知識。所以請理解，這份研究雖將提供我個人根據過往學習的知識所歸納出來的見解與粗淺的未來展望，但請將這些由上而下（top-down）的宏觀式見解視為理論，而非事實。另外，請別忘了，儘管我已竭盡所能，但我過去的錯誤還是多到連自己都記不清，也因如此，我依舊認為「分散投資」才是上上之策。總之，請務必理解，我現在只是竭盡全力開誠布公地傳達我個人的想法而已。

你可能納悶為何我要寫這本書。以前的我對自己的所學所知一向保持沈默。然而到了這把年紀，我領悟到一個珍貴的人生道理：與其默默實現更多成就，不如將自己畢生所學傳承給其他人，但願我個人的經驗與知識，能為其他人帶來一些幫助。寫這本書的主要目的，是要將我苦心研究出來的世界運作模型傳達給你們——我想要跟你們分享一個簡單易懂的故事，這個故事說明，當今所發生的一切，如何與為何也曾在過去五百年的歷史上反覆發生。另外，在分享故事之餘，我也希望幫助所有人做出更好的決策，好讓每一個人都能擁有更美好的未來。

這份研究的結構

一如我的所有研究，我將試著同時以較簡短（例如可以在網路上找

到的影片）和較詳盡（例如本書）的方式，來傳達我所學到的知識，另外，我也為想參考額外圖表與歷史範例的人，提供了更全方位的內容（economicprinciples.org上有本書沒有印出的所有內容）。為了用容易理解的方式來傳達最重要的概念，我將以口語的方式寫作，畢竟精確固然重要，清晰易懂更加可貴。所以，我的某些措辭將大致正確，但非絕對精確。

我在第一部將我透過許多具體個案研究所學到的一切，彙整成一個極簡化的主要典型帝國興衰模型。首先，我會將我的研究結果濃縮為一項指數——帝國整體實力指數，透過這項指數便能概覽不同強權的興起與衰敗，而這項整體實力指數是由八種不同型態的實力指數結合而來。接下來，我會更詳細解釋一份由十八個興衰決定因素組成的清單，我認為這些決定因素是促使帝國興起與衰敗的關鍵動力；接著，我將更詳細敘述先前提到的三大週期。第二部將極度深入說明所有個別的個案，我將逐一細述過去五百年間所有主要儲備貨幣帝國的故事，包括一篇聚焦在美國與中國當今衝突的專章。最後，在收尾的第三部，我將會討論這一切對未來的意義。

第1部

世界是如何運作的

第 1 章
帝國興衰大週期概述

誠如引言中解釋的，目前世界秩序正以極快的速度，發生許多你我有生之
年從未見過、但在歷史上發生過很多次的重大變化。我的目的是要向你
展示那些個案，並說明驅使那些狀況發生的機制，再試著從這個視角來想像未
來的可能情境。

接下來，我將以極度濃縮的方式，概述我研究過去五百年間三大儲備貨幣
帝國（荷蘭、英國與美國）以及六個其他主要帝國（德國、法國、俄羅斯、印
度、日本與中國）的過程中所發現的動態，另外，我也會概述大約西元600年
中國唐朝以降的所有主要朝代的狀況。這一章的目的只是要提供一個可用於研
究所有週期（最重要的是我們當前所處的週期）的主要典型模型。

在研究這些過往個案的過程中，我見到了一些清晰的發展模式，也發現這
些模式都是基於一些合乎邏輯的理由，我將會在這一章概述那些理由，並在後
續章節進一步完整述說。雖然這一章與本書的重點是要探討影響財富與權力的
大型週期性起伏的動力，但我稍後也會說明我在日常生活所有面向察覺到的漣
漪效應（ripple-effect），包括文化與藝術、社會習俗等等面向。只要將這個
簡單的主要典型模型和第二部說明的個案加以對照，便可觀察到那些個別個案

和這個主要典型模型（它其實就是那些個案的平均值）之間有多麼契合，當然，也能看出那個主要典型模型在何種程度反映個別案例的狀況。但願這麼做能幫助所有人更加了解眼前所發生的一切。

我現在的任務是要釐清這個世界的運作之道，並找出能恆久有效善加因應這個世界的原則。這對我來說既是一件不得不為的工作，也是我一向熱中的事務。雖然我是因為我先前說明的好奇心和憂慮才展開這項研究，但進行這項研究的過程，大大提升了我對世界大局運作之道的了解，這是一個意外的收穫，所以我想和你分享。這份研究讓我更清楚了解長期以來不同民族與國家如何經歷成功與失敗，我也因它而看清了我過去從未察覺、但其實一直隱藏在各個民族與國家的起落背後的巨大週期；最重要的是，這份研究讓我從宏觀的視角來看待我們目前的處境。

舉個例子，**我透過這份研究發現，長期以來影響多數國家的多數民眾的最大問題，就是和財富與權力的創造、取得和分配有關的爭鬥，不過多數國家的多數民眾也會為了其他問題而爭鬥，其中最重要的是意識型態和宗教方面的爭鬥。**這些爭鬥像潮來潮往一樣，周而復始且恆久地不斷在全球各地發生，並對人類生命的所有面向造成意義重大的影響。

我也透過研究觀察到，綜觀歷史、放眼所有國家，擁有財富生產工具的人都擁有創造財富的條件。而為了維持或增加自身的財富，那些人會和掌握政治權力的人合作，彼此建立一種共生關係，共同打造並強制執行各種規則。我發現，各個時期的各個國家都發生過相似的情況。雖然確切的形式已有所演變且未來將繼續演變，最重要的動態卻大致維持不變。金權階級的組成分子隨著時間而不斷改變（例如從早期的君主與貴族，演變成後來的資本家與民選或專制政治官員，前者因坐擁那個時代的首要財富來源——農地——而掌握金權，後者因資本主義創造資本資產而掌握金權，但也因如此，財富與政治權力通常不會生生不息地在家族中傳遞），但他們基本上還是以相同的方式合作與競爭。

我觀察到，這個動態使極小部分的人口獲得並控制絕大部分的總財富與權力，最後漸漸變得過分擴張，但接著，等到惡劣時期來臨，受創最深的卻是最不富裕且最沒有權力的那一群人，而那樣的動態必然會引發衝突，最終更會演變成革命和／或內戰。等到這些衝突結束，世人將重建全新的世界秩序，週期也會重新展開。

我將在這一章分享更多這種大局綜析以及相關的某些細節。雖然本書所述是我個人的觀點，但你也應該要知道，我透過本書表達的看法，是我和其他許多專家交流且充分多重檢核後的成果。大約兩年前，也就是我感覺我必須解答在引言中說明的那些疑問時，我便決定和我的團隊一起埋首研究；我們挖掘許許多多的檔案，和世界上傑出且深刻了解這個難題的不同環節的學者與實務界人士交流，閱讀了許多高瞻遠矚的作家的相關卓越書籍，並反思我過去所做過的研究以及我近五十年的全球投資經驗，最後才催生出這份成果。

我認為這是一件大膽、令人不得不謙卑、但又必要且引人入勝的工作，正因如此，我更加擔心會遺漏重要的事物，也擔心自己會做出誤判，所以，我反覆建構、琢磨與改善我的研究流程，具體來說，我進行研究，將研究結果寫出來，並基於壓力測試（stress test）的目的，將這些研究結果交給世界上最卓越的學者與實務界人士閱讀，以探討是否還有改善空間；接著，我會參酌那些卓越人士的回饋，重新撰寫報告，再次進行壓力測試等等，直到那些卓越人士給我的回饋顯著遞減時為止。這份研究就是那個繁瑣作業下的產物。雖然我實在不敢斷言我已釐清導致世界最偉大帝國及其市場的興起與衰敗的精確原因，但我敢肯定，我的研判大體上是正確的。我也知道，我從這個研究過程中吸收到的教誨至關重要，那些教誨讓我得以用正確的視角來看待眼前的種種事態，並學會想像如何因應我一生未曾遭遇但歷史上反覆不斷發生的許多重大事件。

了解帝國興衰大週期

基於本書解釋的理由，我相信我們正目睹一個相對財富與權力以及世界秩序的主要典型大變遷，這個變遷將會深刻影響所有國家的每一位民眾。這個大規模的財富與權力變遷並不顯而易見，因為多數民眾腦袋裡並沒有一個可將這個變遷歸納為「眾多變遷中的另一次變遷」的歷史型態。所以，在這開宗明義的第一章，我將以極度簡短的方式，說明我如何發現促使各個帝國及其市場興起與衰落的那個主要典型機制的運作。我確認了十八個興衰決定因素，歷史上導致各帝國興起與衰敗的所有基本潮起與潮落，都是受這十八個決定因素驅動。我們馬上就會討論到這些決定因素。多數變化都會在典型的週期裡出現，而且以某些方式互相強化，並傾向於進一步形成單一的極大型起落週期。這個主要典型「帝國興衰大週期」支配著各個帝國的興起與衰敗，並影響著那些帝國的所有事物，包括帝國的貨幣與市場（貨幣與市場是我最感興趣的）。**在那些典型的週期當中，最重要的三個就是我在引言中提到的：長期債務與資本市場週期、內部有序與混亂週期，以及外部有序與混亂週期。**

由於這三個週期通常是最重要的，所以，我們將在稍後章節更深入探討這些週期，後續更會把這些週期套用到歷史上與當今的情況，好讓你觀察這些週期如何在真實個案中發揮它們的作用力。

這些週期總是在兩個對立面來回擺盪——在和平與戰爭之間擺盪、在經濟繁榮與衰退之間擺盪、在政治左派與右派掌權之間擺盪、在帝國聯合與瓦解之間擺盪等等——那就是物極必反的道理，當世人將各項事物推向遠遠超過其均衡水準的極端，必然會引發一個過度而朝反方向前進的擺盪。**使鐘擺朝某一方擺盪的根本力量，正好也是導致它朝反方向擺盪的要素。**

儘管經過許多世代，這些週期依舊因基本上相同的理由而迄今幾乎沒有改變，這個理由是：無論經過多少世代，人類生命週期的基本要素都維持不變，

因為人性幾乎沒有隨著物換星移而發生明顯的變化。舉個例子，自古至今，人類的恐懼、貪婪、嫉妒及其他最基本的情緒都未曾改變，而這些情緒正是驅動週期的重大影響因素。

　　儘管確實沒有任何兩個人的生命週期完全相同，典型的生命週期也隨著數千年的時代變遷而有所改變，但主要典型人類生命週期──父母養育子女到子女獨立為止，而獨立後的子女也開始工作並養育他們的子女，直到年老、退休與死亡──自始至終幾乎都相同。相似的，貨幣／信貸／資本市場大週期也幾乎沒有改變，這種週期到最後總是累積過多債務與債券等債務型資產，直到無法以硬通貨（hard money）清償那些債務為止。一如往常，這個發展會促使民眾試圖賣掉手上的債務型資產，以便採購其他事物，問題是此時他們已無法達到目的，因為到這個階段，債務型資產相對已遠高於貨幣數量，也遠高於各種可供採購的事物的價值。一旦這樣的情況發生，就會發生債務違約，而債務違約會促使有權製造貨幣的人生產更多貨幣。幾千年來，那個週期基本上都沒有改變，內部有序與混亂以及外部有序與混亂等週期也一樣。我們將在接下來的章節探討驅動這些週期的人性與其他動態。

歷史上的進化、週期與小起伏

　　進化是宇宙最大且最永恆的動力，但我們幾乎難以察覺它的存在。儘管我們能觀察到眼前存在與發生的事物，卻無法觀察到讓那些事物存在與發生的進化過程與進化動力。放眼四周，你有看到進化性的變遷嗎？當然看不到。然而你卻知道你觀察的事物正在發生變化──只不過，從你的視角而言，那個變化非常緩慢──而你也知道那件事物遲早將不復存在，且未來將有其他事物取代它。為了看見這種進化性的變遷，我們必須設計一些衡量事物的方法，並進而觀察那些衡量指標的變化。一旦我們能看見這個變遷，就能研究為何它會發生。若想成功地提前思考未來會如何變遷，並想出因應那些變遷的方法，就必

須這麼做。

　　進化是因適應與學習而發生，它是一種漸漸改善的向上提升運動。週期就是沿著進化的歷程發生。對我來說，幾乎所有事物的發展都像一條向上延伸的改善軌道，而週期就沿著這條軌道發生，就像是一個向上的螺旋。

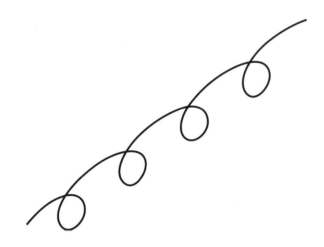

　　進化是一種相對平穩且穩定的改善過程，因為整個過程獲得的知識多於失去的知識。然而，週期則是來回移動，在某個方向走到盡頭後，產生物極必反的效果，再朝另一個方向走到盡頭，就像鐘擺一樣。舉個例子，長期下來，我們的生活水準因我們學習到較多知識而持續提高（較多知識促成較高的生產力），但經濟體系表現卻總是起起伏伏，那是因為債務週期導致實際的經濟活動沿著那一條上升趨勢起起落落。這些沿著趨勢發生的進化性（有時甚至是革命性）變化，並不盡然全部是一帆風順且完全不令人感到痛苦。有時候，那些變化會因世人犯下的錯誤而在非常突然的情況下發生，且令人感到痛苦，但儘管痛苦，那樣的變化卻是一個學習的機會，最後也讓人得以更加適應這個世界。

　　進化與週期共同形成我們在財富、政治、生物學、技術、社會學、哲學等幾乎所有事物上觀察到的螺旋式向上波動。

人類的生產力是促使世界總財富、權力與生活水準隨著時間不斷提高的最重要動力。長期以來，生產力——也就是受學習、建設與發明驅動的每人產出——穩步改善，然而，不同民族的生產力成長速率並不一樣，只不過，每個民族的生產力都是基於相同的理由而成長，那些理由包括民眾的教育品質、創造發明能力、職業道德，以及能將概念化為產出的經濟體系等。政策制定者必須了解這些促進生產力成長的理由，才能為自己的國家實現最佳成果；投資人與企業也必須了解這些促進生產成長的理由，才能判斷最佳長期投資機會何在。

這個恆久上升的趨勢是人類進化能力的產物，而人類的進化能力比起其他所有物種都來得強大，因為我們的大腦讓我們擁有一種抽象學習與思考的特殊能力，從而使我們得以在技術的創造發明以及做事的方法等方面，獲得非常獨特的進展。那個進化能力已促成了導致世界秩序的不斷變化。通訊與運輸方面的技術進展已使得世界上每一個人之間更加緊密聯繫，這從本質上深深改變了民眾與帝國的關係。幾乎所有事物都明顯可觀察到那樣的進化性改善——較長的平均壽命、較優質的產品、較理想的做事方式等。即使是人類本身的進化方式，都是以提出更優質的創造與創新方式的形式在進化著。自有人類歷史以來，這樣的狀況就不曾改變。而這一切所造成的結果是，幾乎所有事物都呈現向上傾斜的改善，而不僅僅是單純起起又落落的波動。

從下圖可看到上述狀況：過去五百年的每人估計產出（即實質GDP〔國內生產毛額〕估計值）與平均壽命。這兩者堪稱最受公認的兩項福祉衡量指標，儘管它們並非完美。觀察這兩者的進化趨勢以及沿線的起伏，便可見進化性趨勢的幅度有多麼巨大。

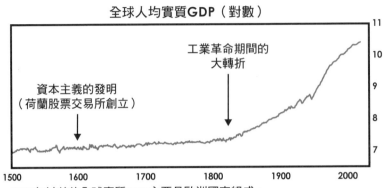

全球人均實質GDP（對數）

工業革命期間的
大轉折

資本主義的發明
（荷蘭股票交易所創立）

1870年以前的全球實質GDP主要是歐洲國家組成，
因為在那個時間點以前，其他國家的可靠數據涵蓋範圍非常有限。

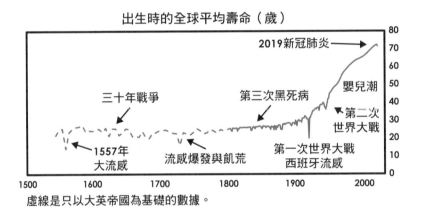

出生時的全球平均壽命（歲）

2019新冠肺炎

三十年戰爭　　　　　　　第三次黑死病

嬰兒潮

第二次
世界大戰

1557年
大流感　　流感爆發與飢荒　　第一次世界大戰
　　　　　　　　　　　　　西班牙流感

虛線是只以大英帝國為基礎的數據。

　　這些趨勢相對沿線的起伏而言非常清晰明確，這個事實顯示，人類發明創
造力的影響，確實相對遠比其他所有事物的影響來得強大。誠如這個由上而下
的大局視角所示，每人產出看起來似乎穩定改善，不過，早期的改善速度非常
緩慢，從十九世紀起才開始加速——當時這條趨勢的斜率呼應生產力的加速提
升而明顯陡然向上。知識普及化的成果順利轉化為生產力，反映了生產力成長
率明顯由緩慢轉為快速。知識普及化是很多因素促成，其中最早的一項因素可
追溯到十五世紀中出現在歐洲的古騰堡（Gutenberg）印刷機（但在這之前，
中國已使用了幾個世紀的印刷術）；印刷機的發明使更多民眾的學問得以提

升，受教育的機會也顯著改善，而教育的改善更是促成文藝復興、科學革命、啟蒙時代、資本主義的發明，與英國第一次工業革命的貢獻因子之一。我們稍後將更詳細探討這些議題。

資本主義的誕生、創業精神以及工業革命帶來的更廣泛生產力改善等，也將財富與權力從掌握農業經濟體（在這種經濟體，土地所有權是權力的基本來源，所以，君主、貴族和教會連成一氣，共同維護他們對土地的所有權）的人手上，轉移到掌握工業經濟體的人手上（在工業經濟體，具發明創造力量的資本家製造並擁有生產工業財的工具，並和政府官員連成一氣，維護這個讓他們得以擁有財富和權力的體系）。換言之，從帶來這項轉變的工業革命過後，人類就生活在「財富與權力主要來自教育、發明創造力與資本主義的組合」的體系裡，其中，政府的管理者和控制多數財富與教育的人密切配合。

事實上，這個進化（一路上發生許多大週期）的發生方式也持續不斷進化。舉個例子，雖然幾個世代以前，農地與農產品是最有價值的，但隨著時代向前推進，最有價值的事物變成了機械以及機械所生產的商品，到了今天，最有價值的事物更變成沒有明顯實體存在感的數位事物（數據與資訊處理）。❶這個趨勢正引發一場數據爭奪戰，其中，取得數據與懂得善用這些數據的人將獲得財富與權力。

---

❶ 此時此刻，人類在思考方式與生產力提升方面的進化，遠比起歷史上的所有時刻更顯著——甚至比發現與開始使用科學方法時更顯著。我們正透過人工智慧的開發來實現這些進化，所謂人工智慧是指一種透過另類大腦——能發現新知識並將那些發現處理為「應該採取什麼行動」的指令——來進行的另類思考方式。實質上來說，人類正在創造一個另類物種，它擁有看穿過往型態的巨大能力，且能極快速處理很多不同想法，但這個物種幾乎沒有常識可言，它不太能理解各種關係背後的邏輯，也沒有情緒。所以，這個物種既聰明又愚蠢，既有幫助又危險。它提供了巨大的潛力，但也需要妥善加以控制，且不宜盲從於它。

沿著上升趨勢發生的週期

雖然這些學問與生產力上的改善絕對是意義重大，過程卻是像進化一樣緩慢漸進發展，所以，這些改善並不會突然且大幅改變財富與權力分布的版圖。相對的，巨大的突發性變遷導因於經濟繁榮、衰退、革命與戰爭，這些動態主要是受週期驅動，而這些週期則是受一些合乎邏輯的因果關係驅動。舉個例子，堪稱十九世紀末最大特色的生產力提升、創業精神與資本主義等動力，在二十世紀上半葉製造了巨大財富鴻溝與過度負債等問題，而這些問題導致經濟衰退，並進而引發反資本主義、共產主義，與各國國內和國與國之間為爭奪財富及權力而起的大規模衝突。總之，我們可以見到，雖然進化的周遭圍繞著許許多多的週期，但它還是勇往前進。●綜觀歷史，具備以下特色的體系便掌握成功的配方：擁有受過良好教育的民眾，且有教養的民眾能在文明互動的情況下提出各式各樣創新；在這樣一個體系，民眾能透過資本市場取得資金，且擁有能將上述創新轉化為資源生產與分配的工具，並進而利用那些資金與工具創造利潤，以取得報酬。然而，長久以來，資本主義卻也創造了巨大的財富與機會鴻溝，助長過度負債，而那些問題又導致經濟走下坡、引發革命與戰爭，最終使國內與國外秩序發生變化。

誠如後續幾張圖形所示，歷史告訴我們，幾乎所有這些動盪時期都導因於財富與權力爭奪戰（也就是以革命與戰爭形式發生的衝突，而那些衝突通常是因貨幣與信用崩潰與巨大的貧富差距而起），以及嚴重的大自然災害（例如旱災、洪澇以及流行病）。歷史也顯示，這些時期最後的情況會變得多麼惡劣，幾乎完全取決於國家的實力，以及它們耐受前述人為與天然災害的能力。

●擁有大量儲蓄、低負債以及強勢儲備貨幣的國家，比沒有太多儲蓄、債務過高且沒有強勢儲備貨幣的國家更禁得起經濟與信用崩潰的打擊。相同的，當一國領袖強勢且能幹，國民素質良好，它的管理也會比沒有優秀領袖與素質

各類事件的全球死亡人數（每十萬人的比值，十五年移動平均值）

■ 衝突　　　天然災害　　■ 大流行傳染病　　■ 飢荒

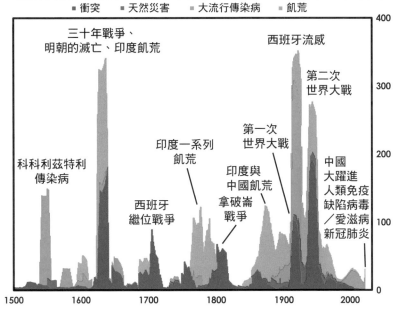

因衝突而死亡之估計人數（主要強權，人口百分比，十五年移動平均值）

■ 內部衝突　　　■ 外部衝突　　——— 合計

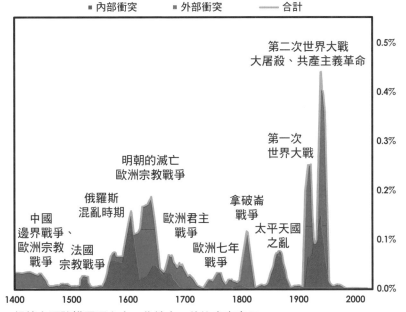

根據主要強權國死亡人口佔總人口的比率來表示，
因此和前一張圖所示的全球衝突死亡人數估計值有所不同。

良好國民的國家更完善;另外,較有發明創造力的國家將比較欠缺發明創造力
的國家更能適應新局面。誠如你稍後將見到的,這些要素都是恆久有效、放諸
四海皆準且可衡量的原則。

　　**由於相對人類適應與發明能力的向上進化趨勢而言,這些動盪時期實在
微不足道,所以,先前所列的人均GDP和平均壽命圖上,幾乎看不見那些動
盪——在那兩張圖形上,那些動盪時期看起來只是相對微小的波動。不過,對
我們來說,這些波動看起來已經非常大,因為人類太過渺小且壽命極度短暫。**
舉1930年至1945年間的經濟蕭條和戰爭時期為例。美國股票市場與全球經濟
活動水準如下圖,誠如你可見到的,當時經濟衰退大約10%,股票市場則下
跌大約85%後才開始復原。

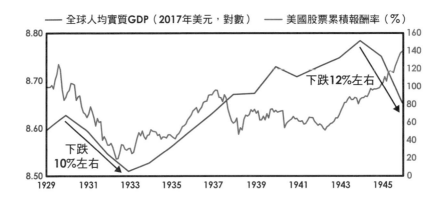

這是自有歷史記載以來就反覆發生的典型貨幣與信貸週期之一,我將在第
三章更完整解釋。簡短來說,那是債務過多所引發的信貸崩潰。通常當信貸
崩潰,中央政府就不得不花很多它原本沒有的錢,並設法使債務人更容易還
債,所以,中央銀行也因此總是不得不印很多貨幣,並大方提供信貸——一如
各國中央銀行面對新冠肺炎大流行與大量債務所引發的經濟崩潰時所採取的回
應。1930年代的債務崩潰是咆哮二〇年代(Roaring '20s)經濟榮景的自然

延伸，因為那個榮景期發展到最後，成了一個仰賴債務支撐且最後在1929年破滅的泡沫。泡沫的破滅導致經濟陷入蕭條，並促使中央政府大量增加支出與借貸，而政府支出與借貸的財源則來自中央銀行所創造的大量貨幣與信貸。

回顧當時，泡沫的破滅與因此而衰退的經濟景氣，是影響1930年至1945年期間內部與外部財富及權力鬥爭最劇的因素。當時和目前以及其他多數個案一樣，也存在非常嚴重的貧富差距與衝突；一旦債務／經濟崩潰導致那些鴻溝與衝突加劇，社會與經濟計劃便會出現革命性變化，並發生巨大的財富移轉（transfer），只不過，在不同國家的不同制度下，財富移轉的表現形式各有差異，而世人也常為了證明這些不同制度——例如資本主義或共產主義，民主或專制——孰優孰劣，而發生許多衝突甚至戰爭。**想要重新分配財富與不想重分配財富的人之間的爭議永遠無解，而他們之間的爭鬥也永遠無法平息。**不僅如此，1930年代時，大自然還帶給美國一場痛苦的旱災。

綜觀我檢視過的全部個案，過往的經濟與市場衰退期延續大約三年，至於實際上多或少幾年，取決於債務重整和／或債務貨幣化（monetization）流程所花費的時間。當局愈快印製鈔票來填補債務漏洞，通貨緊縮型經濟蕭條就愈快結束，但民眾也會愈快對貨幣的價值產生憂慮。以1930年代的美國為例，股票市場與經濟體系在新任民選總統羅斯福（Franklin D. Roosevelt）做出以下宣示的那一天止跌反彈，他表示：美國政府將不再履行允許民眾以貨幣換取黃金的承諾，並將創造足夠貨幣與信貸，讓民眾得以從銀行領回他們的存款，並將取得購物與投資所需要的貨幣與信貸。從1929年10月股市首次崩盤起算，當局花了大約三年半才終於做出這個宣示。❷

---

❷ 2008年那一次，當局在股市崩盤後兩個月就開始印鈔票，而到2020年，當局在事發後幾個星期就明快採取行動。

　　儘管如此，當時各國國內與各國之間依舊繼續為了爭奪財富與權力而鬥爭。德國與日本等新興強國對當時的世界領導強權英國和法國下戰帖，最終美國（被拖下水，參與二次世界大戰）也成了它們的目標。戰爭時期使戰爭物資的經濟產出大增，不過，將戰爭時期稱為「高生產力」的時期卻很不恰當，畢竟戰爭造成太多破壞與傷害，所以即使以人均產出來衡量，那的確是一段很有生產力的時期，但用「有生產力」來形容它確實不妥。到戰爭結束時，全球人均GDP降低大約12%，其中很大一部分導因於敗戰國的經濟衰退。這些年所代表的壓力測試，導致很多財富幾乎被一筆勾銷，並凸顯出誰是贏家、誰又是輸家，最終更在1945年帶來了一個全新的開始和一套全新的世界秩序。通常新開始之後，會是相當長的和平與繁榮期，可惜到後來，那一段和平與繁榮期還是走上過分擴張的老路，於是，在七十五年後的今天，所有國家再次面臨壓力測試。

　　歷史上的多數週期都是因基本上相同的理由而發生。舉個例子，1907年至1919年間的那個週期是以美國的1907年的大恐慌揭開序幕，而那一場恐慌的導因和咆哮二〇年代後的1929年至1932年貨幣與信貸危機有著異曲同工之妙，都是經濟繁榮期（美國的鍍金年代〔Gilded Age〕，正好和歐陸的美好年代〔Belle Époque〕與英國的維多利亞時代〔Victorian Era〕同一時期發生）最終變成仰賴債務支撐的泡沫所造成，因為那些泡沫後來進一步導致經濟衰退與市場下跌。當貧富差距大到引發大規模財富重分配行動，並進而成為世界大戰的驅動因素之一時，它也會導致經濟與市場下滑（類似1930年至1945年期間的那種財富重分配是經由租稅提高與政府支出大幅增加、大規模赤字以及貨幣政策大幅改變——以便貨幣化前述赤字——等管道來實現）。另外，西班牙流感導致這場壓力測試以及因此而發生的重整流程變得更加緊張。這一場壓力測試與全球經濟及地緣政治重組，在1919年帶來一套全新的世界秩序，這套秩序的有形表現就是凡爾賽和約（Treaty of Versailles），它是1920年

代的債務支撐型經濟榮景的開單，不過，那一波榮景最終又造成1930年至1945年的破壞時期……就這樣，相同的事態不斷重複發生。

　　這些破壞／重建期摧毀了弱者、明確凸顯出強權誰屬，同時確立了各種革命性的新做事方法（亦即新秩序），而這些新秩序會成為繁榮期的基礎，不過，一段時間後，繁榮期最終又會變得過分擴張，形成債務泡沫與巨大的財富鴻溝，最終導致債務崩潰；債務崩潰會帶來新一波壓力測試，以及破壞／重建期（例如戰爭）的再次展開；而破壞／重建期將再次帶來新秩序，到最後，強者再次獲得相對比弱者多的利益等……這一系列事態總是如此不斷周而復始。

　　曾親身體驗過這些破壞／重建期的過來人，究竟對這些時期有何感受？由於你可能從未經歷過任何一個這類時期，而有關這類時期的故事也總是駭人聽聞，所以多數人會極度擔心自己有朝一日會陷入那類情境。的確，歷史上這些破壞／重建期確實對人類帶來極大的財務與（更重要的）人命損失或危害，並使身歷其境的人吃盡苦頭。雖然那些後果對每個人的惡劣影響各有輕重，卻幾乎沒有人逃過受害的命運。儘管如此，歷史告訴我們，就算當局沒有盡可能縮短破壞／重建期，絕大多數的民眾通常還是順利在經濟蕭條之際保住飯碗，在戰火之中毫髮未傷，並在天然災害之中僥倖保住性命。

　　曾度過那些苦難時期的某些人甚至表示，儘管這些時刻極度艱難，卻也帶來了重要且美好的事物，例如，它使人與人之間變得更親近與團結，使人的性格變得更加強韌，並使人學會感恩最基本的幸福等等。舉個例子，湯姆・布羅考（Tom Brokaw）形容曾經歷1930年至1945年期間的民眾是「最偉大的世代」，因為那個時代給了他們強韌的性格。我父母親和曾經歷大蕭條與二次世界大戰摧殘的長輩們也都做如是想，另外，我曾和經歷過這個破壞期的其他國家長輩交談（他們雖未經歷美國的大蕭條，但當時日子也過得很不輕鬆），他們也都懷抱相同的想法。切記，經濟破壞期與戰爭期間通常不會延續非常久──大約二至三年左右。而天然災害（如旱災、洪澇和傳染病）的延續時間

與嚴重程度雖各有差異，但通常民眾會因漸漸適應而不感到那麼痛苦。一個人鮮少在同一時間遭遇到這三種類型的重大危機——經濟危機、革命／戰爭危機與天然災害。

我要強調的重點是，**雖然這些革命／戰爭期通常會帶來極大的人類苦難，但我們永遠都不該（尤其是在最糟的時刻）因此忽略一個事實——我們可以順利渡過那些難關——人類的適應能力與快速獲取更高新福祉的能力，使我們得以輕易克服那些惡劣遭遇的打擊**。基於那個理由，我相信，願意信任人類的適應能力與創造力，並投資人類的適應能力與創造能力的人絕對是聰明人。所以，雖然我相當確定未來幾年，你、我和世界秩序將會經歷非常大的挑戰與變化，我還是相信人類將會以非常務實的方式，變得更聰明與更堅韌，而那些務實的作為將帶領我們克服這些挑戰時刻，繼續創造更新且更高水準的繁榮。

現在，就讓我們開始研究過去五百年間，主要國家的財富與勢力興衰週期。

過往的財富與勢力大週期變遷

前文列出的生產力上升圖涵蓋了整個世界的生產力（我們已竭盡所能地試著衡量）。那張圖並沒有顯示各國之間的財富與權力變遷。要了解那些變遷如何發生，且讓我們先從大局的基本概念開始著手。在有文獻記載的歷史上，各式各樣的群體（例如部落、王國與國家）藉由自身的力量、掠奪他人或從地底尋找等方式來取得財富與勢力。一旦他們蒐羅的財富與權力多於其他所有民族，就會成為世界上最主要的強權，而這個強權地位將讓他們掌握決定世界秩序的力量。但是等到他們失去那些財富與權力——過去每個霸權最終都失去它們的財富與權力——世界秩序乃至生活的所有層面都會出現深遠的改變。

下一張圖說明了過去五百年間十一個主要帝國的相對財富與勢力。

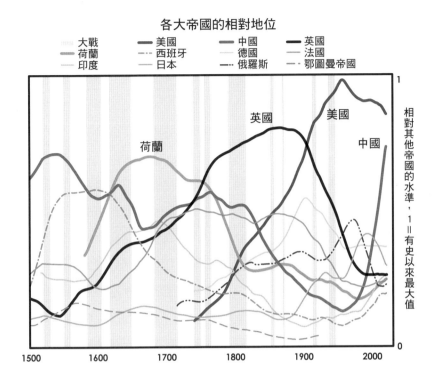

上圖每一個帝國的財富與勢力指數❸ 都是由八個不同的決定因素組合而成，我稍後將解釋那些決定因素。雖然因各時期可取得的數據並不完整，所以這些指數並非盡善盡美，但卻已能充分描繪出大局的樣貌。誠如你可見到的，幾乎所有帝國都在掌握霸權的時期過後，陷入一段沒落期。

---

❸ 這些指數是由許多不同的統計數據組成，其中某些數據可直接比較，但有些只是約略相似，或具大致上的指導意義。某些個案的數據序列終止在特定節點，所以必須和後續的序列拼接在一起。此外，這張圖上的線條是這些指數的三十年移動平均線，並經過調整，以避免發生滯後的情形。我選擇採用平滑化的數列，理由是，未平滑化的數列波動性過大，實在難以從中看出走勢。接下來，在分析非常長期走勢時，我將會使用這些非常平滑化的版本，不過，在詳細分析這些發展時，則會使用較不平滑或未平滑化的版本，因為唯有採用這個方式，才最能記錄最重要的發展。

　　且讓我們花點時間研究一下圖中較粗的線條：這些線條代表四個最重要的帝國：荷蘭、英國、美國和中國。這些帝國控制了過去三項儲備貨幣——目前的美元、美元之前的英鎊，以及英鎊之前的荷蘭盾。我們納入中國的原因是：1）目前中國已興起為第二大帝國／國家；2）在大約1850年以前的多數時間，中國長期把持世界霸權地位。且讓我們簡要地歸納這張圖告訴我們的故事：

- **中國曾掌握許多個世紀的霸權（當時它在經濟與其他方面的競爭力一向高於歐洲），不過，1800年代開始，中國便陷入嚴重的衰敗期。**
- **荷蘭雖是相對的小國，卻在1600年代成為世界儲備貨幣帝國。**
- **英國的發展途徑也和荷蘭類似，在1800年代達到顛峰。**
- **最後是美國，它躍升為過去一百五十年間的世界超級強國，不過，二次世界大戰後，這個趨勢尤其明顯。**
- **因中國正再次迎頭趕上，所以美國地位目前處於相對下降的時期。**

　　現在，讓我們研究同一張圖，但把它的數據一路延伸回溯到600年。我著重第一張圖（只涵蓋過去五百年）而非第二張圖（涵蓋過去一千四百年），原因是第一張圖能凸顯我最專注研究的帝國，而且它比較單純，只不過，一張涵蓋十一個國家、十二場大戰與超過五百年時間的圖，再怎麼說都稱不上單純。儘管如此，由於第二張圖的涵蓋時間更長，所以還是值得略加探討。我沒有在第二張圖上標示戰爭時期，以免畫面顯得太過複雜。誠如本圖所示，**在1500年以前，中國幾乎一向是最有勢力的國家，不過，我們也在畫面中納入了中東地區的哈里發帝國（caliphates，阿拉伯帝國）、法國、蒙古、西班牙和鄂圖曼帝國。**

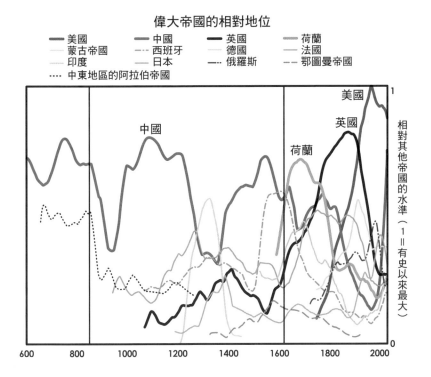

請切記一個重點：**雖然本研究涵蓋的主要國家是最富裕且最強大的國家，卻不盡然是最優越的國家，原因有二。首先，雖然財富和權力是多數人所夢寐以求，且多數人會為了爭取財富與權力而不惜一戰，但某些人和他們的國家並不認為財富和權力是最重要的，因此他們也未曾想過要爭權奪利。**某些人認為擁有和平與品味生活重於擁有很多財富與權力，且不願為了獲得財富與權力而考慮投入激烈的爭鬥，所以，儘管某些這類國家比其他不惜為財富與權力而戰的人享有更多和平，他們的財富與權力水準卻不足以讓他們被納入本研究（附帶一提，我認為把和平與品味生活看得比財富和權力重很值得稱許——有趣的是，一國的財富與權力與其民眾的幸福感之間並沒有太大的相關性，改天我會另外詳細討論這個主題）。其次，這個國家群組不包括我所謂的「小而美的國家」（boutique countries，例如瑞士和新加坡），這些國家的財富與生活水

準的分數非常高,但因它們的規模不夠大,所以未能成為最偉大的帝國之一。

財富與勢力興衰的八項決定因素

前幾張圖形所示的各國單一財富與勢力衡量指標,是由十八項實力衡量指標的粗略均等平均值(equal average)組合而成。我們稍後將完整探討所有決定因素,在此,且讓我們先聚焦在下一張圖形所示的那八項關鍵決定因素。1)教育;2)競爭力;3)創新與技術;4)經濟產出;5)世界貿易佔比;6)軍事實力;7)金融中心實力,以及8)儲備貨幣地位。

下圖的指標是我研究的所有帝國的每一項實力衡量指標的平均值,其中,最近的三個儲備貨幣國(即美國、英國與荷蘭)佔這些指標的權重最高。❹

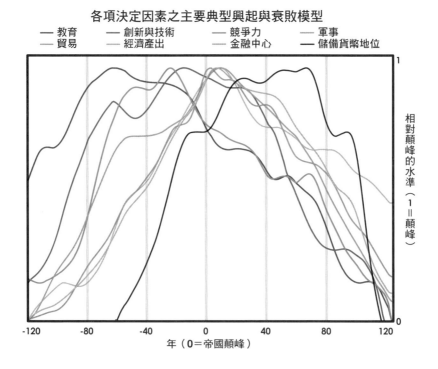

各項決定因素之主要典型興起與衰敗模型

― 教育　　― 創新與技術　　― 競爭力　　― 軍事
― 貿易　　― 經濟產出　　― 金融中心　　― 儲備貨幣地位

相對顛峰的水準(1＝顛峰)

年(0＝帝國顛峰)

　　從這張圖上的線條，便能清楚體會各個帝國為何會興起與衰敗，也能看出它們是以什麼方式興起與衰敗。我們可從圖中清楚見到，較高教育程度使創新增加且科技獲得提升，而那會使世界貿易佔比與軍事實力改善，經濟產出增加、世界主要金融中心形成，經過一段時間後，又會使本國貨幣轉變為儲備貨幣。你可以觀察到其中多數因素長時間同時保持強勁狀態，接著又以相似的狀況下滑。不過，共同儲備貨幣就像世界上通用的共同語言，所以，即使那項貨幣的帝國已開始衰敗，共同儲備貨幣還是傾向於繼續保有儲備貨幣地位，因為民眾的使用習慣遠比造就它成為共同儲備貨幣的那些優勢更有持久性。

　　我將這種週期性交互關聯的上升與下降波動稱為「帝國興衰大週期」（**Big Cycle**）。接下來我將利用這些決定因素和其他某些額外的動態，更詳細解釋這個「帝國興衰大週期」。不過，在開始說明以前，我要先重申，所有這些實力衡量指標都隨著帝國興衰的弧線上升與下降。那是因為這些**優勢與弱勢**會基於合乎邏輯的理由**互相強化**——即教育、競爭力、經濟產出、世界貿易佔比等的強勢或弱勢，會使彼此變得更強或更弱。

「帝國興衰大週期」的主要典型模型

　　大致上來說，我們可以將這些興起與衰敗歷程分成三個階段來研究：

---

❹ 我們將所有個案的關鍵指標加以平均，以展示這些關鍵指標相對歷史上的水準。由這張圖可看出1代表一項指標相對於歷史水準的顛峰值，0代表谷底。時間軸是以年為單位來顯示，0基本上代表該國達到顛峰的時間（亦即各衡量指標的平均值達到高峰時）。我們將在這一章後續篇幅一一詳細討論這個主要典型模型的每個階段。

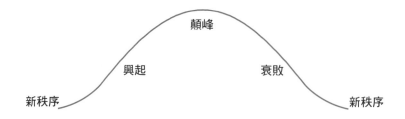

興起階段：

興起階段是新秩序形成之後的建設繁榮期。當一個國家基於以下理由而成為根基強大的國家時，它就處於興起階段：a）相對低的債務水準；b）民眾之間的財富、價值觀與政治鴻溝相對小；c）民眾能有效率地團結合作，共同創造繁榮；d）優質的教育與基礎建設；e）擁有強勢且有能力的領導者；以及f）和平的世界秩序，整個世界由一個或多個具支配力量的強權國引導；這樣的景況促成……

顛峰階段：

這個期間的特色是會發生以下幾種形式的過度狀況：a）高債務水準；b）巨大的財富、價值觀與政治鴻溝；c）教育與基礎建設一路沉淪；d）各國國內不同階級的民眾之間衝突不斷；e）因過分擴張的帝國面臨新興對手的挑戰，導致國與國之間纏鬥不休；這樣的景況導致……

衰敗階段：

這是鬥爭與重組的痛苦期，這個時期會爆發巨大的衝突與劇變，新的內部與外部秩序也在此時確立。這個時期奠定了下一個新秩序與新繁榮建設期的基礎。

現在且讓我們更詳細討論上述每一個階段：

興起階段

當以下狀況發生，代表興起階段已展開……

- ……**足夠強勢且足夠有能力的領導班子**順利取得權力，並設計卓越的系統來提升國家的財富與權力。綜觀歷史上的偉大帝國，這個系統通常牽涉到……

- ……**健全的教育**。我所謂健全的教育不只是傳授知識和技巧，也意味傳授……

- ……**堅毅的性格、健全文明與職業道德發展**，這些通常是經由家庭、學校和／或宗教機構來傳授。若教育得當，這些要素能促使民眾以健全的態度，尊重社會上的規定、法律及秩序，使貪污率降低，並能有效鼓勵民眾團結合作，改善生產力。一個國家愈能實現上述條件，就愈能從一個生產基本產品的國家變遷為……

- ……**創新與發明新技術**的國家。舉個例子，荷蘭人擁有強大的創造能力——在荷蘭國力顛峰時期，世界上四分之一的重大發明來自荷蘭。其中一項發明是能航行全球的船舶，而這些船舶的發明，讓荷蘭人得以蒐羅到非常多的財富。荷蘭人也發明了我們所知道的資本主義。創新通常因以下狀況而被強化……

- ……**樂於廣納世界上最優秀的思維**，如此才能學習最卓越的做事方式，並由……

- ……**勞工、政府與軍隊團結合作**來實現這個目標。

上述的一切將使國家……

- ……變得更有**生產力**且……
- ……在**世界市場上更有競爭力**，那將顯示在它的……
- ……**世界貿易佔比上升**。從美國和中國目前的狀況——便可見它們的經濟產出與世界貿易佔比大致上已勢均力敵。
- 當一個國家的貿易觸角變得更全球化，它就必須著手保護它的貿易路線與海外利益，同時必須做好自我捍衛的準備，以便在被攻擊時迅速採取行動，所以，它將會發展**強大的軍事實力**。

如果處理得當，這個良性循環將促成……

- ……**強勁的所得成長**，那些所得將被用來作為以下活動的財源……
- ……**基礎建設、教育與研究發展方面的投資**。
- **這個國家必須發展各式各樣系統來激勵與授權有能力創造或取得財富的人**。在這些過往個案中，最成功的帝國是使用資本主義的方法來激勵與培養具生產力的創業家。即使是中國共產黨執政的中國，都採用一種國家資本主義（state-capitalism）方法來激勵民眾，並讓民眾擁有創造財富的能力。為達到理想的激勵效果並提供足夠的財務支持，國家……
- ……必須擁有**持續發展的資本市場**——最重要的市場是放款、債券與股票市場。資本市場的發展將使民眾得以**將他們的儲蓄轉化為投資創新與發展活動所需的財源**，並因此得以分享到正在創造偉業的人的成就。創造力強大的荷蘭人建立了史上第一家公開上市企業（荷屬東印度公司〔Dutch East India Company〕），還打造了史上第一個股票市場來為這家企業集資。這些市場是創造大量財富與權力的核心機制的必要組成要素。
- 所有偉大的帝國都會發展出**世界上最重要的金融中心**，以吸引並分配屬

於它們那個時代的資本，這是一個國家發展為偉大帝國後的自然結果。在荷蘭人稱霸國際的時代，阿姆斯特丹曾是世界金融中心；當英國人坐擁世界霸權之際，倫敦也是世界金融中心，而紐約是當今世界金融中心，另一方面，中國也在上海快速發展它本身的金融中心。

- 當一個國家積極擴展其國際商務往來，並成為世界上最大的貿易帝國，便能以它的貨幣作為商務往來的收付工具，世界各地也會想要保有該項貨幣計價的儲蓄，於是，它將成為**世界主要的儲備貨幣**，而這個特殊地位將使那個國家得以用比其他國家更低的利率舉借更多債務，因為其他人會搶著用這項貨幣借錢給它。

自有歷史記載以來，這一系列因果關係便已並存，也屢屢促成了相輔相成的金融、政治與軍事強權。**歷史上所有曾成為世界最大強權的帝國，都是順著這個途徑登峰造極。**

顛峰階段

到了顛峰階段，這個國家將繼續維持當年促使它興起的各項成就，但因那些成就而得到的回報，卻潛藏著讓它衰敗的種子。長期下來，債務持續堆積，並破壞了當初促使這個國家興起的那個自我強化環境。

- **隨著國家變得富裕且強大，民眾的所得將會增加，這將使他們變得**相對比願意為了換取較低工資而努力工作的其他國家民眾**更貴且更沒有競爭力。**
- **在此同時，主要強國的興盛與成就會引來其他國家民眾的覬覦，外國民眾自然而然會設法複製這個強國的方法與技術，而這個情況將使主要強國競爭力進一步降低。**舉個例子，在荷蘭稱霸國際的時代，英國造船公

司工人的薪資低於荷蘭造船公司，於是，英國人雇用荷蘭的設計師來設計更優質的船舶，再由英國工人負責製造那些船舶。這讓英國造船公司變得更有競爭力，最終更促使英國興起，而荷蘭則因此衰敗。

- 另外，**隨著主要國家的民眾變得較富裕，他們便傾向於較不再那麼賣力工作。這些民眾會選擇享受更多休閒時間，生活上也會追求較精緻但較不具生產力的事物，而一旦這樣的傾向變得極端，人就會變得頹廢。**當一個國家從興起階段走向顛峰階段，世代之間的價值觀便會改變——此時積極且賣力實現財富與權力的上一代，漸漸交棒給坐享其成地繼承長輩財富和權力的下一代。新世代較缺乏沙場歷練的洗禮，也較傾向於沉溺在奢華享受，而且他們早已習慣安逸的生活，這一切的一切會導致新世代民眾**較容易因挑戰而受創。**

- 此外，**當民眾習慣了一帆風順的生活，就會漸漸認定好日子將永遠延續，並借錢來享受富裕生活，這最終將造成金融泡沫。**

- 在資本主義體系之下，**金融利得的分配並不均等，這導致貧富差距擴大。**貧富差距具自我強化的特質，因為有錢人會利用他們手上較多的資源，進一步擴展他們的勢力。

  他們也會為了自身利益而影響政治體系，從而使他們的子女得以享受更大的特權——例如更優質的教育——這終將導致有錢的「富人」與沒錢的「窮人」之間的價值觀、政治與機會鴻溝變得愈來愈大。漸漸的，較不富裕的人會感覺到整個體系對他們不公平，並心生怨恨。

- **只要多數民眾的生活水準還持續提高，這些鴻溝與怨恨還不至於白熱化為衝突。**

  在顛峰時期，主要強國的財務狀況會開始發生變化。這個國家的**儲備貨幣**將使它獲得能借更多錢的「過分特權」（exorbitant privilege），❺但這項特權其實只是讓它更深陷債務泥淖罷了。這項特權雖讓主要帝國的

短期購買力上升，但對它的長期購買力造成傷害。

- **不可避免的，這個國家會展開過度的舉債行為，而這樣的行為將使它對外國放款人累積巨額的債務。**

- 雖然這會使短期的消費力提升，**卻會導致這個國家的財務體質日益委靡，長期下來更將導致它的貨幣弱化。換言之，在借款活動與支出強勁之際，這個帝國的外表看起來雖然依舊非常強大，但它實際上的財務狀況卻已漸漸削弱，因為借款活動為這個國家提供的財源已超過維持帝國的基本勢力所需，多出的資金被虛擲在國內過度消費與旨在維護帝國勢力的國際軍事衝突上，最終產生有害無益的影響。**

- 另外，維護與捍衛帝國所需的成本漸漸高於帝國所創造的收入，於是，**擁有帝國地位變得無利可圖**。舉英國為例，就在敵對勢力──尤其是德國──迅速崛起之際，英國帝國卻變得尾大不掉、官僚化，並失去競爭優勢，最終它為維護其地位而不得不展開愈來愈昂貴的軍備競賽，甚至世界大戰。

- **當較富裕的國家向較貧窮但較積極儲蓄的國家借錢，並因此而債台高築**，就是財富與勢力變遷的初期訊號之一。1980年代時，美國的人均所得是中國的四十倍，而就在那時，美國開始向想以美元（因為美元是當時的世界儲備貨幣）儲蓄的中國人借錢。上述動態於焉展開。

- 如果這個帝國能找到的新放款人愈來愈少，持有該帝國貨幣的人就會一改購買、儲蓄、借貸與介入它的貨幣的偏好，開始設法賣出並逃離它的貨幣──此時這個帝國的實力就會開始衰落。

---

❺ 「過分特權」是形容儲備貨幣的方式之一，它是法國財政部長瓦萊里・吉斯卡爾・德斯坦（Valéry Giscard d'Estaing）發明的用語，他用這個名稱來形容美元做為儲備貨幣的地位。

衰落階段

衰落階段通常是導因於內部經濟疲弱加上內部鬥爭、代價高昂的外部鬥爭或兩者皆是。通常帝國的衰落是先漸進地慢慢醞釀,接下來再突然迅速崩落。

最初⋯⋯

- 當債務變得非常龐大,且不巧**經濟又陷入衰退**,導致這個帝國不再能舉借可供償還原有債務的必要資金時,就會在國內造成許多極痛苦的情境,並逼得這個國家不得不在**債務違約和印製大量鈔票**的兩害之間做選擇。

- **這個國家幾乎肯定會選擇印製大量新鈔票**——最初通常是漸進地增印鈔票,最終則是大規模發行。這形同官方刻意引導通貨大幅貶值,**最終也會使通貨膨脹加劇。**

- 通常當政府淪落到無力為它的運作籌集資金——不巧的是,此時金融與經濟情勢惡劣,財富、價值觀與政治鴻溝又非常大——**富人和窮人以及不同族群、宗教與種族之間的內部衝突就會增加。**

- **這會使政治極端主義抬頭**——也就是以左派或右派民粹主義來表現的極端主義。左派人士尋求重新分配財富,而右派人士則尋求讓富人保有財富。**這是「反資本主義階段」,此時民眾會將各種問題歸咎於資本主義、資本家與廣義的權貴分子。**

- 通常在那類政治極端時期,**富人的租稅將會增加,而當富人擔心自己的財富與福祉將被剝奪,就會將財富轉移到他們感覺較安全的地方、資產和/或貨幣,而他們本身也會出走到他們感覺較安全之處。這些外流將會使國家稅收降低,並衍生一種典型的、自我強化的空洞化流程。**

- **當財富外逃的情勢惡化到某個程度,國家就會開始取締那類行為,這將

導致原本尋求出走的人變得更加恐慌。

- 一旦諸如此類動盪情勢發生，就會逐漸**削弱生產力**，而一旦生產力的基礎遭到侵蝕，就會導致**經濟大餅縮小**，並引發**更多和資源分配有關的衝突**（畢竟此時大餅已經萎縮）。這時，兩極化的民粹主義領袖將從各自陣營崛起，並誓言取得掌控權與維護秩序。**那是民主政治面臨最大挑戰的時刻，因為它無法控制各種亂象，最終形同陷入無政府狀態，也因為此時此刻受夠這一切的民眾，將最可能倒向一個有能力撥亂反正的強勢民粹主義領袖。**

- 當國內的衝突日益升高，便可能促使某種**旨在重新分配財富與強力促成重大變革的革命或內戰**發生。這些革命與內戰固然有可能以和平方式進行，並且不改變現有的內部秩序，但多數革命與內戰的**過程將充斥暴力，也會改變原本的秩序**。舉個例子，羅斯福的財富重分配革命相對和平，但基於同樣理由、也同樣是在1930年代在德國、日本、西班牙、俄羅斯與中國發生的那幾場革命，卻改變了那些國家的內部秩序，而且過程遠比美國那一場革命暴力。

這些內戰與革命會帶來我所謂的新內部秩序。我將在第五章探討內部秩序的變化如何會週期性地發生。不過，此時此刻我要強調的重點是，內部秩序的改變不盡然會導致世界秩序發生變化。**唯有當引發內部失序與動盪的力量和某個外部挑戰結合在一起時，整個世界的秩序才可能改變。**

外部……

- **當世界上有一個足以對現有強權國與現有世界秩序構成挑戰的新興強權逐漸興起，爆發大規模國際衝突的風險就會日益升高，尤其若現有強權國內正爆發內部衝突。通常國際上這個快速興起的敵對勢力，將會試圖**

利用現有強權國的國內弱點來謀取利益；若這個興起中的國際強權已建構了和現有強權國勢均力敵的軍事基礎，情勢將尤其險惡。

- 主要強權國為了對抗外國敵對勢力而展開的自我捍衛行動，將需要花費大量軍事支出，而即使此時這個強權國國內經濟情勢的惡化，已導致它幾乎無力支持那些軍事支出，它卻還是不得不繼續支持軍事相關開銷。

- 由於沒有和平裁決國際爭端的可行機制，**這些衝突通常會經由「勢力大考驗」的管道來解決**。

- 隨著挑戰愈來愈險惡，**主要帝國面臨「開戰」或「撤退」的艱難抉擇**。開戰且戰敗是最糟糕的結果，但撤退也好不到哪裡去，因為撤退會讓敵對勢力得寸進尺，並讓正考慮選邊站的其他國家認清哪一國比較弱。

- **惡劣的經濟情勢會引發更多財富與權力爭奪戰，而那不可避免又會引爆某種類型的戰爭。**

- **戰爭的代價高得可怕。在此同時，戰爭會引發促使世界秩序的必要板塊構造大位移，朝全新的財富與權力現實靠攏。**

- 一旦帝國日益衰敗，且持有其儲備貨幣與債務的人失去信心，並開始拋售那些通貨或債務，就代表該帝國大勢已去，也代表它的「帝國興衰大週期」已經結束。

當這些動力同時產生作用——負債、內戰／國內革命、海外戰爭與對其貨幣失去信心——通常代表世界秩序已悄然轉變。

下圖彙整了這些動力的典型漸進發展。

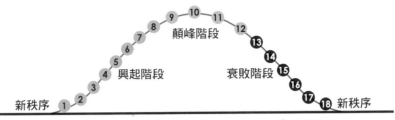

1 強勢的領導人
2 創造力
3 教育
4 健全的文化
5 理想的資源分配
6 優質競爭力
7 所得強勁成長
8 健全的市場與金融中心
9 生產力降低
10 過分擴張
11 失去競爭力
12 貧富差距
13 巨額債務
14 印製鈔票
15 內部衝突
16 失去儲備貨幣的地位
17 弱勢領導人
18 內戰／革命

　　我在前面幾頁丟了很多東西給你。或許你可以慢慢再次閱讀這些內容，看看這個序列是否合邏輯。我們稍後將更深入討論幾個具體的個案，屆時你就能看出這些週期的型態，只不過不是非常精確。這些週期發生的事實以及它們發生的原因比較沒有爭議，至於那些週期發生的確切時間點則較有爭議。

　　總而言之，生產力改善的上升趨勢能創造愈來愈多財富與愈來愈高的生活品質，而在這個趨勢的周遭，還圍繞著許多能創造繁榮建設期的週期，在繁榮建設期，國家基本面強勁，因為此時它的負債水準相對偏低，財富、價值觀與政治鴻溝相對較小，民眾有效團結合作共創繁榮，教育與基礎建設品質良好，且擁有強勢且能幹的領導班子，外部則有受一個或多個世界強權國家領導的和平世界秩序。這些時期既繁榮且愉快。不過，當這些週期的發展一如往例地漸漸流於過度，國家就會走向破壞與重組的蕭條期；到這個時期，國家存在高負債水準、巨大財富、價值觀與政治鴻溝等問題，另外，不同族群的民眾不再能真心團結合作、教育與基礎建設品質低落，且在新興對手的挑戰下，它也難以繼續維持過度擴張的帝國版圖；這一切的一切將使它陷入令人痛苦不已的鬥爭、破壞期，接著又進入旨在確立新秩序的重組期，而這個重組期將奠定下一

個建設期的基礎。

　　由於這些步驟是順著一些恆久有效且放諸四海皆準的因果關係、依據邏輯順序展開，所以，仔細研究這些衡量指標後，就有可能進而編製一個能表彰各國目前處境的健康指數。當一個國家的這些衡量指標健全／良好，代表它的狀況健全／良好，它接下來一段期間的狀況也就很可能健全／良好；當這些項目的評分疲弱／惡劣，代表這個國家的狀況疲弱／惡劣，它接下來一段期間的狀況也就很可能疲弱／惡劣。

　　下一張表格有助於描繪大局的概況，我將我們的多數衡量指標轉換成顏色，深綠色代表非常有利的數值，而深紅色代表非常不利的數值。從這些數值的平均值便可看出一個國家目前處於週期的什麼階段，它非常類似我用來衡量整體勢力的那八個數值的平均值。一如那些衡量勢力的數值，儘管我們能將那些數值重新配置，創造略微不同的數值，但它們僅具大致上的廣泛指示效果。列出這個表格的目的純粹是為了以釋例來說明典型的流程，而不是為了探討任何具體的個案。然而，我將在本書稍後篇幅列出所有主要國家的一些具體量化數值。

　　由於這些因素——無論是上升或下降——全部都傾向於互相強化，所以，巨大的貧富差距、債務危機、革命、戰爭和世界秩序的變化等常形成完美風暴（perfect storm）的傾向並非巧合。闡述帝國興起與衰敗的「帝國興衰大週期」看起來就像下圖。經濟蕭條、革命和戰爭所造成的破壞與重建時期（這是景況惡劣的時期，在這個時期，舊體系因經濟蕭條、革命與戰爭而幾乎徹底崩潰，但同時也奠定了新體系崛起的基礎）通常延續十至二十年的時間，不過，實際的延續時間有可能遠大於這個區間。這些時期是以灰色區域來標示。這些時期過後是較長的和平與繁榮時期，在這些景況良好的時期，聰明的人會和諧地團結合作，且沒有任何國家會願意與世界強權作對，因為它的實力過於強大。這些和平時期通常延續大約四十年至八十年，不過，實際的延續時間可能

各項指標在週期各階段的粗略量化評分

	興起階段	顛峰階段	衰敗階段
債務負擔 （經濟大週期）			
內部衝突 （內部秩序週期）			
教育			
創新與技術			
成本競爭力			
軍事實力			
貿易			
經濟產出			
市場與金融中心			
儲備貨幣地位			
資源分配效率			
基礎建設與投資			
個性／文明／決心			
治理／法律規定			
貧富、機會與價值觀差距			

深綠＝衡量指標健全／良好 ❻
深紅＝衡量指標疲弱／惡劣

❻ 我們並未將天災、外部秩序以及地質資源等納入週期分析。歷史不夠長久的決定因素的
數值則採用其他近似的因素取代。

遠大於這個區間。

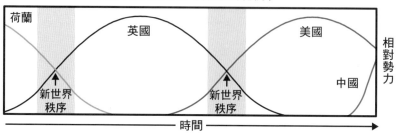

舉個例子，當荷蘭帝國被大英帝國取代，大英帝國被美國帝國取代時，都發生了以下多數甚至全部狀況：

舊帝國的結束，新帝國的開始
（例如荷蘭的結束，英國的開始）

- 債務重整與債務危機
- 內部革命（和平或暴力）：促使富人的財富被大規模移轉給窮人
- 外部戰爭
- 貨幣重大危機
- 新的國內與世界秩序

舊帝國的結束，新帝國的開始
（例如英國的結束，美國的開始）

- 債務重整與債務危機
- 國內革命（和平或暴力）：促使富人的財富被大規模移轉給窮人
- 外部戰爭
- 貨幣重大危機
- 新的國內與世界秩序

預覽我們目前所處的位置

誠如先前解釋的，上一個主要的破壞與重組時期是在1930年至1945年間發生，這個時期促成了從1945年起展開的建設期與新世界秩序，並催生了一

個全新的全球貨幣體系（1944年在新罕布夏州的布列敦森林建立），以及一個由美國支配的世界治理體系（將聯合國設在紐約，世界銀行與國際貨幣基金設在華盛頓特區）。由於美國當時是世界上最富裕的國家（當時美國掌控了全世界三分之二的黃金儲備，而黃金是當時的貨幣）、最具支配力量的經濟強權國（當時美國的生產量佔世界產量的一半）、最強大的軍事強權國（它壟斷核子武器，且擁有最強大的常規軍力），所以，那個全新世界秩序的產生堪稱天經地義。

在我撰寫本書之際——即時隔七十五年後——幾個主要的老帝國（這些帝國也是主要的儲備貨幣帝國）正以傳統的模式，漸漸走向一個長期債務週期的末期階段，在那樣一個階段，債務非常龐大，且典型的貨幣政策通常已無法發揮理想的成效。在政治層面上已四分五裂的各國中央政府，近期試圖藉由發放大量透過舉債取得的資金來填補財政漏洞，而各國中央銀行則試圖藉由印製大量貨幣，助中央政府一臂之力（也就是將政府債務貨幣化）。這一切又正好發生在財富與價值觀出現巨大鴻溝之際，而一個崛起中的世界強權在貿易、科技發展、資本市場與地緣政治等方面對當前首要世界強權的步步進逼，更使情勢顯得一觸即發。除此之外，就在我撰寫本書之際，我們還得應付一場大流行傳染病。

在同一時間，卓越的人類思考能力搭配電腦智慧，正創造出可解決上述多項挑戰的絕佳方法。如果每個人都能彼此和睦相處，我們必定能順利度過這個艱困時期，並繼續朝一個全新但截然不同的繁榮期前進。但在此同時，我也同樣敢說，未來一定會發生不少讓很多人受到重創的劇烈變化。

這就是這個世界一直以來的概要運作之道。現在，我將開始進行更詳細的說明。

第 2 章

興起與衰落的決定因素

我在上一章非常概要地描述了「帝國興衰大週期」。在這一章以及第一部的其他後續章節，我則將著重於說明我如何觀察這部永動機（perpetual-motion machine）的運作。我將在這一章檢視最重要的興衰決定因素，並摘要式地說明我如何將那些因素納入我的「模型」（model）。

俗話說「歷史總是似曾相識」，多數人也同意這個說法。歷史「似曾相識」的原因是，在歷史上，最重要的事件總是會重複發生，只不過，不是每次的狀況都完全相同。那是因為雖然暗中驅動著那些事件的因果關係是恆久有效且放諸四海皆準的，所有事物卻會以不同的方式發展並互相影響。不過，只要研究不同時期與地點的許多類似事件，就更能清晰歸納出那些事件的根本導因與影響。我的領悟是，歷史上持續不斷進化的故事發展就像是一部永動機，而驅動這部機器的，則是一系列隨著時間流轉而不斷進化、周而復始的因果關係。

我為了因應迎面而來的種種現實狀況而採取的流程是……

▪ **和這部機器互動，並試著了解它的運作方式。**

- 寫下我觀察這部機器運作方式的心得，並歸納出我所領悟的應對原則。
- 回測（Backtest）那些原則的長期適用性。
- 將這些原則轉化為方程式，並將之編寫為有助於我制定決策的電腦程式。
- 透過我個人的經驗與我對那些個人經驗的省思來記取教訓，如此才能進一步改善我的原則。
- 一次又一次不斷反覆進行這些步驟。

　　且讓我們想像一下一個畫面：一位棋手將他在不同情境下應走什麼棋步的條件記錄下來，並將這些條件轉化為編碼形式，寫進電腦棋友當中。每一位棋手都將他們最拿手的棋步寫進程式。人類棋手比較有發明創造力，思維橫向擴展（lateral），且更有推理能力，但電腦能以更快的速度計算更多數據，較有能力辨識模式，且較不情緒化。我目前正在做的事和上述棋手與電腦的那種夥伴關係很類似，那是一個無止境的學習、建構、使用與改善的過程，只不過，我的賽局是全球宏觀投資（macro investing），而非棋局。

　　為了讓你一窺我如何規劃我的投資操作，我將在這一章描述驅動帝國及其儲備貨幣之興衰的永動機，以及這部機器的運作原理——這是根據我截至目前為止對它的理解所歸納出來的描述。雖然我確信我的心智模型在很多方面難免謬誤且不完備，但這已是我目前為止可歸納的最完善模型，而且，事實證明，這個心智模型帶給我寶貴的收穫。現在我要把這個模型傳遞給你，供你研究與探討，請根據你個人的喜好，決定是否要採用它，你也可以根據這個模型，進一步發展屬於你自己的模型。我只希望能藉由這本書，鼓勵你和其他人思考那些恆久有效且放諸四海皆準的因果關係，其驅動我們未來將面臨的種種現實狀況，並思考因應那些現實狀況的最佳原則。我們是透過激烈的辯論與壓力測試等方式來改良這個模型，直至能歸納出一個多數人都認同的模型：一個和國家

興衰流程及其導因有關的模型。屆時我們只要採用那個模型，就能針對每個國家目前處於什麼階段歸納出共識，並根據這個共識採取最好的應對作為。這個模型不僅有助於個人保護自身利益，也有助於各國領袖保護國家利益。

我在上一章以非常簡化的方式，描述了決定帝國的演變與週期性興衰的因素──最重要的是，我說明了我心目中最首要的幾項「帝國興衰大週期」驅動因子。我將在這一章更詳細解釋這個模型。透過觀察，我發現過去五百年間的十一個主要帝國、過去一百年間的二十個最重要國家，以及中國過去一千四百年間的主要朝代，都反覆發生過許多類似的事態，這個模型就是以那些觀察為基礎。我必須澄清，我並不認為我對這些個案的了解堪比專業的歷史學家，而且，這些個案也只代表所有個案裡的極小百分比。對於早期歷史上某些最重要的帝國，像是羅馬帝國、希臘帝國、埃及帝國、拜占庭帝國、蒙古帝國、漢帝國、隋帝國、阿拉伯帝國和波斯帝國，我只是粗淺加以瀏覽而已，另外，我也完全略過世界各地很多帝國的興衰，像是位於非洲、南亞、太平洋群島以及殖民時代前的北美與南美等地的帝國。換言之，我沒涉獵的帝國遠比我研究的帝國多。儘管如此，我相信我的觀察已足夠歸納出一個適用於多數國家的優質思維模型。一直以來，這個模型對我助益良多，它讓我了解眼前發生的事代表什麼意義，更幫助我描繪未來的可能景象，儘管經由這個方式推演出來的未來景象依舊模糊，卻非常有價值。

我為這部永動機打造的思維模型

我們看得出人類從出生到死亡的生命週期，也能看見一個世代對下一個世代的影響；相同的，我們也看得出國家與帝國的生命週期及其影響。我們能看見價值觀、資產、負債與經驗如何傳承下去，也能看出這些事項的演變如何在各個世代造成的漣漪效應。所以，我們能夠判斷一個帝國何時接近顛峰、何時又開始衰敗。

●歷史上所有民族都擁有一系列管理民眾彼此相處方式的系統或秩序。我稱各國內部的這些系統為「內部秩序」，國與國之間的這些系統為「外部秩序」，而適用於整個世界的這些系統則稱為「世界秩序」。這些秩序會彼此影響，且隨時都在改變。那類秩序向來就存在於每一個層面——存在於家庭、企業、都市、邦／州與國家，乃至國際之間。那些秩序決定了誰擁有什麼權力，以及決策的制定方式，包括財富與政治控制權如何分配等。那些秩序是什麼？又如何運作？這些問題取決於人性、文化與環境。目前美國的民主系統內有一套特定的現成政治條件，但不管是那些條件或這個系統，都在一些恆久有效且放諸四海皆準的動力壓迫下不斷改變。

在我看來，不管是在任何時期的任何時刻，以下兩者雙雙存在：1）包括現有國內與世界秩序的現有條件組合；以及2）導致這些條件發生變化的恆久有效且放諸四海皆準的動力。 多數人往往過度關注現有的條件，較不留意導致變化發生的那些動力。我則恰恰相反，為了預知後續的可能變化，我選擇反其道而行，關注那些恆久有效且放諸四海皆準的動力。不管是**過去已發生與未來將發生的所有事物，勢必有一些決定因素導致或將導致那些事物發生。如果我們能了解那些決定因素，就能了解這部機器的運作原理，並預知我們接下來可能面臨的狀況，也因此能採取先發制人的行動。**

既然過去已發生以及未來將發生的所有事物都導因於這部永動機的不同環節之間的交互作用，那麼或許有人會說，一切早就注定。我相信那樣的說法，如果我們有一個能將所有因果關係列入考慮的完美模型，就能精準預測那個「注定的」未來——唯一的阻礙是：我們的能力不足，無法建造一個涵蓋全部因果動態的模型。雖然這個結論或許正確，或許不正確，但至少它傳達了我真正的想法，以及我努力想要追求的目標。

但多數人並不是用那個方式來看待世事。多數人相信未來不可知，並因此認定世界上沒有什麼事是注定的。我必須澄清，儘管擁有一個能幫助我們歸納

出那個「注定」未來的完美模型將會很棒（畢竟它能讓我們預見未來的清晰樣貌），但我並不指望我能打造出那種完美狀態的模型。我並不貪心，就算是一個粗陋的模型，只要它能持續改進，能幫助我相對勝過競爭者，並讓我創造出比沒有使用它時更好的成果，我就心滿意足了。

　　為了建構這個模型，我同時以量化與質化的方式來研究歷史，因為1）只要衡量各種狀況與那些狀況的變化，我就能更客觀判斷那些狀況背後的因果關係、發展一系列可能的期望，並據此將我的決策制定系統化；問題是，2）我無法以量化的方式衡量每件事物。

　　我的流程是研究很多個案，藉此觀測那些個案的決定因素如何對那些個案的特有樣貌產生決定性的影響。舉個簡單的例子，大量的債務（決定因素之一）加上貨幣緊縮（另一個決定因素），通常會造成債務危機（影響）。相似的，當我在上一章描述的三個大週期以非常糟糕的方式同時發生（債台高築且中央銀行印了大量鈔票；財富、價值觀與政治鴻溝引發內部衝突；以及一個以上的競爭強權興起），通常就會導致當前的帝國開始衰敗。

　　根據我的思維模型，不同決定因素之間的關係，以及那些因素在不同個案下所產生的影響如下：

永動機的運作方式＝（f）⋯⋯

	個案1	個案2	個案3	個案4	個案5	個案6	個案7	個案8	個案9	個案10等等
決定因素1	影響	影響	影響	影響	影響	影響	影響	影響	影響	影響
決定因素2	影響	影響	影響	影響	影響	影響	影響	影響	影響	影響
決定因素3	影響	影響	影響	影響	影響	影響	影響	影響	影響	影響
決定因素4	影響	影響	影響	影響	影響	影響	影響	影響	影響	影響
決定因素5	影響	影響	影響	影響	影響	影響	影響	影響	影響	影響
決定因素6	影響	影響	影響	影響	影響	影響	影響	影響	影響	影響
決定因素7	影響	影響	影響	影響	影響	影響	影響	影響	影響	影響

決定因素8	影響	影響	影響	影響	影響	影響	影響	影響	影響	影響
決定因素9	影響	影響	影響	影響	影響	影響	影響	影響	影響	影響
決定因素10	影響	影響	影響	影響	影響	影響	影響	影響	影響	影響

等等

決定因素所產生的影響會變成後續的決定因素，而在很多情況下，那些後續決定因素又會製造許多環環相扣的後續影響。所以，我們在研究每一個個案時，可以先觀察當時發生了哪些事態（影響），再分析是什麼因素（它的決定因素）導致那些事態發生。另一方面，我們也可以先研究那些決定因素，看看這些因素究竟是產生了什麼影響，才會造就出那些不同的個案。決定因素既是既存的現象，也是造成變化的能量：一如能量（energy）和物質（matter），到頭來這兩者是相同的。它們會創造出新的情境，也會創造出將引發下一批變化的新決定因素。

以上就是我實際上為這部永動機建模的方式。

三個、五個、八個與十八個決定因素

我在上一章說明了我認為影響帝國及其貨幣興衰最劇的三個大週期，以及八項最重要的決定因素。**由於決定因素非常多，要思考所有決定因素及各因素之間的交互作用，實在是件錯綜複雜的工程，所以，我建議你時時牢記一個重點：三大週期是最重要、最需要觀察的：1）優質與劣質金融週期（例如資本市場週期）；2）內部有序與混亂週期（導因於團結合作的程度，以及財富與權力爭奪戰等；而財富與權力爭奪戰多半是財富與價值觀鴻溝所造成）；以及3）外部有序與混亂週期（因現有強權國在競奪財富與權力時的好鬥程度而起）。**我希望你願意加入我的行列，一同試著了解這三個週期，並釐清各國處於這些週期的什麼位置。歷史和邏輯顯示，當一個國家的這三個週期同時處於

良好階段，它的國力就非常強大，且會繼續扶搖直上；但如果一個國家的這三大週期同步處於惡劣階段，它必然處於疲弱與日益衰敗的狀態。

　　如果要我增加兩個必需時時牢記的決定因素，我會選擇 4）創新與技術發展的速度（這代表解決問題並進行改善的速度），以及 5）自然災害，其中最重要的是旱災、洪澇與疾病。選擇這兩者的原因是，創新與技術進展能解決多數問題，並能促進進化，另外，在歷史上，諸如旱災、洪澇與疾病等自然災害，都造成極度巨大的衝擊。上述三大週期與這兩個決定因素，就是我所謂的「五大」最重要的動力，所以，當這些動力同時朝同一方向移動——朝改善或惡化方向移動——幾乎一切事物必然也會跟進。

　　我也介紹了我能夠衡量的勢力中，看起來最重要的八種勢力。參照以下清單，你可以連同當中所列的大週期，一起檢視這些因素。這些指標既反映了上升與下降波動，也是驅動那些上下波動的要素。我在第一章的「各項決定因素之主要典型興起與衰敗模型」圖（50頁）中，顯示了這些因素的平均數值——這些主要典型週期的路徑就是由這些數值連結而成。其中每一種類型的勢力都會呈現週期性的上升與下降，並與其他週期共同形成一整個帝國的興起與衰敗的「帝國興衰大週期」。

　　另外還有諸如地質資源／地理、法律規定以及基礎建設等等其他重要的決定因素。被納入模型的那十八項決定因素❶的完整清單請見下一頁。你也可以在第十四章的結尾找到這十八個決定因素的詳細描述。

---

❶ 我想澄清一下「決定因素」和「週期」之間的差異，因為我使用這些用語的方式有時不太明確。決定因素是一個要素（例如貨幣的供給），而週期是一系列自我強化且會導致各項事件朝某個特定方式發展的決定因素——例如中央銀行創造大量貨幣與信貸供經濟體系使用，最終會促使經濟強勢成長、通貨膨脹與泡沫等結果，而那些結果又會促使中央銀行轉而降低貨幣供給，貨幣供給的降低會導致市場與經濟走下坡，而那又會促使中央銀行再次增加貨幣供給，以便……等等。所以，週期本身也是由一系列互補的動力（這些動力在一個流程裡相互作用，且總是隨著時間推移，反覆製造相同的結果）組成的決定因素。

三大週期

健康	大規模債務／貨幣／資本市場／經濟大週期	不健康

有序	內部有序與混亂大週期	失序

和平	外部秩序與失序大週期	戰爭

其他關鍵決定因素（八項衡量勢力的關鍵指標）

高	教育	低

高	創新與科技	低

強	成本競爭力	弱

強	軍事實力	弱

有利	貿易	不利

高	經濟產出	低

強	市場與金融中心	弱

強	儲備貨幣地位	弱

額外的決定因素

有利	地質資源	不利

有效率	資源分配效率	無效率

有益	自然現象	破壞

我發現要在腦袋裡測量與權衡上述所有因素以及其他所有重要即時動態，根本就是不可能的任務。也因此，我借助電腦來分析這些因素與動態。我將會在第十四章未來展望的附錄，分享我對十一個大國的分析。我也在economicprinciples.org網站上提供二十大國家的某些組成要素的詳細資訊。

雖然這些決定因素本身沒有一個具有絕對的決定性，但我想你一定會發現，綜合考量這些因素後，就能相當清晰地看出一個國家目前處於它的生命週期的什麼位置，以及它未來將何去何從。為了讓這件事更有趣一點，你或許可以稍微做個練習：針對你有興趣的每個國家的每項衡量指標進行勾選。將每個國家的每項特質，依照一到十的等級加以排列，最左邊是十，最右邊是一。如果將這些等級全部加起來的數字愈高，代表那個國家相對處於興起階段的或然率愈高；數字愈低，代表它趨向沒落的可能性愈高。請花一點時間計算一下美國處於什麼位置，中國處於什麼位置，以及義大利與巴西等又落在什麼位置。

由於我想要盡可能將這整個研究系統化，所以我努力將所有的要素盡可能量化輸入一個決策系統。幸好有團隊相助，目前我已開發出一組觀察諸如內部與外部衝突、政治鴻溝等狀況的衡量標準，這些標準能幫助我更加了解各國處於各自週期的什麼位置。另外，我將某些較不關鍵的決定因素加總起來，作為關鍵決定因素的附屬組成要素。

　　雖然我分別衡量與描述那些決定因素，但那些因素之間並非毫無關係。這些決定因素會彼此交互作用，並融合在一起，**它們通常會互相強化，也會強化整個週期的上升與下降**。舉個例子，較健全的教育將促成較強盛的技術創新，而那又會促使生產力提高，並造就貿易佔比上升、財富增加、更強大的軍事實力等結果，最終更將促成儲備貨幣的確立。此外，擁有強勢的領袖、較高教育水準且彼此文明相待的民眾、高效分配資本與其他資源的系統、能取得天然資源的地質條件以及有利的地理位置等，都非常有幫助，而一旦這些要素下降，也傾向於同步下降。

　　當然，並非所有指標皆能以數字和方程式的形式來表達；諸如人性與權力關係會對人類行為和結果造成影響，用文字來描述會更貼切。我將那些無法以數字和方程式表達的要素稱為動態（dynamics）。下表列出了我在評估各國目前所處的週期位置，以及它們未來的可能發展等時，時時惦記的其他主要動態。

<h3 style="text-align:center">需留意的動態</h3>

國家	自利	個人
重要	獲得財富與權力的欲望	**不重要**
深入	從歷史吸收教訓	有限
強	多重世代心理週期	弱
長期	決策的時間範圍	短期
稱職	領導才能	羸弱
開放	廣納全球思維的程度	封閉

創造力	文化	**無創造力**

合作	階級關係	**分裂**

溫和	政治左派／右派	**極端**

合作	囚徒困境	**交戰**

雙贏	關係	**雙輸**

有利	權力平衡	**不利**

和平	和平／戰爭週期	**戰爭**

　　要留意的因素和動態實在太多了，但我認為這些因素和動態既太多又太少。我所謂的「太少」是指這些因素和動態還不足以完全且妥善地處理這個主題（畢竟很多書和博士論文用了全部的篇幅聚焦在這個主題），而我所謂的「太多」，則是指有太多動態需要處理與消化。我已試著將我透過這些因素與動態獲得的一小部分體悟加入後續的結論。這一章後面的附錄會更完整敘述其中許多動態，如果你有興趣，可以更深入探索那些內容。**儘管我確信後續的內容並未能納入所有最重要的決定因素，但我也敢肯定地說，我在這一章與後續幾個章節特別強調的決定因素，都是反覆驅動歷史上最重要事件的最重要影響力。**當然，我期待並歡迎其他人能給我一些指正和導引，好讓我的說明變得更完整。

探索決定因素與動態

　　我發現，若知道各國面臨什麼樣的不同環境，也知道那些國家向來以什麼

樣的策略和集體動態來應對這些環境，就更能理解它們後續可能採取什麼行動，也會知道這些行動將會對關鍵決定因素產生怎樣的影響。我將會更深入解釋我如何看待這一切。我將會以「由上而下」的方式來檢視這部機器。

我認為，驅動各項事件的決定因素與動態可分為兩種類型：

1. **先天決定因素**：包括一國的地理、地質資源以及自然現象，如氣候與疾病。
2. **人力資本決定因素**：這是指民眾自處以及彼此相處的方式。這些決定因素受人性與不同的文化（不同的文化使民眾的手段與方法各有差異）驅動。

這兩大類各包含很多重要因素，包括高度專屬特定國家的特質（例如地理位置），乃至放諸四海皆準的特質（例如人類重短期滿足而輕長期目標的天生傾向），而且所有層級，不管是個人、都市、國家或帝國，都可看見這些因素。

先天決定因素

我所謂一國福祉的先天決定因素，是指它的地理、地質資源、譜系與自然現象。這些因素是決定每個國家與每個民族的歷史發展的重大驅動因子。舉個例子，如果你不知道美國和歐洲與亞洲列強之間相隔著兩片大洋，並天生擁有攸關經濟繁榮與自給自足所需的多數礦產、金屬與其他天然資源，包括讓它得以自產多數必要食物的耕種土壤、水，與合宜的氣候，你就不會了解美國何以能有如今的成就。這些因素讓美國得以大致維持孤立主義政策，直到大約一個多世紀前，教育、基礎建設投資與各方面的創新，才讓美國變得強大。現在，且讓我們概要檢視這些因素。

1. 地理。一個國家位於何處、周遭有些什麼，以及它的地形地貌等，都是重要的決定因素。舉個例子，美國與中國的地理——雙雙擁有遼闊的幅員，且被大山與大水等天然屏障圍繞——使它們具備一種成為完整大國的傾向，並提高了民眾的共同性（例如使用共同的語言，被共同的政府治理，以及受共同的文化薰陶等）。相反的，歐洲的地理強化了它分裂為不同邦／州／國家的傾向（換言之，歐洲內部分布著遠多於美國和中國更多的天然屏障），並使民眾之間的共同性降低（例如使用不同的語言，被不同政府治理，受不同文化薰陶等）。

2. 地質資源。在一國地表上或地底下的天然資源非常重要，不過，我們認為賦予地質資源的評價，不宜相對高於對人力資本的評價。歷史告訴我們，每一項原物料商品的價值都是下降的（調整過通貨膨脹後），只不過，那一條下降趨勢上，還存在著許多大型的上漲與下跌週期。原物料商品價值下降的原因是，發明創造力改變了人類需要的事物——例如新能源來源取代了舊能源、光纖電纜取代了銅線等——且天然資源會隨著時間逐漸損耗。很多中東國家的財富、權力與對整個世界的重要性，曾隨著石化產品的重要性提高而上升，但隨著這個世界逐漸減少石化燃料的使用，其財富、權力與對世界的重要性將可能降低。高度仰賴一項或少數幾項原物料商品的國家，是處境最脆弱的國家，因為原物料商品的週期性非常高，且有時候甚至會變得一文不值。

3. 天然災害。大自然的傑作會以很多形式發生，例如流行病、洪澇與旱災。自有歷史以來，那些天災對各國福祉以及各國進化路線的影響，甚至超過戰爭與經濟蕭條的影響。據估計，1350年前後因黑死病而身故的人口，介於七千五百萬至二億人，而到二十世紀，因天花而身故的人更超過三億人，比在戰爭中死亡的人口多一倍以上。旱災與洪澇則是引發大規模飢荒與人命的折

損。那種災難傾向於在出乎意料的情況下發生，而且那些災難就像是壓力測試，會使受影響的社會的根本優勢與弱點變得一覽無遺。

4. 譜系。關於譜系，我並非遺傳學專家，所以我只能說，所有民族的行為多多少少都受一些與生俱來的基因影響，所以，我可以合理推斷，一國全體民眾的基因構造，理應會對這個國家在各方面的結果造成某種程度的影響。話雖如此，我也應該強調，我見到的多數證據都顯示，在不同國家的人口之間，只有非常小百分比（15%以下）的民眾行為差異可能和遺傳差異有關，所以，相較於我提到的其他影響力，基因似乎是相對次要的決定因素。

人力資本決定因素

●雖然一個國家承襲而來的資產和負債非常重要，歷史卻顯示，民眾自處以及和他人相處的方式，才是最重要的興衰決定因素。我所謂自處以及與他人相處的方式，是指民眾是否為了成為社會上具生產力的成員，而恪遵高行為標準、自律，並以文明的方式與他人相處，這是最重要的。這些特質加上彈性與韌性（也就是不管遇到「壞事」或「好事」都能通權達變的能力），讓民眾得以將挫折最小化，且將機會最大化。一個社會要擁有生產力，有賴多數人的性格、常識、創造力與思考力來成就。

由於資本是一種能創造收入的資產，所以，人力資本可定義為能產生收入的人。●當一個人有能力創造高於自身支出的收入，就代表他們有優質的人力資本，且能自給自足。我稱這樣的狀況為「加強版自給自足」，如果全體民眾、企業以及國家想要追求個人與集體的健全財務狀況，就應該努力追求這個「加強版自給自足」狀態。只要透過品質教育、培養勤奮與合作的文化，以及訓練等，就較可能擁有優質人力資本，且能維持「加強版自給自足」。沒有優

質人力資本的社會不是不斷消耗它們的資源，就是日益深陷它們無力償還的債務泥淖（換言之，這些社會遲早會陷入困境）。

●雖然很多國家擁有可取用的天然資源，人力資本還是最重要的永續資本，因為承襲而來的資產會隨著取用而逐漸枯竭，最終甚至全部消失，但人力資本卻能永久長存。

民眾因擁有人力資本而有能力提出新概念、實現那些概念（例如企業家），並進而擊敗擁有龐大資源的巨擘（例如伊隆‧馬斯克〔Elon Musk〕及他創辦的特斯拉〔Tesla〕，已和擁有豐富資源的通用汽車〔General Motors〕、福特〔Ford〕與克萊斯勒〔Chrysler〕匹敵；另外，史帝夫‧賈伯斯〔Steve Jobs〕和比爾‧蓋茲〔Bill Gates〕草創的電腦公司，皆已超越了諸如IBM等巨擘，等等）。優秀的人力資本讓民眾得以克服自身的弱點、找出機會，並善加利用那些機會獲益。諸如荷蘭、英國、瑞士與新加坡等小國家之所以能實現偉大的財富與（對某些個案而言）勢力，都是拜人力資本之賜。

最重要的人性決定因素

無論是生活在什麼時空背景，所有民眾的人類本性都是相同的，這讓他們顯得相似，而非不同。因此，民眾面臨相似的情境時，會做出相似的行為，這就是「帝國興衰大週期」會形成的關鍵因素。

5. 自利心。自利心——尤其是自我求生的欲望——是多數人、組織和政府的最強大行為動機。然而，在一個社會上，哪一種自利心最要緊——例如個人的、家庭的與國家的，則是決定那個社會成敗的關鍵因素。細部說明請見這一章的附錄。

6. 獲取與維護財富及權力的欲望。追求財富與勢力是個人、家庭、企業、邦／州與國家的重要行為動機之一，只不過，這並非絕對，因為不同的個人、家庭、企業、邦／州與國家對財富與權力的重視程度（相對於其他事物）各有不同。在某些人眼中，生活中的其他事物比起財富與權力重要得多。不過，多數人，尤其是已經成為最有錢且最有權力的人，總是無所不用其極地追求財富與權力。**一個國家要維持長期的成就，它的收入必須至少等於它的開銷。收入與支出適中且擁有結餘的國家，一定比收入與支出遠高於那個國家但發生赤字的另一個國家更可能維持永續的成就。歷史顯示，當個人、組織、國家或帝國的支出超過收入，他（它）總有一天會面臨苦難與動盪局面。**請參閱附錄的更詳細說明。

7. 資本市場。儲蓄的能力以及透過資本市場取得購買力的能力，是攸關國家福祉的關鍵要素。基於那個理由，資本市場的發達程度是決定一國成就的重要因素之一。

8. 記取歷史教訓的能力。多數人並沒有記取歷史教訓的能力，而缺乏這項能力會造成一種妨礙，只不過，不同社會受到的妨礙各有差異。舉個例子，中國人非常精於記取歷史教訓。透過個人本身的經驗來記取的教誨並不夠，因為誠如先前所解釋的，很多最攸關重大的教訓並不是經常發生，有人甚至一生都未曾有過那樣的經歷。事實上，以人的一生來說，未來的很多遭遇不僅不會和過去的遭遇相似，甚至多半會相反。因為週期開端的和平／繁榮期，正好和週期末端的戰爭／衰退相反，所以，民眾在人生稍後階段遭遇到的狀況，較可能和早前的遭遇相反，而較不可能相似。更具體來說，我個人認為，如果你不了解至少1900年以後發生的種種事態，也不知道目前發生的很多狀況其實和那些事態互相關聯，那麼，你未來陷入困境的可能性一定很高。

9. 大型多重世代心理週期。不同世代的想法因各世代民眾的不同經驗而有所差異，而這會導致不同世代以不同的方式制定決策，而不同的決策方式又會影響到他們的遭遇以及後續世代的遭遇。 從「富不過三代」這句諺語就可見一斑。典型的長期債務週期大約就是延續三代的時間。然而，歷史告訴我們，若能善加管理這些週期——即維持連續許多世代的強大人力資本——週期便可生生不息地延續許許多多的世代。這個多重世代週期可分為這一章附錄裡描述的幾個階段。

10. 重短期滿足、輕長期福祉。 這是攸關個人與社會各有成敗的另一個差異化要素。重長期福祉而輕短期福祉的人與社會傾向於較成功。人類重短期享樂而輕長期福祉的天然傾向，會加劇週期的高點與低點，因為這個傾向會導致人類為了將提前享受好時機而犧牲未來。那樣的傾向會以很多有害的方式發生，最經典的方式是製造債務型榮枯週期。而因政治動態運作方式（譯注：例如每幾年就一次選舉週期）的緣故，各國政府尤其容易受這個傾向左右。更具體來說，a）政治人物更容易產生重短期而輕長期利益的動機；b）他們不喜歡受到限制，也難以做出棘手的財務取捨（例如選擇要把錢花在國防的軍事用途，或是花在社會計畫上等取捨），以及c）藉由課稅來剝奪民眾的金錢，可能對他們的政治前途造成威脅（所以他們寧可採行其他更短視的方案）。這一切的一切會引發許許多多的政治與其他問題。

11. 人類的創造力。人類最了不起的能力是驅動人類進化的力量，這股力量的表現就是愈來愈高的生產力與愈來愈高的生活水準。 人類擁有不同於其他物種的獨特學習能力與發展智力的獨特能力；此外，人類發明了各式各樣能顯著改善自身環境的事物，並在各方面創造長足的進展。這些進展形成了我在第一章說明的那個向上的螺旋模式。只要看看其他物種，就能想像若人類沒有這

個能力會如何。若沒有人類的獨特發明創造能力，人類一代接一代的生活將會非常類似，而在那樣的情況下，由於新事物遠比目前少，所以，生活上的驚喜與進展也將乏善可陳。事實上，人類歷史上的某些時期就是那麼乏善可陳。然而，不同社會的狀況差異甚大。更詳細的說明請見這一章的附錄。

受文化影響的決定因素

12. 文化。俗話說「文化就是命運」。文化差異——民眾認為人與人之間該如何相處的想法的差異——極度重要。所有社會都會根據他們所認定的現實世界運作方式來創造文化，也會提供一些原則來引導民眾應對現實，其中最重要的是指引人與人之間該如何相處的原則。文化是驅動每個社會的正式與非正式運作之道的根本力量。知名或沒沒無聞的個人如耶穌基督、孔子、穆罕默德、佛陀、馬哈維亞（Mahavira）、古魯·那納克（Guru Nanak）、柏拉圖、蘇格拉底、馬克思（Karl Marx）以及很多其他人，都傳達了各式各樣的生活方法，這些方法被記錄在諸如希伯來聖經與新約全書、塔木德（Talmud）、古蘭經、易經、四書五經、論語、奧義書（Upanishads）、博伽梵書（Bhagavad Gita）、梵經（Brama Sutras）、《冥想》（*Meditations*）、《理想國》（*Republic*）、《形而上學》（*Metaphysics*）、《國富論》（*The Wealth of Nations*）以及《資本論》（*Das Kapital*）等雋永的文獻裡。這些人與這些文獻，外加科學家、藝術家、政治人物、外交人員、投資人與心理學家等的發現（這些各色人等都各自遭遇不同的現實，並以各自的通權達變方法來適應那些現實），共同決定了人類的文化。

13. 廣納全球思維的胸襟。這是衡量實力的理想領先指標，因為自我孤立

的實體傾向於錯過世界上最卓越的實踐方法，最終逐漸弱化；相對的，學習世界上最卓越的事物，有助於民眾獲得最佳表現。孤立狀態也使它們無從面對世界最優秀競爭者的挑戰，並因而無法從中獲益。歷史上充斥許多孤立國家的個案，有些是為了保護本國文化而自行選擇與外界斷絕（例如中國的唐末、明末，以及中華人民共和國初期，還有日本的江戶時期），有時候，則是因為自然災害與內戰等環境而與世隔絕。這兩種理由都導致它們的科技落後，並衍生非常可怕的後果。事實上，科技落後是帝國與朝代衰敗的最常見原因之一。

14. 領導才能。我到目前為止提到的所有事物，都會受掌握領導地位的人影響。生活就像一場西洋棋賽或中國的圍棋比賽，賽局裡的每一步棋都有助於決定結果，而某些棋手就是技高一籌。未來將有愈來愈多棋步將仰賴電腦的幫助，不過，目前人類還是棋局的主導者。綜觀歷史後，就會發現歷史的路線反覆不斷地被諸如政府、科學、金融和商務、藝術等等關鍵領域的相對少數人的獨特性（有時是卓越的獨特性，有時是糟糕的獨特性）改變。每個世代之間的差異，都是大約區區幾百人的傑作。所以，只要研究這些關鍵人物扮演這些關鍵角色時的表現、他們在不同局面下的作為，以及他們的作為所造成的後果等，就能幫助我們了解這部永動機的運作方式。

個人與群體之間交互作用形成的決定因素

15. 貧富差距。巨大且持續擴大的貧富差距傾向於引發較大的衝突期，尤其是當經濟狀況惡化且民眾為了爭奪日益縮小的經濟大餅而戰時。

16. 價值觀鴻溝。財富固然重要，但民眾不只為財富而戰。價值觀（例如宗教與意識型態）也很重要。歷史顯示，當價值觀鴻溝持續擴大——尤其是高

經濟壓力時期——通常也會造成較大的衝突時期，而當價值觀鴻溝縮小，則傾向於帶來較大的和諧期。這項動態受以下事實驅動：民眾傾向於受成員之間的共通點吸引，並緊密結合為團結一致的部落（通常是非正式的）。那樣的部落自然會以符合其成員的共同價值觀的方式互動。而事實也證明，一旦碰上壓力狀況，價值觀落差較大的民眾之間，較容易發生較大的衝突。他們經常會將其他部落的成員妖魔化，而不會承認其他部落其實也都和他們本身一樣，只是以他們所知道的最佳方式努力追求自身利益罷了。

17. 階級鬥爭。●在歷史上所有時刻的所有國家，民眾都會被分成不同的「階級」（有些人是自己選擇和類似的人組成一個階級，有些則是被別人指派到某個階級），只不過程度有所不同而已。通常掌握權力的階級是佔人口非常小百分比的三或四個階級。民眾所處的階級通常決定了他們擁有什麼朋友與盟友，也會決定他們與誰為敵。因為人類刻板印象的緣故，所以無論民眾是否願意，都會被分到各自所屬的階級。雖然富人與窮人是最常見的階級區別，世界上還有很多其他重要的階級之分，像是人種、族裔、宗教、性別、生活方式、地點（例如農村相對都會區）以及政治（右派相對左派）。在「帝國興衰大週期」的初期階段，由於時機良好，所以，不同階級之間通常較和諧相處，而當這個週期漸漸進入尾聲，整體情勢趨於惡劣，就會發生愈來愈多階級鬥爭。**階級之間的戰爭會對內部秩序造成深遠的影響**，我將在第五章探討這個議題。有關這項決定因素的更詳細說明，請見這一章的附錄。

18. 政治左派／右派週期。所有社會都會在政治左派與政治右派之間擺盪，這些擺盪決定了財富與權力的分配方式。這些擺盪有時是以和平方式發生，有時則非常殘暴，所以是非常需要了解的要素。典型來說，政治左／右派週期是受資本市場的大週期以及財富、價值觀與階級分裂的週期所驅動，因為

這些週期都會製造一些政治變革的動力。當資本市場與經濟體系欣欣向榮，財富落差通常會擴大。雖然某些社會確實成功在左派和右派之間取得相對理性且穩定的平衡點，但那樣的社會畢竟是少數，比較常見的是在這兩個基準之間週期性往返擺盪的狀況。帝國的興衰過程中常會發生這類擺盪，整個週期大約為期十年。「帝國興衰大週期」末期必然發生的大型經濟危機經常預示革命即將到來。更詳細的說明請見這一章的附錄。

19. 為求和平而必須解決的囚徒困境（Prisoner's Dilemma）。 囚徒困境是賽局理論（game theory）裡的一個概念，這個概念說明，即使對雙方而言的最佳方案是合作，但殺掉對方卻才是合乎邏輯的選擇。那是因為生存是最至高無上的選項，而儘管你不確定對手是否會攻擊你，但你卻肯定知道，唯有對方在你打敗他們之前先打敗你，情勢才對他們有利。正因如此，要避免致命的戰爭，雙方最好是建立一種互相保證的保護措施。交換利益以及建立一些不容失去的相互依存關係，能進一步降低衝突爆發的風險。

20. 彼此之間是雙贏關係抑或雙輸關係。 雙方要維持哪種關係，端視各自的選擇。所有層級的關係都一樣，小至個人關係，大至國家關係皆然。最根本的是，雙方可選擇要維持一種雙贏的合作關係，或者要維持一種互相威脅的雙輸關係——也就是說，雙方可選擇要成為盟友，還是要成為敵人——只不過，雙方實際上採取的行動會決定它們將維持什麼類型的關係，以及彼此是否能有效維持這個關係。當然，競爭者之間也可能維持雙贏關係，只要雙方不對另一方構成生存威脅即可（見囚徒困境）；而只要雙方知道另一方的生存紅線，並尊重那條紅線，就有機會維持雙贏關係。雙贏關係中的兩方可能會展開棘手的協商，一如市集上兩個友好的商人，或是奧運賽場上的兩個團隊。維持雙贏關係顯然優於維持雙輸關係，不過，有時候雙方之間難免會存在一些無法藉由協

商來敉平的重大歧異。

21. 驅動一國境內與國與國之間的和平／戰爭大週期的權力平衡大週期。權力平衡機制就是盟友與敵人為取得財富與權力而努力的機制,這是一種恆久有效且放諸四海皆準的動態。這是驅動幾乎所有權力鬥爭(從辦公室政治、地方政治、國家政治乃至地緣政治)的要素,只不過,在不同文化背景下,這種爭奪權力的賽局略有不同——例如西方社會的權力鬥爭賽局比較像西洋棋賽,而亞洲社會的則較像圍棋賽——只不過目標都是相同的:要凌駕在另一方之上。權力鬥爭永遠存在且處處存在,而且看起來似乎都是沿著一系列一致的步驟發展,我將在第五章討論內部秩序時,更詳加說明(只不過,這些動力不僅適用於內部權力鬥爭,也適用於外部權力鬥爭)。關於權力平衡週期運作方式的更完整解釋,請見這一章的附錄。

22. 軍事實力與和平／戰爭週期。歷史顯示,軍事實力(不管是本國的軍事實力或是經由結盟而獲得的另一國軍事實力)是攸關結果良窳的關鍵決定因素,有時候是因為光是武力本身就已是一種威脅,有時候則是因為實際上需要使用武力。軍事實力可輕易觀測與衡量,但也可以經由質化方式來衡量。在國際上,軍事實力尤其重要,因為國際上沒有有效的國際司法管轄與強制執行系統。這促使各國需要經由戰鬥來測試它們的相對實力,並形成我所謂的和平與戰爭週期,我將在第六章討論外部秩序週期時,詳細解釋這個週期。

這些要素共同決定內部秩序、外部秩序,
更決定這些秩序如何變化

根據我的反覆觀察,上述所有因素決定了所有民族的財富與權力水準及其財富與權力興衰。我觀察到,這些因素共同創造了一國民眾和／或其領導人物

所處的環境，也共同形塑了他們面對那些環境的方式。換言之，這些因素是形成內部與世界秩序以及驅使這些秩序發生變化的動力。

●一如其他所有事物，內部秩序與世界秩序總是隨著時間不斷進化，並促使環境不斷向前推進，因為現有的環境會彼此發生交互作用，並和催生它們的那些動力產生交互影響，進一步創造出新的環境。

一系列合乎邏輯的因果關係帶來進化，在這當中，現有的條件與決定因素會催生各種變化，這些變化又會創造一系列新條件與決定因素，而那些新條件與決定因素又會催生新的變化等等，一如物質與能量在一部永動機中的交互作用。由於特定一組環境會製造出一組有限的可能性，所以，只要能正確辨識環境，並了解箇中的因果關係，就能更加了解接下來可能發生什麼事、推敲那些事態發生的可能性，並知道如何做出明智的決策。

舉個例子，目前所有國家都各有一套選擇新領袖的方法。以美國來說，總統是由選民根據憲法明定的民主制度選出，但民眾選擇如何在這個制度內運作，也會影響到當選結果。這個方法的成效取決於這兩者的效率，而這些效率又是先前的決定因素所造成的結果，像是上一代的人因應並修改這個制度的效率。目前在這個制度內互動的民眾和先前世代透過這個制度互動的民眾並不一樣──先前的民眾生活在與當今不同的環境、受那些不同的環境影響──所以我們應該預期當今的選舉會出現和以前不同的結果，因為當今的民眾和過往世代的民眾畢竟有所不同。

若沒有辨識那些差異的歷史觀，你將處於不利的地位。而一旦我們看見那些差異，也了解這部永動機如何運作，就能觀察到不同制度（如共產主義、法西斯主義、專制主義、民主政治以及從這些制度進化或組合而成的制度，如中國特色社會主義等）如何隨著時間而不斷進化。而若能觀察到這些制度隨著時間的進化，就能根據民眾如何選擇彼此相處，以及人性如何影響民眾的選擇等，想像分配財富與分派政府政治權力的新型態內部秩序可能會如何進化，並

想像那會對我們的生活產生什麼影響。

　　現在我已粗淺說明了我個人思考世界運作之道的思維模型，接下來，在第一部的後續內容，我將更詳細聚焦在最重要的決定因素——也就是債務與資本市場、內部秩序與外部秩序等三大週期。我也會說明我認為這一切對投資有何意義。在繼續閱讀後續內容以前，你或許可以先參閱這一章的附錄，這份附錄更詳細補充了我在這一章簡略討論的部分決定因素。不過，如果你覺得那些內容讀起來很頭痛，請自行略過，那正是我把那些內容列為附錄的原因。

第 2 章
興起與衰落的決定因素附錄

我在第二章介紹了一些我認為可能值得更深入解釋，但又不想佔用章節主體篇幅的概念（因為這些探討內容可能會過分詳細），所以，我決定將這些內容列為這一章的附錄，如果你有興趣進一步探討那些概念，可以閱讀這篇附錄。為了便於對照，我會根據第二章的標題和編號來討論每一個決定因素或影響因素。

5. 自利心。儘管自利是多數民眾、組織和政府的主要行為動機，但究竟哪個「自我」才是最要緊的？是個人、家庭、部落（即社區）、邦／州、國家、帝國、人類、所有生物，還是宇宙？下圖列出了可能的單位。愈往上的單位涵蓋面愈廣，愈往下方的單位則愈窄。想想看，你的社會裡的多數民眾以及你個人願意為了什麼而犧牲生命？

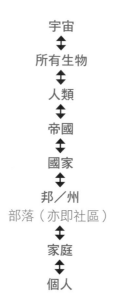

宇宙
⬍
所有生物
⬍
人類
⬍
帝國
⬍
國家
⬍
邦／州
部落（亦即社區）
⬍
家庭
⬍
個人

　　民眾最依戀的「自我」，就是他們最願意不惜一切保護的那個「自我」，而保護這個自我的意願將驅動民眾的行為。舉個例子，當民眾願意為國家犧牲生命，他們的國家將較可能獲得保護，而當民眾較重視個人的「自我」，就傾向於從致命的戰場上落荒而逃，國家也因此失去保護。若一國國內的很多民眾認為部落遠比國家重要，那麼，這個觀念將形成一種全然不同（相較於重國家、輕部落的觀念）的動態。那正是**我認為這個動態值得關注的原因**，尤其是處於衝突的情境下。

　　多數民眾與社會最重視哪個層面的「自我」？觀察各個國家的歷史後，**我發現，民眾與社會最重視的那個「自我」是會改變的**。舉個例子，在大約1650年前，❷ 民眾較重部落與邦／州而輕國家。歷史顯示，民眾組成的群體

---

❷ 1648年的西發里亞和約（Peace of Westphalia）創造了許多我們目前所知道的國家，即主權國家。

以及他們最重視的群體，總是不斷進化。個人與家庭聚集在一起，便構成一個部落（即一個社區）；部落（即社區）的聚集則會構成一個邦／州（例如喬治亞州），而邦／州的聚集將形成一個國家（例如美國）；被統一控制的國家或邦／州聚集在一起，則構成一個帝國（例如大英帝國）。有時候，較小族群會團結為較大的族群，而在這個過程中，疆界會出現變化。舉個例子，在過去一百五十年的歐洲，很多邦／州團結為民族國家，其中很多國家又結合成為歐盟。不過，有時候原來的族群則會分裂為較小的單位。舉個例子，蘇聯就分裂成為它的組成國家，而某些中東國家則分裂為彼此征戰不斷的部落。

過去幾年，整個世界從傾向全球化，漸漸走向民族主義。在此同時，隨著美國民眾對人與人之間的相處之道抱持愈來愈分歧的看法，所以美國國內的凝聚力似乎漸漸降低。這些分歧的看法正導致民眾遷移到較符合其個人偏好的州，並導致那些州作為單一個體時的意義，高於作為統一狀態下的美國一州。歷史與邏輯顯示，當這些國內與國際秩序發生變化時，通常會伴隨著衝突的發生，因為民眾對那些秩序的應有運作方式意見紛歧——例如州的權利相對全國的權利應如何分配等。由於多數民眾以前未曾體驗過那樣的變化，所以，他們並未能即時體察到那些變化的真正意義。我們必須即時跟蹤那些變化，因為那些變化意味著控制點（locus of control）的轉變，而那通常意味著個人權利與義務的變化。

且讓我們思考一下。你目前觀察到什麼現象？你觀察到的是漸漸凝聚，還是漸漸分崩離析的現象？從什麼程度變成其他的什麼程度？這些變化對你有何寓意，對你想要前往的地點又有何寓意？

6.獲取與維護財富及權力的欲望。基於討論後續章節那幾個大週期的目的，我們應該更具體定義什麼是財富，並探討財富對擁有財富及缺乏財富的國家分別有何影響。我相信以下幾個觀點大致上是正確的：

財富＝購買力。為了不流於吹毛求疵，且讓我們將財富統稱為購買力，用以區分它和貨幣與信貸的差異。這個區別很重要，因為貨幣與信貸的價值會改變。舉個例子，當很多貨幣與信貸被創造出來，貨幣與信貸的價值便會降低，所以，擁有更多貨幣不盡然能讓人擁有更多財富或購買力。

實物財富 ≠ 金融財富。實物是民眾因想要擁有而購買且使用的事物，例如房子、車子、串流視訊服務等等。實物財富擁有內在價值（intrinsic value）。金融財富則是由金融資產組成，持有金融資產的目的是要：a）在未來收取綿延不斷的收入和／或b）在未來出售，以換取貨幣來購買民眾將來想要的實物資產。金融財富沒有內在價值。

獲取財富＝保持生產力。長期下來，你擁有的財富與購買力規模取決於你的生產力高低，理由是，實物財富不長久，遺產也一樣。也因如此，連續保持生產力是非常重要的。只要觀察過去幾個沒收富人財富並試圖只靠那些財富維生而不事生產的社會（例如1917年革命後的俄羅斯），就會發現，那些社會不出多久就變窮。愈沒有生產力的社會就愈不富裕，也因此較沒有權力。附帶一提，把錢花在投資和基礎建設上而非用於消費的社會，傾向變得更有生產力，所以，投資是觀察一個社會是否會變得更繁榮的理想領先指標。

財富＝權力。那是因為如果一個人擁有足夠的財富，他就能購買多數事物，包括有形的財產、其他人的勞力與忠誠、教育、醫療、各式各樣的影響力（包括政治與軍事等影響力）等等。放眼各國與自古以來的歷史，有錢人和掌握政治權力的人之間存在一種共生關係，而他們之間的條件交換型態決定了統治秩序。那個統治秩序將延續到統治者被其他為了自身利益而奪取財富與權力

的人推翻為止。

　　財富與權力相輔相成。舉1717年的英國東印度公司為例；它有效將金融資本、擁有商業才能的人以及擁有軍事才能的人結合在一起，逼迫印度的蒙兀兒帝國與英國人貿易，那是英國人殖民印度的第一步。印度蒙兀兒帝國從十八世紀開始衰敗，並在十九世紀徹底滅亡，英國人在1857年印度起義（Indian Rebellion）後，將蒙兀兒帝國的皇帝放逐，並將其子女全數處決。英國人對蒙兀兒帝國趕盡殺絕的理由，不僅是因為他們有財富且有權力這麼做，更因為他們想要追求更多的財富與權力。

　　財富衰退＝權力衰退。當一個個人、組織、國家或帝國失去購買力，它遲早會滅亡。●成功的關鍵是賺取足夠應付所有支出的收入。支出節制且有結餘的實體，比起賺很多錢卻發生赤字的實體更能創造永續的成就。歷史顯示，當一個個人、組織、國家或帝國入不敷出，最後一定會陷入悲慘與動盪的局面。歷史也顯示，當一個國家內部自給自足的民眾的百分比愈高，那個國家的社會、政治與經濟就愈安定。

　　9. 大型多重世代心理週期。國家的興起與衰敗以幾個方式與階段（如下），和這些心理及經濟週期相互呼應。由於這些階段非常有助於了解一國民眾與領導人的行為，所以我會試著評估不同國家分別處於什麼階段。

　　第一階段：民眾與他們的國家很貧窮，他們也自認貧窮。在這個階段，多數民眾的收入水準非常低，並過著僅勉強餬口的生活型態。也因如此，他們不會浪費錢，因為他們非常重視金錢，而且，他們也不會有很多債務，因為沒有人會想借錢給這些窮人。有些民眾頗有潛力，有些則不然，但多數人因貧窮與缺乏資源而無法受教育或培養其他才能，從而無法靠著自身的力量逃離貧窮的

泥淖。一個人與生俱來的環境與他應對生活的方式，是決定哪些人會（哪些人不會）從這個階段開始變得更富裕的最大決定因素。

國家在這個階段的發展速度取決於它們的文化與能力。**我稱處於這個階段的國家為「早期階段新興國家」**。在這些國家當中，進步的國家通常非常努力工作，並逐步累積愈來愈多超過求生存所需的金錢，他們會把錢存起來，因為他們擔心未來會沒有足夠的錢可用。經由這個階段進化到下個階段，通常要花大約一個世代的時間。舉例來說，從大約四十年前到大約十至十五年前的「亞洲四小龍」——香港、新加坡、台灣與南韓——乃至中國，都是處於這個階段的經濟體。

第二階段：民眾與他們的國家很富裕，但還是自認貧窮。由於在財務缺乏保障的環境下成長的民眾通常不會對財務掉以輕心，所以，處於這個階段的民眾還是非常努力工作，將很多產出賣給外國人，採用固定匯率，存很多錢，並有效率地將資金投資到諸如不動產、黃金與本國銀行存款等實體資產，而且也會投資儲備貨幣國的債券。由於他們現在已經很有錢，所以，他們也有能力投資能使自己變得更有生產力的各種事物，例如人力資本發展、基礎建設、研究與發展等。這一代的父母親希望好好教育子女，並敦促子女努力工作以實現成就。他們也會改善他們的資源分配系統，包括資本市場與法律系統。這是整個週期當中最有生產力的階段。

處於這個階段的國家將體驗到收入與生產力同時飛快成長的甜美果實。生產力成長代表兩件事：1）沒有通貨膨脹的問題；2）國家可能變得更有競爭力。在這個階段，債務通常不會相對比收入增加非常多，有時甚至會相對所得降低。這是非常健康的階段，也是投資一個國家的絕佳時機——當然，它必須有適當的財產權保障。

你一定能輕易分辨處於這個階段的國家和第一階段的國家有何不同，因為

處於這個階段的國家會在舊都會區旁發展出嶄新的城市，它們的儲蓄率很高，所得飛快增加，且外匯存底通常也會增加。**我稱處於這個階段的國家為「後期階段新興國家」**。雖然所有規模的國家都可能經歷這個階段，但順利度過這個階段的大國，通常會興起為偉大的世界強權。

　　第三階段：民眾與他們的國家很富裕，而且自認富裕。在這個階段，民眾的收入很高，所以勞動力變得愈來愈昂貴。不過，他們先前對基礎建設、資本財和研究開發的投資持續開花結果——即生產力持續提升，因此他們也得以繼續享受高生活水準。到這個階段，民眾心目中的優先考量會發生轉變，原本以工作與儲蓄（為求在時機惡化時自保）為重的生活方式，變成以享受美好人生為優先。民眾變得更能自在地花更多錢。此時藝術與科學通常蓬勃發展。而隨著沒有經歷過苦日子的新世代人口佔比愈來愈高，這種普遍的心理變化也會變得愈來愈強。這種思維變化的跡象會反映在工時降低（常見的例子是休假時間從週休一日變成週休二日）與娛樂及奢侈品支出相對必需品支出大增等統計數據上。在最佳狀態下，這些時期是早期與中期階段的「文藝復興時期」。

　　這個階段的大型國家幾乎肯定會成為世界經濟與軍事強權。❸ 通常這些國家會為了展示與保護他們的全球利益而發展軍事實力。在二十世紀中葉以前，處於這個階段的大型國家實質上控制了外國政府，並將那些國家納入它的帝國範疇，以便為這個帝國提供廉價勞動力與廉價天然資源這兩項維持帝國競爭力的必要元素。從二十世紀初至二十世紀中葉開始，也就是美國帝國開始以「溫言在口，大棒在手」（speaking softly and carrying a big stick）的政策統治整個帝國時，美國人的「影響力」加上一系列國際協議，使已開發國家得以輕易獲取新興國家的廉價勞動力與投資機會，但又不直接控制那些國家的政府。

---

❸ 就軍事層面而言，從1971年至1990年的日本是一個例外。

處於這個階段的國家已達到世界顛峰，而它們也樂於享受那樣的地位。**我稱處於這個階段的國家為「健康顛峰國家」。1950年至1965年的美國就是處於這個階段，而目前中國也逐漸進入這個階段。**這個時期的關鍵是要盡可能長久維護有助於獲得實力的決定因素。

　　第四階段：民眾與他們的國家很窮，卻依舊自認富裕。在這個階段，債務相對所得的水準上升。這個債務槓桿上升的現象導因於民眾心理的轉變，而這個心理轉變發生的原因是，親身經歷過前述兩個階段的民眾逐漸凋零，或已變得對社會無關緊要，而目前對大局影響最劇的那些民眾則已習慣過好日子──他們從來都無須擔心沒錢可用，當然也不了解沒錢的痛苦。由於這些國家的勞工賺得多，花得也多，所以，他們成為昂貴的勞工，而由於他們是昂貴的勞工，所以也被迫經歷較低的所得成長率。但由於這些民眾不願意配合收入成長率降低的步調來抑制個人的支出，最終只好降低儲蓄率，增加舉債，或是走捷徑。由於他們的支出維持強勁，所以，表面上看起來，這些民眾還是很富裕，但骨子裡，他們的資產負債狀況正快速惡化。基礎建設、資本財與研究發展等方面的效率投資水準降低，這導致他們的生產力提升速度減緩。相較於前兩個階段，他們的都市和基礎建設變得愈來愈老舊，愈來愈沒效率。到了這個階段，民眾和他們的國家只能愈來愈仰賴他們長期累積的聲望而非競爭力來為他們的赤字籌措財源。在這個階段的國家通常會為了保護它們的全球利益而花費大量資金在軍事用途，有時甚至因戰爭而花費鉅額資金。通常（但非絕對）這些國家會呈現「雙赤字」，也就是國際收支（balance of payments）赤字與政府財政赤字。在這個階段的最後幾年，泡沫的發生變成家常便飯。

　　這個階段的典型特徵是：若不放任貨幣貶值，民眾與國家將無力償還大量累積的債務，不管是導因於戰爭❹或因金融泡沫破滅（或兩者皆發生）。**我稱處於這個階段的國家為「早期衰敗國家」。**雖然不管是大國或小國都可能經歷

這個階段，但當大國經歷這個階段，他們通常已接近大帝國衰敗的時點。

　　第五階段：民眾與他們的國家很貧窮，而且自認貧窮。到了這個階段，第四階段中描述的落差（譯注：雖然貧窮卻自認富裕的落差）不復存在，民眾開始痛苦地認知到整個國家的真實局面。經過泡沫破滅與去槓桿（deleveragings）歷程後，民間債務成長，而民間部門支出、資產價值與淨值，則以一種自我強化的負週期向下沈淪。為了抵銷那種負面情境，政府將增加債務與赤字，中央銀行通常也會「印製」更多貨幣。換言之，各國中央銀行與政府壓低實質利率，同時提高名目GDP成長率，讓經濟成長能適度維持在名目利率水準之上，以紓解債務負擔。低利率、弱勢貨幣與經濟情勢低迷等因素，導致它們的債券型資產與權益型資產（譯注：如股票）表現低迷。漸漸的，這些國家不得不和成本較低且處於較早期開發階段的國家競爭。它們的通貨會貶值，而這正中它們的下懷，因為通貨貶值會讓去槓桿化歷程變得較不痛苦。隨著這些經濟與金融弱化的趨勢持續延伸，這些國家在世界上的勢力也會進一步衰敗。**我稱處於這個階段的國家為「明顯衰敗國家」**。通常當一個帝國已明顯衰敗，它的心理與各項特質需要很長的時間才會順利完成完整的週期，再次引領這些國家回到上一次的顛峰——但有時永遠無法回歸。羅馬和希臘就從未回到以前的顛峰，不過，中國則反覆多次回歸榮耀。

　　11. 人類的創造力。●事實證明，人類發明各種問題解決方案的能力以及設法改善各項事物的才幹，遠比人類所有問題的總和強大。由於獲得的知識比失去的知識多，所以，人類在突飛猛進轉而迅速崩落的過程中獲得的進展，多於有起亦有落的週期狀態下的進展。當社會處於「帝國興衰大週期」的向上擺

---

❹ 第一次世界大戰的德國與第二次世界大戰的英國是典型的例子。

盪時，就會出現突飛猛進的發展，而進入「帝國興衰大週期」的向下擺盪階段時，則會發生迅速崩落的現象。具充足創造力的文藝復興時期會在各方面創造許多進展，包括科學、藝術、有關人類應如何相處與治理等哲學，而那樣的時期主要是發生在「帝國興衰大週期」的和平與繁榮階段，因為此時創造創新的系統處於理想狀態。

雖然具體的創新以及那些創新的發生方式總是隨著時間不斷演變，卻堅定朝「更理想的做事方式與更完善的結果」、「以機器與自動化取代人類勞力」，以及「讓世界各地民眾更緊密相連」等方向前進。時時刻刻都有新的發明與改良方案問世。生活水準的日益提高，就是最重要且最不可否認的技術進步趨勢。那個趨勢可能以很多無法想像的方式加速前進。除此之外，電腦化正在改變決策的特質，它使決策速度加快且較不流於情緒化。不過，儘管這樣的發展非常有幫助，卻也帶來了某種危險。

●一個社會的發明創造與創新程度，是驅動其生產力的主要力量。創新與商業精神是繁榮經濟體系的命脈。若沒有創新，生產力有可能突然停止成長。有了讓一國勞工產量相對多於世界其他國家產量的那種創新，將推動那個國家的成本競爭力提升，讓它成為更吸引人的經商環境。

人類是透過修補和發明、發掘、從先前的失敗中尋求改進等本能欲望，學習與尋找更能有效創造有價值之事物的新方法。在一個市場體系裡，將新概念導入市場，將之商業化，並從中獲取利潤，是驅動創新的最有效方式。市場是一個能以極高效率去蕪存菁的管道，它能淘汰劣質概念，並為優質概念定價。經由這個方式，「創新的概念」與「商業化」得以齊頭並進。由這兩方面便可看出一個社會上的民眾是否看重新知識，是否重視新事物的創造，以及各種誘因是否足以鼓勵民眾將那些新事物商業化，藉此尋求獲利。

換言之：

●創新＋商業精神＋繁榮的資本市場

＝

生產力大幅增長

＝

財富與權力增長

　　由於這些決定因素的強度差異甚鉅，所以，我試著測量這些因素，並將之納入我的模型，加以考量。

　　17. 階級鬥爭。從有歷史記載以來，幾乎所有社會的多數財富與權力，都控制在極小百分比的人口（即「統治階級」，或是「權貴階級」）手中（只不過佔總人口的百分比各有差異）。❺ 受惠於這個系統並控制這個系統的人，自然大致上喜歡這樣的系統，而且會設法維護這個體系。由於擁有財富的人能影響掌握權力的人，且掌握權力的人也能影響擁有財富的人，所以，這些統治階級或權貴階級自然而然會形成盟友，並亟欲維持現有秩序，讓每個人都服從於他們的命令與法律。即使這個體系導致掌握權力與財富的人和缺乏權力與財富者之間的鴻溝擴大，他們也不為所動。結果，所有內部秩序受掌握財富與權力的特定階級民眾控制，不僅如此，這個階級的人還會為了維護這個秩序而建立一種共生關係。雖然這些權貴階級會聯手不破壞對他們有利的秩序，但長期下來，他們之間還是會為了爭奪財富與權力而彼此不斷鬥爭，同時也和想要爭

---

❺ 舉個例子，在上個世紀，美國頂層1%人口佔有的財富比例，介於1920年代的接近50%到1970年代末期的略高於20%；而在英國，同一族群的財富佔比，則從1900年的70%以上降到1980年代的15%左右，目前又回升到大約20%至25%（相關數字引用自世界不平等資料庫〔World Inequality Database〕）。誠如華特·謝德爾（Walter Scheidel）在《大平等主義者》（*The Great Leveler*）中描述的，這些不平等變化至少可追溯到羅馬共和國時期。

奪財富與權力的非權貴階級鬥爭。當時機良好且多數民眾都一帆風順，人與人之間的鬥爭比較輕微；而當時機轉趨惡劣，鬥爭就會愈演愈烈。當很高百分比的民眾陷入極度惡劣的景況時（例如爆發無法解決的債務危機、極度惡劣的經濟狀況、極度嚴重的大自然災害），結果就會變得令人感到極度痛苦、壓力沈重，而因此變得更激烈的鬥爭，通常會引發革命和／或內戰。

　　誠如亞里斯多德在很久以前說過的：「窮人與富人彼此爭執不休，但無論哪一方勝出，都不會建立一個公正或孚眾望的政府，雙方都把政治上的霸權視為獲勝者的獎賞。」

　　典型來說，「帝國興衰大週期」當中會發展出一些使財富不均等增加的和平時期和生產力提升時期，這些時期會導致極小百分比的人口獲得極大百分比的財富與權力，並繼續控制那些財富與權力，最後變得過度擴張（overextended，譯注：即負債超過資產）；而一旦時機轉趨惡劣，最不富裕且最沒有權力的人將遭受最大的傷害，而那又會導致不同階級之間爆發衝突，最終演變為革命和／或內戰；革命和／或內戰則會促成新秩序，並使週期重新展開。

　　●自古以來，在所有國家，擁有財富創造工具的民眾才能擁有財富，而為了維護這些工具，擁有財富者和掌握權力的人合作，設定並強制執行各項規定。儘管那是一直以來的常態，但具體的事態發展形式卻不斷演變，未來也將繼續演變。

　　舉個例子，誠如第一章解釋的，在十三至十九世紀間的多數時間，世界各地最主要的內部秩序是由以下統治階級或權貴階級構成：1）君主，與2）貴族聯合統治，而貴族控制了生產工具（當時的農地就是資本），和／或3）軍隊。工人被視為生產工具的一部分，所以基本上，勞工對秩序的運作方式沒有任何話語權。

　　即使是彼此間鮮少或完全沒有聯繫的不同社會，都是循著類似的方式發

展，那是因為各個社會有類似的情境要處理，也因他們的決策制定本質上很類似。❻ 無論是過去或現在，各個國家都有不同的治理層級，包括國家層級、邦／州／省層級、地方自治政府層級等，而且，世界各地都採用相當一致、恆久有效且放諸四海皆準的運作與互動方式。君主需要各級人員為他們管理日常的作業，其中，最高職位是大臣，負責監督文官機構，其從事各式各樣維持政府順暢運轉所需的工作。目前存在於各國的機制，其實都是那些恆久有效且放諸四海皆準的互動方式自然進化而來的結果，只不過，不同國家的機制因其特有文化的影響而略有差異。舉個例子，協助君主管理國務的大臣，漸漸進化成當今幾乎存在於所有國家的總理與其他部長級人物（只不過，美國稱這些部長級人物為「secretaries」）。

隨著時間發展，這些體制因財富與權力鬥爭的結果，而以不同但合乎邏輯的方式持續進化。舉個例子，在大約1200年的英格蘭就爆發了一場財富與權力鬥爭，一開始，這場鬥爭只是逐漸激化，但後來突然演變成內戰，這就是貴族與君主之間的財富與權力更迭的常見進化方式。一如多數類似的鬥爭，那場戰爭是決定「誰獲得多少金錢」的金錢與權力戰。當時約翰國王（King John）統治下的君主國想徵收更多稅賦，但貴族卻希望少繳一點稅。貴族們希望在這件事情上爭取較多的話語權，但君主不以為然，雙方的歧見最終引爆了一場內戰。最後貴族贏了這場戰爭，並取得更多設定規則的權力，而這促成了他們最初所謂的「協調會」（council），不久，這個協調會就成了英國的第一屆議會（Parliament），並漸漸演變成英國當今的議會。1215年將這項協議正式納入法律的和平條約就稱為「大憲章」（Magna Carta）。一如多數

---

❻ 舉個例子，在歐洲、中國與多數國家的歷史上，君主和貴族都曾是統治階級，不過，各國的統治階級組成略有差異。在歐洲，教會也是統治階級的一員，而在過去的日本，統治國家的權貴分子包括君主（國王和他的部長級人物）、軍隊和商業社會（商人與工匠）。

法律，這條法律對權力影響不大，於是，另一場內戰爆發，貴族和君主再次為了爭奪財富和權力而戰鬥。1225年，雙方在亨利三世（Henry III，約翰國王的兒子）統治下，起草了一份任憑掌權者解讀與強制執行的新大憲章。幾十年後，雙方之間的鬥爭再次白熱化。在那一場戰爭，貴族停止對君主納稅，這逼得亨利三世讓步，接受貴族的要求。總之，諸如此類的鬥爭層出不窮，秩序也因此不斷演變。

接著，且讓我們快轉到十五、十六與十七世紀，我們可以觀察到，此時財富的來源出現巨大的變化，最初是因全球探索與殖民主義所致（從葡萄牙人與西班牙人開始），後來則是導因於資本主義（股票與債券）及節省人力的機器的發明（這是促成工業革命的因素之一，對荷蘭人與之後的英國人助益猶深），這些發明讓有能力從這類財富來源獲利的人變得更有權力——也就是說，那幾個世紀的財富與權力從a）坐擁土地的貴族（他們因坐擁土地而擁有財富）以及君主（是當時的政治權力掌握者）手中，轉移到 b）資本家（他們在稍後時期獲得財富）與民選民意代表或專制政府領袖（他們在稍後時期掌握了政治權力）手中。幾乎所有國家都發生過這些變遷——有些是和平轉移，但多數都經歷非常痛苦的過程。

舉個例子，在十七與十八世紀多數時間的法國，國王雖掌握統治權，卻和其他三個階級維持均衡的勢力，且在這樣的安排下統治整個國家，那三個階級是 1）教士，2）貴族，3）平民。治國事務是由這三個階級分別選出的代表來參與。不過，前兩個階級僅約佔人口的2%，卻擁有多於平民（佔98%的人口）的選票（最後，前兩個階級變成只掌握與平民相同數量的選票）。他們稱這個以三個階級為基礎的內部秩序為舊體制（ancien régime，意味著舊秩序）。不過，後來這個體制因法國大革命而在一夜之間改變，那一場革命是在1789年5月5日爆發，因為第三個階級的平民不願意再忍受那個系統，於是推翻了另外幾個階級，自行掌權。當時世界上的多數國家也普遍風行相同的統治

秩序，也就是佔人口極低百分比的君主與貴族掌握了統治國家的權力，並擁有多數財富，直到後來那些國家也都突然爆發內戰／革命，最終導致舊秩序被非常不同的新統治秩序取代。

　　雖然不同時期與不同國家管理這些階級鬥爭的內部秩序各有差異，但各國內部秩序的演變歷程卻很相似。舉個例子，這些國家的秩序進化都是既漸進（透過改革）又突然（透過內戰／革命），而且最終都演變成目前存在於所有國家的秩序。我預期那些秩序將會繼續逐步且突然演變，產生新的國內秩序。儘管坐擁財富與政治勢力的階級有所改變，但長久以來迄今，衍生這些變化的流程卻大致相同。這些變化都是透過鬥爭而發生，而那些鬥爭都促成了 a）經由協商而實現的和平改革或是 b）透過內戰與革命而實現的殘暴改革。基於一些合乎邏輯的理由，和平改革通常是發生在週期較早階段，而暴力內戰與革命型改革則發生在週期稍後階段，我們稍後將深入探討箇中理由。

　　階級鬥爭相對個人鬥爭重要許多。我們——尤其是身處被視為大熔爐的美國的我們——傾向於較聚焦在個人鬥爭，但未能賦予階級鬥爭足夠的關注。我一直到深入研究過歷史並歸納出以下原則後，才充分了解到階級鬥爭的重要性。

　　●綜觀歷史，所有國家（雖然程度上各有差異）的民眾都會察覺到自己屬於某個「群體」，那或許是因為他們選擇跟自己類似的民眾為伍，或許是因其他人基於刻板印象而將他們視為特定族群的一員。通常權力是被三或四個群體瓜分。決定一般人屬於哪個群體的根本因素包括：民眾感覺自己和誰最有關聯、最親近，以及他們最喜歡的人事物等。民眾的分類方式決定了他們的朋友或盟友是誰，也決定了他們與誰為敵。雖然富人與窮人以及右派（即資本主義者）與左派（即社會主義者）是最常見的群體分類，其他還有很多重要的分類標準，像是人種、族裔、宗教、性別、生活型態（例如自由或保守）與地理位置（例如都會區相對郊區，相對農村）等。通常民眾傾向於物以類聚地各自待

在這些群體當中，在週期早期，因時機還不錯，所以不同階級之間比較能和諧相處，但當情況轉趨惡劣，群體之間的爭鬥就會漸漸白熱化。

雖然令人欣慰的是，美國是最不重視群體之分的國家，但在美國，民眾的群體還是相當重要，尤其是在群體衝突惡化的壓力時期，群體之分更顯重要。

為了幫助你更深入了解這個議題的全貌，且讓我們做個簡單的練習。假設多數和你不熟的人基於某個合理假設，把你當成某個或某幾個群體的成員。現在，為了想像你在別人眼中是什麼樣貌，請看看以下清單，並問問自己：你是屬於哪個群體？回答這個問題後，想想看你感覺自己和哪些群體比較親近，希望哪些群體和你成為盟友？你不喜歡哪些群體，或將哪些群體視為你的敵人？哪些群體是統治階級，哪些又是想要推翻那些統治階級的革命階級？哪些階級蒸蒸日上，哪些又日益沈淪？你或許可考慮將這些問題的答案寫下來，並稍做思考，因為在衝突惡化的時期，你所處的群體或別人假設你所處的群體，將成為決定你和誰為友、為敵、你將做些什麼事，以及你最終將何去何從等的更重要因素。

1. **富裕或貧窮**
2. **右派、左派或溫和派？**
3. **人種？**
4. **族裔？**
5. **宗教？**
6. **性別？**
7. **生活方式（例如自由或保守）？**
8. **地理位置（例如都會區、郊區或農村）？**

直至今日，多數財富與權利還是掌握在極低百分比的人口（來自上述少數

群體）的手上，這些人口也以「權貴階級」之姿統治整個社會。我認為資本階級顯然是目前在多數國家最具財務權力的群體，至於政治權力，民主國家的政治權力是掌握在所有選擇投票的民眾手上，但專制國家的政治權力則掌握在少數人手上，至於那些少數人是通過什麼流程取得政治權力，則又是另一回事了。❼ 所以，就當今的狀況來說，「統治階級」與「權貴階級」多半就是管理當前國內秩序的人，不過，那些人目前正遭受猛烈攻擊，所以，情勢可能正悄然轉變。舉個例子，目前美國正展開一場讓更多不同群體民眾得以普遍受惠於資本家賺錢世界與政治世界的大型運動。這些變遷可能有利，也可能有害，一切取決於這些變遷是經由和平或暴力方式，以及是經由聰明或愚蠢的方式。**我從研究歷史的經驗中（我盡可能回溯久遠前的歷史，最早是從孔子之前的歷史開始研究，孔子大約生活在西元前500年）體察到一個恆久有效且放諸四海皆準的真理：●最有能力維持永續成就的社會，是能根據個人優點（而非特權）廣任賢士，並賦予他們責任的社會，因為這些社會1）能找出最有才幹能做好自身分內工作的人，2）廣納多元觀點，以及3）在民眾心目中，那些社會是最公平的社會，而這樣的氛圍有助於促進社會安定。**

　　我認為，各國當前的內部秩序將一如既往地繼續透過不同群體之間的鬥爭（有關財富與政治權力如何分配的鬥爭），發展成某種不同的新秩序。由於這項影響財富與權力的動態非常重要，所以，它值得我們更密切觀察，以便釐清哪些階級正在取得財富與權力，哪些又在失去財富與權力（舉個例子，AI和資訊科技開發者目前正漸漸取得更多財富與權力，而被那類技術取代的人則漸漸失去財富與權力）；另外，唯有密切觀察這項動態，才能看清社會對這些引領週期變化的變遷產生了什麼反應。

　　所以，在我看來，每件事物還是在一部久經考驗的永動機驅動下，歷經著

❼ 那並不代表專制國家的統治者最終無須對民眾負責，因為民眾有可能推翻政府。

典型的變化。這部機器曾創造（且正在創造）出許多不同的制度，包括共產主義、法西斯主義、專制政體、民主政體以及從這些制度進化或組合而成的制度，例如中國特色社會主義。未來它將繼續創造各種分享財富與分配政治權力的新型態內部秩序，而我們的生活依舊會大幅受那些新秩序影響，這一切的一切取決於民眾選擇如何彼此相處，以及人性對民眾做選擇的方式的影響。

18. 政治左派／右派週期。資本主義擁護者（即右派）與社會主義擁護者（即左派）不僅有不同的私利，還有著根深柢固且不惜為之一戰的不同意識型態信仰。右派／資本主義擁護者的典型觀點是自給自足、勤奮工作、生產力、有限的政府干預、允許民眾保留他們自己努力掙得的成果，且認定放手讓個人選擇是符合道德且對社會有益的。他們也相信民間部門的運作優於公共部門、資本主義的運作對多數人最有利，以及白手起家的億萬富翁對社會的貢獻最大。資本家通常痛恨為缺乏生產力與獲利能力的人提供財務支援。對他們來說，賺錢＝有生產力＝獲得個人應得的。他們不太關注這部經濟機器是否為多數民眾創造機會與成就，而這樣的態度可能導致他們忽略一個事實：他們的賺錢形式並不利於多數民眾實現個人目標。舉個例子，在一個純粹的資本主義體系，提供卓越公共教育並非重要的優先考量，而那顯然能使整個廣大社會的生產力獲得提升，且能為社會創造更多財富。

對照之下，典型的左派／社會主義者觀點則是互相幫助，要求政府支持民眾，且認定分享財富與機會是符合道德且對社會有益。他們相信民間部門大致上已被貪婪的資本家把持，而一般勞工如教師、消防員與勞動工作者對社會的貢獻高於資本家。社會主義者與共產主義者傾向於聚焦在經濟大餅的公平分配，但通常不善於把這個餅做大。他們偏好較多政府干預，因為他們認為政府人員一定比成天忙著剝削民眾以便賺更多錢的資本家更公平。

我曾接觸過世界上的所有經濟制度，所以，我早就理解為什麼●賺錢、存

錢與將錢投入資本（即資本主義）的能力，是激發民眾行為動機與分配資源的有效因子，且能提升民眾的生活水準。不過，資本主義也是造成財富與機會鴻溝的源頭之一，那些高度週期性發生的鴻溝代表著不公平，也可能有害生產力，甚至可能引發社會動盪。我個人認為，政策制定者的最大挑戰在於如何設計一個能提高生產力與生活水準，但又不會導致不平等惡化且引發動盪的資本主義經濟體系。

21. 驅動一國境內或國與國之間的大和平／戰爭週期的權力平衡大週期。
在研究許多歷史與親身經歷一小段歷史的過程中，我體會到，幾乎所有為了爭奪權力而起的鬥爭，都導因於權力平衡的機制——例如組織內部的辦公室政治、形塑國內秩序的地方與全國政治，以及形塑世界秩序的國際政治。世界秩序的形成與變化取決於權力平衡，國內秩序也一樣。這個機制會沿著以下所解釋的一系列步驟發展，不過，精確的發展情況取決於那些階段展開時的秩序和人民。

第一步：聯盟的形成。 當權力不是大致平等（例如，如果美國的民主黨掌握遠比共和黨更大的勢力，或者相反），那麼較有權力的一方將佔較沒有權力那一方的便宜並控制它。而為了平衡較強勢的一方，較弱勢的那一方自然會尋找其他夥伴加入，以便對抗較強勢的那一方，畢竟團結的力量可能足以使它和敵對方抗衡，甚至凌駕在對方之上。為達目的，較弱勢的那一方會為了換得其他夥伴的支持而傾向於讓對方予取予求。如果原本較弱的一方藉由結盟，獲取比原本較強那一方更多的權力，原本較強的那一方就會設法再與其他夥伴結盟，以消弭敵對方的實力。結果，原本既得利益相當不同的盟友，會為了對抗共同的敵人而結合，就像俗話說的「敵人的敵人就是朋友」。這個機制自然會導致彼此對抗的兩方各掌握大致相等的權力，並導致各自陣營內部分裂。有時

候，當同一陣營內部的歧見過深，就會導致某個派系為了取得控制力，而動起摧毀其他派系的念頭。所有不同層次的關係，都會發生這種亦友亦敵的動態，上至最重要的國際聯盟（這是決定國際秩序的最重要元素）、下至決定內部秩序的最重要國內聯盟，乃至邦／州內部、都市內部、組織內部以及個人之間的聯盟等皆然。目前影響上述種種狀況的最重要漸進變遷是：世界的縮小使盟友與敵人的組成變得更全球化。在過去，無論是盟友或敵人都不那麼全球化（例如某些歐洲國家結為盟國，與其他歐洲國家對抗，某些亞洲國家結盟與其他亞洲國家對抗等），不過，隨著這個世界因運輸與通訊技術的改善而縮小，整個世界變得更緊密聯繫在一起，並發展出更大且更全球化的聯盟。也因此，第一次與第二次世界大戰才會分成兩大陣營，未來也很可能繼續下去。

第二步：決定贏家與輸家的戰爭。當雙方大致勢均力敵且彼此之間存在生存爭議（existential difference）時，通常就會爆發大型戰鬥；相對的，當權力嚴重不對稱，通常就不會爆發大型戰鬥，因為明顯弱勢的實體妄想對抗明顯強勢的實體是非常愚蠢的，而就算它們蠢到向強勢那一方開戰，戰鬥的規模也會比較小。然而有時候，當雙方之間旗鼓相當，且開戰可能面臨自我傷害的生存威脅、大於捨身奮戰而可能獲得的利益，雙方雖可能爆發彼此相持不下的僵局，卻不會爆發大型戰鬥。舉個例子，當開戰必然造成同歸於盡的結果時，比較可能發展成恐怖平衡，而非開戰，例如美國和蘇聯先前面臨的狀況。

雖然這些大型戰鬥通常很殘暴，但如果交戰的實體之間彼此願意遵守有助於解決爭端（最重要的是攸關生死的爭端）的非暴力交手規則，那類戰鬥也可能不會牽涉到暴力。舉個例子，在美國2020年的選舉中，兩大政黨大致勢均力敵，但彼此之間存在無可調和的歧見，於是，雙方展開一場爭奪政治控制權的大型鬥爭。那在2021年1月6日引發了美國國會山莊的一場風暴，不過，最後在憲法凌駕一切的影響下，政權還是和平移轉。歷史顯示，當規則不明確與

／或當各方不受規則約束時，戰鬥將會變得非常殘暴，甚至經常有致命之虞。

　　第三步：贏家陣營大亂鬥。歷史告訴我們，原本團結對抗共同敵人的實體，在權力鬥爭結束且順利打敗共同敵人後，通常會再為了爭奪權力而起內訌，而輸家也會在規劃捲土重來之際，發生同樣的狀況。我將這個現象稱為權力平衡機制的「肅清」（purge）狀態。所有個案都發生過這個狀態，最為人所知的是法國的恐怖統治時期（Reign of Terror）以及蘇聯的紅色恐怖時期（Red Terror）。相同類型的「贏家陣營大亂鬥」，也曾在國與國之間發生，一如曾在二次世界大戰互為盟國的美國和蘇聯（譯注：美國與蘇聯後來成為國際上的主要敵對國）。相似的，中國共產黨與國民黨在對日戰爭中合作，但對日戰爭結束後，這兩個陣營隨即為了爭奪權力而戰成一團。了解這種典型機制的人，應該留意贏家那一方是否在大戰結束後立即起內訌。我們應該隨時留意同一方的組成分子是否有為了爭奪那一方的控制權而起內訌的傾向。當新的政權（也就是戰勝那一方）上台時，應觀察他們如何對待手下敗將。接下來可能發生的情況，取決於體制以及體制內的領袖。美國（普遍來說，民主國家與美國一樣）的規定允許輸家不受傷害且不受約束，這讓那些輸家得以試著重整旗鼓並再次開戰；而在嚴酷的專制國家，輸家則會以某種方式被消滅。

　　第四步：和平與繁榮到來，但最終衍生過度行為，這反映在財富與機會鴻溝與過度舉債等現象上。歷史告訴我們，由於這個機制，最好的時機（也就是和平與繁榮到來時）通常是在戰爭剛結束之後，此時領導權與權力結構明顯確立，一國國內或國與國之間不會發生爭權奪利的大型戰鬥，因為此時會有一個明顯較強大的實體，能讓較沒有權力的實體享受美好的生活。

　　第五步：愈來愈嚴重的衝突導致國內與世界秩序發生革命性變化。只要絕

大多數民眾能享受到和平與繁榮——唯有整個體系是公平的，且絕大多數人都保持自律與生產力，多數民眾才能享受到和平與繁榮——這個局面就有可能延續。然而，誠如先前討論的，和平與繁榮時期也傾向於助長巨大的貧富差距與債務泡沫，而一旦繁榮逐漸消退，且有其他矛盾出現時，巨大的貧富差距與債務泡沫就會成為衝突的導因。

這個週期是沿著我們將在第五與第六章討論的內部與外部有序及混亂週期發生。

第 3 章
貨幣、信貸、債務與
經濟活動大週期

由於財富和權力是多數人及國家最夢寐以求的，且由於貨幣與信貸是影響財富與權力興衰的兩個最大影響力，所以，如果不了解貨幣與信貸的運作模式，就不可能了解這個系統的運作方式，而若不了解這個系統的運作方式，當然就無從體會自己即將面臨什麼狀況。

　　舉個例子，如果你不了解咆哮二〇年代如何會造成債務泡沫與巨大的貧富差距、不了解那個債務泡沫的破滅，如何會造成1930年至1933年的經濟大蕭條、不了解經濟大蕭條如何會在世界各地引發因爭奪財富而起的衝突，就不會了解羅斯福為何會在1932年當選總統，也不會了解為何他會在上任不久後，便迅速宣布一個由中央政府與聯準會聯手提供大量貨幣與信貸的計畫（美國的這項變化和當時其他很多國家的變化類似，也和當今世人應對新冠肺炎大流行所引發的危機的情況類似）。除非你了解貨幣與信貸的運作方式，否則便無法搞懂為何1933年的世界會發生那些變化，更無從了解後續發生的事件（二次世界大戰）、無法了解那場戰爭最後如何會產生那樣的輸贏，以及為何1945年會形成那樣一個全新的世界秩序。然而，若你能認清過去驅動上述種種事態的根本機制，就能了解目前所發生的一切，並對未來的可

能發展更有概念。

　　在進行這項研究的過程中，我和世界上幾位最知名的歷史學家與政治實務界人士（包括現任與前任國家元首、外交部長、財政部長和中央銀行官員）交換過意見。我們都體察到，我們每個人都只能解釋這個世界的某部分運作方式。我向來較不理解政治與地緣政治實務，而他們則是不夠了解實務上的貨幣與信貸運作方式。有幾位專家向我表示，以這種多元對話方式來了解貨幣與信貸後，他們終於得以融會貫通，真正搞懂他們長期以來難以完整領略的歷史教訓，而我則向他們解釋，他們的洞察力幫助我理解影響眾多政策選擇的各種政治動態。這一章主要聚焦在貨幣、信貸與經濟層面。

　　且讓我們從貨幣與信貸開始。

恆久有效且放諸四海皆準的貨幣與信貸基本原理

　　●所有實體，包括個人、企業、非營利組織和政府，都要處理相同的基本財務現實問題，這是過去、現在與未來永遠不會改變的現實。**他們的資金進進（收入）出出（支出），而資金進／出相抵就是淨收益。這些資金流量出現在損益表（income statement）上的數字。如果一個實體的收入超過它的支出，就會產生利潤，而利潤會促使它的儲蓄增加。如果一個實體的支出超過它的收入，儲蓄就會降低，要不然就是得靠借錢或剝奪他人金錢的方式，來彌補其中的差額。如果一個實體的資產多於負債（liabilities，也就是說它擁有高額的淨值），它就能藉由出售資產的方式，維持「支出遠大於收入」的狀態，直到用完所有資金為止，而到那個時點，它就必須削減它的開支。如果它的資產沒有比負債多很多，且收入又低於它的必要支出——即營業費用與償債費用的總額——那麼，它就必須縮減開支，否則終將難逃債務違約或是債務重整的命運。**

　　一個實體的所有資產和負債（即債務）可用它的資產負債表來呈現；不管

相關的數字是否有明文記錄，每個國家、企業、非營利組織和個人一定都有屬於它的資產和負債表。舉個例子，當經濟學家將每個實體的收入、支出和儲蓄合併在一起，就能算出所有實體的總收入、支出與儲蓄。●**各個實體集體處理其財務的方式（從它們的損益表及資產負債表便可見一斑），是促使內部與世界秩序出現變化的最大驅動因子。如果你能基於你對自身收入、支出和儲蓄的理解，想像其他人的收入、支出和儲蓄有何狀況，接著再將所有人的狀況結合在一起，就能觀察到大局的運作方式了。**

　　請稍加思考一下你個人的財務處境。目前你的收入相對你的支出是多少？你未來的收入相對支出又將是多少？你目前有多少儲蓄？你把那些儲蓄投資到什麼標的？現在請想像一下：如果你的收入降低或徹底消失，你的儲蓄能讓你撐多久？你的投資與儲蓄的價值降低的風險有多高？如果你的投資和儲蓄的價值降低一半，你的財務狀況將會如何？你能輕易賣掉你的資產，並取得現金來支付你的開銷或償還債務嗎？你的其他資金來源是什麼？那是來自政府，或來自其他任何地方？以上是確保個人經濟福祉的最重要計算。現在換觀察其他實體（其他個人、企業、非營利組織與政府），同樣的道理也適用於他們。請探討一下，實體之間的相互關聯性有多高？哪些情勢變化可能影響到你和其他人？由於經濟體系是以這種方式運作的所有實體的總和，所以，這個計算與推估流程，將幫助你了解整個經濟體系目前的狀況，以及未來可能發生的狀況。

　　舉個例子，由於一個實體的支出等於另一個實體的收入，所以，當一個實體縮減他的開銷，受傷的就不僅僅是那個實體，仰賴他那筆支出來獲取所得的其他人也都會受到傷害。相似的，由於一個實體的債務是另一個實體的資產，所以當一個實體債務違約，勢必會導致另一個實體的資產減少，並逼得他們不得不縮減支出。這個動態會製造自我強化型債務與經濟收縮趨勢加速惡化，而當民眾對於那個縮小後的經濟大餅的分配方式起爭執，那就會變成一個政治議題。

原則上，●債務會侵蝕資產淨值。我的意思是，第一優先必須是償還債務。舉個例子，如果你有一棟房子（也就是說，你擁有「淨值」所有權〔"equity" ownership〕），而你又無力繳納不動產抵押貸款，那麼，你的房子就會被賣掉或是被查封。換言之，債權人將比屋主更優先獲得償付。所以，當你的收入低於你的支出，而且你的資產又少於負債（即債務），你恐怕不久後就必須出售資產來應付了。

不同於多數人的直覺想像，**現有的貨幣與信貸並沒有一個固定的數量。各國中央銀行可輕易創造貨幣與信貸。當中央銀行創造大量貨幣與信貸，民眾、企業、非營利組織和政府就會皆大歡喜，因為他們將因此獲得較多的購買力。當這些貨幣與信貸被花掉，就會使多數商品、勞務與投資資產漲價，但也會製造未來必須償還的債務，而債務的存在，將使個人、企業、非營利組織與政府最後不得不將支出壓低到收入以下（譯注：必須保留償還債務與債息所需支出），但那將是困難且痛苦的。也因此，貨幣、信貸、債務和經濟活動天生就是週期性的。在信貸創造階段，商品、勞務與投資資產的需求以及這些項目的生產都會非常強勁，而到了債務償還階段，這些項目的需求與生產則會雙雙轉弱。**

但如果債務永遠無須償還，又會是什麼樣的狀況？在那種情況下，就不會有債務緊縮（debt squeeze），也不會有痛苦的償債期。不過，這對放款人來說就可怕了，因為他們將血本無歸，對吧？且讓我們思考一下，有沒有辦法在不傷害貸款人，也不傷害放款人的情況下清理債務問題？

既然各國政府有創造貨幣的能力，也有借錢的能力，那麼，中央銀行何不以大約0%的利率，貸款給中央政府，由中央政府隨心所欲地分配那些資金，以便支持經濟？另外，中央銀行能不能也以極低利率貸款給其他人，並允許那些債務人永遠無須還款？在正常狀態下，債務人必須在一段期間內分期攤還最初借貸的原始金額（本金）以及這筆錢的利息。不過，中央銀行有權將利率設

定在零，也有權不斷地展延債務，好讓債務人永遠無須還款。那將形同把錢送給債務人，不過，沒有人認為中央銀行把錢送給債務人，因為那筆債務還是會被列計為中央銀行的資產之一，因此，中央銀行還是可以大言不慚地宣稱它有履行它的正常放款功能。**事實上，新冠肺炎大流行引發經濟危機後，就出現了這樣的狀況。在歷史上，這類事態也反覆發生過很多次，只是型態有所不同罷了。最後這些債務會是由誰買單？這對目前依舊持有債務作為資產（現金與債券）的非中央銀行實體來說非常不利，因為他們將無法獲得可維持其購買力的報酬。**

　　我們目前共同面臨的最大問題是，多數個體、企業、非營利組織與政府的收入相對低於它們的支出，而它們的債務與其他負債（例如退休金、醫療與保險等）則相對遠高於它們持有的資產的價值。表面上看或許並非如此——事實上，表面上看起來似乎正好相反——因為有很多個體、企業、非營利組織與政府即使已進入即將破產的階段，外表看起來卻還是很有錢。為什麼它們看起來很有錢？因為它們出手闊綽、擁有大量資產，甚至坐擁很多現金。然而，如果謹慎觀察，就能分辨出哪些實體是金玉其外、敗絮其中（表面上看起來富裕但實際上已陷入財務困境），因為它們的收入低於支出，和／或負債大於資產；所以，如果你仔細推估那些實體未來的可能財務發展，就會發現它們將必須以痛苦的方式縮減開銷並出售資產，而等到資產出售殆盡後，它們終將走上破產一途。每個人都必須針對自己、和自己息息相關的其他人，以及世界經濟的未來財務狀況進行那些預測。簡而言之，某些個體、企業、非營利組織和國家的**負債相對遠高於他們的淨收入和償還那些債務所需的資產價值，所以，那些實體的財務狀況羸弱，但他們表面上看起來並沒那麼糟，因為他們會藉由舉債取得資金來應付他們闊綽的支出。**

　　如果你對我到目前為止所寫的內容感到困惑，請務必花點時間試著將它套用到你個人的情境。請描繪一下你目前的財務安全邊際看起來如何（即若最糟

的狀況發生，例如你失業，而且若考量潛在的跌價幅度、稅金與通貨膨脹，你投資的資產也跌價一半，你還能維持多久的財務穩定）。接著，幫別人也計算一下，最後再把所有人的狀況全部加總在一起，這樣就能清晰了解你的世界處於什麼狀態。我已在橋水公司夥伴的幫助下完成這項練習，而且我發現，這項練習難能可貴，因為經由這項練習。我們便可想像未來可能發生什麼狀況。❶

　　總而言之，這些基本的財務現實適用於你、我，也同樣適用於每個個人、企業、非營利組織和政府，只有我先前提到的一個重大例外：所有國家都能憑空創造貨幣與信貸，供民眾花費或借貸。中央銀行能創造貨幣，並將貨幣借給需要的債務人，以防止我剛剛解釋的債務危機動態發生。基於那個原因，我要把前一個原則修訂為：●**債務會侵蝕淨資產，但中央銀行能取而代之地藉由印製貨幣，讓其他人得以繼續仰賴債務存活下來**。當債務危機導致會侵蝕淨資產的債務上升到政治人物無法接受的金額，並引發嚴重的經濟痛苦時，政府出手印鈔的行為自然就見怪不怪了。

　　然而，並非所有政府印製的所有貨幣都具有相等的價值。

　　普遍被世界各地接受的鈔票（即貨幣）稱為儲備貨幣。在我撰寫本書之際，世界上最具支配力量的儲備貨幣是美國中央銀行（即聯準會）創造的美元。歐元區國家的中央銀行（歐洲中央銀行）創造的歐元也是儲備貨幣之一，但它的重要性遠遠不及美元。另外，日圓、人民幣以及英鎊則是相對小型的儲備貨幣，不過，目前人民幣的重要性已快速上升。

　　●**「現任」儲備貨幣國當然會因擁有儲備貨幣而享受到很多好處，因為儲備貨幣讓一個國家得以掌握非凡的舉債及消費能力，同時擁有睥睨世界上其他所有國家的巨大權力，因為所有想要取得貨幣與信貸來從事國際貿易的國家，都得看這個儲備貨幣國的臉色。**然而，擁有儲備貨幣也像是種下一個禍根。儲

---

❶　你可以在economicprinciples.org的幾篇研究報告找到我對此的更多看法。

備貨幣遲早會導致擁有它的國家失去儲備貨幣國的地位，因為當一個國家坐擁儲備貨幣，它便得以舉借它原本無力負擔的債務，而它後續為了償還這些龐大債務而大量創造貨幣與信貸的行徑，會使這項貨幣的品質降低，進而失去它作為儲備貨幣的地位。而失去儲備貨幣地位是很可怕的，因為●對一個國家來說，「擁有儲備貨幣」堪稱一項至高無上的權力，因為那讓這個國家獲得巨大的購買力與地緣政治權力。

相反的，非儲備貨幣國一旦背負了以儲備貨幣（例如美元）計價的大量債務，就會經常陷入短缺那一項儲備貨幣的情境，主要原因除了它們無法印製那些貨幣，也可能因為它們未持有太多以那項貨幣計價的儲蓄，或是它們不太有能力賺取那一項貨幣（即它們需要的儲備貨幣）。**如果一個國家迫切需要儲備貨幣來償還它以儲備貨幣計價的債務，也需要儲備貨幣向只願意接受儲備貨幣的賣方採購各項事物時，它就有破產的可能。**這樣的狀況在過去很常見，而目前也有很多國家處於這樣的狀態，很多地方政府、州以及個人也落入這個處境。一直以來，世人都以相同的方式來處理這種環境組合，所以，我們能輕易從中看出這部機器是如何運作的，而那就是我將在這一章說明的。

且讓我們先從基礎談起，接著再談其他更深入的概念。

什麼是貨幣？

貨幣是一種交易媒介，也可作為財富貯存工具（storehold）。

我所謂「交易媒介」是指貨幣可用來向別人買東西的。基本上，民眾生產某種東西的理由，是為了和別人交換他們想要的其他東西。而由於為了想和別人交換自己想要的東西（即以物易物）而帶著一大堆非貨幣物品到處晃很沒有效率，所以，歷史上幾乎每個曾經存在過的社會，都創造了某種形式的錢幣（即貨幣），錢幣是可攜帶且每個人都認為有價值的某種事物，正因為所有人都認同它有價值，民眾才能用它來交換他們想要的東西。

其次，我所謂「財富貯存工具」的意思，是指可在取得購買力後，一直到花掉那項購買力前的那段期間，將購買力貯存起來的某種工具。雖然就貯存財富來說，最合乎邏輯的工具之一，是以錢的形式貯存財富，以便稍後使用，然而民眾還是會將他們的財富貯存在他們預期可保值或甚至增值的資產（例如黃金、白銀、寶石、畫作、不動產、股票與債券）。因為一般人認為，與其單單持有現金，另外再持有某種會增值的資產，說不定更好。何況他們可隨時在需要時，將他們持有的那類資產交換為現金，再用以購買他們想要買的東西。這時就輪到信貸與債務登場了。貨幣與債務之間的差異非常重要，一定要充分理解。貨幣是結算債權的工具——付錢了事；債務則是指交付貨幣的一種承諾。

舉個例子，當放款人選擇放款時，他們內心的盤算是：未來回收的貨幣加上利息，將可讓他們購買更多的商品與服務（多於他們單純繼續持有那些現金而可購買的商品與服務）。當一切都很順利，貸款人能有效率地使用這筆借貸而來的資金，並利用這筆錢為自己賺到利潤，那麼，他們在還款給放款人後，一定還有剩餘。在貸款尚未清償以前，它對放款人來說是一項資產（例如債券），對貸款人來說則是一種負債（liability，即債務）。當貸款人還款，這些資產與負債就會消失，貸款人與放款人則雙雙獲益，實質上來說，貸款人與放款人等於各自瓜分了這筆具生產力的放款所衍生的利潤。那樣的放款對社會也是有益的，因為整個社會將受惠於因此獲得的生產力提升。❷

請務必了解，**多數貨幣與信貸（尤其是政府發行且目前還存在的貨幣）並沒有內在價值可言。多數貨幣與信貸只是會計系統上可輕易修改的日記帳分錄（journal entries）。那個系統的目的是要協助有效分配資源，讓生產力得以提升，同時給予放款人與貸款人報酬，只不過，這個系統會出現週期性失靈。**

---

❷ 雖然貸款人通常願意支付利息（利息是促使放款人樂意放款的根本誘因），當今很多債務型資產的利率卻為負數，我們稍後將會探討這個怪異的現象。

一旦那個會計系統瓦解（自盤古開天闢地以來，那個狀況總是不斷發生），這些貨幣供給就會被「貨幣化」（monetized），❸ 貨幣的價值也會降低，或甚至徹底被摧毀，而財富也會發生巨大轉移，並在經濟體系與市場上造成一系列衝擊。

這一切現象代表債務與信貸機器的運作並不完美。貨幣的供給、需求和價值總是不斷週期性地上升與下降。向上的擺盪會帶來令人歡娛的富足生活，而向下擺盪則製造許多令人痛苦的重整。

現在，且讓我們詳細討論這些週期如何運作。我將從最根本的原理開始說起，最後再討論目前我們所處的位置。

貨幣、信貸與財富

雖然貨幣與信貸和財富息息相關，卻不能和財富畫上等號。由於貨幣與信貸能購買財富（即商品與服務），所以，你擁有的貨幣與信貸數量與你擁有的財富數量，看起來的確非常相像。不過，光是創造貨幣與信貸，並不見得能創造更多財富。唯有提高生產力，才能創造更多財富。貨幣與信貸創造和財富創造之間的關係經常令人感到混淆，不過，這個關係卻是驅動經濟週期的最大因子。現在，且讓我們更詳細檢視這個關係。

貨幣與信貸的創造和民眾生產的商品、勞務和投資資產的創造之間，通常存在一種互相強化的關係，也因此，一般人才會經常把這兩者混為一談。**且讓我們用以下方式思考：世界上有金融經濟（financial economy），也有實體經濟（real economy）。雖然這兩者彼此相關，卻各有不同。這兩種經濟有著各自不同的供給與需求驅動因素。** 在實體經濟，供給與需求是受商品與服務的生產數量以及想購買這些商品與服務的買方人數所驅動。當商品與服務的

---

❸ 貨幣化的意思是指中央銀行創造貨幣來購買債務。

需求水準很強勁且持續上升，又沒有足夠產能可生產大家需要的全部商品與服務，實體經濟的成長能力就會受限。如果需求上升速度持續高於生產能力的成長速度，物價就會上漲，通貨膨脹則會上升。這時就換金融經濟登場了。中央銀行面臨通貨膨脹的威脅時，通常會緊縮貨幣與信貸，期許能減緩實體經濟的需求；但當需求過少，中央銀行則會反過來提供貨幣與信貸來提振需求。**各國中央銀行只要提高與降低貨幣與信貸供給量，便能提高與降低金融資產、商品及勞務的需求與產量**。不過，中央銀行不可能完美實現這個任務，正因此，才會有短期債務週期發生，而短期債務週期正是我們常經歷的經濟成長與衰退交替。

接著，當然還要考量貨幣與信貸的價值，價值取決於它們本身的供給與需求。當被創造出來的貨幣數量遠多於民眾對它的需求，它的價值便會降低。貨幣與信貸的流向是決定未來情況的重要因素。舉個例子，當貨幣與信貸不再流入能促使經濟需求增加的放款，而是流入其他貨幣以及能規避通貨膨脹風險的資產，貨幣與信貸就無法提振經濟活動，而是會導致貨幣貶值，並推升避險資產的價值。那種時刻可能發生高通膨，因為此時貨幣與信貸的供給相對其需求增加，我們稱那樣的情況為「貨幣型通膨」（monetary inflation）。貨幣型通膨可能與商品與勞務需求疲弱和資產拋售潮等狀況同時發生，而一旦那些狀況同時發生，實體經濟可能會陷入通貨緊縮。通膨型經濟蕭條就是這麼發生的。基於這些理由，**我們必須同時觀察實體經濟與金融經濟的供需變化，才能了解金融面與經濟面的可能發展**。

舉個例子，政府透過財政與貨幣政策製造金融資產的方式，會對「誰因此獲得購買力」產生巨大影響，而那又會決定購買力將被花在什麼事物上。通常貨幣與信貸是中央銀行所創造，而貨幣與信貸被創造出來後，會進一步流向金融資產，接著，民間信貸系統才利用那些金融資產為民眾的舉債與支出活動提供融資。不過，在危機來襲時刻，各國政府可能選擇將貨幣、信貸與購買力導

向它偏好的領域，而不是放任市場來分配，在那個情況下，我們所知道的資本主義就會暫時停擺。那就是各國針對新冠肺炎大流行採取回應措施後，在世界各地普遍可見的現象。

　　金融經濟與實體經濟之間就是這麼令人混淆，而各種事物的「價格」與「價值」之間的關係也一樣令人混淆。由於各種事物的價格與價值傾向於同步波動，所以，很容易被誤以為是同一件事。這兩者傾向於同步波動的原因是，當民眾有更多貨幣和信貸，就會更有支出的意願和能力。鑑於支出能提升經濟生產量，並使商品、勞務與金融資產的價格上漲，所以，我們可以說支出能使財富增加，因為若以我們計算財富的方式來衡量，已持有那些資產的人會變得「更富裕」。然而，那樣的財富增加其實只是假象，而非現實，原因有二：1）新增信貸雖促使價格與產量增加，但信貸總有一天必須償還，而在所有條件都不變的情況下，當還款期限來臨時，償還信貸的行為將會產生反向作用；以及2）一項事物的內在價值並不會因為它的價格上漲而上升。

　　請用以下方式思考：如果你擁有一棟房子，政府又正好創造了非常多貨幣與信貸，市場上可能因此出現很多急切的買家，將你那棟房子的價格推高。不過，那棟房子還是那棟房子；你的實際財富並沒有增加，增加的只是估值。你持有的其他所有投資資產也適用相同的道理：那些資產——股票與債券等——會在政府創造貨幣時漲價，不過，雖然財富估值增加了，實際的財富總量卻沒有增加，因為儘管市場認為你持有的那些資產的價值上升了，但你手上的資產還是同樣的那一批資產。換言之，以持有資產的市場價值來衡量一個人的財富，會讓人產生財富有變動的錯覺（實際上並沒有變動）。就了解這部經濟機器運作原理來說，重點在於了解**貨幣與信貸同時具有提振與壓抑效果，當貨幣與信貸被分發到經濟體系，便能產生提振經濟的效果，而等到民眾不得不償還貨幣與信貸時，則會對經濟產生壓抑效果。那就是貨幣、信貸與經濟成長通常呈現週期性起伏的理由。**

　　貨幣與信貸的控制者（即中央銀行）為了控制市場與整體經濟而經常改變貨幣與信貸的成本和供給。當經濟成長過快，且中央銀行希望經濟成長降溫，中央銀行就會減少供給貨幣與信貸數量，這會導致貨幣與信貸雙雙變得更貴；而當貨幣與信貸變貴，會促進民眾放款的意願，而非貸款與消費。另一方面，當經濟成長過慢，且中央銀行希望提振經濟，他們就會設法讓貨幣與信貸變得便宜且充沛，這會促進民眾貸款與投資和／或消費的意願。貨幣及信貸的成本與供給的這類變化，也會導致商品、勞務與投資資產的價格與數量增加或減少。不過，中央銀行只能在它們製造貨幣與信貸成長的能力範圍內控制經濟，而它們製造貨幣與信貸成長的能力是受限的。

　　且讓我們想像中央銀行握有一瓶興奮劑，它可以在經濟體系有需要時將其注入：當市場與經濟表現低迷，它就為市場與經濟注入貨幣與信貸興奮劑，以達振興目的。而當市場與經濟表現過熱，中央銀行就會減少興奮劑的施打。這些增／減興奮劑的行動，會導致貨幣與信貸、商品、服務與金融資產數量及價格出現週期性的上升與下降，而通常這些波動會以短期債務週期與長期債務週期的形式來表現。短期債務週期的起與落通常延續大約八年，有些略長，有些略短。相關的時機取決於這項興奮劑要花多久時間才能將需求提升到實體經濟的產能上限。多數人經歷過很多這類短期債務週期——尤其常被稱為「商業週期」（business cycle）——也深知那些週期的樣貌，但也因為如此，民眾容易誤以為那類週期將會永遠維持這樣的運作方式。

　　我將短期和長期債務週期區分開來；長期債務週期通常延續五十年至一百年以上（所以，它包含大約六至十個短期債務週期）。❹ 由於在這些長期債務週期發展過程中爆發的危機一生難得一見，所以，多數人都不會料到那些危機

---

❹ 附帶一提，請理解這些粗略的週期時機推估真的只是非常粗略的推估，若想要知道我們目前處於這些週期的什麼位置，主要應該觀察的是具體情況，而不是觀察週期的長短。

的發生。也因此，那些危機經常會讓人猝不及防，並造成很大的傷害。**目前我們正處於一個長期債務週期的末期階段，這個長期債務週期是1944年在新罕布夏的布列敦森林會議中構思而來的結果，它是在二次世界大戰結束時的1945年和美元／美國支配的世界秩序同步展開。**

　　這些長期債務週期取決於中央銀行瓶子裡的興奮劑剩餘數量。長期債務週期是在先前的超額債務開始重整且中央銀行還掌握滿滿一瓶興奮劑的時刻展開，並在債台再次高築且瓶子裡的興奮劑幾乎用罄之際結束，更具體來說，**當中央銀行失去它創造貨幣與信貸（這些貨幣與信貸會被用來創造實體經濟成長）成長的能力，長期債務週期就已近尾聲。綜觀歷史，各國中央政府與中央銀行都曾創造貨幣與信貸，而這種行為會導致本國貨幣趨弱，並使它們的貨幣型通膨水準上升，以抵銷信貸與經濟萎縮所衍生的通貨緊縮影響。這通常是在債務水準居高不下、利率無法充分降低，以及貨幣與信貸創造活動導致金融資產價格上漲幅度超過實體經濟的成長幅度時發生。在那樣的時刻，持有債務的人（債務是其他人交付資金的承諾）通常會希望以他們持有的債務，交換其他財富貯存工具。一旦多數人意識到貨幣與債務型資產不再是優質的財富貯存工具，長期債務週期就接近尾聲，貨幣系統也必須開始重整。**

　　由於這類週期非常重要，而且幾乎存在於所有歷史記載，所以，我們有必要了解這些週期，並找出能恆久有效因應這些週期的通用原則。不過，多數人（包括很多經濟學家）甚至不知道那類週期的存在。那是因為要取得足夠大且多樣化的觀察樣本（唯有如此才能真正理解這些週期），必須研究不同國家的好幾百年歷史。我們將在第二部研究那些漫長的歷史，並檢視歷史上與世界最重要國家的這類週期，同時一邊對照讓貨幣與信貸成為（與無法成為）交易媒介和財富貯存工具的那個恆久有效且放諸四海皆準的機制。我將在這一章先綜合研究那些個案，以便讓你更清楚見到這些個案如何循著一個主要典型模式運作。

　　我將從很久以前的長期債務週期的基礎概念談起，再漸進地討論到目前的狀況，同時，我也會經由這個敘述過程，歸納出典型的模型。當然，我絕對不是說所有個案的發展都和這個模型一模一樣，我想表達的是，所有個案都幾乎緊密依循這個模式發展。

長期債務週期

長期債務週期的發展可分為六個階段：

第一階段：一開始是 a）鮮少債務或零債務，以及b）「硬通貨」。

　　此時，從上一個週期延續下來的債務負擔，多半已經由重整與債務貨幣化等作業而被消除，這些事態所造成的後果（尤其是通貨膨脹）經常導致貨幣體制回歸諸如黃金與白銀等（有時候是銅或鎳等其他金屬）「硬通貨」（hard money）或與硬通貨連結的體制。舉個例子，在德國威瑪共和國（Weimar Republic）的債務與貨幣崩潰後，它的貨幣獲得黃金計價資產與土地的擔保，而且釘住美元；另外，1980年代末期阿根廷披索大幅貶值後，開始與美元掛鉤。

　　在這個階段，「硬」通貨的採用非常重要，因為使用「硬通貨」的緣故，即使交易雙方互不信任，交易也能完成——任何買賣交易都能當場結算，即使買賣雙方是陌生人或甚至彼此敵對。有句古諺說，「所有金融資產都是別人的負債，唯有黃金不是」。當你從買方手上收到金幣，即使你將那些金幣熔化，再將之轉化為一塊金屬，那些金屬的價值也幾乎不會改變，換言之，那些金屬的內在價值幾乎和原本的金幣一樣多，不會改變；黃金的這項特質和諸如紙鈔等債務型資產不同，紙鈔之類的貨幣只是一種承諾交付價值的工具（但實際上那也稱不上什麼承諾，因為紙鈔和債券太容易印製了）。當國家處於戰爭狀態，而且外界不信任它們有付款意願或能力時，還是可以用黃金付款。所以，黃金（以及白銀，但程度上低於黃金）既可用來作為安全的交易媒介，也可作

為安全的財富貯存工具。

第二階段：接下來是對「硬通貨」的債權（也就是票據或紙鈔）。

由於攜帶大量金屬貨幣到處趴趴走的風險很高，也非常不方便，所以，不管是放款人或貸款人，都深受「信貸創造」吸引，於是，一種將貨幣存放在安全地點，再以那些貨幣為基礎發行債權票據的可靠機構應運而生。這就是後來所謂的「銀行」，只不過，銀行最初涵蓋了民眾所信賴的各式各樣機構，包括中國的寺廟。**不久後，民眾便已習慣將這些「貨幣票據」當成貨幣來使用。**畢竟他們可以用那些票據來贖回有形貨幣，也可以用來直接購物。這種型態的貨幣制度稱為「連結貨幣制度」（linked currency system），因為貨幣的價值是連結到某項事物（通常是「硬通貨」，例如黃金或白銀）的價值。

第三階段：接著是債務增加。

最初外界對「硬通貨」的債權票據和由銀行保存的「硬通貨」數量相等。不過，後來債權票據的持有人和銀行雙雙發現了信貸與債務的奧妙。票據的持有人將那些債權借給銀行，以換取利息收入。銀行也樂於這麼做，因為如此一來，銀行就可以把貨幣轉借給其他願意支付更高利息的人，以從中獲取利差。向銀行借票據的人也樂在其中，因為可以擁有原本所沒有的購買力。於是，因為這個發展使資產價格上漲，產量增加，整個社會皆大歡喜。由於每個人對於這一連串的發展都非常滿意，人人繼續加碼從事這些活動。愈來愈多且反覆不斷發生的放款與貸款行為最終促成了一股熱潮，導致貨幣債權（也就是債務資產）的數量超過了實際上可供購買的商品與服務數量。到最後，貨幣債權也變得遠比實際上存放在銀行的「硬通貨」多很多。

等到借錢的人沒有足夠收入可償還債務，或是民眾持有的債權（民眾之所以持有那些債權，是因為指望賣掉那些債權，取得可購買商品與服務所需的貨

幣）數量成長速度高於商品與服務數量的成長速度，導致民眾無法用這些債務型資產（例如債券）轉換他們想要的商品與服務，麻煩就來了。而這兩個問題傾向於同步發生。

關於上述第一個問題（譯注：即借錢的人沒有足夠所得還債），我們可以將債務想成一種會侵蝕盈餘的負盈餘（因為債務必須用盈餘來支付）和一種會侵蝕其他資產的負資產（因為若要償還債務，有時必須出售其他資產，以取得償債用的資金）。因為債務必須優先清償——意思是它的優先償還順序高於其他所有類型的資產——所以，當收入與資產價值降低，就有必要縮減支出，並出售資產來籌措償債所需的資金。如果還不夠償債，就必須進行 a）債務重整（債務重整後，債務與債務負擔都會降低，這對債務人與債權人都會造成問題，因為一個人的債務是另一個人的資產）和／或b）中央銀行印製鈔票，並由中央政府釋出貨幣與信貸，填補前述收入與資產負債表的漏洞（目前的情況正是如此）。

第四階段：接下來是爆發債務危機、債務違約，並促使官方蓄意引導貨幣貶值，這導致當局大量印鈔，並打破和「硬通貨」之間的連結。

當以下情況出現時，就會發生第二個問題（即民眾持有的債權數量的成長速度，高於商品與勞務數量的成長速度）：此時債權人已不相信他們透過持有債務獲得的報酬，將相對高於可透過其他財富貯存工具獲得的報酬，並認為持有債券的報酬會少於他們取得商品及勞務所需花費的成本。由投資人持有的債務資產（例如債券），是可出售並可換回貨幣（貨幣可用來購物）的財富貯存工具。一旦債務資產的持有人試圖將那些資產轉換為實體貨幣與實體商品及服務，但卻無功而返時，就會發生「擠兌」，這裡所謂的擠兌是指有非常多債務持有人競相將那些債務轉換為貨幣、商品、服務以及其他金融資產。一旦這個局面發生，無論是民間銀行或中央銀行，都會面臨一個兩害相權的抉擇：

1）放手讓資金流出那一項債務型資產，或 2）印鈔票。選擇前者會導致利率上升，並使債務與經濟問題惡化；而若中央銀行選擇後者，通常是以發行債券與購買大量這些債券的形式進行，目的是為了防止利率上升，幸運的話，就有機會逆轉上述的擠兌局面。中央銀行最後都不可避免會打破債務與硬通貨的連結、大量印鈔，並引導貨幣大幅貶值，因為若不採取這些作為，就會引發令人無法容忍的通貨緊縮型經濟蕭條。這個階段的關鍵是要創造足夠貨幣，並引導通貨貶值足夠的幅度，以抵銷通貨緊縮型經濟蕭條的衝擊，但官方蓄意引導通貨貶值的程度又必須拿捏得當，以免造成惡性的通貨膨脹螺旋。如果處理得當，就會演變成我所謂「美好的去槓桿化」，我在我的《大債危機：橋水基金應對債務危機的原則》一書更完整說明了這個概念。有時候，那種購買債券的作為能暫時奏效；然而若貨幣債權（即債務資產）相對硬通貨金額的比率過高，或是相對待售商品與服務數量的比率過高，銀行就會陷入無法逃脫的兩難困境，因為銀行壓根兒就沒有足夠的硬通貨來履行那些債權。如果是中央銀行面臨這樣的情境，它可以選擇債務違約，也可以選擇打破債務與那一項硬通貨的連結，放手印製大量鈔票，並引導鈔票大幅貶值。歷來的中央銀行都不可避免地選擇引導貨幣大幅貶值。不過，當債務重整與引導通貨貶值的程度過大，就會導致貨幣體系失靈，甚至徹底毀滅。債務（也就是貨幣債權，以及商品與服務債權）愈多，官方蓄意引導貨幣大幅貶值的必要性就愈高。

切記，受限於經濟體系的生產能力，商品與服務的數量永遠是有限的。此外也請切記，一如我們說明「硬通貨債權票據」的那個例子所示，硬通貨（例如存在銀行的黃金）的數量有限，但紙幣（即硬通貨債權票據）與債務（紙幣債權）的數量卻永遠不斷增加。隨著紙幣債權的數量超過存在銀行裡的硬通貨數量及經濟體的商品與服務數量，那些債務資產的持有人可能面臨無法以那些資產贖回他們原先預期可取得的「硬通貨」數量或商品與服務數量的風險。

當一家銀行無法交付足夠硬通貨來滿足要索取那些貨幣的債權人，它就會

陷入困境，不管它是民間銀行或中央銀行都一樣，只不過，各國中央銀行可選擇的對策多於民間銀行。那是因為民間銀行不能印製貨幣，也不能修改法律來讓它們更輕易償還自家的債務，不過，有些中央銀行擁有這些特權。**當民間銀行陷入困境，最後的命運不是債務違約，就是接受政府紓困，但中央銀行則不同，如果它們的債務是以本國通貨計價，它們可以設法降低債權價值（例如只還款50%至70%）。但如果這些債務是以中央銀行無法印製的貨幣計價，那麼，它們最終還是必然會走上債務違約一途。**

第五階段：接下來是法幣，這最終導致貨幣貶值。

各國中央銀行向來希望盡可能延長貨幣與信貸週期，因為那遠比其他方案好。所以，當由硬通貨與硬通貨債權組成的體系變得愈來愈緊縮，政府通常會放棄這個系統，並偏好轉採所謂「法幣」。法幣體系不會涉及任何硬通貨；這種體系裡只有中央銀行可無限量印製的紙幣。因此，在法幣體系之下，中央銀行永遠也不會有硬通貨被提領一空而被迫違約的風險。不過，此時要面對的風險是，印鈔廠掌管者（即與商業銀行家通力合作的中央銀行官員）因不再受有形黃金、白銀或其他硬資產的約束，總有一天會創造相對高於商品與服務產量的債務資產與負債，而等到持有那些鉅額債務的人試圖將那些債務轉換為商品與服務時（他們總有一天會這麼做），就會產生與銀行擠兌相同的影響，最後的結果不是債務違約，就是官方蓄意引導貨幣大幅貶值。

美國在1971年8月15日改採法幣制度，從此以後，它的債務票據不再能以固定比率轉換為某項實體資產（例如黃金與白銀），這是歷史上最近一個轉變為法幣體系的例子。誠如我先前提到的，當尼克森總統向全世界宣布美元不再與黃金掛鉤時，我正好盯著電視螢幕。當時的我以為世界必然會因此大亂，股市勢必大跌。但取而代之的，股市不跌反漲。因為我從未經歷過官方蓄意引導貨幣大幅貶值的狀況，才會不了解相關的運作模式。

　　1971年之前幾年，美國政府花費非常多資金在軍事和社會計畫，這在當時被稱為「槍砲與奶油」（guns and butter）政策，而當時的美國是以借錢的方式來應付這些政策的開銷。借錢的行為創造了債務；這項債務是一種債權票據，可兌換黃金。由於持有這些債務的人能取得利息收入，也因為美國政府承諾將讓持有人拿這些票據去兌換存放在美國金庫裡的黃金，所以投資人將這項債務視為一種資產。隨著上述支出與預算赤字持續增加，美國不得不發行更多債務，即創造更多對黃金的債權票據。但在此同時，美國金庫的黃金數量卻沒有增加。其實，較敏銳的投資人到這時就已知道，外界對黃金的未清償債權已遠比金庫裡的黃金數量多。他們深知如果這個情況繼續下去，美國終將債務違約，於是紛紛要求履行他們的權利。當然，以當時的情況來說，幾乎沒有人想像得到世界上最有錢且最強勢的美國政府會違約，不將黃金交付給持有對黃金的債權的人，換言之，幾乎沒有人認為美國政府會不履行承諾。不過，儘管多數人對尼克森的聲明對市場的影響大感意外，但熟知貨幣與信貸運作機制的人早就對此了然於胸。

　　當信貸週期達到其極限，各國中央政府與其中央銀行的典型回應，就是創造大量債務，並印製大量可用來購買商品、服務與投資性資產的鈔票，以維持經濟的運轉，這些都是相當合乎邏輯的回應。2008年債務危機期間，各國便採取這樣的回應，當時的利率已降無可降，因為利率已經達到零。到2020年，各國為因應新冠肺炎大流行所引發的崩潰局面，也紛紛大手筆採取這類行動。早在1929年至1932年的債務危機期間，當局也採取這些回應，那時的利率也同樣被降至零。就在我撰寫本書之際，當局創造的債務與貨幣數量，已超過二次世界大戰後的任何時刻。

　　當然，印鈔票並將鈔票釋出以支持消費，而不是用於增加債務支出的作法並非全然沒有好處可言——貨幣可發揮和信貸相同的消費功能，但實務上（非理論上），貨幣無須償還。只要貨幣是被用在有生產力的用途，以更高貨幣成

長來取代更高信貸／債務成長並沒有什麼不對，不過，若增加的貨幣不是用在具生產力的用途，問題就來了。如果過度積極印製貨幣，且那些貨幣不是被用在有生產力的用途，民眾將會停止把它當作財富的貯存工具，並轉入其他資產。

歷史顯示，●我們不該依賴政府保護我們的錢財。相反的，我們應該要預料到多數政府會濫用它們作為貨幣與信貸的創造者與使用者的特權——只要設身處地想想，如果你是政府，也會濫用特權，你就能理解為何政府會那麼做，原因很簡單：沒有一個政策制定者的在位時間能延續一整個（債務）週期。每個政策制定者都只參與到週期的某個環節，而且，他們會為了自身利益，根據當下的情境，採取他們認為最好的回應（包括違背承諾，即使他們集體處理整個週期的方法很糟糕）。

由於在債務週期的初期，一般認為政府值得信任，且政府和任何其他人一樣需要且想要錢，甚至猶有過之，所以，通常政府是最大的貸款人。到了週期的稍後階段，新的政府領袖和新的中央銀行官員必須面對還債以及瓶裡的興奮劑漸漸減少等挑戰。更糟的是，此時政府還不時必須紓困債務人，因為如果放任債務人倒閉，整個經濟體系都會受到危害——這就是「大到不能倒」症候群。到最後，政府往往會自陷在一個遠比個人、企業和其他多數實體更嚴重的現金流量困境。

在幾乎每個個案，政府都會以它們的行動造成債務累積，並成為大型債務人之一。而一旦債務泡沫破滅，政府就會藉由購買資產和／或印製貨幣且引導貨幣大幅貶值的方式，自我紓困並紓困其他實體。債務危機的規模愈大，政府愈可能這麼做。儘管這樣的發展令人無法接受，其原因卻是可理解的。●當政府能製造貨幣與信貸，並將它創造的貨幣與信貸分發給每個人，讓人人皆大歡喜，它一定很難抗拒誘惑，最終沈溺在這種作為。❺ 這是非常典型的金融手法。**自古以來，統治者總是會累積大量債務，即使他們自身的政權結束後才到**

期，並將那些債務留給繼任者買單。

印鈔票與購買金融資產（多半是債券）的行動能將利率維持在低檔，並進而提振貸款與消費。而超低利率會促使持有債券的投資人紛紛賣出手上的債券。另一方面，低利率則會提高投資人、企業和個人舉債的意願，並將舉債而來的資金投資到較高報酬的資產——即透過他們負擔得起的月付款來獲得他們想要的報酬。

這樣的發展會促使中央銀行印製更多貨幣並買更多債券，有時，甚至會購買其他金融資產。通常中央銀行印製貨幣與購買債券或金融資產的行為，能有效推高金融資產價格，但相對卻較無法有效將貨幣、信貸與購買力轉移給最需要的人。2008年的情況正是如此，另外，在2020年新冠肺炎引發的危機爆發前的多數時間也是如此。而當印製貨幣與購買金融資產的行為無法將信貸送達應到之處，中央政府就會向中央銀行借錢（錢是中央銀行印的），由政府把錢花在需要花的地方。2020年4月9日當天，聯準會宣布了類似的計畫。那個印製貨幣來購買債務的方法（稱為「債務貨幣化」），是將有錢人財富移轉給需要錢的人的方法之一，就政治面而言，那個方法比強制徵稅（譯注：徵稅也是把富人的錢移轉給窮人的手段之一）好得多，因為徵稅會激怒被課稅的人。**正因如此，中央銀行最終總是會選擇印鈔票並蓄意引導貨幣大幅貶值。**

當政府印很多貨幣且購買很多債務，就會使貨幣與債務變便宜，而這形同對貨幣與債務的持有人課稅，但相對讓債務人與貸款人的負擔減輕。當這樣的情況持續發展，貨幣與債務型資產的持有人總有一天會領悟到自己被佔了便宜，至此，他們便會尋求賣出手上的債務型資產和／或借入廉價貸款，再舉借能以廉價貸款償還的債務。他們也通常會將財富轉移到更好的貯存工具，像是

---

❺ 有些中央銀行會經由各種手段來擺脫政治人物的直接控制，讓政府更難以在這個誘惑驅使下，採取上述行動，但到頭來，幾乎每個中央銀行最終還是得紓困它們的政府，所以，貨幣貶值的狀況一定會發生。

黃金與特定型態的股票，或是轉移到沒有這些問題的國家。在那樣的時機，中央銀行通常會繼續印製貨幣，且直接或間接購買債務（例如要求銀行業者為它們購買債務），但禁止資金流向可規避通貨膨脹風險的資產、其他貨幣和其他地點。

那種「通貨再膨脹」（reflation）時期不是刺激一波新的貨幣與信貸擴張（這等於為另一波經濟擴張提供財源，並對股票有利），就是官方蓄意引導貨幣大幅貶值，以便製造貨幣型通膨（這對黃金、原物料商品與通貨膨脹連結債券等能規避通貨膨脹風險的資產有利）。在長期債務週期的早期階段，未清償債務金額還不是太大，所以還有很大的空間可藉由降低利率（若無法調降利率，就以印鈔票與購買金融資產的手段）來提振經濟，此時信貸與經濟很可能維持良性成長。但到長期債務週期的稍後階段，債務已非常龐大，且沒有太多手段可提振經濟，此時就較可能發生貨幣型通貨膨脹與經濟疲弱並存的狀況。

雖然民眾傾向於相信通貨大致上會永久存在，並認為「現金」是最安全且適合持有的資產，但事實並非如此。●所有貨幣都會大幅貶值或徹底消失，而當這樣的狀況發生，現金與債券（這兩者都是交付貨幣的承諾）的價值就會降低，或變得一文不值。**那是因為印很多鈔票並由官方刻意引導債務貶值，是降低或消除債務負擔的最方便手段。**當債務負擔充分降低或甚至徹底消除，信貸／債務擴張週期就可能從頭開始，我們將在下一章詳加描述。

誠如我在《大債危機：橋水基金應對債務危機的原則》一書詳細解釋的，**政策制定者可善加利用四項工具，將債務與償債水準壓到相對低於償債所需的所得與現金流量的水準。這四項工具是：**

1. **撙節（減少支出）。**
2. **債務違約與重整。**
3. **將擁有較多非必要貨幣與信貸的有錢人手上的貨幣與信貸，移轉給缺**

乏貨幣與信貸但又有需要的窮人（例如藉由增稅）。

4. 印製貨幣並使貨幣貶值。

　　基於一些合乎邏輯的理由，政策制定者通常會先依照上述順序，漸進地使用這些工具：

- 撙節會產生通貨緊縮的效果，而且不會持續太久，因為它讓人太痛苦。

- 債務違約和重整也會產生通貨緊縮的效果，也非常痛苦，因為價值削減甚至歸零的債務，其實是某人的資產；因此，債務違約與重整對債務人和債權人而言都非常痛苦，前者因破產與資產被沒收而痛苦，後者則是因債務人的債務被勾銷後發生財富折損而痛苦。

- 將擁有較多非必要貨幣與信貸的有錢人手上的貨幣與信貸移轉給缺乏貨幣與信貸且有需要的窮人（例如藉由增稅來重新分配財富），在政治上是一項大挑戰，不過，至少這個選項比前兩種方式更可容忍，所以，通常會被列為解方之一。

- 和其他工具比較起來，●**印鈔票是最方便、外界最不理解，且最常見的大手筆債務重整手段**。事實上，對多數人來說，這個手段似乎利多於弊，因為：
  - 它有助於舒緩債務壓力。
  - 難以確認誰是因這項金融財富的提供而財富被剝奪的受害者（不過，我們知道受害者是貨幣與債務型資產的持有者）。
  - 以多數個案來說，印鈔能促使以貶值貨幣（民眾也是以這項貨幣衡量他們的財富）計價的資產漲價，所以，表面上看，民眾變得更富裕。

　　新冠肺炎危機爆發期間就發生了這個狀況，當時各國中央政府與中央銀行

派發大量貨幣與信貸。請注意，我們沒有聽到任何人抱怨官方創造貨幣與信貸的行動；事實上，民眾甚至直言，不提供更大量貨幣與信貸的政府小氣又殘酷。幾乎沒有人體察到這些將對外發放的貨幣，實際上並非屬政府所有。政府並不是隨時有一大堆貨幣的富裕實體，政府其實只是一國民眾的集合體，而民眾最終必須為這些貨幣創造與貨幣發放行動付出代價。現在請想像一下，若政府官員為了追求預算平衡而縮減支出，並要求公民也效法政府的行動，結果導致很多國民破產，且／或如果政府官員尋求藉由課稅，將較富裕者的財富重分配給較不富裕者，那麼這一群民眾又會怎麼說？總之，就政治面而言，創造貨幣與信貸的途徑遠比其他途徑更容易獲得民眾的接受。那個手段就好像改變「大富翁」遊戲的規定，允許銀行賺更多錢，接著每當有大量玩家即將破產並惱羞成怒之際，銀行再重新分配賺到的錢。

第六階段：接下來是回歸硬通貨。

一旦印太多法幣，就會引爆債務資產的拋售潮，以及先前描述的「銀行擠兌」現象，而擠兌最終會導致貨幣與信貸的價值降低，並逼得民眾逃離現金與債務。歷史告訴我們，在這種情境下，民眾通常會轉向能保值的黃金、白銀和股票，以及未發生類似問題的其他國家的貨幣與資產。有些人認為世界上必須要有另一項儲備貨幣存在，才可能發生資金外逃的狀況，但事實並非如此，因為過去就曾發生過在沒有替代貨幣（例如中國各個朝代與羅馬帝國）的情況下，貨幣體系瓦解且資金外逃到其他資產的動態。當官方蓄意引導貨幣大幅貶值時，民眾會搶購很多不同的東西，包括德國威瑪共和國時期的石材（建築用）。一旦貨幣貶值，就會促使民眾逃離這項貨幣，並逃離以這項貨幣計價的債券，投奔其他貨幣和資產。

在債務週期的這個階段，通常會發生因大型財富與價值觀鴻溝而起的經濟壓力。這些鴻溝會導致租稅提高，並引發富人與窮人之間的鬥爭。這也會導致

富人想要朝硬資產、其他貨幣與其他國家移動。想當然爾，負責治理國家的人因這種逃離本國債務、本國貨幣與本國的行為而苦不堪言，並處心積慮想阻止這股趨勢。所以，政府會設法讓民眾較難以投資諸如黃金（例如藉由禁止黃金交易與禁止持有黃金）、外匯（禁止民眾交易外匯）等資產，並使民眾更難以投資外國（設置外匯管制，防止資金離開本國）等。到最後，債務多半會被徹底勾銷，因為當局通常會創造大量資金和廉價貸款，而這樣的行徑形同引導貨幣與債務貶值。

當官方過度引導貨幣貶值且債務違約的情況變得過度極端，並導致貨幣與信貸體系瓦解，政府通常會基於現實需要而被迫回歸某種型態的硬通貨體系，以重建民眾對貨幣作為財富貯存工具的價值的信心。此時，通常（但非絕對）政府會將它的貨幣連結到黃金或某項硬通貨，並承諾將允許新貨幣的持有人將那一項新貨幣兌換成這項硬通貨。有時候，那一項硬通貨是另一個國家的貨幣。舉個例子，過去幾十年間，很多弱勢貨幣國家將它們的貨幣連結到美元，或索性將它們的經濟體系美元化（dollarized，也就是以美元作為它們國家的交易媒介與財富貯存工具）。

且讓我們複習一下上述內容：在長期債務週期的早期階段，持有債務作為一項孳息性資產通常是有利可圖的，因為那個階段的未清償債務不多；但到了這個週期的晚期階段，因未清償債務大量增加，且愈來愈接近被違約或貶值的時間點，持有債券的風險將上升，這時，那些孳息將顯得沒有價值。所以，持有債券有點像抱著一顆定時炸彈，在時間還很充裕時，它能給你回報，但時間一到，它就會把你炸得粉身碎骨。而誠如我們已討論的，那種大爆炸（即重大債務違約或貨幣大幅度貶值）大約每五十至一百年就會發生一次。

這類債務累積與債務沖銷週期已存在數千年之久，且部分個案甚至將這個週期制度化（institutionalized）。舉個例子，根據舊約描述，每五十年會有

一個大赦年（Jubilee），在大赦年來臨時，所有債務都會被一筆勾銷。而由於每個人都知道債務週期會「照表操課」，所以，他們都會以理性的方式做好因應那個週期的準備。

我撰寫本書的主要目的就是要讓你了解長期債務週期，以便讓你做好因應這個週期的準備，不要因猝不及防而被擊倒。

諷刺的是，**愈接近那個爆炸時刻（此時，未清償債權相對硬通貨與有形財富金額而言也是最多的），多數人的情勢愈危急，但此時民眾卻往往感覺自己變得更安全。那是因為他們先前因持有債務而享受到持有債務的報酬。距離上一次大爆炸的時間愈久，民眾對它的記憶愈模糊——**即使持有這些債務的風險上升，且持有它的報酬降低。為了正確衡量持有這顆定時炸彈的風險／報酬，我們必須時時刻刻保持清醒，釐清必須償還的債務金額是多少？現成可用來償債的硬通貨金額又有多少？必須支付的債務相關款項相對債務人能掌握的現金流量金額是多少？還有，那些債務所衍生的利息金額又是多少？

長期債務週期小結

幾千年來，貨幣體系向來可分為三大類：

第一類：硬通貨（例如金屬硬幣）。
第二類：紙幣（例如硬通貨債權）。
第三類：法幣。

硬通貨是最有約束力的系統，因為在這個系統下，除非金屬（譯注：鑄幣用金屬）的供給或其他具有內在價值的原物料商品的供給增加，否則不能創造新貨幣。相較之下，若採用第二個系統，貨幣和信貸的創造就輕而易舉，在那個情況下，對硬通貨債權相對實際上持有的硬通貨的比率會上升，而那最終將

引發銀行擠兌事件。**最後的結果將是 a）等到銀行關門大吉，存款人失去他們的硬資產，就會發生債務違約；b）貨幣債權大幅貶值，那意味著存款人只能取回較少價值。在第三類系統，政府能隨心所欲地創造大量貨幣與信貸，只要民眾對本國貨幣還有信心，那個系統的運作就會維持順暢，可是，一旦民眾對本國貨幣失去信心，這個系統就會失靈。**

　　綜觀歷史，各國都曾基於一些合乎邏輯的理由，經歷這些不同型態的貨幣體系，由其中一個變遷到另一個。當一個國家需要比當下更多的貨幣或信貸──不管是要處理債務、戰爭或是要因應其他問題──它就會自然而然地從第一類轉向第二類，或從第二類轉向第三類，以便擁有更多印鈔票的彈性。接下來，它們一定會創造過多貨幣與債務，貨幣與債務貶值，最終導致民眾不再持有債務與貨幣來作為財富貯存工具，並回頭持有硬資產（例如黃金與白銀）以及其他貨幣。由於這通常是發生在有貧富衝突或甚至戰爭的國度，所以民眾通常也會產生離開這個國家的欲望。那種國家需要先重建外界對其貨幣的信心（作為財富貯存工具的信心），之後才能重建它們的信貸市場。

　　以下圖解傳達了這些不同的變遷。歷史上有很多歷經完整變遷的國家個案（從中國的宋朝到德國的威瑪共和國）可參考，這些國家都從受約束的貨幣體系型態（第一類與第二類）變遷為法幣體系（第三類），接著又在超級通貨膨脹爆發後，漸漸回歸受約束的通貨體系。

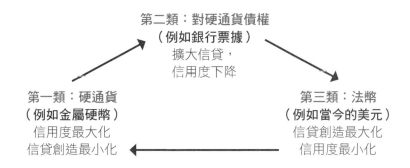

　　這個大週期通常延續大約五十年至一百年；它以債務與整個貨幣體系陷入重整而結束。重整階段最險峻的部分——也就是債務與通貨危機期間——的發展節奏一般來說非常快，通常只會延續大約幾個月，最多不超過三年，這個期間長短取決於政府等待多久才採取行動來解決那些亂象。然而，那些危機的漣漪效應卻可能延續非常久；舉個例子，當一項貨幣失去儲備貨幣的地位時，後續的影響總是非常深遠。 每一個貨幣體制通常會發生二至四次大型債務危機——也就是大到足以引發銀行危機與債務減記，或通貨大幅貶值超過30%以上的債務危機，但這些債務危機還未大到足以導致通貨體系瓦解。由於我已累積了近半個世紀之久的多國投資經驗，所以，我曾親身經歷過幾十次這類危機。那些危機的發展模式都相同，我已在我的《大債危機：橋水基金應對債務危機的原則》中深入說明這個現象。

　　我將在下一章更詳細探討導致貨幣價值發生變化的原因，以及那些變化可能帶來的風險，並說明過去曾發生的狀況，這些內容很令人震驚。

第4章

貨幣價值的演變

這一章將更詳細檢視前一章介紹的概念，並說明這些概念和實際上的個案有多麼一致；事實上，這些概念就是從那些個案歸納而來。雖然在這一章，我們將比第三章更深入探討相關的機制，但我會以一般讀者應該能夠理解的方法來寫這一章的內容，儘管如此，我相信這一章的內容也精準到能滿足老練的經濟學家與投資人的要求。

誠如先前解釋的，世界上有實體經濟，還有金融經濟，這兩者雖緊密地交錯在一起，卻也各有差異。它們擁有各自的供給與需求動態。我們將在這一章聚焦在金融經濟的供給與需求動態，以探討決定貨幣價值的因素是什麼。

多數人因無法預知他們手上的資產將上漲或下跌而憂心忡忡，但他們卻鮮少留意手中的貨幣是升值或貶值。請想想，你有多擔心本國貨幣貶值？又有多擔心你持有的股票或其他資產的表現？如果你是多數民眾之一，想必你對貨幣風險的了解應該遠低於必要程度。

接下來，且讓我們探討貨幣風險。

所有貨幣都會貶值或徹底消滅

1700年以來曾存在過的大約七百五十種貨幣，目前只剩大約20%還存在，而且倖存者全都曾顯著貶值。 舉個例子，如果你回到1850年，世界上最主要的貨幣和當今最主要的貨幣絕對不同。雖然美元、英鎊與瑞士法郎從1850年起就存在，但那個世代最重要的幾項貨幣如今都已消滅。在目前的德國，你理應使用盾（gulden）或查勒（thaler）。當時沒有日圓，所以，如果你是當時的日本人，你應該是使用小判（koban）或亮（ryo）。如果你身在義大利，應該會使用六種貨幣當中的一種以上。如果是在西班牙、中國和多數其他國家，也應該會使用不同的貨幣。有些貨幣早已徹底被抹殺（以多數個案來說，那些貨幣屬於曾發生惡性通貨膨脹和／或戰敗且戰爭債務龐大的國家）並被全新的貨幣取代。有些貨幣則被併入取代它們的貨幣（例如各個歐洲貨幣被併入歐元）。不過，還是有些貨幣目前依舊存在，但已較過去顯著貶值，像是英鎊和美元。

那些貨幣是對應什麼東西貶值？

印鈔票的目標是要減輕債務負擔，所以，最重要的任務是要讓貨幣相對債務貶值（也就是說，使貨幣金額相對債務金額增加，讓債務人比較容易還款）。債務是一種交付資金的承諾，所以把較多資金交給需要資金的人，當然能減輕他們的債務負擔。 這些剛被創造出來的貨幣和信貸的流向，是決定後續發展的關鍵要素。**以債務減免的個案來說，這些貨幣與信貸會流向企業的生產力與利潤，實質股價（也就是調整過通貨膨脹後的股價）便會上漲。**

當貨幣的創造數量大到足以傷害現金與債務型資產的實際及未來報酬，就會導致資金流出那些資產，轉向諸如黃金、原物料商品、通貨膨脹指數債券及其他貨幣（包括數位貨幣）等能規避通貨膨脹風險的資產。這會導致貨幣的價值出現自我強化的下降走勢。 當中央銀行面臨以下兩個抉擇時——1）允許實

質利率（即利率減去通貨膨脹率）上升到對經濟造成傷害（並引起公憤），或2）藉由印製鈔票與購買那些現金及債務資產，以防止實質利率上升——它們勢必會選擇第二條途徑。但這個選擇會導致現金與那類債務資產持有人的報酬不佳。

　　這個狀況在長期債務週期的愈晚階段發生，貨幣與貨幣體系瓦解的可能性就愈高。貨幣與貨幣體系最可能在出現以下狀況時瓦解：1）債務與貨幣金額過大，以至於那些債務與貨幣的實質價值已不足以購買原本可買到的商品與服務數量；2）而實質利率水準雖低到足以防止債務人破產，債權人卻也因實質利率過低而不願意繼續持有債務，因為此時的債務已不是可行的財富貯存工具，以及3）中央銀行的調整利率（我稱之為第一種貨幣政策，簡稱MP1）和／或印鈔票與購買優質債務（第二種貨幣政策，MP2）等常見資本配置手段已不再有效。這個作法等於是將貨幣政策轉化為政治體系的一項便利措施，問題是，這項措施分配資源的方式非常不經濟。

　　有一些貨幣貶值對系統有利（只不過，那無論如何都會使貨幣與債務的持有人付出昂貴的代價）；另外，也有一些貨幣貶值會對信貸／資本分配系統不利，但為了勾銷債務並進而打造全新的貨幣秩序，官方卻還是有必要引導貨幣貶值，所以，我們必須能夠分辨這兩種狀況的差異。

　　為了區分箇中差異，我將先說明貨幣價值如何相對黃金與按消費者物價指數加權的一籃子商品及服務產生變動。這些比較攸關重大，因為黃金是恆久有效且放諸四海皆準的替代貨幣，而貨幣的目的就是要購買商品與服務，所以，貨幣的購買力擁有無與倫比的重要性。我也會稍微討論一下貨幣的價值相對其他貨幣／債務以及股票如何發生變化，因為其他貨幣／債務與股票也都可以作為財富的貯存工具。當貨幣貶值的幅度夠大，所有這些指標所傳達的景象都會大致相同。很多其他物品（例如不動產、藝術品等）也是另類的財富貯存工具，但黃金較能傳達我要闡述的重點。

貨幣相對黃金的價值

這張圖列出三種主要儲備貨幣自1600年以來相對黃金的即期匯率。我們稍後將更深入檢視。現在我只想聚焦在1850年以來所有主要貨幣的即期貨幣報酬以及孳息性現金總報酬。

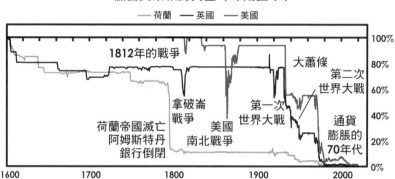

誠如接下來兩章將說明的，貨幣大幅貶值，通常是相當突然地在債務危機期間發生，而債務危機通常是發生在兩個較長時間的繁榮與穩定期之間。我注記了六次大幅貶值，但當然，歷史上有更多次要貨幣發生貶值的狀況。

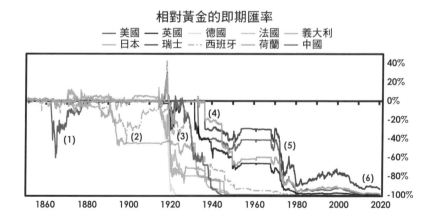

　　為了正確比較持有某一種貨幣的現金相對黃金的報酬，我們必須將持有現
金可賺到的利息列入考慮。這張圖列出了每一項主要貨幣的現金相對黃金的總
報酬（即價格變化加上賺得的利息）。

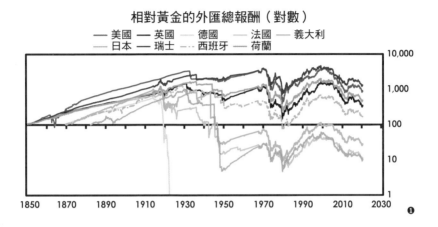

以下是幾個最值得注意的重點：

- **貨幣大幅貶值總是突然且不定期發生，而不是漸進發生。**過去一百七十
  年間，有六個時間範圍內曾發生過主要貨幣大幅貶值的狀況（還有很多
  次要貨幣在嚴重貶值）。

- 美國在1860年代的南北戰爭期間暫停黃金轉換業務，並印製紙質貨幣
  （也就是所謂的「綠背紙幣」〔greenback〕，譯注：當今美元的別
  稱），以協助將戰爭債務貨幣化。

- 大約在1870年代中期，美國回歸金本位政策前後的時間，許多其他國
  家也加入金本位；後續至第一次世界大戰爆發前，多數貨幣和黃金之間
  是維持固定的兌換率。主要的例外包括日本（日本直到1890年代都維

---

❶　因缺乏數據，這一章的幾張圖裡未納入中國。

持銀本位,而隨著白銀在這段期間跌價,日本也放任它的匯率相對黃金貶值)與西班牙,當時西班牙為了支持鉅額的財政赤字而經常暫停黃金轉換作業。

- 第一次世界大戰期間,參戰國累積了非常鉅額的赤字,而這些赤字都是仰賴中央銀行印鈔與發債來支應。不過,這些國家在對外交易時,還是以黃金為貨幣,因為當時國際間缺乏信任(因此也缺乏信貸)。戰爭結束時,各國以黃金和戰勝國的貨幣(這些貨幣與黃金連結)打造一套新貨幣秩序。

- 儘管如此,1919年至1922年間,幾個歐洲國家——尤其是戰敗的歐洲國家——被迫印製本國貨幣並引導貨幣貶值,其中,德國馬克和德國馬克債務價格在1920年至1923年間大幅下跌。某些戰勝國也同樣背負了沈重的債務,而為了重新出發,它們也不得不引導貨幣貶值。

- 由於債務、國內政治與國際地緣政治完成重組,1920年代的經濟活動變得非常熱絡,尤其是美國,這促成了一個債務泡沫。

- 這個泡沫在1929年破滅,所以,在整個1930年代,各國中央銀行不得不印鈔票,並使貨幣大幅貶值。到了二次世界大戰期間,為了籌措軍事支出所需財源,各國需要印製更多鈔票,貨幣貶值的幅度也不得不擴大。

- 1944年至1945年間,隨著戰爭結束,一個將美元連結到黃金,以及將其他通貨連結到美元的新貨幣系統誕生。德國、日本和義大利的貨幣與債務,以及中國和許多其他國家的貨幣與債務,都快速被徹底摧毀,而多數戰勝國的貨幣與債務也緩慢但大幅貶值。這個貨幣體系一直維持到1960年代末期。

- 1968年至1973年(最重要的是1971年),過度的支出與債務創造行為(尤其是美國),因為當時要求兌換黃金的債權遠大於可用來贖回的黃

金數量，使美國不得不打破美元和黃金的連結。

- 於是，一個以美元為基礎的法幣體系應運而生，這個體系讓美元計價的貨幣與信貸得以大幅增加，並進而點燃了1970年代的通貨膨脹，乃至1980年代的債務危機。

- 自2000年起，大規模的貨幣與信貸創造行為以及利率相對低於通貨膨脹率等因素，導致貨幣的價值相對黃金價值大幅降低。由於這個貨幣體系允許匯率自由浮動，所以它從未發生過以往那種突然瓦解的情形；貨幣貶值趨勢變得較漸進但更長期延續。而由於利率極低（某些個案甚至是負利率），所以未能為貨幣與信貸數量成長以及因此而產生的通貨膨脹（雖然很低）提供補償。

現在，且讓我們進一步檢視這些事件：

在1850年至1913年間，持有貨幣（以短期孳息性債務的形式存在）的獲利率，大致上相對高於持有黃金。多數貨幣都得以維持對黃金或白銀的固定兌換率，放款與貸款也雙雙為放款人與貸款人帶來不錯的成果。那個繁榮期就是所謂的第二次工業革命，當時貸款人將他們經由舉債取得的資金，轉化為讓他們得以還債（這些債務收取高利率）的盈餘。然而，整個時代還是動盪不安。舉個例子，在二十世紀第一個十年初期的美國，股票市場的債務融資型投資熱潮漸漸過度，最終引發一場銀行與券商危機。那一場危機引發了1907年恐慌（Panic of 1907），在此同時，巨大的貧富差距與其他社會議題（例如女性的投票權以及工會的組成）也引發政治上的緊張氣氛。**資本主義遭到質疑，當局因而不得不展開財富重分配，而為了籌措所需的財源，租稅開始上升。**聯準會與美國聯邦所得稅是在1913年雙雙設立。

當時相隔萬里的中國也受到相同局勢的衝擊。由橡膠生產股領軍的股票市

場泡沫（中國的這場泡沫可和整個十九世紀對美國造成許多次恐慌的鐵路股泡沫相提並論）在1910年破滅並造成崩盤，某些人甚至將那場崩盤描繪為最終拖垮中國帝制的債務／貨幣／經濟沈淪的誘發因素之一。

　　不過，在那個期間的多數時間，大部分國家還是採用第二類貨幣體系（也就是票據可轉換為金屬貨幣的體系），那些票據的持有人獲得相當優渥的利息收入，他們手上的貨幣也沒有在官方蓄意引導下大幅貶值。幾個主要的例外包括：美國當局為了替1860年代的南北戰爭債務籌措財源而使貨幣貶值；西班牙因其全球勢力的衰敗而經常性地引導本國貨幣貶值；以及日本為了在白銀相對黃金跌價之際，繼續堅守銀本位而引導本國貨幣劇烈貶值，這個立場直到1890年代才改變。

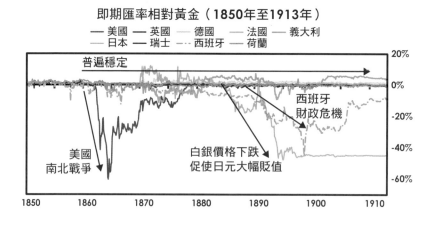

第一次世界大戰在1914年展開後，各國大量舉債來支應戰爭相關的開銷。這造成債務週期晚期的危機，貨幣大幅貶值以便勾銷戰爭債務，而這一切的一切實質上摧毀了戰敗國的貨幣體系。為終結這場戰爭而在1918年召開的巴黎和會（Paris Peace Conference）意圖建構一套以國際聯盟為中心的全新國際秩序，但促進合作的種種努力，並未能阻止戰勝國對戰敗國強徵鉅額的戰爭賠款，這個問題再加上戰勝的協約國之間彼此積欠（尤其是欠美國）的鉅額

戰爭債務，最終在各地引發債務危機與貨幣動盪。

　　至此，德國的貨幣與信貸徹底失去價值，這在威瑪共和國期間（我在《大債危機：橋水基金應對債務危機的原則》有詳細說明）**引發了歷史上最具代表性的惡性通膨，德國因而陷入苦難**。西班牙流感也在這個時期發生，那場疫情始於1918年，並在1920年結束。**當時除了美國，幾乎每個國家都為了將部分戰爭債務貨幣化而刻意引導貨幣大幅貶值**。如果那些國家沒有那麼做，應該無法在世界市場上和其他貨幣貶值的國家競爭。在那場戰爭即將結束之際，由於白銀價格大漲，所以中國的銀本位貨幣相對黃金（以及連結到黃金的貨幣）大幅升值，接著，因美國在戰後陷入通貨緊縮，白銀價格因此大跌，中國也順勢引導貨幣大幅貶值。**那個戰爭時期與各國貨幣貶值的作為，確立了1918年的新世界秩序，接下來，整個世界的經濟進入一段極具生產力的長期繁榮期，尤其是美國進入所謂的咆哮二〇年代。但一如所有類似時期，這個漫長的繁榮期最後還是造成了巨大的債務與資產泡沫，以及巨大的貧富差距。**

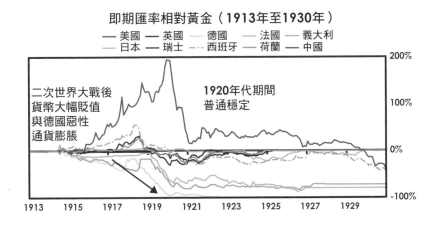

即期匯率相對黃金（1913年至1930年）

　　相同的狀況在1930年代再次上演，只是具體的版本有所不同。在1930年至1933年間，一場全球債務危機導致經濟陷入萎縮，並促使幾乎所有國家開始印製鈔票，且競相引導貨幣貶值，這使貨幣的價值在第二次世界大戰前遭到

侵蝕。各國國內為爭奪財富而起的衝突,引發了國與國之間更嚴峻的衝突。但在戰爭期間,所有參戰國都累積了非常多戰爭債務,美國卻累積了以黃金形式存在的許多財富。**在戰爭過後,戰敗國(德國、日本與義大利)的貨幣與債務價值被徹底勾銷,中國也一樣,而英國與法國雖是戰勝國,其貨幣與債務也大幅貶值。總之,戰爭結束後,一個新世界秩序確立,經濟也步入一段繁榮期。**我們不會進一步檢視那個繁榮期,不過,在此還是概述一下當時的狀況:那個繁榮期發展到最後,又發生了過度的舉債行為,而那再次啟動了下一波大規模的貨幣貶值,相關時間點是落在1968年至1973年。

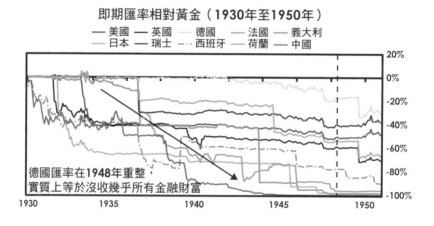

即期匯率相對黃金(1930年至1950年)

到1950年代中期,世界上所有貨幣當中還保有1850年匯率的一半的貨幣只剩美元和瑞士法郎。誠如下圖所示,貨幣的下行壓力與黃金的上行壓力,從1968年又開始浮現。**1971年8月15日當天,尼克森總統一手終結了布列敦森林貨幣體系,引導美元大幅貶值,換言之,美國就此放棄美元受黃金擔保的第二類貨幣體系,另外打造一個法幣貨幣體系**(我將在第十一章更詳細說明這個狀況)。

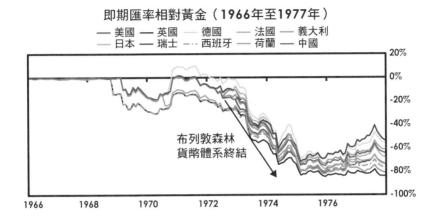

即期匯率相對黃金（1966年至1977年）

布列敦森林
貨幣體系終結

從2000年開始，若以黃金衡量，各國貨幣的總報酬又呈現漸進且有序地下行走勢，這和各國實質利率全面降低的現象一致。

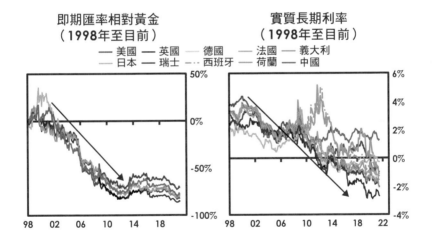

即期匯率相對黃金
（1998年至目前）

實質長期利率
（1998年至目前）

結論：

▪ 從1850年迄今，孳息性現金貨幣的平均年度報酬是1.2%，略高於持有黃金的平均實質報酬率（0.9%），只不過，不同時期與不同國家的報

酬率呈現巨大差異。

- 在那個期間，大約有一半的國家的現金貨幣持有人理應獲得正實質報酬，但另一半國家的現金貨幣持有人的實質報酬應該是負值。以德國來說，持有現金貨幣的人徹底血本無歸兩次。

主要國家貨幣與黃金之實質報酬率
自1850年起（相對CPI，年率）

國家	實質報酬率（相對CPI），年率					
	1850年至目前		1850年至1912年		1912年至目前	
	連續投資政府鈔券	黃金	連續投資政府鈔券	黃金	連續投資政府鈔券	黃金
英國	1.4%	0.7%	3.1%	-0.1%	0.5%	1.1%
美國	1.6%	0.3%	3.6%	-1.0%	0.4%	1.0%
德國	-12.9%	2.0%	3.0%	-0.9%	-18.2%	3.1%
法國	-0.7%	0.6%	2.6%	-0.3%	-2.6%	1.1%
義大利	-0.6%	0.3%	4.7%	-0.5%	-2.6%	0.5%
日本	-0.7%	1.0%	5.0%	0.4%	-2.2%	1.2%
瑞士	1.5%	0.0%	3.4%	-0.5%	0.5%	0.3%
西班牙	1.4%	1.1%	4.5%	0.1%	0.3%	1.5%
荷蘭	1.4%	0.5%	3.3%	0.0%	0.4%	0.7%
中國	—	3.3%	—	—	—	3.3%
平均	1.2%	0.9%	3.6%	-0.3%	-0.1%	1.6%

瑞士的數據是自1851年起；德國、西班牙與義大利的數據是自1870年起；日本的數據是自1882年起；中國的數據是自1926年起（不含1948年至1950年）。平均報酬率未再平衡，且不含中國。

- 孳息性現金貨幣的多數實質報酬來自繁榮時期，在那些時期多數國家都採用金本位，且遵守這個體制（例如第二次工業革命期間，債務水準與償債負擔都相對較低，且所得成長幾乎等於債務成長）。

- 自1912年（即現代的法幣時代）起，現金貨幣的實質報酬率只有-0.1%。這個時代的黃金實質報酬率則為1.6%。在這個時代，只有大約一半的國家的孳息性現金貨幣持有人才能賺到正實質報酬，而如果持有其他國家的孳息性現金貨幣，則理應是虧本（持有法國、義大利和日本貨幣每年虧損超過2%，而持有德國貨幣則每年虧損18%以上，那是惡性通貨膨脹所造成）。

下一張圖列出了1850年迄今，持有黃金的實質報酬率。從1850年至1971年，持有黃金的報酬金額（透過黃金的增值）大約等於通貨膨脹導致的平均貨幣折損金額，不過，各國的狀況（例如在德國黃金的表現明顯最優，但在貨幣貶值的國家如美國，黃金價格還跟不上通貨膨脹）與各個時期的狀況（例如1930年代貨幣貶值，和二次世界大戰時代各國官方蓄意引導本國通貨貶值，1944年布列敦貨幣體系的成立和那兩個時期有關）和那個平均值差異甚大。戰爭結束後，多數國家的黃金價格都維持平穩，但貨幣與信貸則持續擴張，直到1971年才改變。接下來，1971年發生了從第二類貨幣體系（以黃金擔保的票據）變遷為第三類法幣貨幣體系的情形。各國通貨與黃金脫鉤後，各國中央銀行創造貨幣與信貸的能力不再受到約束，那導致通貨膨脹走高、利率降低，而這兩者又促使黃金的實質價格大漲，直到1980年至1981年，情況才終於改觀，因為當時利率上調至高於通貨膨脹率，這促使各國貨幣轉強，黃金價格下跌，到2000年，情況才再次改變。2000年時，各國中央銀行將利率降至相對低於通貨膨脹率的水準，而等到經由正常手段也無法繼續壓低利率後，各國央行便開始印鈔票並購買金融資產，這支撐了黃金的價格。

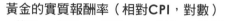

黃金的實質報酬率（相對CPI，對數）

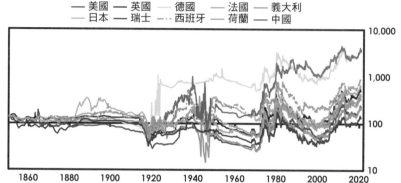

貨幣相對商品及服務的價值

　　到目前為止，我們觀察了各國貨幣的市場價值相對黃金的市場價值。這令人產生一個疑問：黃金真的是適當的價值衡量標準嗎？**下一張圖是以計算消費者物價（CPI）的一籃子商品及服務（用那些貨幣計價的商品與服務）為基礎，來說明孳息性通貨的價值，從中可見到那些貨幣的購買力變化。**誠如我們可清楚從圖中見到的，兩場世界大戰的情況非常險惡，但戰爭過後也有高有低。大約有一半貨幣的孳息性現金能帶來高於通貨膨脹的報酬。另一半的貨幣的實質報酬率則為負值。所有個案的平均值都出現大約十年之久的大規模起伏，換言之，**歷史顯示，尤其是在債務週期末期階段，將孳息性現金貨幣當作財富貯存工具存在非常大的風險。**

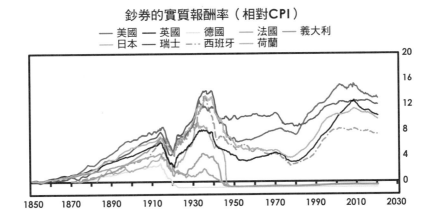

鈔券的實質報酬率（相對CPI）

—— 美國　—— 英國　—— 德國　—— 法國　—— 義大利
—— 日本　—— 瑞士　--- 西班牙　—— 荷蘭

各國貨幣貶值與失去儲備貨幣地位的型態

官方蓄意引導貨幣貶值並不等於它失去儲備貨幣地位，不過，這兩者都是導因於債務危機。儲備貨幣地位的喪失是長期貨幣大幅貶值所造成。誠如先前所解釋，增加貨幣與信貸供給會導致貨幣與信貸的價值降低。這對貨幣與信貸的持有人不利，但對債務人來說卻是一種解脫。當這樣的債務寬減促使貨幣與信貸轉化為生產力以及企業的利潤，實際股價就會上漲。不過，那也會危害現金及債務型資產的實際與預期報酬率，當報酬率降到一定程度，民眾將會出脫現金與債務資產，轉向能規避通貨膨脹風險的資產及其他貨幣。在那個情況下，中央銀行便會印製鈔票並購買現金與債務資產，但這又會導致持有現金及債務資產的報酬進一步降低。這樣的情況在長期債務週期的愈晚期階段發生，這項貨幣與整個貨幣體系瓦解的可能性就愈高。所以，政策制定者與投資人必須有能力區分什麼狀態下的貨幣貶值能有利於系統，什麼狀態下又會對系統不利。

這些貨幣貶值的行徑有何共通點？

- **我們在第二部深入檢視的所有主要個案的經濟體，都經歷過一種典型的「擠兌」動態，其中，中央銀行發行的債權票據總額都多於可用來滿足債權的硬通貨總額。** 那一項硬通貨通常是黃金，不過，造成英國儲備貨幣地位沒落的是美元，因為當時英鎊被連結到美元。

- **中央銀行淨儲備金會在實際貶值之前就降低，某些個案甚至是幾年前就開始降低。** 另外也值得一提的是，某些個案的國家在匯率下跌以前，就已暫停硬通貨兌換作業。英國在1947年暫停兌換，但英鎊到1949年才開始貶值，而美國則是在1971年採取這項行動。

- **貨幣擠兌與貶值的狀況，通常是在嚴重債務問題來臨時發生**，而那些債務問題通常和戰時支出（例如對荷蘭來說是第四次英荷戰爭、對英國來說則是兩場世界大戰，對美國來說則是越戰）有關——戰時支出的壓力導致中央銀行不得不印製鈔票。最糟糕的情境通常發生在戰敗國；那一般會導致它們的貨幣與經濟徹底崩潰並開始重整。然而，如果戰爭結束後，戰勝國的債務也遠高於它們的資產，且其競爭力降低（例如兩次大戰後的英國），它們一樣會失去儲備貨幣地位，只不過，這種國家是漸漸失去儲備貨幣地位，而非驟然失去。

- **通常各國中央銀行最初的回應是放任短期利率上升，但那也會造成經濟上的痛苦，所以，它們很快就會「投降」，開始增加貨幣供給。** 在貨幣大幅貶值後，中央銀行通常會降低利率。

- **各個個案的結果極度分歧，關鍵的變數是官方蓄意引導貨幣貶值時，還保有多大的經濟與軍事勢力。** 一個國家保有愈多經濟與軍事勢力，愈多儲蓄者會自願繼續在持有本國貨幣。過去幾項主要儲備貨幣在這些行動後的更具體分析是：

　－以荷蘭來說，荷蘭盾的崩盤幅度非常大且相對快速；短短不到十年，
　　也就是在第四次英荷戰爭於1784年結束時，荷蘭盾的實際流通數量

就迅速降低。荷蘭盾崩盤的原因是原本作為世界強權之一的荷蘭國力迅速殞落，先是敗給英國，後來又面臨法國的入侵。

─英國的沒落過程則較漸進：英國在布列敦森林會議後才徹底失去儲備貨幣的地位，在那之前，英國已經歷過兩次英鎊大幅貶值，而且在那個干預期，英國經歷了週期性的沈重國際收支壓力。當時很多持有英鎊為儲備的國家是基於政治壓力，所以，在同一時期，英鎊資產表現遠弱於美國資產。

─以美國的個案來說，美元出現過總共兩次突然的大幅貶值（分別是在1933年與1971年），另外，從2000年起，美元較漸進地相對於黃金貶值，不過，這幾次貶值都未傷及美國的儲備貨幣地位。

─當一個崛起中的對手以蠶食鯨吞的方式，侵蝕原儲備貨幣國的經濟與政治霸權，這個儲備貨幣國就會變得脆弱（例如荷蘭落後英國，或是英國落後美國），此時若它的中央銀行又藉由印製鈔票與購買政府債券，將愈來愈多的大量債務貨幣化，這個國家通常就會失去儲備貨幣地位。結果該國通貨將面臨自我強化且止不住的貶值螺旋，因為它的財政與國際收支赤字過大，就算設法削減開支也難以明顯改善。

　　在第二部，我們將連續性探討把過去五百年的帝國興衰史來，另外，我們也會討論那些帝國興起與衰落的原因，屆時你將清楚見到，那些帝國的興起與衰落都是受相同的因果關係驅動。不過，我們首先必須探討內部與外部有序／混亂大週期，接下來兩章就是探討這個議題。

第 5 章
內部有序和混亂大週期

人與人的相處模式決定他們所獲得的結果。在國家內部，通常會有一些制度或秩序來管理人們的相處模式，而這些制度也會因人們彼此間的實際行為而產生變化。在本章節中，我們將探討塑造這些內部秩序的恆久有效且放諸四海皆準的因果關係，以及什麼樣的行為會讓內部秩序在有序和混亂之間交替。

從有紀錄以來，透過我的研究，我看到了內部秩序（如：國家內部治理的制度）和世界秩序（如：決定國家之間權力的制度）都在不斷變化，所有國家都如此，且變化方式類似，國與國之間日益相互影響，成為一個包羅萬象的總體趨勢。經由這些相互關聯的案例研究，幫助我發現管理它們的模式，並根據我所整理統合的結果來預想未來。最重要的是，我看到因為對財富和權力的不斷爭奪，使得內部系統／秩序和外部系統／秩序不斷發展進化並交互影響，世界秩序就像一台永動機不停運轉，基於同樣理由週而復始。

●財富和權力是人們眼中最重要的事情，人們永遠為了創造、獲取及分配這些財富和權力而鬥爭，雖然也為了意識型態和宗教等其他事情鬥爭。**我看到了這些鬥爭是如何以恆久有效且放諸四海皆準的方式進行，以及不論在繁榮、**

蕭條、和平或戰爭時期，這些鬥爭如何對人們生活的各層面——從稅收、經濟以及人們在各種時期的相處方式——產生巨大影響，我也看到了這些鬥爭像潮起潮落一般，以週期性的方式不斷進行。

我發現，當這些鬥爭以良性競爭的形式，鼓勵人們將力量投入生產活動時，就產生了富有成效的內部有序和繁榮時期；而當這些力量以破壞性的內部鬥爭形式出現時，則會導致內部混亂和痛苦的艱難時期。我看到了生產性有序狀態和破壞性混亂狀態之間的波動常由有邏輯的因果關係觸發而循環演變，而且它們在所有國家發生的原因幾乎都相同。我看到那些崛起且取得偉大成就的國家之所以成功，是所有相關的力量匯聚在一起，進而幫助它們創造了豐功偉業，而當這些力量消散時，國家就會步入衰落。

在撰寫本文時，世界上一些主要國家的混亂情況日益嚴重，尤其是美國。我想正確看待這種亂象，所以建立了它的指標並進行了我在本章中分享的研究。因為美國如何處理混亂，將對美國人、其他國家以及大多數經濟體和市場產生深遠影響，所以在本章中，我將更多地關注美國而非其他國家。

下面這個簡圖顯示了美國和中國在典型大週期內的大致位置，這是由前文我們提到的決定因素衡量而得到的結果。美國正處於金融狀況不佳、衝突加劇的階段，我稱之為第五階段，此時，這個領先國擁有的其他強大優勢（如科技和軍事）正相對的下降。一般來說，這個階段會發生在過度支出和大量舉債、財富和政治差距擴大之後，隨之而來的將會是革命和內戰。

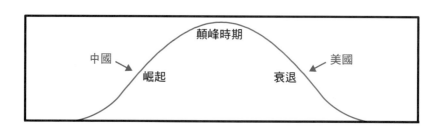

在此必須澄清一件事，我並不是說美國或其他國家會不可避免地進入一個衰退或有更多內外部衝突的時期。我想表明的是，為了要了解正在發生的事情和未來可能發生的所有可能，觀察這些變化是很重要的。在本章節中，我將藉由其他類似的歷史案例來探索這些變化。

內部週期的六個階段

內部秩序通常（儘管並非總是）像疾病的進展一樣，經由相對標準的階段程序來產生變化。 透過觀察它們的症狀，我們可以知道各國所處的階段。例如，第三期癌症與第四期癌症是由不同的病情判定的，而這些病情是由先前階段出現的病情所導致，內部週期的不同階段也是如此。就像疾病一樣，不同的情況需要採取不同的行動來解決，而且不同的情況造成不同的可能性範圍，而我們選擇採取的行動將導致新的可能性範圍。舉例來說，與一個年輕、健康的環境相比，一個年老、不健康的環境面臨不同的可能性範圍，需要不同的療法。**就像癌症一樣，最好阻止不良狀況的發展，以免進入更後期階段。**

透過對歷史的研究，我認為典型的週期，是從內部有序進展到內部失序，最後再返回內部有序的階段，如下所示：

- **第一階段，新秩序開始，新領導層鞏固權力**，導致……
- ……**第二階段，當資源分配系統和政府官僚機構建立和完善時，如果處理得當**，會導致……
- ……**第三階段，當有了和平與繁榮時**，會導致……
- ……**第四階段，當過度支出和大量舉債以及財富和政治分歧擴大時**，會導致……
- ……**第五階段，當財務狀況非常糟糕且衝突越發激烈時**，會導致……
- ……**第六階段，當發生內戰／革命時**，會導致……

- ……第一階段，導致第二階段，以此類推，整個週期再次發生。

　　每個階段都有不同的情況需要面對和處理，其中有些情況會更加棘手。例如，在長期債務週期的早期，政府仍有足夠的能力舉債來為它的支出提供資金，它要處理的情況會比在長期債務週期的後期更加容易，因為在後期所能動用的貨幣擴張和信貸方式少之又少。由於這些原因，國家在週期中的位置，會影響著它未來的走向，而領導人所面臨的挑戰也將有所不同。不同階段有著不同的挑戰，需要領導者具備不同的素質、認知和技能才能有效地面對這些挑戰。❶ 如何面對這些情況——例如，個人有個人要面對的問題，領導者則需要面對整體的問題，如何釐清這些問題並對症下藥，將會影響結果位在哪一個可能性範圍（在特定階段的情況決定存在的可能性範圍）。不同的文化有不同的處理模式。那些了解情況並能夠隨之調整的領導者和文化，將比那些無知者得到更好的結果，這就是恆久有效且放諸四海皆準的原則的作用。

　　雖然在每個階段花費的時間長短可能有很大的差異，但它們的進化通常需要花費一百年，而且在週期內有很大的起伏。與一般的進化一樣，內部秩序的進化以週期性方式發生，在一系列連續演進中，每個階段通常要發展到進入下一個階段，並且在此過程中進化到更高的層次。舉例來說，第一階段（透過內戰／革命上台的新領導人創建新的內部秩序時）通常在第六階段（發生內戰／革命時，這是週期的低點）之後，並影響而接續著下個階段，以此類推，逐步來到第三階段（這是週期的高點，因為這個階段是極其和平與繁榮的），然後慢慢來到第四和第五階段，依此類推，最後再度回到下一個新秩序（第一階段）。這種情況以向上發展的方式一遍又一遍地發生。再強調一次，這個典型

---

❶ 想要更了解不同情況下，促使強大領導者變得偉大的因素，我推薦亨利·季辛吉（Henry Kissinger）即將出版的關於領導力的書籍。

的週期通常需要花費一百年（出入可能很大），在每個週期內都有類似的較小週期。比方說，導致泡沫和衰退的短期債務週期大約每八年會出現一次；而在政治週期中，政權在左翼和右翼之間，也以大致相同的頻率交替著，這些都是較小週期的例子。**每個國家都在經歷這些週期，也處於不同的階段。例如，中國和印度就與美國和大多數歐洲國家處於完全不同的階段。每個國家與其他國家所處的階段，將影響著彼此之間的關係，也決定了世界的秩序，我們將在本書的最後一章再來探討。**內部秩序的典型演進過程如下圖所示。

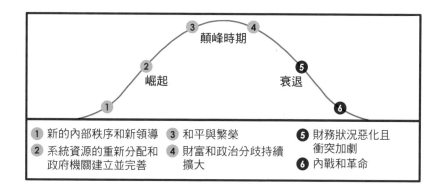

以上就是完整的內部秩序週期，這個週期會不斷重複，新的領導者取代舊的領導者，新的週期又從頭開始。一個國家能夠以多快的速度重建並實現新的繁榮，高度取決於 1）結束前一週期的內戰／革命有多嚴重，以及 2）新週期的領導人在建立成功所需秩序上所具備的能力。

在有紀錄的歷史（或可能在之前），這些週期就已經發生了，這些週期串連在一起，並隨著時間推移，不斷向上獲得了進展。

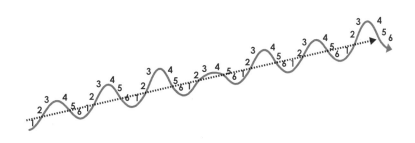

　　讓我們用中國作為例子,從國家的層面來探討這件事。**下圖顯示了我對中國絕對權力的估計,以及象徵性追溯到西元600年左右的大週期。**這是一個非常簡化的圖(中間省略了一些朝代和複雜性)。我以這種簡化的方式呈現,以便讀者可以從更高的層次來觀察這種演變。

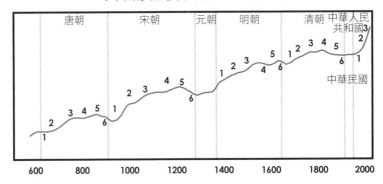

中國主要朝代及其所處的階段
(中國象徵意義的向上演進過程)

　　下一張圖顯示了中國的相對權力。前後二張圖表的差異在於,第一張圖顯示了絕對權力水準,而第二張表顯示了中國與其他帝國的相對權力水準。

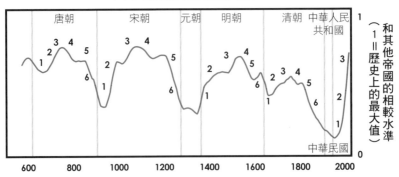

中國主要朝代和它們所處的階段
(中國象徵性的向上發展)

　　不同國家通常處於週期的不同階段，它們會相互奪取財富和全球政治權力，因此有些國家正在崛起，而有些國家則在衰退。若我們以全球的角度來看，整體波動性會低於任何單一國家。換句話說，這些差異相互抵銷，使整個世界的演進比任何單一國家的演進都更加平緩，我們從下圖可以觀察出來。這張圖是第一章中出現過的全球實際GDP圖的更新版本。它不僅僅是象徵性的表達，實際上也是我們對全球人均GDP的最佳估值。這張圖中標注了各大帝國的興衰（尤其是荷蘭帝國、大英帝國以及明清王朝）、無數的戰爭與榮枯。儘管對於身處其中的人們來說，這些都是很重大的事件，但它們並沒有在全球的層面顯現出來，因為它們相互抵銷，以至於對大趨勢沒有太大影響。

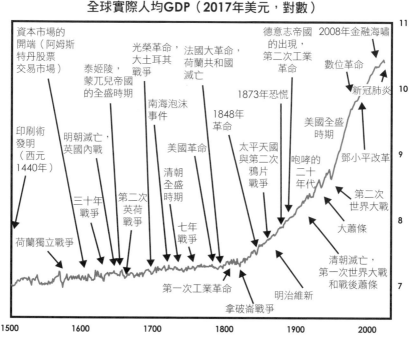

全球實際人均GDP（2017年美元，對數）

1870年以前的全球實際GDP主要是歐洲國家的綜合數據，因為其他國家的可靠數據有限。

　　重申一下，我繪製的這個六階段典型週期的象徵圖是真實事件的簡化版本。因為簡化版本更能傳達各階段的本質，之後我們再就此深入探討細節。雖然週期大致上如我所描述的那樣進展，但也並非總是如此。舉例來說，就像疾病的各個階段（比如第三期癌症），處於某個階段並不意味著一定會進入下個階段，但它確實能提供我們很多有用的資訊。就像疾病一樣，因為某些症狀明確地顯現出來，使人們能夠確定自己在週期中的位置，而每個階段的風險和治療方法是不盡相同的。例如，同一組形勢出現在第四階段和第五階段，意義大不同，處於第五階段意味著週期更可能發展到第六階段。透過清晰客觀的指標來識別每個國家（或州或城市）所處的階段，並透過了解這些變化之間的因果關係，就算我們無法做到完全準確預估，也能夠根據這些預估定位自己，並了解未來可能發生的事情。

　　舉例來說，我們根據歷史上不同時期存在的經濟危險信號的數量編製了一個指數，這個危險信號包括極端不平等、高債務和赤字、通貨膨脹和景氣趨緩，以顯示它們對之後發生的內戰和革命的指標性作用。下圖顯示了基於危險信號的數量預測發生內戰型衝突的機率。根據我們過去資料的分析，當出現60%至80%的信號時，發生嚴重內部衝突的可能性約為六分之一；而當超過80%的危險信號都到位時，發生內戰或革命的可能性大約為三分之一，雖然三分之一不算很高，但還是十分令人憂心。因為，根據我們的模型，美國現在就處於60%至80%的範圍內。

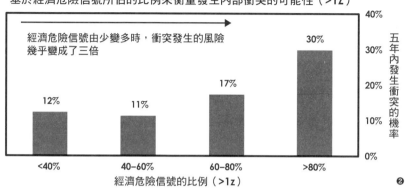

基於經濟危險信號所佔的比例來衡量發生內部衝突的可能性（>1Z）

經濟危險信號由少變多時，衝突發生的風險幾乎變成了三倍

五年內發生衝突的機率

30%　17%　11%　12%

<40%　40–60%　60–80%　>80%

經濟危險信號的比例（>1z）

❷

雖然我並不會就每個階段的所有因素和組合進行完整的解說，但我將概述每個階段最需要注意的驅動力和里程碑，然後特別針對美國當前的混亂狀態以及事情的進展情況來說明。

深入研究內部週期的六個階段

我們現在將更詳細地探討六階段典型的樣子，以便我們在看到它們時可以容易識別，從而想像接下來可能出現的情況。

第一階段：當新秩序開始，新領導鞏固權力時

即便是一場和平的革命，一場內戰或一場革命也都是巨大的衝突，一方獲勝，而另一方落敗。第一階段發生在戰爭之後，這是勝利者獲得控制權，而失敗者必須屈服的時候。勝利者雖然強大到可以獲勝，但在新秩序的第一階段，

❷ 這張圖表是根據九個大國的歷史分析（總共涵蓋約二千二百年的歷史）。衝突的可能性計算是基於內戰、叛亂和革命的重大案例，但不包括未改變現有制度的和平革命。當一個國家已經處於內部衝突的時期（及其後的五年），我們就不再計算發生衝突的可能性，以避免計算到因衝突本身而導致經濟狀況不佳的時期。

他們也必須有足夠的智慧來鞏固權力和重建家園。

在贏得權力後，新領導人通常會剷除剩餘的反對派，並相互爭奪權力。事實上有一種說法是：革命通常分為兩部分，第一部分是推翻既有領導人和制度的鬥爭，第二部分則是剷除前朝黨羽，以及獲勝者互相爭奪權力的鬥爭。我將第二部分稱為「肅清」，並在本節中介紹它們。

這些權力鞏固／肅清時期的形式和嚴重程度差異很大，取決於新領導人與其反對派之間的衝突程度、新領導人之間的衝突程度以及他們所接收各個政府部門和官僚機構的發展程度。

在某些情況下，剩餘的反對派會被殺死或監禁，如此一來，新領導人就能確信這些敵人不可能再捲土重來。當聯手取得勝利的革命者相互爭奪權力時，也可能會展開內鬥。

這個階段幾乎發生在所有內戰和革命之後。它的強度各不相同，通常與此階段之前的內戰／革命的強度成正比。最糟糕的是，在革命後為了鞏固權力而進行的鬥爭，造就了某些國家歷史上最殘酷的時期——例如，1789年法國大革命後的恐怖統治時期、1917年俄羅斯革命後的紅色恐怖時期，和1949年中國內戰後的反右運動時期等等。有時，這些肅清行動僅在革命後發生一次（如法國的恐怖統治），但在某些情況下，肅清行動會在未來幾十年間斷斷續續地發生（如中國的文化大革命發生在中國共產黨上台的十七年後）。這些肅清行動是為了鞏固權力、迫害意識型態上的敵人或國家的敵人，而且有時比革命本身更為殘酷。但在最好的情況下，因為對於基本制度和尊重能夠維持，有時也會出現像美國內戰之後或1930年代羅斯福和平的新政時期。

在這個階段，表現最好的領導者是「權力的鞏固者」。他們通常具有與前一階段革命中表現最好的人的相似特質，因為他們是強大、聰明的戰士，願意且不惜一切代價取得勝利。但在這個階段，因為敵人不像革命時期那麼的明確，他們必須在政治上更加精明。唐太宗和羅馬的凱撒．奧古斯都（Caesar

Augustus）都在這個階段表現出色。在近代，美國開國元勳、法國的拿破崙（Napoleon）和德國的俾斯麥（Otto von Bismarck）也都是很好的典範，他們都極有效率地帶領人民從戰爭時期順利過渡到重建時期。

當新的權力局面已經底定，每個人也都厭倦了鬥爭，這個階段就會結束，並進入重建階段時期。

第二階段：當資源分配系統和政府機構被建立完善時

我稱這個階段為「初期繁榮」，因為它通常是和平與繁榮時期的開始。

在新領導人推翻舊秩序並鞏固權力之際，他也必須開始建立新的制度，讓資源的分配能更有效率。這是建立制度和體制非常重要的階段。這個時期所需要的是設計和創建一個系統（秩序），讓人民在尊重規則和法律的情況下，朝著相同的方向邁進，並建立一個有效的資源分配系統，從而快速提升生產力，讓大多數人能因此受惠。即使是戰爭失敗之後，這個階段也必須如此進行，因為重建是必需的。以下就是經歷這一階段的國家例子：美國在1776年宣布獨立後的十五年、拿破崙在1799年法國大革命結束的政變中拿破崙奪取政權之後的早期拿破崙時代、1868年政治革命後的日本明治維新初期、1940年代後期到1950年代處於戰後時期的日本、德國和大多數國家；中國內戰後時期，以及蘇聯解體後的俄羅斯。

在這個階段需牢記的一個恆久而放諸四海皆準的原則是——●**要取得成功，該體制必須為大多數人，尤其是龐大的中產階級帶來繁榮。**誠如亞里斯多德在《政治學》（*Politics*）中所提到「如果中產階級人數眾多，那麼可能比其他兩個階級都要強大，國家可能會有良好的治理……中產階級龐大的地方，最不可能出現派系和紛爭……當中產階級消失，窮人過多，問題一一浮現，國家很快就會滅亡」。

在這個階段表現最好的領導者通常與在第六階段和第一階段取得成功的領

導者大相逕庭。我稱他們為「土木工程師」，他們得要聰明，最好還要強大並能鼓舞人心，但最重要的是，他們要能設計和建構對大多數人都有生產力的系統，或者他們可以找到能勝任這點的幕僚為他效命。這個重建階段的領導人需要不同的特質。舉例來說，邱吉爾（Winston Churchill）和毛澤東即是偉大的「鼓舞人心的將軍」，但卻是糟糕的「土木工程師」。而在第二階段偉大領導人的例子，包括德國的艾德諾（Konrad Adenauer）、新加坡的李光耀和中國的鄧小平，他們都是在戰後上台，建立了超越其有生之年所能產生的繁榮制度。

最傑出的領導人是那些帶領國家經歷了第六、第一和第二階段的人，也就是說，在經歷了內戰／革命時期、權力鞏固時期、體制和機構重建時期，建立了能長久運作的良好體制和制度，這些工作是在大規模層面完成的。有史以來最好的領導人可能有唐太宗（西元600年前後，中國唐朝的革命創始人之一，在他的影響下，唐朝持續了一個半世紀的和平與繁榮，使中國成為當時世界上最大最強盛的帝國）、奧古斯都（西元前27年成為羅馬帝國的第一位皇帝，開啟了大約二百年的和平與繁榮，羅馬是當時世界上最強大的帝國）、成吉思汗（他從1206年開始建立和領導蒙古帝國，開啟了一個多世紀的繁榮，並讓蒙古成為世界上最大、最強盛的帝國，儘管因為沒有建立可持續的繼承權，在他去世後不久即發生了內戰）。

國家重建過程依照這個次序進行，但其需要改變的程度不同，依所需強度而定。某些國家經歷慘烈的革命，幾乎所有事物都需要重新建設；而在其他國家只需要修改原有的體制和制度，以適應新的領導人。

第三階段：和平與繁榮時期

我也稱這個階段為「中期繁榮」，這是內部秩序週期的黃金時期。在這個階段，人們有大量的機會來提高生產力，他們對此感到振奮、合作無間、生

產力充足、致富，並且因為成功而受人景仰。在這個階段，幾乎每個人的生活條件都可以得到改善，因此下一代普遍比上一代過得更好，所以人們對未來抱持樂觀和期待。由歷史的經驗告訴我們，如果有效治國，幾乎人人都可以平等地獲得教育，有才幹者爭取到較好的工作，如此一來，國家可以擁有更多的人才，並建立一個大多數人認為是公平的制度。成功的企業家、發明家和冒險家會提出新的想法，將他們的社會帶到新的境界，他們會成為人們心目中的英雄，因為他們提出了革命性的創新想法，讓人們的生活更加美好，並因此獲得了回報。債務增加推動了生產力的成長，進而推動了實際收入的增加，這使得債務更容易被償還，也提供超額利潤，使股票有極佳的報酬。收入大於支出，儲蓄大於負債，讓儲蓄成了未來投資的資金來源。第三階段是一個激勵人心的時期，充滿了創造力、生產力和活力。

這一時期的例子包括英國維多利亞時代的大部分時間（涵蓋十九世紀的大部分時間，以第二次工業革命的發明為標竿，財富以極快的速度增加）；1800年代後期的德意志帝國（快速工業化、技術創新和迅速強大的軍事力量）；以及1960年代的美國，舉例來說，登月計畫就是人民共同使命的體現，當成功登陸月球的那一瞬間，整個國家齊聲歡呼，人與人之間的距離也被拉得更近了。

這是一個「鼓舞人心的夢想家」的時代，人們可以 a）想像並傳達一個前所未有的激勵人心的未來藍圖，b）實際建構這個未來，然後 c）利用所獲得的繁榮擴大它的包容性並投資於未來。他們這樣做的同時 d）保持穩健的財務狀況和 e）建立良好的國際關係，這樣他們就可以保護或擴張自己的帝國，避免發生會削弱其財政或社會的戰爭。例子包括：

- 在1800年代中後期的大英帝國維多利亞時代，首相格萊斯頓（William Gladstone）同時保持高水準的生產力，實行嚴格的預算控制，使英國

保持強而有力的財政，格萊斯頓也大力支持一般民眾，因此被稱為「人民的威廉」。他還推行和平繁榮的外交政策。

- 在1800年代後期的德意志帝國，俾斯麥首相把三十九個不同邦、不同宗教的人民聯合在一起，將德國建設為一個國家和經濟強權。在他的領導下，德國經濟蓬勃發展，財政狀況良好，他同時以絕佳的手腕處理了國際關係，使其內部受益，並避免了耗費國力的重大戰爭。

- 新加坡總理李光耀從1959年到1990年擔任總理，並在卸任後擔任資政協助管理國家，直到2015年去世，他成功地帶領新加坡走過這些時期，他創造了原則並塑造了文化，在他離開後的很長一段時間這些都還能持續運作，讓新加坡成功地避免了戰爭，而沒有失去權力。

- 在戰後的美國，甘迺迪（John F. Kennedy）在他短短三十四個月的總統任期內（1961年1月20日到1963年11月22日），支持太空計畫，激勵美國在之後登陸月球；推進了民權運動；與副總統詹森（Lyndon Johnson）合作推行扶貧運動；並在強烈反美聲浪中，還能避免美國捲入重大戰爭。

- 在中國，鄧小平將一個軟弱無力的共產主義制度轉變成一個高產能的中國特色社會主義制度，並經由句句名言，迅速改造人民的心理，如「致富光榮」和「不管黑貓白貓，能捉到老鼠就是好貓」。他把中國的經濟和財政建設得非常強大，大大改善了多數人的教育和生活品質，明顯提升了人均預期壽命並降低貧困率，成功帶領中國度過內部政治衝突，嚴格維護中國主權，同時避免了重大的外部衝突。

國家停留在這個階段的時間愈長，它們的美好時光就能持續愈久。

在這個階段需要特別留意一些自然發展會形成巨大風險，破壞原有自給自足的好結果，如機會、收入、財富和價值觀差距的擴大；對多數人惡劣和不公

的條件；菁英階層豪奢並享有不公平的特權地位；生產力下降，以及產生過多債務的不良財務狀況。如果能夠避開這些風險就能維持帝國和王朝的強大，而持續停留在第三階段。但若未能阻止這些風險的發生，國家很容易就進入到第四階段，第四階段是一個過渡時期，在這個階段，任何被誘導去做的事情（特別是借錢去做）都可能導致衝突的出現。

第四階段：過度時期

我也稱之為「泡沫繁榮階段」。之前我們已經探討過這些因素，所以我再簡要地描述一下，這個階段通常會有以下情形出現：

- 由債務融資購買的商品、服務和投資資產迅速增加，因此債務增長速度超過了未來現金流償還債務的速度，所以泡沫就產生了。這些債務融資購買的出現是因為投資者、商業領袖、金融中介機構、個人和政策制定者傾向於假設未來會像過去一樣，所以他們對此趨勢持續進行了大量押注。他們錯誤地認為，漲幅很大的投資是好的，而不意味成本太昂貴，所以他們借錢購買，進而推升了價格，加劇了這種泡沫化的過程。隨著他們資產價值的上升，他們的淨資產和支出與收入的水準上升，增加了他們的借貸能力，也支持了槓桿化過程，這種情況持續呈螺旋式向上攀升，直到泡沫破滅。1989到1990年代的日本、1929年的美國、2006到2007年的美國以及1977到1979年的巴西及大多數拉丁美洲的商品生產國都是典型的例子。
- 在這個階段，資金和時間的支出發生了轉變，它們更多被用於普通消費和購買奢侈品，而降低投注於可獲利的投資機會。對於基礎設施、資本財和研發的投資水準降低，減緩了該國產能的提升速度，並導致城市和基礎設施變得陳舊和效率低下。

- 在這個階段會有大量的軍費開支來擴大和保護全球利益,特別是全球主要強權國。
- 該國的國際收支狀況惡化,反映其借貸增加和競爭力下降。如果該國是儲備貨幣國家,這種借貸會更加容易,因為非儲備貨幣國家的儲蓄者更傾向於用儲備貨幣儲蓄/貸款。
- 財富和機會的差距擴大,群體之間出現了嫌隙。

在這個階段,典型的最佳領導者是「穩扎穩打、紀律嚴明的領導者」,他理解並表現出穩當的行為準則,這些行為會提升產能、穩健財務狀況,並在人們試圖越線時約束他們。這些領導人會在國家變得更富有時,帶領著國家繼續將大量的收入和時間再投資於生產。如前所述,新加坡前總理李光耀確保他的國家和同胞擁有文化素養,即使在成功和富有之後,也能成為受過良好教育、紀律嚴明、性格堅強的人。然而,這樣的領導人少之又少,因為試圖澆熄群眾的熱情是不得人心的。在這種情況下,幾乎所有國家(及其領導人)都會在致富後變得頹廢、超支、為過度消費而借貸,並且失去競爭力。這一階段領導人的例子:如暴君尼祿(Nero,他利用羅馬的一場全城大火,沒收土地來建造一座宏偉的宮殿)、路易十四(Louis XIV,在他權勢鼎盛時期擴建凡爾賽宮,儘管當時生產力下降,人們已然承受著苦難),以及明朝萬曆皇帝(他不再積極執政,而專注於建造自己身故後宏偉的陵寢)。

第五階段:當財務狀況不佳和衝突激烈時

影響大週期進展的最重要因子是債務、貨幣和經濟活動。因為在第三章和第四章中我們已經做了全面性的介紹,在此我就不再贅述。但是要了解第五階段,你需要知道它經歷了第三階段(有和平與繁榮以及有利的債務和信貸條件)以及第四階段(過度和頹廢開始帶來更糟的情況)。整個過程在第六階

段來到最困難和最痛苦的時期，當政府耗盡錢財時，通常會發生革命或內戰形式的可怕衝突。在第五階段中，隨著金融狀況惡化，群體間緊張關係達到最高點。這時，領導人、政策制定者和人群處理衝突的方式，將會左右這個國家是否能以和平方式度過改革，抑或是不可避免的以暴力方式經歷所需的變革。

你可以在許多國家看到這樣的跡象。那些財務條件較好的國家（即收入大於支出，資產大於負債），它們的社會情況相對良好，而財務條件差的國家情況則相對較差。差的國家希望從其他國家拿到錢，問題是，狀況差的國家遠比那些好的國家來得多。

你還可以看到，教育、醫療保健、基礎設施和福利等等條件的不同是各個國家、州、城市、公司和人民存在許多差異的重要原因。你還會發現各國在處理緊張局勢的方式存在著巨大的文化差異，有些國家能和諧地處理，而有些國家更傾向於用鬥爭的方式進行。

由於第五階段是內部週期的關鍵階段，而且許多國家，最重要的是美國，現在正處於第五階段。我將花一些時間來闡述這個階段的因果關係以及審查其進展情況時需要注意的關鍵指標。然後，我將更具體地探討美國的情況。

典型致命因素

●導致重大內部衝突的典型致命因素包括 1）國家和該國（或州、城市）的人民的財務狀況不佳（例如，有巨額債務和非債務負擔），2）該實體內部存在巨大的收入、財富和價值觀差距，以及 3）嚴重的負面經濟衝擊

這些致命因素通常會帶來混亂、衝突，甚至是內戰。造成經濟衝擊的原因有很多，包括金融泡沫破滅、天然災害（如流行病、乾旱和洪水）和戰爭。這相當於創建了一個財務壓力測試，而在壓力測試時的財務狀況（以收入相對於支出和資產相對於負債來衡量）則是緩衝器。收入、財富和價值觀差距的大小就是系統的脆弱程度。當金融問題發生時，通常會先衝擊民營機構，然後才是

公共部門。因為政府永遠不會讓民營機構的金融問題拖垮整個系統，所以到最後，關鍵還是政府的財務狀況。當政府的購買力耗盡時，系統就會崩潰，但在走向崩潰的途中，還存在著許多爭奪金錢和政治權力的鬥爭。

藉由五十多次內戰和革命的研究，我們清楚地看到，內戰或革命唯一最可靠的領先指標是政府財政破產和貧富懸殊。因為當政府缺乏財力時，它無法在財政上拯救那些大到不能倒的民營機構（正如以美國為首的大多數政府在2008年底金融海嘯所做的事情），它不能購買所需的東西，也不能付錢給人民，讓他們去做政府需要他們做的事情。它已經無能為力了！

進入第五階段的一個典型標誌，同時也是借貸和支出能力喪失的領先指標（這是進入第六階段的觸發因素之一），是政府存在的巨額赤字，這些赤字所創造的待出售債務超過央行的購買能力，又沒有其他買家有意購買。當無法印鈔的政府不得不提高稅收和削減支出，或者當那些可以印鈔的政府大量印鈔並購買大量政府債務時，就是領先指標出現的時刻。更具體地說，當政府沒錢時（造成巨額赤字、巨額債務和無法獲得足夠的信貸），它的選擇十分有限。它可以提高稅收並大量削減開支，也可以大量印鈔，使貨幣貶值。那些可以選擇印鈔的政府總是先這樣做，因為這是一條痛苦指數較低的道路，但它會導致投資者拋出正在印鈔的貨幣和債務。而那些不能印鈔的政府則不得不增加稅收和削減開支，這迫使有錢人離開國家（或州、城市），因為他們無法忍受支付更多的稅款和失去應有的服務。如果這些無法印鈔的政府，其選民之間存在著巨大的貧富差距，這些措施通常就會導致某種形式的內戰／革命。❸

在撰寫本書時，這種晚期債務動態正在美國的州和聯邦層面上演，它們之間的主要區別在於州政府無法用印鈔來償還債務，而聯邦政府可以。聯邦政府

---

❸ 需要澄清的是，當政府的財政狀況不佳時，並不一定意味著它會耗盡購買力。但這確實意味著發生這種情況的風險要比政府財務狀況良好時要高得多。

和許多州和市政府都有巨額赤字、巨額債務和巨大的貧富差距，而中央銀行（聯準會）擁有印鈔權。因此，聯準會此時正在印製大量鈔票並且購買大量的聯邦政府債券，為政府的開支提供資金，這些開支遠遠超過聯邦政府的收入。這雖然幫助了聯邦政府和它試圖幫助的群體，但也剝削那些持有美元和美元債務的人的實際購買力。

●那些貧富差距最大、債務最多、收入下降最嚴重的地方（城市、州和國家）最有可能發生嚴重的衝突。有趣的是，美國人均收入和財富水準最高的州和城市往往也是負債最多、貧富差距最大的地方，如舊金山、芝加哥和紐約等城市，以及如康乃狄克、伊利諾、麻薩諸塞、紐約和紐澤西等州。

面對這些情況，必須削減開支或以某種方式籌措更多資金。下一個問題變成：誰來支付這些費用？是「富人」還是「窮人」？顯而易見的，不可能是由窮人來付錢，因為對於最窮困的人來說，他們根本沒有多餘的開支可以削減了！因此只能對有能力的人徵收更多的稅，如此一來就會增加某種形式的內戰或革命的風險。**但是，當富人意識到他們將被課徵更多的稅來償還債務和減少赤字時，他們通常會選擇離開，造成掏空現象。**這種遷移目前正在美國的一些州和州之間上演。如果經濟狀況持續惡化，就會加速此遷移過程，這些情況在很大程度上推動了稅收週期。

●由歷史可以證明，在貧富懸殊和經濟狀況不佳的情況下，加稅和削減開支比其他任何事情都更為重要，它是內戰或某種類型革命的領先指標。需要澄清的是，儘管這些過程可以是暴力的，但並不是絕對得如此。

比如在我居住的康乃狄克州，這裡是全國人均收入最高、貧富差距和收入差距最大的州，也是全國人均債務和未足額退休金準備最大的州之一。我看到富人和窮人各自過著自己的生活，因為沒有太多交集，他們互不關心。藉由我周遭的生活體驗，我有機會了解兩邊的生活，因為我住在富人社區而和人們有聯繫，而我妻子所做的工作是幫助弱勢社區中失學和失聯的高中生，這讓她有

機會接觸到生活在貧困社區的人們。我看到那些貧困社區的條件是如此的糟，但富人（對窮人來說，他們是富有和頹廢的）卻不覺得自己富有。我看到他們都專注於為自己的問題而奮鬥——富人在工作和生活間努力取得平衡，確保他們的孩子受過良好教育等等；而窮人則忙著尋找收入、食物來源、避免遭受暴力，並試圖讓他們的孩子接受優質教育等等。❹

我觀察到這兩個群體批判而刻板的彼此對待，使他們更容易不喜歡對方，不能以同理心將自己視為同一社群的成員而互相幫助。因為這些刻板印象，使得互助變得困難，因為富人認為他們擁有的還不夠多，或者窮人不應該得到他們的經濟援助，我擔心這種情況在未來可能會持續甚至於惡化。我親眼目睹了新冠肺炎造成的健康和預算衝擊，讓窮人的可憐境遇浮出檯面，這些情況加大我們的財務差距，最終可能帶來典型的致命組合。

●平均值並不重要，重要的是受苦的人數和他們的力量。那些贊成整體性策略的人（例如自由貿易、全球化、能取代人力的技術）沒有考慮到整體利益是否以惠及大多數人的方式分配，因此他們忽略了其中的風險。●為了實現和平與繁榮，一個社會必須具有能造福大多數人的生產力。你認為今日的我們具備嗎？

破產的政府可以採取哪些途徑來提高生產力造福多數人？由許多案例可以

---

❹ 當然，這兩種奮鬥並不等同。儘管如此，在這兩種情況下，我發現人們只關注於自己的問題和社區，不了解那些與他們沒有直接接觸的人的情況。在許多社區，人們（其中最令人心碎的就是孩子們）極度貧困和被忽視。購買諸如學校用品、營養和醫療保健等基本用品的資金嚴重短缺，而處於暴力和創傷的環境下，讓孩童在智力和身體上營養不良，這種創傷的循環長期存在，使他們在成年後處於不利地位，令他們難以謀生，而持續這種惡性循環。考慮一下這個事實：我們基金會資助的一項最近的研究表明，康乃狄克州（按人均收入計算是全美最富有的州）有22%的高中生不是「失學」，就是「失聯」。失學是指缺席率超過25%並且課業不及格的學生；而失聯則是系統無法追蹤的學生，因為他們輟學了。想像一下十年後的結果以及這個惡性循環耗費的人力和社會成本，我們的社會還沒有對這種糟糕的情況產生警戒。

看出，對先前產生的債務和非債務負擔進行足夠的重組和／或貶值有很大幫助，這在第五和第六階段是十分典型的手段。一旦重組或貶值減輕了債務負擔，雖然在當時極其痛苦，但減輕的債務負擔使得人們有機會重新建設。

●成功的一個基本要素是債務和金錢是要用來提高產能和做有利的投資，而不是白白花在沒有產能和收益的地方。如果它在沒有產生收益的情況下被花掉，那麼這些錢就會貶值，導致政府或其他人的購買力所剩無幾。

●由歷史的經驗可以看出，若貸款和支出能產生廣泛的生產力和投資收益，而且這些項目產生的報酬超過了借貸成本，使得生活水準能隨著債務償還而提高，這就是好政策。如果用於債務融資的貸款金額不足，中央銀行完全可以印鈔成為最後的貸款人，只要這些投資可以獲得足夠的報酬以償還債務。由歷史經驗和邏輯上來說，在各級教育（包括職業培訓）、基礎設施和研究發明方面進行良好的投資，可以產生非常大的成效。舉例來說，大型教育和基礎設施項目幾乎都有很好的回報（例如，在中國唐朝和許多其他的王朝、羅馬帝國、倭馬亞哈里發、印度蒙兀兒帝國、日本明治維新，以及中國過去幾十年的教育發展計畫），儘管它們需要很長的時間才能見到成效。事實上，教育和基礎設施的改善，甚至是那些由債務融資的基礎設施，幾乎是所有帝國崛起的重要因素，而這些投資品質的下降也總是帝國衰落的原因。如果能好好利用這些方法，就有機會抵消典型致命因素的發生。

典型致命的因素通常伴隨著其他問題。以下出現的條件愈多，發生內戰或革命等嚴重衝突的可能性就愈大。

＋社會廣泛頹廢風氣

在週期的早期，大部分的時間和金錢是用在具有生產性的事物上，但到了後期，人們開始把它用於放縱奢靡的事物（例如，更精美的事物，如昂貴的住宅、藝術品、珠寶和衣服）。這種行為開始於第四階段，剛開始這種支出是時

尚的，但到第五階段就顯得怪異。這種頹廢的支出大部分是由債務融資的，這會使財務狀況惡化。通常伴隨這些轉變而產生的心理變化是可以理解的，富人覺得他們賺到了錢，可以根據自己的喜好將錢花在奢侈品上，而窮人則認為在自己受苦時，富人進行這樣的支出是不公平且自私的。除了怨恨的增加外，頹廢的支出（不同於儲蓄和投資）還會降低生產力。

●一個社會把錢花在什麼地方很重要。當它把錢花在能提高產能和收入的投資項目上時，才會有更加美好的未來。

＋官僚主義

●官僚作風雖然在內部秩序週期的早期不太明顯，但在後期往往十分盛行，這使得明智和必要的決策變得更加困難。事情往往隨著發展過程變得錯綜複雜，直到需要革命性的變革來改變一切，因為走到這個地步，即使是顯而易見的好事也會因為官僚作風而無法完成。在以法律和合約為基礎的系統（當然這個系統有很多好處）中，這可能會成為問題，因為法律可能會阻礙這些顯而易見的好事。以下是一個在我們生活周遭就可以觀察到的例子，這也是我們夫妻都很關心的問題。

由於美國憲法沒有將教育視為是聯邦政府的責任，教育的責任主要落在州和地方身上，學校資金來自城鎮地方稅收而籌集的收入。儘管每州會有些許不同，但在一般情況下，那些生長在較富裕地區的兒童所接受到的教育品質，比貧困地區的兒童要好得多。儘管大多數人都同意孩子們應該擁有平等的教育機會，但事實上教育在美國顯然是不公平且缺乏成效的。由於這種結構在我們的政治體系中已然根深柢固，如果不對這些程序進行結構性的變革，幾乎不可能解決這個問題。有更多的例子可以證明，官僚主義阻礙了我們做明智的、有成效的事情，我在這裡沒有辦法闡述更多，但這確實是美國現今面臨的一大問題。

＋民粹主義和極端主義

在混亂和民眾不滿的情況下，出現了一些個性鮮明、反菁英主義的領導者，他們聲稱要為普通人而戰，這些人被稱為民粹主義者。民粹主義是一種政治和社會現象，它吸引著那些認為自己的問題沒有被菁英們解決的一般百姓。**民粹主義通常在以下的情況中發展：存在財富和機會的差距、人們認為被來自國內外不同價值觀的文化威脅，以及處於權力位置的「建制菁英」無法使大多數人獲益時。**當這些情況引發民怨，人民希望有人挺身而出為他們而戰時，渴望擁有政治權力的民粹主義者即趁勢上台。民粹主義者可以是右翼也可以是左翼，他們比溫和派更為極端，並且傾向於迎合一般百姓的情緒。它們通常選擇對抗而不是合作，傾向排他而不是包容。這導致左翼民粹主義者和右翼民粹主義者之間因不可調和的分歧而進行大規模鬥爭。在他們的極端情況不盡相同。例如：在1930年代，左翼民粹主義採取共產主義形式，右翼民粹主義採取法西斯主義形式，而美國和英國則發生了非暴力的革命性變革。近期，唐納・川普在2016年當選美國總統，即是右翼民粹主義的轉變；而伯尼・桑德斯（Bernie Sanders）、伊麗莎白・沃倫（Elizabeth Warren）和亞歷山大・奧卡西奧—科爾特斯（Alexandria Ocasio-Cortez）的受歡迎程度則反映了左翼民粹主義的流行。在一些國家，走向民粹主義的政治運動愈來愈多。我們可以說喬・拜登（Joe Biden）的當選反映了人民渴望減少極端主義並且期盼更多溫和，不過時間會證明一切。

我們將民粹主義和極端主義視為標誌，民粹主義和極端主義愈盛行，國家就離第五階段愈遠，離內戰和革命愈近。在第五階段，溫和派成為少數，而在第六階段，它們將不復存在。

＋ 群體鬥爭

在第五階段，群體鬥爭愈演愈烈。這是因為，●**在困難和衝突加劇的時期，人們更傾向於以刻板的方式將其他人視為一個或多個群體的成員，並將這些群體視為敵人或盟友。**在第五階段，這種狀況逐漸明朗，而在第六階段，情況變得危險。

第五階段的一個典型標誌是對其他群體的妖魔化，這情況在第六階段會更加嚴重。人們會找出一個或多個群體成為問題根源的代罪羔羊，然後在第六階段，他們開始排斥、監禁或摧毀這些代罪羔羊。族裔、種族和社會經濟群體經常被妖魔化。最經典、可怕的例子是納粹對待猶太人的方式，他們幾乎把所有德國的問題都歸咎於猶太人身上，並對他們指責和迫害。在經濟和社會艱難時期，生活在中國以外的少數華人也被妖魔化和成為代罪羔羊。在英國，天主教徒在許多艱難時期（例如光榮革命和英國內戰）也被如此對待。富有的資本家通常也會被妖魔化，尤其是那些以犧牲窮人為代價來賺錢的人。妖魔化和代罪羔羊是我們必須密切關注的典型症狀和問題。

＋ 公共領域真理的喪失

由於媒體和宣傳的扭曲，人們變得更加極端、情緒化和政治化，愈來愈搞不清楚什麼才是真的。

在第五階段，那些抗爭的人通常會與媒體合作，操縱民眾的情緒以獲得支持，並藉此摧毀他們的對手。換句話說，左翼媒體人與其他左翼人士一起合作，右翼媒體人也聯合右翼陣營，一起進行骯髒的鬥爭。媒體像自衛隊一樣瘋狂，人們普遍遭受媒體的攻擊，被媒體審判並認定有罪，他們的生活在沒有法官和陪審團的審查下就這樣被毀了。1930年代左翼（共產主義者）和右翼（法西斯主義者）民粹主義者都在控制媒體，並設立「宣傳部長」來指導媒

體。他們設立媒體的宗旨在於煽動民眾反對那些被政府視為「國家敵人」的群體。民主制的英國政府在第一次世界大戰和第二次世界大戰期間創建了「信息部」來宣傳政府的消息，如果主要報紙出版商按照政府的要求並打贏宣傳戰，❺ 就會被政府大力扶植，如果他們不合作就會被刁難並飽受損失。革命者在各種出版物中都發表了扭曲事實的言論。在法國大革命期間，由革命者經營的報紙挑動反君主主義和反宗教情緒，但當這些革命者掌權後，他們在恐怖統治期間關閉了持不同意見的報社。在貧富懸殊和民粹主義盛行的時代，打壓菁英的報導很受歡迎，尤其是在右傾媒體上打倒左翼菁英的故事，抑或是在左傾媒體上打倒右翼菁英的故事。由歷史事件可以看出，這些活動的顯著增加是第五階段的典型問題，當媒體與施加其他懲罰的能力相互結合時，媒體就成了強大武器。

眾所周知，在我撰寫本文時這樣的情況正在發生。傳統媒體和社會媒體報導的真實程度，比任何時候都還要低。例如，2019年的蓋洛普民意調查顯示，只有13%的受訪美國人對媒體「非常」信任，只有41%的受訪者對媒體「一般」或「相當程度的」信任。相比之下，1976年有72%的人表示信任媒體。這不僅僅是邊緣媒體的問題，這是主流媒體，也是我們整個社會的警訊。可信度急遽下降甚至困擾著《華爾街日報》和《紐約時報》等往日新聞誠信的楷模，它們的信任度直線下降。除了出於政治動機之外，在媒體業務陷入財務困境的時候，聳人聽聞的故事變得具有商業價值。儘管他們通常不會公開分享，但與我交談過的大多數媒體人都有著同樣的擔憂。在反思這個問題時，時任《華盛頓郵報》執行主編的馬丁‧巴倫（Martin Baron）說：「如果在你的社會中，人們無法就基本的事實達成共識，你如何能擁有一個正常運作的民

---

❺ 諾斯克利夫（Northcliffe）子爵在第一次世界大戰期間控制著英國近一半的日報發行量，他以反德報導著稱，並於1918年被政府任命為「對敵國宣傳主任」。

主制度？」這種態勢正在阻礙言論自由，因為人們害怕一說出來，他們會在傳統和社交媒體上受到扭曲他們言論的攻擊所打壓。

　　即使是非常有能力和權勢的人，現在也因為害怕媒體而不敢對重要議題發表意見或是出來競選公職。由於大多數知名人士都被打壓，因此多數與我交流的人都贊同──成為一個高調的、為真理和正義而戰的人是危險的，尤其是得罪那些傾向於利用媒體進行鬥爭的人。雖然因為擔心被媒體報復而不敢公開討論，但這個問題私底下一直被談論著。例如，不久前我與一位身居高位、剛剛離開政府部門的將軍共進午餐時，我們探討他接下來的規劃。我問他最熱衷什麼，他說：「當然是為國效力！」我問他是否會考慮競選公職，他卻解釋：「雖然我願意為國家犧牲，但我不能出來競選公職，因為敵人會利用媒體和社交媒體來編造謊言傷害我和我的家人。」這位將軍以及那些我們該聽取他們建言的人都不敢公開發言，因為他們擔心反對他們的極端分子的攻擊會被聾人聽聞的媒體濫用並加以渲染。許多朋友告訴我，我一定是瘋了，才會在本書公開談論那些有爭議的事情，因為有些人或團體一定會試圖透過媒體來打擊我。我認為他們可能是對的，但我不會因此打退堂鼓。❻

---

❻ 我們可以做些什麼？新聞媒體的獨特之處在於它是唯一一個沒有品管或對其權力進行制衡的行業。我和大多數人認為，若我們的政府對媒體進行監管是不對的，但我們也覺得必須採取一些措施來解決問題。也許如果人們的抗議聲浪夠大，就能促使媒體設立一個自律組織，像電影協會那樣創建和規範評級。我不知道該怎麼做，因為這個問題不屬於我的專業領域，我也沒有資格提供解決這些問題的建議；然而，我有責任指出，我們所處的時代，煽情、商業主義和操縱人們觀點的政治欲望已經取代了準確性和新聞誠信，成為大多數媒體人的主要目標，這就像一種威脅我們健康的癌症。如果你認為虛假和扭曲的媒體是一個問題，且有興趣觀察媒體／宣傳，以了解這種情況是否以及如何發生，那麼這裡有一些常見的建議注意事項。問問自己：

1）報導是否包含情緒激動、未經證實的指控，或者事實是否得到證實並提供了來源？當事實被擱置一旁以創造一個煽動人心的故事並且未公開來源時，請不要相信這個報導。

2）作者是否歡迎那些反駁他們斷言的回覆或論點，他們是否願意將這些反駁內容與他們的內容一起發表？

＋循規蹈矩退場，原始戰鬥開始

●在人們的眼裡，當熱衷的目標比決策制度更重要時，制度就處於危險之中。規則和法律符合兩個前提：多數人都能重視它們、願意妥協讓系統能夠運作良好，才有辦法發揮作用。如果兩者都未達到完善的程度，那麼法律體系就岌岌可危。如果競爭雙方不願嘗試著與對方講理，不願為了追求整體的福祉而以文明方式做出決定（可能就必須放棄他們想要的、可能在戰鬥中獲得的東西），這就形同內戰，考驗各方的相對權力。在這個階段，不惜一切代價獲勝是遊戲規則，耍陰招是常態。第五階段的後期是理性被拋棄而轉為激情的時期。●當勝利成為唯一重要的事，不道德的鬥爭以自我強化的方式愈演愈烈。當每個人都有他們為之奮鬥的目標，而沒有人能就任何事情達成共識時，這個系統就處於內戰／革命的邊緣。

這通常會以幾種方式發生：

- **在第五階段後期，司法和警察系統被當權者作為政治武器是很常見的。私人警察系統也會形成，比方說，有攻擊並搶人錢財的暴徒，而能保護人們的保鏢也隨之出現。**例如：納粹黨在上台之前組建了一個準軍事組織，然後在納粹掌權時成為官方機構；1930年代短暫的英國法西斯聯盟和美國的三K黨實際上也是準軍事組織。這種情況很常發生，因此我們將其視為進入下一階段的標誌。
- **第五階段後期，抗議活動變多且愈來愈暴力。**因為在良性的抗議和革命

3）報導中的指控是否與司法系統中已經確定和證明的內容一致？如果某個人或團體在媒體上被指責做了壞事，但在司法制度中卻沒有被宣判有罪（司法體系遵循著一個試圖確認證據以得出真相的程序），至少問問自己為什麼會這樣，也許不要相信這個報導。

4）如果作者或媒體之前曾顯示出偏見，請假設他們和他們的報導是帶有偏見的。

的開始之間並不總有明確的界限，當權者經常得在允許抗議卻不准自由反抗體制間做出權衡。領導者必須妥善的處理，因為當示威開始過渡到革命時，就會出現典型的兩難困境，給予抗議的自由和鎮壓抗議對領導人來說都是有風險的，兩者都可能導致革命勢力變得更加強大，並足以推翻體制。沒有一個體制會允許人們推翻自己，在大多數情況下，試圖推翻體制是叛國罪，通常會被處以死刑。儘管如此，破壞體制是革命者的任務，因此政府和革命者互相測試底線，當廣泛的不滿情緒爆發，而當權者又允許它增長時，它可能會白熱化，以至於當政府試圖加以阻止時，整個不滿情緒就如同火山爆發一樣。在第五階段後期，衝突通常會逐漸加劇，引發暴力的戰鬥，標誌著過渡到歷史學家所認定的正式內戰時期，我將其確定為大週期的第六階段。●**人們在戰鬥中喪生，幾乎是一個標誌，這意味著進入下一個更激烈的內戰階段，這個階段將持續到明確分出勝負為止。**

現在來說說我的下一個原則：●**當出現疑慮時，馬上撤離。如果你不想捲入內戰或戰爭，你應該趁早撤離。**這通常發生在第五階段的後期。由歷史可以驗證，當情況變糟時，離開的大門通常會關閉。投資和資金也是如此，因為各國在這期間會實施資本管制和其他措施。

●**當解決分歧的系統從有效變為無效時，就會從第五階段（財務狀況非常糟糕並且存在激烈的內部和外部衝突）跨越到第六階段（發生內戰）。**換句話說，系統崩壞到無法修復，人民暴力相向，領導階層失去了控制力。

誠如你所想像，打破現有的系統／秩序並重新建立一套新的系統／秩序，會比在現有系統／秩序中進行革命性的改變要大得多。儘管破壞系統／秩序會造成更大的創傷，但結果並不一定比繼續經營既有體制系統更糟糕。

決定要保留和改造一些運行不暢的舊事物，還是要將其處理掉並用新事物

取代，這從來都不是一件容易的決定，尤其是當新事物還不是很清晰，而被取代的事物像國內秩序這麼重要時。儘管如此，這種變革還是會發生，這通常不是理智所決定的，它更多地是由情緒所驅動。

●當國家處於第五階段（就像現在的美國），最大的問題是一系統在崩潰前會出現多大韌性？民主制度尊重人民決定要做的事情，但更有韌性，人們可以選擇改變領導階層，只不過後果自負。在這個系統中，政權更容易以和平的方式產生更迭。然而，「一人一票」的民主程序有個缺點，那就是人們透過人氣競賽來選出領導者，但這些有投票權的人大都無法像多數組織一樣深思熟慮的審查這個重要人選的能力。民主制度也被證明在巨大衝突時期會崩潰。

民主需要協商和妥協，這需要很多持不同意見的人在體制內相互合作。這確保了擁有大量選民的政黨可以得到代表席次，但就像所有由觀點大相逕庭（甚至可能彼此不喜歡）的人組成的大型委員會一樣，這種制度不利於有效決策的產生。●民主國家面臨的最大風險是決策過程中存在太多的分裂和對立，以至於決策可能無效並造成不良後果，進而引發民粹主義獨裁者代表大部分群體發起革命。這種時刻，這些群體會希望有強大、有能力的領導者來控制混亂並使國家能夠為己謀福利。

同樣值得注意的是：由歷史可以觀察到，在發生巨大衝突的時候，聯邦制民主國家（如美國）通常會在州和中央政府之間就其相對權力發生衝突。這將是一個值得關注的標誌，目前美國尚未出現這種情況。它的發生將意味著局面即將往第六階段邁進。

有太多民主體制瓦解的情況需要探索。雖然我已經研究了一些案例，但還沒有完全挖掘出來，也不打算在這裡深究。我想傳達的是，在第五階段中描述的因素如果走到極端，會導致一系列功能失靈的狀況，和由強大的領導者帶領的權力鬥爭。其中重要的因素包括：糟糕的財務狀況、頹廢、內部紛爭和混亂，以及／或重大的外部衝突。典型的例子包括西元前400年代末期到西元

前300年代的雅典、西元前27年左右開始持續約一世紀的羅馬共和國末期、❼
1920年代的德國威瑪共和國，以及1920、1930年代的義大利、日本和西班牙
等弱民主國家（weak democracies），這些國家轉向右翼（法西斯主義）的
獨裁統治，以求在混亂中取得秩序。

●不同階段需要不同類型的領導者，才能獲得最好的結果。第五階段是一
個交叉路口，其中一條路可能導致內戰／革命，而另一條可能通往和平共存
（在理想的情況下）。顯然，和平繁榮是最理想的道路，但卻是更難實現的
路。這條路需要一個「強大的和平締造者」，他會不遺餘力地將國家團結起
來，包括與另一方接觸，讓他們參與決策，並以大多數人認為公平且運作良好
的方式重塑秩序（即，以一種使大多數人受益的方式高效工作）。**歷史上這樣
的案例並不多見**。第二種類型是「堅強的革命者」，他有能力帶領國家度過內
戰／革命的深淵。

第六階段：內戰

●歷史告訴我們，內戰總是無法避免地會發生，因此，當大多數國家的多
數人在經歷一段長時間沒有內戰的時期，與其假設「它不會在這裡發生」，我
們最好對它保持警惕，並尋找訊號來預估我們離內戰還有多遠。在上一節中，
我們研究了內部秩序中的和平革命，而在本節中，我們將著眼於內戰和革命的
標誌和模式，這些革命幾乎總是暴力地推翻舊秩序，再用新的秩序取而代之。
**儘管有無數例子可供研究，了解它們的運作模式，不過在這裡我僅挑選了最具
代表性的二十九個例子，我將它們分成兩組，第一組是對體制／制度產生重大**

---

❼ 羅馬共和國和雅典都有民主元素，但並不是每個人都能平等地參與或投票。儘管民主已
　經存在了數千年，但直到近代大多數人才被允許投票。例如，在美國，直到1870年才
　允許所有非裔美國男性投票，直到1920年才允許所有種族的女性投票。

變化的，而第二組是沒有對其產生重大變化的。例如，美國南北戰爭是一場真正的血腥內戰，但卻未能推翻體制／秩序，因此我把它歸類在圖表底部的第二組中，而那些推翻體制／秩序的則在上半部。這些歸類當然不是全然精確，但如果我們太過強調精確，反而會阻礙我們看到全局。這些衝突大多數（儘管不是全部）都以本章節中描述的典型方式發生。

衝突	國家	開始年份	
荷蘭獨立戰爭	荷蘭	1566	
英國內戰	英國	1642	
光榮革命	英國	1688	
美國獨立戰爭	美國	1775	
法國大革命	法國	1789	
西班牙立憲革命	西班牙	1820	
法國二月革命	法國	1848	導致體制／
明治維新	日本	1868	制度發生變
辛亥革命	中國	1911	化的案例
俄國十月革命與內戰	俄羅斯	1917	
德國革命／君主制度結束	德國	1918	
希特勒崛起／政治迫害	德國	1929	
日本軍國主義崛起	日本	1932	
西班牙內戰	西班牙	1936	
國共內戰	中國	1945	
詹姆士黨起義	英國	1745	
普加喬夫起義	俄羅斯	1773	

荷蘭愛國者起義	荷蘭	1781
白蓮教之亂	中國	1794
1848年革命	德國	1848
太平天國運動	中國	1851
雲南回變	中國	1856
美國南北戰爭	美國	1861
同治回亂	中國	1862
巴黎公社	法國	1871
義和團運動	中國	1899
1905年俄國革命	俄羅斯	1905
護國戰爭	中國	1915
1934年2月6日向議會進軍事件	法國	1934

體制／制度並無發生變化的案例

　　內戰打破舊有體制，勢必要建立新的體制，其中的典型例子是1917年的俄羅斯革命和內戰，它曾試圖在體制內進行革命性的變革，我們稱之為改革（即重組），但卻失敗了，最後在1980年代末期進入了第五階段，而蘇聯體制在1991年隨之解體。共產主義的內部秩序持續了七十四年之久（從1917年到1991年），該秩序在舊秩序崩潰之後，被現在統治俄羅斯的新體制／秩序所取代，新體制／秩序是按照本章前面第一階段和第二階段所描述的典型方式建立的。

　　另一個例子是日本的明治維新，它是經歷了三年（1866到1869年）革命的成果，因為當時日本與外界隔絕，未能與時並進，美國逼迫日本開放國門，促使革命團體與當時以軍方幕府將軍為首的統治者戰鬥，最終廢除了江戶幕府時期的等級制度，提倡四民（士農工商）平等。由傳統派管理的日本舊秩序是

極端保守的（例如，社會流動是不被允許的），取而代之的是相對進步的革命者，他們透過恢復使天皇現代化，恢復天皇權力來改變一切。在這一時期的早期，因為貧富差距和經濟狀況不佳，引發了許多勞資糾紛、罷工和騷亂。但在改革的過程中，領導階層提供普及的基礎教育，採行資本主義，並對外開放國門。他們採用新技術，使日本變得非常有競爭力並獲得了財富。

還有許多類似的例子，有時國家做了正確的事，產生了革命性的良性進展；而有些革命者做了錯誤的舉動，給他們的人民帶來幾十年的巨大苦難。順便一提，日本明治維新的結果，讓日本在大週期的典型階段持續前進，變得非常成功和富有。但隨著時間推移，它開始墮落、過度擴張和四分五裂，出現了經濟蕭條，還花錢打了許多戰爭，這些都導致了典型的消亡。日本的明治秩序和經典的大週期從1869年到1945年持續了七十六年。

●**內戰和革命不可避免地發生，並從本質上改變內部秩序。它們包括財富和政治權力的全面重組、對債務和財務所有權以及政治決策的全面重組。**這些改變是需要進行重大變革的自然結果，因為在現有的體系中無法進行，這是所有體系都會遭遇的情況。幾乎所有體系都是以犧牲某些群體為代價，卻只有特定階級的人享受利益，這最終會演變成令人難以忍受的地步，以至於需要為此而鬥爭。當財富和價值觀的差距加大，嚴峻的經濟困境接踵而至，原有的體系不能造福大多數人，人們就會為求改變而放手一搏。那些在經濟上最艱困的群體會起而從那些擁有財富和權力的人、在原有制度中受益的人身上奪取更多的財富和權力。革命者想從根本上改變體制，所以他們願意打破既有的法律制度。這些革命性的變化通常會透過內戰以暴力方式發生，雖然，它們也可能如前所述般和平地發生，而不需推翻原有體制。

內戰時期通常非常殘酷。這些戰爭在早期，各方通常以強有力、有序的方式進行權力鬥爭，但隨著鬥爭和情緒的增溫，各方不惜一切代價贏得勝利，殘酷程度以出乎意料的速度加劇，戰爭的真實與殘酷程度是在第五階段中完全無

法想像的。菁英和溫和派如果無法順利逃亡，他們通常會面臨監禁或殺害的下場。讀到關於西班牙內戰、中國內戰、俄國十月革命和法國大革命等內戰和革命的故事，都會讓我難以置信。

這種血腥的事情怎麼可能發生？之前，我描述了那些在第五階段的變革動力，這些動力促使著週期進入第六階段。在這個階段，所有變革動力都變強了。我稍後會加以解釋。

內戰和革命是如何發生的

如前所述，隨著財富積累和貧富差距，極少數人控制著極大比例的財富，最終導致多數窮人透過內戰和革命推翻少數的富人。這種情況發生的次數比人們想像的多。

雖然大多數典型的內戰和革命是將權力從右翼轉移到左翼，但也有反向的情況，雖然發生的機會較少，而且具備的條件也不同。它們通常發生在現有秩序陷入功能失靈的無政府狀態，以至於多數人渴望強大的領導力、紀律和生產力。從左翼到右翼的革命包括1930年代的德國、西班牙、日本和義大利；1980年代至1990年代初期蘇聯的解體；1976年阿根廷政變，軍政府取代伊莎貝爾・裴隆（Isabel Perón）執政；以及1851年導致法蘭西第二帝國的政變。在我研究的這些例子，它們的成敗都是基於相同的原因。與左翼一樣，若大多數人能分享經濟效益，這些新的內部秩序就會成功，反之則會失敗。由於廣泛的經濟繁榮是新政權成功與否的最大原因，因此長期的趨勢是增加整體財富和更廣泛的財富分配（即讓普通人的經濟和健康狀況更好）。但當人身處一個階段中，很容易迷失大局觀。

通常，領導內戰／革命的是（現在仍然如此）有中產階級背景，且受過良好教育的人。例如，法國大革命的三位主要革命領袖是喬治－雅克・丹東（Georges-Jacques Danton），他是一位在資產階級家庭長大的律師；

尚一保羅・馬拉 （Jean-Paul Marat），一位在資產階級家庭長大的醫生、科學家和記者；還有同樣來自資產階級家庭的律師兼政治家馬克西米利安・羅伯斯比（Maximilian Robespierre）。這場革命最初得到了許多自由派貴族的支持，如拉斐特侯爵（Marquis de Lafayette），他們也都是在中等富裕的家庭長大的。同樣，俄國十月革命的領導人是學習法律的弗拉基米爾・列寧（Vladimir Lenin）和在資產階級知識分子家庭長大的列昂・托洛斯基（Leon Trotsky）。中國內戰是由出身小康家庭、學過法律、經濟、政治理論等多種學科的毛澤東和成長於中產階級公務員家庭的周恩來所領導的。**這些領導者通常也（現在仍然）極具魅力，能夠領導並與他人通力合作，建立大型、運作良好的組織來發動革命。如果你想尋找未來的革命者，你可能要關注具有這些特質的人。隨著時間推移，他們通常會從理想主義知識分子（希望改變制度使其更加公平），演變為不惜一切代價贏得勝利的殘酷革命者。**

　　雖然衝突的最大根源通常是在經濟困難時期出現巨大的貧富差距，但總還會有其他因素，與這些衝突匯合起來，成為反對領導階層和制度的力量。通常在革命中，基於不同理由的不滿人士聯合起來進行革命性的改變，他們在革命期間看起來很團結，但在革命成功之後，他們常會為了一些議題和權力相互爭鬥。

　　如前所述，**在週期的內戰／革命階段，當權政府幾乎總是嚴重缺乏資金、信貸和購買力。這種短缺讓政府萌生了從有錢人口袋搶錢的念頭，這導致有錢人向安全的地方轉移資產，政府為了避免收不到錢，透過實施資本管制來阻止這些流動，即控制其流動到其他司法管轄區（例如其他國家／地區）、其他貨幣或者那些更難課稅和生產力較低的資產（例如黃金）。**

　　更糟糕的是，當內部出現混亂時，外敵更有可能來侵門踏戶。之所以發生這種情況，是因為衝突導致國家更加脆弱，更有可能受外力侵襲。內部衝突使一個國家的人民分裂，國家在經濟上負擔加重，領導人專注於處理內部衝突，

少有時間分身處理其他問題，這些都讓外國勢力有機可趁。這就是內部戰爭和對外戰爭常常發生在相近時期的主要原因。當然還有一些其他原因：如情緒和怒氣的高漲；此時上台的強大民粹主義領導人往往天生好鬥；當發生內部衝突時，領導人發現外部敵人的威脅可以使國家團結起來，支持一致對外，因此領導者傾向於鼓勵外部衝突的發生；當人民和國家被剝削時，他們更願意為了得到他們想要的東西而戰鬥，這些東西包括其他國家擁有的資源。

●幾乎所有的內戰都有一些外國勢力參與，他們企圖影響結果以獲取利益。

●內戰和革命在開始時並不那麼清晰，但當人們都深陷其中時，局勢就十分明顯了。雖然歷史學家會將內戰的開始和結束指定日期，但這其實不是那麼精確。事實上在當時，幾乎沒有人知道內戰已經開始或結束，但他們清楚自己何時參與其中。例如，許多歷史學家將1789年7月14日指定為法國大革命的開始日，因為暴徒攻入巴士底的軍械庫和監獄。但當時沒有人認為那是法國大革命的開始，也不知道內戰和革命會變得如此殘酷。雖然我們無法知道未來會發生什麼，但藉由這些粗略的標記，可以幫助我們確認所處的位置、看到前進的方向，並了解下一階段的樣貌。

內戰是非常殘酷的，因為它們戰到至死方休。每個人都是極端分子，因為大家都被迫選擇陣營並進行戰鬥，溫和派也在刀光劍影中敗下陣來。

而最適合領導內戰和革命的是「鼓舞人心的將領」——他們強大到可以集結支持者，並在各種非贏不可的戰鬥中取勝。因為戰鬥是殘暴的，他們必須足夠殘酷，不惜一切代價來贏得勝利。

歷史學家標記為內戰時期的時間通常會持續數年，並決定了正式的贏家和輸家，這點可以由誰佔據了首都的政府大樓而定。但就像開始一樣，內戰／革命的結束也不像歷史學家所標記的那樣明確。正式內戰結束後，鞏固權力的鬥爭可能還會持續一段很長的時間。

雖然內戰和革命通常是極其痛苦的，但它們通常會導致結構性改革，如果處理得當，就可以為改善未來的結果奠定基礎。內戰／革命後的未來如何，取決於下一個階段的處理方式。

結論

基於我對歷史的研究，除了進化，沒有什麼是永恆不變的，在進化中，有些週期就像潮汐一樣來來去去，很難改變或與之對抗。要想好好地處理這些變化，必須先知道自己處於週期的哪個階段，並了解處理週期的恆久和放諸四海皆準的原則。隨著條件的不同，最佳解方也會隨之變化，也就是說，最好的方法取決於環境，而環境總是會持續變化。基於這個原因，我們不該一味固執地認定某些經濟或政治制度永遠是最好的，因為有些時候，該制度並不適合當前的情況，如果一個社會不能理解並適應這點，它就會滅亡。這就是為什麼不斷改革系統以適應當前的環境是最好的方法。檢視一個制度的標準，在於它是否能滿足大多數人的需求，而這點是可以客觀衡量的，這是我們能做、並將持續去做的事情。話雖如此，歷史帶給我們最響亮清晰的教訓是——透過熟練的合作來提高生產力，既可以把餅做大、又能讓大家分配到更多的成果，這種雙贏局面會讓多數人感到開心。這比在內戰中為了爭奪財富和權力而拚得你死我活還要來得有意義，痛苦指數也低了許多。

第 6 章

外部有序和混亂大週期

人群間的關係與對人群的治理基本上是以相同的方式運作，無論是內部秩序還是外部秩序，都是互相影響的。事實上，在不久前還沒有所謂的內外秩序之分，因為那時國與國之間並沒有明確和相互承認的邊界。出於這個原因，**我在上一章中描述的關於國家內部秩序的大週期（在有序與混亂之間循環的六階段大週期），它們在國與國之間的運作方式也是相同的，除了一個例外──●國際關係更是由原始權力的動態所驅動。因為所有的治理制度都需要有效、大家一致同意的原則，包括 1）法律和立法能力，2）執法能力（例如警察），3）裁決方式（例如法官），以及 4）明確且具體的後果，既可用於懲罰犯罪又能夠強制執行（例如，罰款和監禁）。在國際上，以上原則不是不存在、就是在指導國際關係的效用不如在國家內部那樣有效。**

　　雖然有人想盡方法讓外部秩序的規矩更容易被遵循（例如，透過國際聯盟和聯合國），但整體而言他們失敗了，因為這些組織的財富和權力比不上最強大的國家。**當個別國家比國家集體擁有更多權力時，更強大的個別國家就能制定國際秩序。例如，如果美國、中國或其他國家的權力大於聯合國，那麼他們便可以決定事態的發展，而不是由聯合國所決定。那是因為權力至上，當雙方**

旗鼓相當、有同等的財富和權力時，他們不會願意不戰而降。

當強國之間發生紛爭時，它們不會在法官面前，讓律師為它們辯護。相反的，它們相互威脅，若不能達成協議，就會打起來。**國際秩序遵循的是叢林法則**（譯注：叢林法則即所謂弱肉強食法則），**遠勝於國際法。**

國家之間的戰爭主要有五種：貿易／經濟戰、技術戰、資本戰、地緣政治戰和軍事戰。讓我們先簡要定義。

1. **貿易／經濟戰：**用關稅、進出口限制和其他經濟措施來損害競爭對手的方式而發生的衝突。
2. **技術戰：**是關於哪些技術能被共享，而哪些技術應被視為國家安全的保護內容而發生的衝突。
3. **地緣政治戰：**透過談判和明示或暗示承諾來解決領土和聯盟衝突，而不是用戰鬥的方式來解決。
4. **資本戰：**透過金融工具施加的衝突，如制裁（例如，透過切斷資金和信貸資助來懲罰那些機構和政府）以及限制外資進入該國資本市場的機會。
5. **軍事戰：**涉及真槍實彈和軍隊部署的衝突。

大多數國家之間的戰鬥都能歸類於這些類別中的一個或多個（例如，網路戰幾乎出現在所有類別中）。戰爭是關於財富、權力以及與之相關的意識型態之爭。**雖然這些類型的戰爭大都不涉及真槍實彈，但它們都是權力鬥爭。**在大多數情況下，前四種戰爭會隨著時間推移而演變為敵對國家之間的激烈競爭，直到軍事戰爭爆發。**這些鬥爭和戰爭，無論是否涉及真槍實彈，都是一方對另一方的權力行使。它們可能是全面的，也可能被遏制，這取決於問題的重要性和對手的相對權力。但是一旦軍事戰爭開始，其他四種戰爭都會被當作擴大軍**

事行動的助力。

正如我們在前幾章所討論的，所有推動內部和外部週期的因素往往會同時改善或是惡化。當局勢變糟時，有更多的爭端出現，從而導致更大的爭戰可能。這就是人性，也就是我們所看到大週期出現的原因，經濟大週期總在好和壞之間擺盪。

●全面開戰通常發生在危及生存問題時（那些對國家的生存至關重要，以至於人們願意為它們奮戰甚至犧牲），而且已經無法通過和平的方式解決。這種戰爭必須確定哪一方是勝利者，進而在戰後佔有主導地位。而之後所制定的明確規則就成為國際新秩序的基礎。

下圖顯示了可追溯到1500年歐洲內部和外部和平與衝突的週期，Y軸是它們造成的死亡人數比。你可以看到，有三個衝突上升和下降所形成的大週期，平均每個週期約為一百五十年。儘管大型內戰和外戰只持續很短的時間，

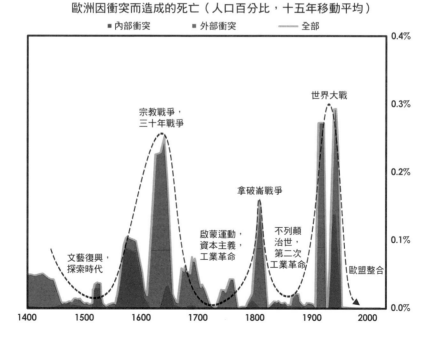

歐洲因衝突而造成的死亡（人口百分比，十五年移動平均）

但它們通常是長期衝突積累而成的結果。雖然第一次世界大戰和第二次世界大戰分別由典型週期驅動，但它們也相互影響，所以我們把它合併在同一個週期。

　　你可以從上圖中看出，**每個週期都包含一段相對較長的和平與繁榮時期（例如，文藝復興、啟蒙運動和工業革命），之後醞釀了可怕而暴力的外部戰爭（例如，三十年戰爭、拿破崙戰爭和兩次的世界大戰）**。無論上升（和平與繁榮時期）和下降（蕭條和戰爭時期）都影響了全世界。因為國家傾向以犧牲他國為代價來獲取利益，所以並非所有國家都會跟隨上表標示的領先大國的繁榮時期而繁榮。舉例來說，中國在1840到1949年左右衰落，被稱為「百年國恥」，就是因為西方列強和日本對中國所進行的剝削。

　　在你閱讀本書時，●**請記住關於戰爭最重要的兩件事：1）它不會按計畫進行；2）它會比想像的更糟**。正是出於這些原因，後面的許多原則都是為了要避免戰爭的發生。然而，無論人們戰鬥的理由是好是壞，戰爭終究會發生。雖然我相信大多數的戰爭都是悲劇性的，而且是出於荒謬的理由而開打，但有時還是得背水一戰，因為人們無法忍受不開戰的後果（例如，失去自由）。

外部秩序變化背後恆久和放諸四海皆準的力量

　　正如我在第二章所解釋的，在追求自身利益和自我生存之後，對財富和權力的追求是最能驅動個人、家庭、公司、州和國家的動力。因為財富等同於權力，要建立軍事實力、控制貿易和影響其他國家的能力時都需要財富，而●**國內需求和軍事實力必須齊頭並進**。買槍枝需要錢（軍事實力），買糧食也需要錢（國內社會支出需求）。當一個國家不能充分滿足這些需求時，它就容易遭受國內外反對勢力的攻擊。從我對中國朝代和歐洲帝國的研究中，我了解到●**擁有超越對手的財政實力是國家可以擁有的最重要的力量之一**。這也是美國在冷戰中擊敗蘇聯的方式。把錢花在刀口上就可以避免掉不必要的戰爭。長期的

成功取決於既能維持「槍砲」和「奶油」的充足無虞，還能避免發生導致其衰落的過度行為。換句話說，一個國家必須在財政上足夠強大，才能為人民提供良好的生活水準，免受外部敵人的侵害。真正成功的國家能夠在二百到三百年間維持這些條件，但沒有國家能夠永遠持續下去。

當主導大國開始減弱或新興大國開始與其並駕齊驅時，又或者兩者同時發生時，衝突就會產生。●軍事戰爭的最大風險是當雙方擁有的 1）軍事實力不相上下和 2）雙方存在著不可調和的分歧。在撰寫本文時，最具潛在爆炸性的衝突是美中之間對於台灣議題的抵觸。

對立國家必須在戰鬥或退讓中做出選擇，這選擇十分困難，而且都要付出很大的代價，戰鬥將耗費許多生命和金錢，但若選擇退讓，則會喪失國際地位、顯得懦弱，導致支持度降低。當兩個相互競爭的實體都擁有摧毀對方的能力時，雙方都必須堅信自己不會重傷甚至毀滅。然而，能夠處理好這種囚徒困境的例子是少之又少的（完整解釋請參見第二章的附錄）。

雖然在國際關係中，除了那些最強大的國家所制定的規則之外，並沒有其他規則可循，但某些方法的確能產生更好的成果。更精確的說，那些更有可能導致雙贏結果的方法比造成兩敗俱傷的方法好。因此，這是一個非常重要的原則：●為了獲得更多雙贏的結果，國家需要好好協商，考慮對雙方都最重要的條件，並知道如何妥協。❶❷

---

❶ 舉一個雙贏方法的簡單例子，如果每個國家都選出他們想要獲得或想要保護的前十種東西，由一到一百分來表達他們對這些東西的渴望程度，他們就可以確定什麼是最好的交易。例如，我預計在中國的清單上，優先項是統一台灣，他們如此渴望，以至於會為此開戰。而在美國清單上，阻止這件事以武力的方式發生的重要性排序則沒有那麼高，而是以其他事項為優先，以至於美國應該願意用清單上的某些重要東西來交易，使雙方都能夠滿意。

❷ 雖然這聽起來很天真，但我希望可以用一些經過深思熟慮的分歧來應對美中戰爭。例如，如果兩國的領導人或代表能夠公開發表一系列有建設性的論點，如同總統大選辯論，兩國人民都可以傾聽，以了解雙方的觀點，這該有多美好。我相信這會讓我們增長見識並更富有同理心，提高和平解決問題的機會。

與一方征服另一方的戰爭相比，巧妙的合作產生雙贏關係，既能擴展財富和權力，又能分配到更多的成果，這樣的合作更有價值，也更少痛苦。從對手的角度看事情，清楚地識別和傳達你的底線（即不能妥協的東西）是做好協商的關鍵。●勝利意味著在不失去最重要東西的前提下，獲得最想要的東西。如果戰爭犧牲了很多生命和金錢，卻沒有得到相對應的回報，戰爭就是愚蠢的。但是「愚蠢的」戰爭仍然持續在發生，讓我來解釋其中的原因。

陷入愚蠢的戰爭太容易了，因為 a）囚徒困境，b）針鋒相對的升級過程，c）大國擔心因為權力衰退而讓步的成本，以及 d）決策必須在快速進行的情況下存在的誤解。大國通常會陷入囚徒困境，因為它們要設法先向對方保證不會殺死他們，以免對方先殺了自己國家的人民。針鋒相對的升級過程也是危險的，因為雙方必須不停進行攻防，以免敵方在某個地方失敗、卻在另一個地方奪回勝利；這就像一場小雞遊戲，太過緊迫盯人，就會發生正面碰撞。

不真實和情緒化的訴求煽動了人們，增加了愚蠢戰爭的危險性，因此領導者最好深思熟慮，開誠布公地向人民解釋當前的情況及處理的方式（這在民主國家尤為重要，因為人民的意見十分關鍵）。最糟糕的狀況是，領導人在與民眾溝通時，非但不誠實而且還很情緒化，甚至接管了媒體。

整體而言，兩國在雙贏和兩敗俱傷之間的關係中游移是以週期性發生的。人民和國家更有可能在順境時建立合作關係，在逆境中彼此鬥爭。當現有大國相對於崛起大國開始衰落時，自然會想要維持現狀或現有規則，然而，崛起大國則想改變規則以符合當時不斷改變的情況。

有句諺語是「在情場和戰場上可以不擇手段」（all is fair in love and war），雖然我不確定愛情的部分是否正確，但我知道套用在戰爭的部分是對的。例如，在美國獨立戰爭中，英國人排成一列進行戰鬥，而美國革命者卻躲在樹後向英國人射擊，英國人抱怨不公平，但美國革命者卻笑英國人愚蠢，認為為了獨立和自由的志業改變戰爭規則是有理的，並且在最後贏得了勝利。事

實就是如此！

這讓我想到最後一個原則——●擁有權力、尊重權力並明智地使用權力。擁有權力是件好事，因為權力將永遠勝過協議、規則和法律。當迫不得已時，掌權者可以按照他們對規則和法律的解釋執行、甚至推翻規則和法律，得償所願。尊重權力很重要，因為打一場注定要失敗的戰爭是不明智的；最好透過談判達成最佳的解決方案（除非你想成為烈士，但這通常是出於愚蠢的自我膨脹，而不是出於明智的戰略考量）。明智地使用權力也很重要。明智地使用權力並不意味著強取你想要的東西（也就是霸凌），而是承諾慷慨和信任，是產生雙贏關係的強大力量，這比兩敗俱傷更有價值。換句話說，在一般情況下，使用自己的「硬實力」並不是最好的途徑，使用自己的「軟實力」更為可取。●

在考慮如何明智地使用權力時，決定何時妥協以及何時開戰也很重要。要做到這一點，政黨必須想像其實力將如何隨著時間推移而產生變化。最好在權力鼎盛時，使用自身的權力來談判協議、執行協議或打仗。這也意味著，如果自身的相對實力正在下降，則應盡早開戰；若相對力量正在上升時，則應延後開戰的時間。

如果處於兩敗俱傷的關係中，有兩種方式可以跳脫這種情況，其中比較好的方式是暫緩對抗，而另一種則是繼續戰鬥取得壓倒性勝利。要明智地運用自己的實力，通常最好的方式是隱藏，因為展示實力會讓他人感受威脅，導致對方受威脅，也開始建立自己的力量，這將使雙方的相互威脅升級。最好把實力當成一把隱藏的刀，在戰鬥中才亮出來。但有時，僅僅展示自己的實力，並用

---

❸ 例如，雖然我一直在橋水公司擁有所有權，可以做任何獨裁的決策，但我選擇不使用這項權力。相反，我創建並營運了一個創意擇優系統（我在《原則：生活和工作》中對此進行了描述）。我還選擇慷慨地對待與我共事的人，同時保持極高的標準，因為我知道以這種方式運作會產生良好的關係和結果，遠比以權勢壓人要好得多。因此，重點是要記住，良好的人際關係會賦予人強大的力量，而且它們本身就是美好的回報。對個人和集體來說，與有能力的人互相關心並通力合作，是世上最強大且最有意義的事了。

此恐嚇對手,這是提高談判地位和防止爭戰最有效的方法。了解對手的利益孰輕孰重,尤其是他們會為何而戰,為何而不戰,可以讓你達成雙方都認為公平解決爭端的平衡。

雖然擁有權力通常是可取的,但放棄自己不需要的權力也很重要。因為維持權力需要消耗資源,尤其是時間和金錢。此外,權力也帶來了責任。經常讓我感到震驚的是——相對於有權力的人而言,權力較弱的人可能快樂得多。

案例研究:第二次世界大戰

以上我們已經介紹完驅動外部有序和混亂週期的機制和原則,這些機制和原則是由許多案例觀察而來的。在這裡我想簡要地介紹一下第二次世界大戰,因為它是一個最新的案例,提供了由和平走向戰爭的標誌性機制。雖然這只是一個案例,但它清楚地呈現了三大週期的會合是如何形成的(如,貨幣信貸週期、內部有序/混亂週期和外部有序/混亂週期的相互重疊和相互關聯的力量),它們又是如何為一場災難性戰爭創造了契機,並為新的世界秩序奠定了基礎。這一時期的故事讓人十分感興趣,重要的是,它所提供的經驗教訓可以幫助我們思考現下正在發生的事情,以及預想未來可能發生的事情。最重要的是,美國和中國正處於一場經濟戰爭中,可以想像,這場戰爭可能會演變成一場軍事戰爭,而1930年代和今天之間的比較,可以讓我們了解可能發生的事情,也提供了寶貴見解,讓我們能不再重蹈覆轍。

通往戰爭的道路

為了幫助讀者了解1930年代的背景,我先回顧一下導致1939年歐洲戰爭正式開始和1941年珍珠港事件的地緣政治要點。然後我將快速回顧戰爭和1945年開始的世界新秩序,當時美國正處於權力的顛峰。

1929年股市大崩盤之後,全球經濟陷入蕭條,幾乎所有國家都在財富問

題上發生了巨大的內部衝突。這導致它們轉向更加民粹主義、獨裁、民族主義和軍國主義的領導人和政策。這些舉動有些右傾，有些左傾，取決於各國國情和民主或專制傳統的程度。在德國、日本、義大利和西班牙，極糟的經濟環境和不太完善的民主傳統，導致了極端的內部衝突，並轉向右翼民粹主義／專制領導人（即法西斯主義者）；而在不同的時間點，蘇聯和中國也經歷了極端的經濟困境，它們沒有民主經驗，於是轉向了左翼民粹主義／專制領導人（即共產主義者）。美國和英國的民主傳統要強得多，經濟條件也沒那麼嚴峻，所以雖然民粹主義和專制抬頭，卻勢力不像其他國家那樣強大。

德國和日本

雖然德國在第一次世界大戰後曾背負巨額賠款債務，但到1929年，它開始透過楊格計畫（Young Plan）擺脫它們的束縛，該計畫提供了大量債務減免，並要求1930年前外國軍隊撤離德國。[4] 但是隨後的全球經濟蕭條嚴重打擊了德國，導致近25%的失業率、大規模破產和普遍性的貧困現象。正如典型狀況，左翼民粹主義者（共產主義者）和右翼民粹主義者（法西斯主義者）之間開始鬥爭。領導民粹主義者／法西斯主義者的阿道夫·希特勒（Adolf Hitler）利用民族屈辱的情緒來煽動民族主義者，將凡爾賽和約和制定的國家視為敵人。他制定了一個二十五點的民族主義計畫，並從而獲得了支持。為了應對內部鬥爭和恢復秩序的願望，希特勒於1933年1月被任命為總理，從懼怕共產主義的實業家那裡取得了他們對納粹黨的大力支持。兩個月後，納粹在德國議會（德國國會）中贏得了最多的支持和席位。

希特勒拒絕支付剩餘的戰爭賠款，退出國際聯盟，並於1934年專制統治德國。他同時擔任總理和總統的雙重角色，成為國家的最高領導人。在民主國

---

❹ 關於這一時期的具體發展和細節，我在《大債危機》一書中做了詳細的解釋。

家，總有一些法律允許領導人獲取特殊權力；希特勒把這些權力發揮至極致。他援引威瑪憲法第48條終止許多公民權利並鎮壓共產黨反對派；他強行通過授權法案，允許他在未經國會和總統批准的情況下通過法令。希特勒對任何反對派都毫不留情——他審查或控制報紙和廣播公司、創建秘密警察隊（蓋世太保）以剷除和鎮壓反對派、剝奪猶太人的公民權、強佔新教教會的財政，並逮捕反對他的神職人員。他宣稱雅利安人種族優越，禁止非雅利安人在政府任職。

希特勒採取了同樣的專制／法西斯主義方法來重建德國的經濟，再加上大規模的財政和貨幣刺激計畫。他將國有企業私有化並鼓勵企業投資，積極提高雅利安德國人的生活水準。例如，他成立了福斯汽車，使大多數人買得起、也買得到車，他還指導了高速公路的建設。他強迫銀行購買政府債券來為大幅增加的政府支出提供資金，產生的債務由公司收益和中央銀行（德意志帝國銀行）債務貨幣化來償還。總而言之，這些財政政策成效顯著，實現了希特勒的目標。這是一個很好的例子，說明如果政府借入資金可用於提高生產力，並產生足夠的現金流來償還債務，那麼以本國貨幣借款並增加自己的債務和赤字是可以提高生產力的。即便它不能百分之百完全償還債務，對於實現國家的經濟目標也非常划算。

讓我們來看看這些政策的經濟影響，1933年希特勒上台時，失業率為25%，到1938年則降為零。希特勒上台後的五年內人均收入增長了22%，1934年至1938年間實際年均增長率超過8%。如下圖所示，1934年至1938年間，德國股市以穩定的趨勢上漲了近70%，直到熱戰的爆發。

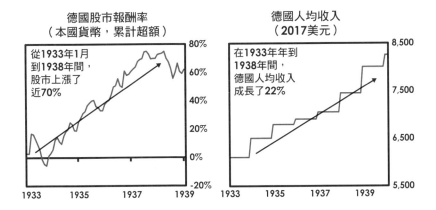

1935年，希特勒開始建立軍隊，規定雅利安人必須服兵役。德國的軍費開支成長速度遠超過其他任何國家，因為**德國經濟需要更多資源來加速其發展，他打算利用軍事力量來奪取這些資源。**

與德國一樣，**日本也受到大蕭條的打擊，變得更加專制。**作為一個沒有足夠天然資源的島國，日本特別容易受到蕭條的影響，因為它依靠出口創造收入，再進口必需品。當其出口在1929年至1931年間下降約50%時，日本經濟遭受重創。**1931年，日本破產**，它被迫提領黃金儲備，放棄金本位制，並使貨幣浮動，但貨幣大幅貶值，以至於日本喪失了購買力。**這些可怕的情況和巨大的貧富差距導致了左翼和右翼之間的鬥爭。1932年，右翼民族主義和軍國主義大規模崛起，希望能夠強行恢復秩序和穩定經濟。日本著手從其他國家掠奪他們所需要的天然資源（如石油、鐵、煤礦、橡膠）和人力資源（即奴隸勞動），於1931年入侵滿洲，並擴展到中國和亞洲。與德國一樣，我們可以說日本透過軍事侵略獲取所需資源的方式，比依靠傳統的貿易和經濟作法更具成本效益。**1934年，日本部分地區發生嚴重飢荒，造成了更大的政治動盪，右翼、軍國主義、民族主義和擴張主義運動愈演愈烈。

在接下來的幾年，由上而下的法西斯主義領導著日本，經濟變得更加強大，它建立了一個軍工綜合體，以保護它在東亞和中國北方的現有基地，並支

持它在其他國家的擴張。與德國的情況一樣，雖然大多數日本公司仍是民營企業，但它們的生產是由政府控制的。

　　什麼是法西斯主義？一個國家在選擇其治理方式時，必須做出的以下三個重大選擇：1）由下而上（民主）或由上而下（專制）的決策方式，2）資本主義或共產主義（中間是社會主義）的所有權制度，3）個人主義（將個人的福祉的重要性視為至高無上）或集體主義（將整體的福祉的重要性視為至高無上）。從每個類別中選擇一個你認為最適合你國家價值觀和目標的方法，你就能找到最佳治理之道。法西斯主義崇尚專制、資本主義和集體主義。法西斯主義信奉者認為，由上而下的專制領導，即政府指導民營公司的運作，讓個人在所屬國家中受益，是讓國家及人民更強大、更富裕的最佳方法。

美國和及其盟國

　　在美國，債務問題在1929年後成為美國銀行業的災難，削減了銀行在世界各地的貸款，傷害了國際借款人。同時，經濟蕭條造成需求疲軟，導致美國進口驟減、其他國家對美國的銷售大跌。隨著收入減少，需求下降，更多的信貸問題出現，經濟陷入自我強化的螺旋式下行循環中。為了應付這種情況，美國轉向保護主義以保障就業，利用1930年通過的《斯姆特－霍利關稅法》（Smootu Hawley Tariff Act）提高關稅，這進一步打擊了其他國家的經濟狀況。

　　●在經濟不景氣的時候，提高關稅以保護國內企業和就業是很常見的方式，但這會導致效率降低，因為生產無法在最有效率的進行。**最終，關稅會加劇全球經濟疲軟，因為關稅戰導致徵收關稅的國家出口減少。然而，關稅確實有利於受保護的實體，並且可以為實施關稅的領導人創造政治支持度。**

　　蘇聯在1930年代，深受政治肅清和經濟困境所苦，從1917到1922年毀滅性的革命和內戰、在戰爭中敗給了德國、與波蘭的戰爭又付出昂貴的代價，還

有1921年的飢荒，這種種使蘇聯身陷泥淖，還未從困境中脫離。中國亦遭受了內戰、貧困和1928到1930年的飢荒。**因此，當1930年美國情況惡化並開始徵收關稅時，這些國家的惡劣情況演變成了絕望。**

雪上加霜的是，1930年代美國和蘇聯都發生了旱災。**天然災害（例如乾旱、洪澇和瘟疫）通常會導致嚴重的經濟困境，再加之其他不利形勢，就會導致更嚴重的衝突時期。** 再加上政府的極端政策，蘇聯有數百萬人死亡。與此同時，內部政治鬥爭和對納粹德國的恐懼，當局展開了對數十萬人的肅清行動，他們被指控從事間諜活動，未經審判就被殺害。

●通縮性蕭條是由於債務人手中沒有足夠的資金來償還債務而引起的債務危機。它們不可避免地導致印鈔、債務重組和政府支出計畫，這些計畫增加了貨幣和信貸的供應並降低了它們的價值。唯一的問題是，政府官員需要花多久的時間才會採取這種措施。

就美國而言，從1929年10月的崩盤到羅斯福總統於1933年3月採取行動，花了三年半的時間。在羅斯福上任的頭一百天裡，他創建了幾個大規模的政府支出計畫，透過大幅增稅和由聯準會貨幣化債務融資的巨額預算赤字來支付。 他制定了就業計畫、失業保險、社會保障支持以及有利於勞工和工會的計畫。在他1935年的新稅法（當時普遍稱為「富人稅」）之後，個人的最高邊際所得稅率上升到75%（1930年為25%）。到1941年，最高個人稅率為81%，最高公司稅率為31%（1930年為12%）。羅斯福還徵收了許多其他稅種。儘管這些稅收和經濟增長有助於增加稅收盈餘，但預算赤字還是從 GDP 的1%左右增加到4%左右，因為支出漲幅極大。**❺ 從1933年到1936年底，市場報酬率超過200%，有約9%的驚人平均實際成長率。**

1936年，聯準會收緊貨幣信貸以對抗通膨，減緩經濟過熱，導致脆弱的

---

❺ 關於大蕭條時期的具體發展和細節，我在《大債危機》一書中做了詳細解釋。

美國經濟重新陷入衰退，其他主要經濟體也隨之走弱，進一步加劇了國家內部和國家之間的緊張局勢。

同一時期，在歐洲，左翼民粹主義者（共產主義者）和右翼民粹主義者（法西斯主義者）在西班牙的衝突升級為殘酷的西班牙內戰。右翼佛朗哥在希特勒的支持下，成功地掃蕩了西班牙的左翼反對派。

●**在嚴重的經濟困境和巨大的貧富差距期間，通常會發生革命性的大規模財富再分配。在和平的情況下，透過對富人的大幅增稅和貨幣供應量的大幅增加，使債務人的債權貶值，就可以實現財富重分配；而在暴力的情況下，則是透過強制沒收資產來進行。** 在美國和英國，雖然進行了財富和政治權力的重新分配，但資本主義和民主仍得以繼續維持。但在德國、日本、義大利和西班牙，情況則非如此。

●**在發生真槍實彈的戰爭之前，通常會有一場經濟戰。** 同樣典型的是，在宣布全面戰爭之前，大約有十年的經濟、技術、地緣政治和資本戰爭，在這期間，發生衝突的大國相互威嚇，測試彼此實力的極限。雖然1939年和1941年被稱為歐洲和太平洋戰爭的正式開始，但真正衝突出現的時間早了十年左右。**除了國家內部出於經濟動機的衝突和由此產生的政治變化之外，這些國家都面臨著愈來愈多的外部經濟衝突，因為它們在不斷縮小的經濟大餅中爭奪更多的份額。** 由於統治國際關係的是權力而非法律，德國和日本更走向擴張主義，並在資源和領土影響力的競爭中不斷挑戰英國、美國和法國。

在繼續描述熱戰之前，我想闡述一下經濟和資本工具武器化的常見策略。過去是，現在也如此。

1. **資產凍結／扣押：** 防止敵人或競爭對手使用或出售他們所依賴的外國資產。這些措施包括對一個國家的目標群體進行資產凍結（例如，美國目前對伊朗革命衛隊的制裁或二戰中美國對日本的資產進行凍

結），以及更嚴厲的措施，如單方面拒絕償還債務或直接沒收他國的資產（例如，一些美國高層決策者一直在談論拒絕支付美國對中國的債務）。

2. **切斷進入資本市場的管道**：阻止一國進入自己或另一個國家的資本市場（例如，1887年德國禁止購買俄羅斯證券和債券，以阻止俄羅斯的軍事建設；美國現在也揚言要如此對待中國）。

3. **禁運／封鎖**：在自己國家內（在某些情況下甚至與中立的第三方合作），封鎖對手的商品／服務貿易，藉此削弱對手或阻止其獲得必需品（例如，美國在第二次世界大戰中對日本的石油禁運，並切斷其船隻在巴拿馬運河通行）或阻止目標國家向其他國家出口，從而切斷他們的收入來源（例如，法國在拿破崙戰爭中對英國的封鎖）。

如果你有興趣了解從西元1600年至今，這些策略是如何應用的，可以至economicprinciples.org上看到更多例子。

熱戰開始

1937年11月，希特勒秘密會見了他的高層官員，宣布他的德國擴張計畫，以獲取他國資源並集結雅利安種族。他隨後付諸行動，首先併吞了奧地利，然後奪取了當時捷克斯洛伐克部分領土，獲取石油資源。當時歐洲和美國只是謹慎觀望，因為它們還不想在第一次世界大戰的破壞後又這麼快捲入另一場戰爭。

所有戰爭都一樣，未知數遠大於已知數，因為 a）敵對勢力只有在實力相當的情況下才會發動戰爭（否則對於明顯較弱的國家來說，這將是愚蠢的自殺行為）；b）有太多可能的行動和反應，無法預料。在一場熱戰開始時，我們唯一知道的是，它可能會非常痛苦，甚至具有毀滅性。因此，聰明的領導者通

常不會投入熱戰，除非對方將他們逼到一個必須戰鬥、否則只能退讓承認失敗的境地。對於盟軍來說，那一刻發生在1939年9月1日，當時德軍入侵了波蘭。

當時德國的攻勢一路勢如破竹，在短時間內就佔領了丹麥、挪威、荷蘭、比利時、盧森堡和法國，並加強了與日本和義大利的聯盟，日本和義大利與德國有著共同的敵人，在意識型態上是一致。透過迅速掠奪領土（例如富含石油資源的羅馬尼亞），希特勒的軍隊能夠保護其現有的石油資源，並快速獲取新的資源。對天然資源的渴求和取得仍然是納粹戰爭機器的主要驅動力，因此它將戰役推向蘇聯和中東。德國與蘇聯的戰爭是不可避免的，唯一的問題是時間點，儘管和蘇聯簽署了互不侵犯條約，但德國還是在1941年6月入侵了蘇聯，這使德國在兩條戰線上付出了極高的代價。

在太平洋地區，日本1937年擴大了對中國的佔領，佔領了上海和南京，他們在南京一役中就殺死了約二十萬名中國平民和繳械士兵。雖然美國仍宣稱保持中立，但它確實為蔣介石政府提供了戰鬥機和飛行員來對抗日本，在戰爭中插上一腳。一名日本士兵在南京搧打美國領事約翰・摩爾・艾利森（John Moore Allison）的臉，日本戰鬥機也擊沉了一架美國砲艇。美國和日本之間的衝突就此爆發。

1940年11月，羅斯福總統在競選中承諾美國不捲入戰爭，並贏得連任。儘管美國已經採取經濟行動保護其利益，尤其在太平洋地區，對友邦進行經濟支援行動，並對敵對國家進行經濟制裁。1940年初，國防部長亨利・史汀生（Henry Stimson）對日本發起了嚴厲的經濟制裁，最終制定了《1940年出口管制法》。1940年年中，美國將美國太平洋艦隊遷至夏威夷。10月，美國加大了禁運力度，將「僅限向英國和西半球國家運輸鋼鐵」，目的是切斷日本的資源，迫使日本從他們佔領的大部分地區撤退。

1941年3月，國會通過了《租借法案》，該法案允許美國向「對美國國防

至關重要」的國家出借或租賃戰爭物資，其中包括英國、蘇聯和中國。幫助盟國在地緣政治和經濟上對美國都有好處，因為它向這些即將成為盟友的國家出售武器、食品和其他物品賺了很多錢，這些國家在發動戰爭的同時很難維持生產。但美國的動機也不完全是錢。當英國的錢用完了（即黃金），美國允許他們將付款推遲到戰後（在某些情況下完全免除其付款）。雖然不是直接宣戰，但租借法案正式結束了美國的中立地位。

●當國家處於弱勢時，對立的國家就會利用其弱點來獲取利益。法國、荷蘭和英國都在亞洲擁有殖民地。由於在歐洲的戰爭使他們捉襟見肘，無法分身抵禦日本的進攻。從1940年9月開始，日本入侵了東南亞的幾個殖民地，從法屬印度支那開始，在其大東亞共榮圈中增加了所謂的南方資源區。1941年，日本奪取了荷屬東印度群島的石油儲備。

日本的這種領土擴張對美國在太平洋的野心構成了威脅。1941年7月和8月，羅斯福凍結了日本在美國的所有資產，對日本船隻關閉巴拿馬運河，並禁止向日本出口石油和天然氣。這切斷了日本四分之三的貿易和80%的石油資源。日本計算出石油將在兩年內耗盡，這讓日本不得不在退讓或襲擊美國之間做出選擇。

1941年12月7日至8日，日本對珍珠港和菲律賓的美軍部隊發動了聯合襲擊。這標誌著太平洋戰爭的開始，也讓美國捲入了歐洲的戰爭。雖然日本沒有一個公認的戰勝計畫，但最樂觀的日本領導人認為美國會輸，原因是美國同時在兩條戰線上打仗，而美國的個人主義／資本主義政治制度不如日本和德國的專制／法西斯系統及其指揮軍事工業綜合體。日本人也相信，他們更願意為國家忍受痛苦和犧牲，這是獲勝的重要動力。●在戰爭中，承受痛苦的能力甚至比施加痛苦的能力更為重要。

戰時經濟政策

　　正如典型的經濟戰爭策略值得關注，國家內部有哪些典型的戰時經濟政策也值得我們注意。國家將其資源從營利轉移到作戰的過程中，政府對許多事情都予以控管：例如，政府決定 a）允許生產哪些物品，b）可以買賣哪些物品及其數量（配給），c）可以進出口哪些物品，d）價格、工資和利潤，e）個人是否可以控管自己的金融資產，以及 f）個人是否可以將自己的錢轉移到國外。因為戰爭代價高昂，政府通常會 g）發行大量債券，並將債務貨幣化，h）因為它的信貸不被接受，所以開始依賴非信貸貨幣，如黃金進行國際交易，i）更專制的政策，j）對敵人實施各種類型的經濟制裁，包括切斷他們獲得資本的管道，以及 k）受到敵人對他們實施的經濟制裁。

　　當美國在珍珠港事件後進入歐洲和太平洋戰爭時，大多數國家的領導人都制定了典型的戰時經濟政策，更專制的政策得到了民眾的廣泛支持。下表顯示了各個主要國家的經濟控制措施。

戰時經濟管控措施

	配給	生產控管	物價／薪資控管	進出口限制	央行的接管
同盟國					
美國	是	是	是	是	是
英國	是	是	是	是	部分
軸心國					
德國	是	是	是	是	是
日本	是	是	是	是	是

熱戰時期，隨著各國在戰爭期間輸贏機率發生變化，市場走勢受到政府的控制和各國作戰表現的巨大影響。下表顯示了主要國家在戰爭時期對市場和資本流動實施的管制。

戰時受影響的管控政策

	股市關閉	資產價格管控	資產所有權限制	外匯管制	最高邊際稅率	新發行債券限制	公司獲利限制
同盟國							
美國	無	是	是	是	94%	—	是
英國	是	是	是	是	98%	是	是
軸心國							
德國	是	是	是	是	60%	是	是
日本	是	是	是	是	74%	是	是

關閉股市在一些國家很常見，這會導致股票投資者無法獲得資金。我還注意到，戰爭期間非盟國之間普遍不接受貨幣和信貸，因為他們對於貨幣日後是否具有價值存在合理的懷疑。如前所述，黃金，或者在某些情況下白銀，或以物易物才是戰爭期間通行無阻的貨幣。在這種時候，價格和資本流動通常受到控制，因此很難斷定許多物品的真實價格。

由於戰爭失敗通常會導致財富和權力的喪失，那些在戰爭時期仍然開放的股票市場，隨著雙方勝負的可能性改變，走勢很大程度上取決於各國在關鍵戰役中的表現。例如，德國股市在二戰初期隨著德國佔領領土並建立軍事優勢而表現出色，而在美國和英國等盟國扭轉戰局後表現不佳。1942年中途島海戰後，盟軍股票幾乎持續上漲，直到戰爭結束，而軸心國股票則持平或下跌。如

圖所示,德國和日本股市在戰爭結束時都關閉了,大約過了五年才重新開放,在此期間股市的價值一落千丈,而美國股市則表現得非常強勁。

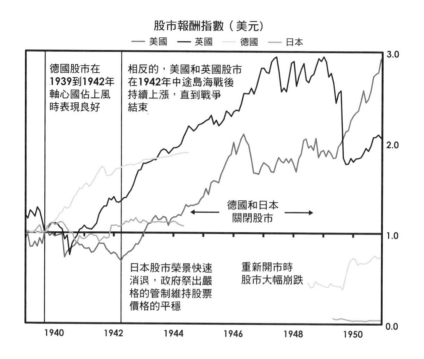

在戰爭時期要保護自己的財產是很困難的,因為人民和國家為生存而戰時,正常的經濟活動受到限制,傳統上安全的投資也並不安全,資本流動受到管制,還要徵收高額稅收。最重要的是將財富重新分配到國家最需要的地方,保護個人財富並不是當務之急。至於投資,賣掉所有債務並購買黃金才是上策,因為戰爭是通過借貸和印鈔來融資的,這會使債務和貨幣貶值,而且在戰時人們有理由不接受信貸。

結論

每個世界強國都有過輝煌的一刻,這要歸功於它們環境的獨特性以及其品

格和文化的特質（例如，它們具有強烈的職業道德、智慧、紀律、教育等基本要素），但是它們不可避免的都會衰落，只是有些國家更平緩，創傷更小。飽受創傷的衰退國家可能會陷入歷史上最可怕的時期，因為為了爭奪財富和權力而鬥爭，歷史已證明會在經濟和人命上付出極大的代價。

儘管如此，週期不必然要以這種方式發生，如果處於富裕和強大階段的國家能保持生產力、收入高於支出、系統能運作良好造福大多數人，並找出與重要對手建立和維持雙贏關係的方法。許多帝國和朝代已經延續了數百年，而擁有二百四十五年歷史的美國已證明自己是最悠久的強國之一。

在本書第二部分，讓我們將目光轉向美國、美國之前的兩個儲備貨幣帝國，以及有朝一日可能會成為下一個儲備貸幣的國家。在我們繼續下一章節之前，我希望對典型大週期和構成它的三個週期的解釋，能幫助你了解歷史演進的模式及其預示的內容。但在我們更深入地研究歷史之前，我想先分享身為一個投資者，我是如何將這三個大週期融入我的投資策略當中。

第 7 章
順應大週期進行投資

不管在生活上，還是事業上，我試圖去了解世界的運作方式，制定對應的原則，以此為基礎投資。我在本書中與你分享的研究就是出於這個目的而完成。很自然的，當我看到先前我們探討的內容時，我會思考要如何應用在我的投資上面。為了得到滿意的結果，我需要確保在長期之下，方法都能奏效。如果我不能自信地解釋歷史事件，或者至少根據未知情況找出處理的策略，我會認為是自己致命的疏失。

從我對過去五百年至今的研究可以看出，財富和權力起起落落，形成一個大週期，其中影響它們的最大因素是債務和資本市場的週期。從投資者的角度來看，這可以稱為投資大週期。我覺得我需要充分了解這些週期，以便在戰術上調整或分散我的投資組合，以免投資受不利影響，甚至能順應週期而從中獲利。透過了解週期，並搞清楚國家在週期中的位置，我相信自己可以做到這一點。

在我全球宏觀投資約五十年的生涯中，我發現了許多恆久有效且放諸四海皆準的真理，這些真理構成了我的投資原則。雖然我不會在此深入探討，但在我的下一本書《原則：經濟和投資》中會有更多的著墨，在這裡，我想要先傳

達一個重要原則。

●所有市場主要由四個決定因素所驅動，它們分別是經濟成長、通貨膨脹、風險溢價和貼現率。

所有投資都是今天一次性付款以換取未來的報酬，這些未來的現金支付將取決於經濟成長、通貨膨脹、風險溢價（與手頭的現金相比，投資者願意承擔的投資風險），以及決定這些投資在現今的價值（被稱為「現值」）的貼現率。●

這四個決定因素的變化驅動了投資報酬的變化。若能知道任何一個因素未來的變化，我就能確定投資策略。知道這點，我就能將世界上當前的情勢與市場上當前的情勢聯繫起來，反之亦然。它還告訴我該如何平衡我的投資，使我的投資組合不會受任何環境影響，這就是很好的多元化投資組合。

政府透過財政和貨幣政策影響這些因素。因此，政府的目標與當前的情勢之間的相互作用是推動週期的驅動力。● 例如，當成長和通膨過低時，中央銀行會創造出更多的貨幣及信貸，從而產生購買力，讓經濟成長先行回升，隨後通膨也會跟著回穩。而當中央銀行限制貨幣及信貸供應時，情況正好相反──經濟成長和通貨膨脹都會放緩。

為了推動市場報酬和經濟狀況，中央政府和中央銀行的職責是不同的。中央政府決定錢的來源和去向，因為他們可以徵稅和支出，但不能創造貨幣和信貸。相反的，中央銀行可以創造貨幣和信貸，但無法決定貨幣和信貸是否流入實體經濟。中央政府和中央銀行的這些行動會影響商品、服務和投資資產的購買和銷售，並推動其價格的漲跌。

---

❶ 貼現率是人們用來評估未來一筆錢在今天值多少錢的利率。為了計算它，人們要比較今天以該利率（即貼現率）投資的金額，在未來的特定時間具有的價值。

❷ 如果政府及其系統崩潰，非政府勢力就會接管，這是一個完全不同的情況，並不在我們討論的範圍內。

　　在我看來，每項投資資產都以自己的方式反映了這些驅動因素，考慮到對未來現金流的影響，這是合乎邏輯的。每項投資資產都是投資組合的一個基本因素，而挑戰在於如何根據這些因素將這些投資組合做最好的配置。例如，在其他條件相同的情況下，當成長強於預期時，股價可能會上漲，而當成長和通膨高於預期時，債券價格可能會下跌。**我的目標是將這些基本因素放在一個投資組合中，然後基於當前和未來的世界情勢對這四個驅動因素的影響，進行多元化和戰術上的配置。**這些基本因素可以按國家、環境偏好甚至到個別領域和公司來分解。當這個概念被放入一個均衡的投資組合時，看起來會像下圖。我正是透過這個視角來考察當前情勢的歷史、市場的歷史以及投資組合的表現。

多元化投資組合的基本因素

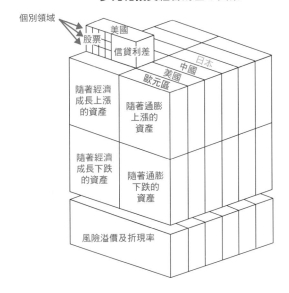

　　我知道我的方法與大多數投資者不同，原因有兩個。首先，大多數投資者不會去尋找歷史上類似的時期，因為他們認為歷史和過去的投資報酬與他們無關。其次，他們不會利用我剛剛描述的視角來看待投資報酬。但我相信這些觀點為我和橋水帶來了競爭優勢，信不信由你。

　　大多數投資者的預期是基於他們一生的經歷，而少數比較勤奮的投資者則會回顧歷史，看看在1950或1960年代的決策規則。在我認識的投資者和高層經濟政策制定者中，沒有一個（我認識很多人及很多頂尖人士）深刻的理解過去發生的事情和原因。大多數關注長期報酬的投資者認為美國和英國（第一和第二次世界大戰的戰勝國）的投資報酬有代表性。但在第二次世界大戰中倖存下來的股票和債券市場並不多，這些國家和時期存在著倖存者偏差，它們其實並不具代表性。只看美國和英國的報酬，人們看到的是獨特的和平和繁榮時期，這是大週期中最好的階段、最得天獨厚的國家。如果不將其他的國家和時期納入考量，投資者將會失之偏頗。

　　從我們對大週期的了解進行邏輯推理，將視角再往前延伸幾十年，看看在其他國家發生的事情時，我們會得到一個極其不同的視角。我將展示給你看，因為我認為你應該要有這樣的視角。

　　在1945年之前的三十五年裡，在大多數國家，幾乎所有的財富都被摧毀或沒收，在一些國家，當資本市場和資本主義與舊秩序都失靈，人們憤恨資本家，資本家因而被殺害或監禁。如果我們看看過去幾個世紀發生的事情，我們會發現這種極端繁榮／極端蕭條週期規律的發生——資本和資本主義繁榮時期（例如發生在十九世紀末期到二十世紀初期的第二次工業革命和鍍金時代），之後是過渡時期（如1900到1910年內部衝突加劇和國際財富和權力衝突升級的時期），進入嚴重衝突和經濟蕭條時期（類似於1910年至1945年之間發生的事）。我們還可以發現，基於這些繁榮和蕭條時期背後的因果關係，美國現在的狀況更符合晚期蕭條和重組時期，而不是早期繁榮和建設時期。

　　我的目標只是查看並試圖理解歷史，再好好地將其呈現在你面前。我將從1350年描述起，儘管這個故事從更早之前就開始了。

資本主義和市場的大週期

在1350年以前，基督教和伊斯蘭教都禁止利率貸款（在猶太教中則是在猶太社區內被禁止），因為利率貸款會引發一些可怕的問題。人性導致人們借貸常常超出他們的償還能力，這造成了借款人和貸款人之間的緊張關係，並經常引發暴力衝突。由於缺乏借貸，當時的貨幣是「硬」貨幣（黃金和白銀）。大約一個世紀後，在大航海時代，探險家們走遍世界各地收集金銀等硬資產，以賺取更多的錢。當時最大的財富就是這樣建立起來的。探險家和瓜分了利潤。這是一個有效的以激勵為基礎的致富制度。

我們今日所知的借貸鍊金術最早是在1350年左右的義大利出現。借貸規則發生了變化，並制定了新的貨幣類型——現金存款、債券和股票（看起來很像今天的股票）。財富變成了兌現金錢的承諾——我稱之為「金融財富」。

想想看，債券和股票市場的發明和發展對人類產生了多麼大的影響。在此之前，所有的財富都是有形的。你可以試想一下，透過創建這些市場，增加了多少「金融財富」。請想像一下，如果你的現金存款以及那些承諾在未來付款給你的股票和債券都不存在了，你現在擁有多少「財富」？結論是根本不夠多！你會覺得自己破產了，也不會像現在這樣花錢——例如，你會累積更多的有形財富。這幾乎就是在現金存款、債券和股票出現之前的情況。

隨著金融財富的發明和成長，貨幣不再受制於與黃金和白銀間的掛鉤。因為由貨幣和信貸所帶來的消費能力受限較少，因此那些有好點子的企業家通常會創建公司，並借錢或透過發行股票出售公司一部分的所有權，以獲得資金，購買他們需要的東西。他們可以這樣做，因為對未來支付的承諾變成了貨幣，以會計分錄的形式出現。在1350年左右，最著名的例子是佛羅倫斯的梅第奇家族（the Medici family），他們可以創造貨幣。如果你可以創造信貸，假設是實際資金的五倍（銀行可以做到），你就產生了大量的購買力，而不需要

那麼多其他類型的貨幣（如黃金和白銀）。創造新形式的貨幣不管在過去或是現在都算是一種鍊金術。那些能夠創造和使用貨幣的人，如銀行家、企業家和資本家，會變得非常富有和強大。❸

這種金融財富擴張的過程一直持續到今天，金融財富變得如此龐大，以至於硬通貨（黃金和白銀）和其他有形財富（例如房產）變得相對渺小。但是，以金融財富的形式做出的承諾愈多，這些承諾無法兌現的風險就愈大。這就是造成典型債務／貨幣／經濟大週期的原因。

現在金融財富大大超過實物財富。想像一下，如果你和其他持有金融財富的人，試圖將它們轉化為實物財富——也就是說，出售金融財富來購買實際物品，這會像銀行的擠兌一樣。這根本不可能發生。相對於它們可以購買的物品，債券和股票的價值太大了。但請記住，有了法定貨幣，中央銀行可以印鈔和提供貨幣來滿足需求，這是一個恆久有效且放諸四海皆準的真理。

請記住一點，紙鈔和金融資產（例如股票和債券）並沒有多大的用處，金融資產本質上是未來支付的承諾，只有它們購買的實物財富才是有用的。

正如第三章詳細討論的那樣，**當信貸發放後，購買力是為了換取支付的承諾而產生，因此它是對短期經濟的刺激和長期經濟的抑制。這會產生週期。**綜觀歷史，獲得金錢的欲望（透過借入或出售股票）和存錢的欲望（透過借貸或購買股票進行投資）一直處於共生的關係。**這導致了購買力的成長，最終造成了許多無法支付的承諾，以及以債務違約、經濟蕭條和股市崩盤的形式出現的危機。**

這就是當銀行家和資本家不論是象徵性或實際上被摧毀時，大量的財富和生命就此消失，這時候大量的法定貨幣（政府可以發行且沒有內在價值的貨幣）就會被印刷出來，以試圖緩解危機。

---

❸ 今天你可以在數位貨幣的形式中看到這種鍊金術在起作用。

從投資者的角度看大週期的整體格局

也許回顧1350年至今的所有相關歷史對你我而言太過於沈重，但我會告訴你，如果你從1900年開始投資會是什麼樣的情景。在此之前，我想解釋一下我是如何看待風險，在底下的內容中，我將特別強調這些風險。

在我眼裡，**投資風險是無法賺取足夠的錢來滿足需求**。它不是以標準差衡量的波動率，而標準差幾乎是用來衡量風險的唯一指標。

對我而言，**大多數投資者面臨的三大風險是，投資組合無法提供足夠的報酬來滿足其支出需求，投資組合將面臨破產，以及他們得到的大部分財富將被奪走（例如，透過高稅收）。**

雖然前兩種風險看起來很相似，但實際上是不同的，因為就算平均報酬率可能高於我們所要求的，但中間也可能經歷一個或多個時期的毀滅性高額損失。

為了宏觀分析，我想像自己穿越到1900年，看看我的投資在此後的每十年裡會有什麼樣的結果。我排除了那些容易出現壞結果的發展中國家，而挑選了在1900年的十個最強大的國家。事實上，這十個國家中的任何一個都曾經或已經成為偉大、富裕的帝國，它們全都值得投資，尤其是如果投資者想要擁有多元化的投資組合。

在這十個國家之中，有七個國家至少出現過一次財富消失殆盡，即使是情況較佳的其他國家，它們的資產報酬也經歷了幾個糟糕的十年，幾乎摧毀了它們的財務狀況。兩個強大的已開發國家——德國和日本，有時人們很容易押注它們為贏家，但它們在世界大戰中失去了幾乎所有的財富，許多生命也因此喪失。美國和英國（以及其他少數國家）是少見的成功案例，但即便如此，它們也經歷了巨大的財富破壞時期。

　　如果我沒有看到1945年世界新秩序開始之前的這些報酬，我就不會注意到這些破壞時期。如果我沒有回顧世界各地那五百年的歷史，我就不會發現這種情況幾乎在世界各國反覆發生。

　　下表中顯示的數字是每十年的年化實際報酬率，這意味著就整個十年而言，損失大約是表中顯示的八倍，收益是大約十五倍。❹

大國的資產報酬（每十年實際報酬，年化）

	美國			英國			日本			德國		
	股票	債券	現金	股票	債券	現金	股票	債券	現金	股票	債券	現金
1900–10	9%	0%	1%	3%	2%	2%	4%	1%	4%	3%	2%	
1910–20	-2%	-4%	-3%	-6%	-7%	-5%	1%	-5%	-4%	-14%	-10%	-14%
1920–30	16%	7%	5%	10%	8%	7%	-3%	12%	10%	-24%	-95%	-86%
1930–40	0%	7%	3%	1%	5%	1%	6%	4%	-1%	7%	11%	6%
1940–50	3%	-2%	-5%	3%	-1%	-4%	-28%	-34%	-33%	-4%	-16%	-19%
1950–60	16%	-1%	0%	13%	-1%	-1%	27%	-1%	5%	26%	5%	2%
1960–70	5%	-1%	2%	4%	0%	2%	8%	8%	2%	3%	5%	1%
1970–80	-2%	-1%	-1%	-4%	-3%	-3%	3%	-2%	-1%	-7%	4%	0%
1980–90	13%	9%	4%	16%	8%	5%	19%	9%	4%	10%	6%	3%
1990–00	14%	6%	2%	12%	8%	5%	-7%	9%	2%	13%	7%	3%
2000–10	-3%	8%	0%	0%	4%	2%	-3%	4%	1%	-2%	6%	2%
2010–20	11%	4%	-1%	5%	5%	-1%	10%	2%	0%	7%	5%	-1%

---

❹ 十年複合報酬率顯示，收益會大於損失，因為你不斷累積收益；而當國家經歷損失並接近破產時，未來以美元計算的損失百分比就不那麼重要了。年化收益與損失的比率是平均10%的年化收益和-5%的年化損失的複合數據。在更極端的變化中，這些數據是倍數變化的起點水準。

大國的資產報酬（每十年實際報酬，年化）

	法國			荷蘭			義大利		
	股票	債券	現金	股票	債券	現金	股票	債券	現金
1900–10	1%	3%	2%	5%	1%	1%	3%	4%	
1910–20	-7%	-8%	-6%	1%	-6%	-3%	-9%	-8%	-6%
1920–30	-2%	-1%	-4%	1%	11%	6%	-6%	-5%	-1%
1930–40	-10%	2%	0%	2%	6%	3%	4%	5%	5%
1940–50	-20%	-22%	-23%	2%	-3%	-6%	-13%	-30%	-30%
1950–60	17%	0%	-2%	14%	0%	-2%	20%	2%	1%
1960–70	0%	2%	1%	2%	0%	0%	0%	2%	0%
1970–80	-2%	-3%	0%	-3%	2%	-2%	-13%	-8%	-1%
1980–90	16%	9%	5%	16%	7%	5%	15%	4%	6%
1990–00	13%	10%	5%	20%	7%	4%	9%	15%	6%
2000–10	-2%	5%	1%	-6%	5%	1%	-4%	5%	1%
2010–20	7%	6%	-1%	8%	5%	-1%	3%	8%	-1%

	俄羅斯			中國			奧匈帝國		
	股票	債券	現金	股票	債券	現金	股票	債券	現金
1900–10	-2%	3%	4%	7%	6%	3%	4%	3%	2%
1910–20	-100%	-100%	-36%	3%	1%	4%	-9%	-10%	-8%
1920–30				9%	6%	1%	-6%	-44%	-44%
1930–40				2%	-7%	-6%			
1940–50				-100%	-100%	-73%			
1950–60									
1960–70									
1970–80									
1980–90									
1990–00									
2000–10	15%		-2%	4%		1%			
2010–20	7%	4%	1%	2%	2%	0%			

❺

❺ 對於中國和俄羅斯，1950 年之前的債券資料，國內投資人是使用硬通貨（通常指美元）的債券收益避險回本國貨幣來模擬的；股票和債券的數據是基於革命時期發生完全違約計算的。年化報酬是假設整個十年期，即使期間有出現休市。

也許下一張圖表可以看出更清晰的樣貌，因為它顯示了60／40的股票／債券投資（譯注：60／40的股票／債券投資組合是指把60%資金分配給與經濟成長相關的股票，再將40%資金配置給債券以作為抵禦經濟下滑期緩衝的平衡投資策略）組合在五年期間出現虧損的國家百分比。

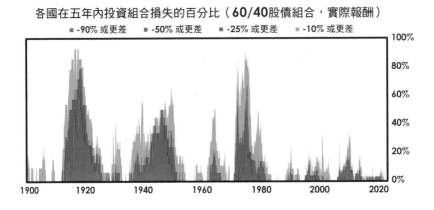

下表詳細列出了在主要國家投資的最壞情況。你會發現美國沒有出現在這張表格上，因為它的情況不算太糟。**美國、加拿大和澳大利亞是極少數沒有經歷過持續虧損的國家。**

主要國家中投資人最糟的投資經驗
60／40股債組合在每20年實際年化報酬低於-40%的主要案例

國家	每20年期間	最差20年實際年化報酬	細節
俄羅斯	1900-1918	-100%	俄羅斯內戰以共產主義統治、債務免除和金融市場的破壞而告終。
中國	1930-1950	-100%	資產市場在二戰期間關閉，並在1940年代末期共產主義統治期間被摧毀。
德國	1903-1923	-100%	威瑪共和國的惡性通膨導致第一次世界大戰後資產崩潰。
日本	1928-1948	-96%	二戰後市場重新開放、通膨飆升，日本股市和貨幣崩跌。
奧地利	1903-1923	-95%	類似於德國威瑪（雖然沒那麼惡名昭彰）；一戰後，惡性通膨導致資產報酬不佳。
法國	1930-1950	-93%	大蕭條後，緊接著二戰和被德國佔領，導致報酬率不佳和通膨高漲。
義大利	1928-1948	-87%	與其他軸心國類似，二戰結束時義大利市場崩潰。
義大利	1907-1927	-84%	第一次世界大戰後，義大利遭受經濟蕭條和通貨膨脹，導致墨索里尼（Mussolini）崛起。
法國	1906-1926	-75%	二十世紀初期發生了第一次世界大戰，隨後在1920年代初期法國發生了通貨膨脹的貨幣危機。
義大利	1960-1980	-72%	義大利在1960到70年代經歷了一連串衰退、高失業率、高通膨，以及貨幣貶值。
印度	1955-1975	-66%	獨立後，一連串重大旱災導致印度經濟增長疲軟和通貨膨脹率高漲。
西班牙	1962-1982	-59%	後佛朗哥時代向民主的過渡，加上1970年代的通貨膨脹，給西班牙帶來了經濟壓力。
德國	1929-1949	-50%	大蕭條和二戰的破壞導致了德國資產的恐怖回報時期。
法國	1961-1981	-48%	與其他歐洲國家一樣，1960到70年代經濟增長放緩、貨幣貶值、通膨高漲。
英國	1901-1921	-46%	二十世紀初爆發了第一次世界大戰，隨後是1920到1921年的大蕭條。

❻

❻ 小國如比利時、希臘、紐西蘭、挪威、瑞典、瑞士以及整個新興市場的資產回報不佳的情況不包含在此表中。請注意，為簡明見見，每個國家／時間段只顯示了最壞的二十年期間（即，如果包括1903到1923年的德國，1915到1935年的德國就不再包含再內）。對於我們的60／40投資組合，我們假設在二十年期間中每月再平衡。

　　我在腦海中想像無數次，如果我經歷了這些時期，我會用什麼方式去因應？肯定的是，就算我觀察到了書中描述的種種跡象，我也無法預料到會有如此慘烈的結果——如前所述，十個國家中有七個國家的財富消失了。在二十世紀初期，即使是那些回顧過去幾十年的人也不會預見到這種狀況，因為根據十九世紀後半段發生的事情，人們有很多理由保持樂觀。

　　現今的人們常常認為，在第一次世界大戰之前幾年，人們一定能輕易預見到戰爭的發生，但事實並非如此。在戰前，世界主要大國之間約有五十年幾乎沒有衝突發生。在這五十年中，世界經歷了前所未有的創新和產能擴充，從而帶來了巨大的財富和繁榮。全球化達到了新的水準，第一次世界大戰前的五十年中，全球出口成長了數倍。全球化到達新的高峰，各國之間的聯繫比以往任何時候都更加緊密。美國、法國、德國、日本和奧匈帝國是迅速崛起的帝國，經歷了令人嘆為觀止的技術進步。英國仍然是位居全球主導地位的強權，而俄羅斯正在迅速工業化。在投資人最糟投資經驗表所示的國家中，只有中國明顯在衰退。當時，歐洲列強之間的強大聯盟被視為維持和平和權力平衡的一種手段。進入1900年，一切看起來都很美好，只是貧富差距和怨恨情緒愈來愈大，債務也愈來愈多。

　　1900年至1914年間，這些情況持續惡化，國際緊張局勢加劇。然後就出現我剛剛提到的最差回報的時期。

　　然而，這不僅僅只是恐怖的投資回報。

　　財富充公、徵收稅款、資本管制和市場關閉對財富的影響都是如此巨大。今日大多數投資者都不曾意識到有這種事情發生，並認為這是難以置信的，因為僅僅回顧過去幾十年並無法看到這些事情。下表顯示了這些事件發生的年代，想當然耳，最嚴重的財富沒收案例發生在經濟狀況不佳或戰爭時代，因為當時貧富差距極大而且也正是內部財富衝突的時期。

財富充公的時期

	1900	1920	1940	1960	1980	2000
英國						
美國	是	是				
中國			是	是		
德國		是				
法國						
俄羅斯	是	是	是			
奧匈帝國						
義大利		是				
荷蘭						
日本			是			

資本（嚴格）管制的時期

	1900	1920	1940	1960	1980	2000
英國	是	是	是	是		
美國	是	是				
中國			是	是	是	
德國	是	是	是	是		
法國	是			是		
俄羅斯	是	是	是	是	是	是
奧匈帝國	是					
義大利		是				
荷蘭				是		
日本		是		是		

❼

❼ 雖然這張圖表並不詳盡，但我列舉的這些例子都可以找到明確的證據證明它們在二十年期間發生的事。在此分析中，財富沒收被定義為對私人資產的廣泛扣押，包括政府（或革命者在革命時期）進行的大規模強制非經濟銷售；相關資本管制被定義為對投資者將資金進出其他國家和資產的實質性限制（儘管這不包括僅針對單一國家的針對性措施，例如制裁）。

下圖顯示了隨著時間推移，世界主要國家關閉股票市場的比例。股市關閉在戰爭期間是很常見，當然，共產主義國家也在某段期間關閉了股市。

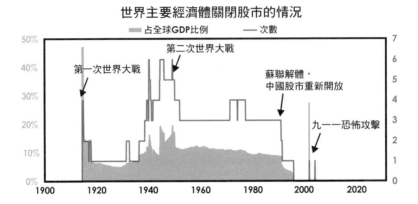

在1900年前發生在所有週期中，不良時期也同樣悲慘。**更糟糕的是，這些內部和外部爭奪財富和權力的時期導致許多人喪生。**

主要內外部暴力衝突導致的死亡數（人口百分比）

	1900	1910	1920	1930	1940	1950	1960	1970	1980	1990	2000	2010
英國	0%	2%	0%	0%	1%	0%	0%	0%	0%	0%	0%	0%
美國	0%	0%	0%	0%	0%	0%	0%	0%	0%	0%	0%	0%
中國	0%	0%	1%	2%	3%	1%	1%	1%	0%	0%	0%	0%
德國	0%	3%	0%	9%	15%	0%	0%	0%	0%	0%	0%	0%
法國	0%	4%	0%	0%	1%	0%	0%	0%	0%	0%	0%	0%
俄羅斯	0%	4%	5%	10%	13%	0%	0%	0%	0%	0%	0%	0%
奧匈帝國	0%	2%										
義大利	0%	2%	0%	0%	1%	0%	0%	0%	0%	0%	0%	0%
荷蘭	0%	0%	0%	1%	2%	0%	0%	0%	0%	0%	0%	0%
日本	0%	0%	0%	1%	4%	0%	0%	0%	0%	0%	0%	0%

　　即使對那些布局在戰勝國家（例如美國，它是兩次大戰最大的贏家）的幸運投資者來說，我們還需要注意另外兩個不利的因素：市場時機和稅收。

　　大多數投資者會在情況不佳的低點附近賣出，因為這時他們需要現金，而且人性往往在此時恐慌；他們傾向於在高點附近買入，因為這時他們擁有足夠的現金，而且人性往往在此時貪婪。這意味著他們的實際報酬率比我計算的市場報酬率差。最近的一項研究顯示，在2000年至2020年間，美國投資者每年的報酬率低於美國大盤約1.5%。

　　至於稅收部分，下表估計了稅收對S&P500指數投資者在所有二十年期間的影響（在整個分析期間使用最富有的前五分之一群體的平均稅率）。不同的列代表用不同方式投資美國股票市場，包括稅收遞延的退休帳戶（僅在投資結束時繳納稅款）以及持有實物股票並每年將股息再投資，就像在券商帳戶中持有股票一樣。雖然不同的方法對稅收影響有不同的差異（退休帳戶影響最小），但我們可以看出這些影響都很重大，尤其是在實際報酬中，稅收會侵蝕很大一部分獲利，在二十年期間，美國投資者平均因稅收損失了大約四分之一的實際股市報酬。

稅收對持續投資二十年S&P指數的報酬影響

	稅前	稅後(401〔k〕)	稅後（券商）
平均年化總報酬率	9.5%	8.2%	7.9%
平均稅務影響（年化總報酬率）		-1.3%	-1.6%
平均稅務影響（總報酬的百分比）		14%	-17%
平均年化實際報酬率	6.2%	4.9%	4.6%
平均稅務影響（年化總報酬率）		-1.2%	-1.6%
平均稅務影響（總報酬的百分比）		20%	-26%

❽

❽ 401(k)方法的稅收影響在每二十年投資期（即免稅投資）結束時適用26%的所得稅率（截至2017年國會預算辦公室最高五分之一的有效平均聯邦稅率）。影響券商的稅收是分別對股息（所得稅稅率為26%）和資本利得徵稅，在每二十年投資結束時對本金和股息再投資的所有資本利得徵稅（稅率為20%）。

回顧資本市場大週期

　　稍早我解釋了典型的債務和資本市場大週期的運作模式。讓我們再複習一下：**在上升階段，債務增加，金融財富和債務相對於實物財富增加，以致無法兌現這些未來支付的承諾（即現金、債券和股票的價值）。這導致「擠兌」式的債務問題出現，政府試圖以印鈔來緩解債務違約和股市下跌的問題，印鈔會使貨幣貶值，導致金融財富相對於實物財富下降，直到金融資產的實際（經通膨調整）價值相對於實物財富恢復到較低的水準，然後週期再次開始。**這是一個非常簡化的描述，但你要了解，在這個週期的下降階段，金融資產相對於實物資產的實際報酬為負數，並且經濟會陷入困境。週期中反資本、反資本主義的部分會一直持續到相反的極端出現為止。

　　這個週期反映在下面兩張圖中。第一張圖顯示整體金融資產總值相對於整體實物資產的價值。第二張圖顯示的是貨幣（即現金）的實際報酬。我只使用了美國的數據而非全球數據，因為它們是自1900年以來最有連續性的數據。**正如你所看到的，當金融財富佔比較高時，情況會開始逆轉，使金融財富（尤其是現金和債務資產〔如債券〕的實際報酬）變差。這是因為只有在債權人的利率和報酬很低很差的情況下，政府才能為債務過多的債務人提供救濟，並藉由增加更多的債務，作為提升經濟成長的方法。**這是典型的長期債務週期後期的作法，透過大量印鈔來減輕債務負擔，並創造新的債務來增加購買力。這會使得貨幣相較於其他財富儲備以及相較於商品和服務貶值。**隨著金融資產的價值下降，直到它相對於實物資產又變得便宜，最終達到相反的極端並再度逆轉，即回歸和平與繁榮，週期又進入上升階段，金融資產具有極好的實際報酬。**

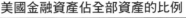

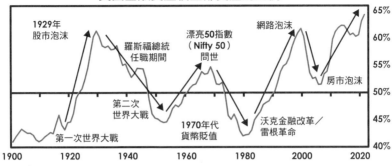

美國金融資產佔全部資產的比例

1929年
股市泡沫

羅斯福總統
任職期間

漂亮50指數
（Niffy 50）
問世

網路泡沫

房市泡沫

第二次
世界大戰

第一次世界大戰

1970年代
貨幣貶值

沃克金融改革／
雷根革命

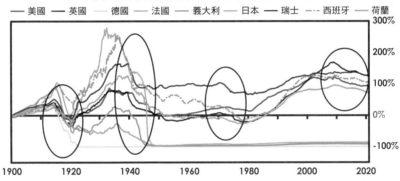

實際現金回報（相對於消費者物價指數）

—— 美國 —— 英國 —— 德國 —— 法國 —— 義大利 —— 日本 —— 瑞士 ----- 西班牙 —— 荷蘭

　　如同我們前面解釋的，在貨幣貶值期間，硬通貨和硬資產相對於現金的價值會上升。例如，下圖顯示經典60／40股債投資組合價值回檔時期就是黃金價格上漲的時候。我並不是在暗示黃金是一種好或壞的投資，我只是在描述經濟和市場機制，以及它們在過去的市場走勢和投資報酬的表現，目的是分享我對過去事件的觀點，並推測未來可能發生的事情以及發生的原因。

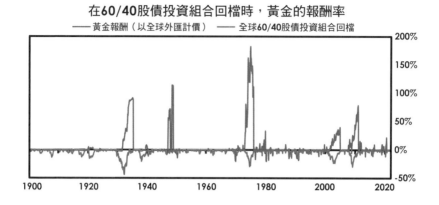

在60/40股債投資組合回檔時，黃金的報酬率
—— 黃金報酬（以全球外匯計價）　—— 全球60/40股債投資組合回檔

投資者需要經常捫心自問——支付的利息金額是否足以彌補資產面臨的貶值風險。

　　典型的債務／貨幣／資本市場大週期在不同時間和不同國家重複出現，並在我剛剛向你展示的圖中顯現出與以下事物的相對價值：1）實物／有形貨幣和實物／有形財富，以及2）金融貨幣和金融財富。金融貨幣和金融財富只有在它們能夠轉換成具有真實（即內在）價值的實物貨幣和實物財富時才有用途。這些週期持續運作的模式是：在上升階段，金融貨幣和金融財富（即，創造的債務和股權資產）的數量相對於它們要求兌換的實物貨幣和實物財富的數量增加。它們增加的原因是 a）從事金融資產創造和銷售的資本家認為這些業務是有利可圖的；b）政策制定者增加貨幣、信貸和其他資本市場資產，為政策的需求提供資金，並有效地創造繁榮； c）它製造了一種錯覺，讓人們覺得自己更富有了，因為當貨幣和債務資產的價值下降時，通常金融投資的帳面價值就會上升。透過這種方式，中央政府和中央銀行總是創造出更多的實物貨幣和實物財富的債權，卻無法將債權全部兌現成實物財富和貨幣。

　　在週期的上升階段，股票、債券和其他投資資產會隨著利率下降而上漲，因為在其他條件不變的情況下，利率下降使資產價格上漲。此外，將有更多資金投入系統，推升對金融資產的需求、降低風險溢價。當這些投資因利率降低

和系統中的資金增加而上漲時，它們看起來更具吸引力，但同時利率和金融資產的未來預期報酬也下降了。未償付的債權相對於可兌換實物愈多，風險就愈大。本來這應該藉由更高的利率來彌補，但情況通常不是如此，因為當時前景一片看好，人們對於債務和資本市場危機的記憶早已淡去。

　　接下來，我們來看一些利率圖，如果少了利率的輔助，之前我們討論的週期圖將無法完整地展現出全貌。以下的四張圖表顯示了自1900年以來美國、歐洲和日本的利率。它們分別顯示了美國的實際（經通膨調整後）債券殖利率、名目（未經通膨調整）債券殖利率以及名目和實際現金利率。正如你所看到的，以前的利率水準比較高，現在則非常低。在我撰寫本文時，儲備貨幣主權債券的實際債券殖利率接近歷史低點，而名目債券殖利率約為零，也接近有史以來的最低水準。如圖所示，現金的實際收益率甚至更低，儘管不像1930到1945年和1915到1920年的債務貨幣化時期一樣為負值，但名目現金收益率已經接近有史以來的最低水準。

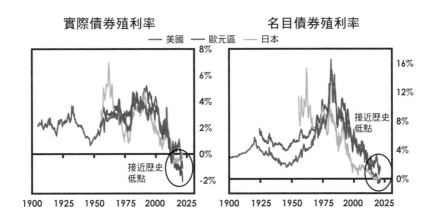

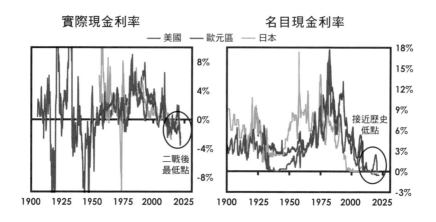

　　這對投資者意味著什麼呢？投資的目的是以財富貯藏工具儲存資金，並期望它在未來可以轉化為購買力。當一個人投資時，他會先一次性的支付款項，以換取未來的報酬。在我撰寫本文的時間點，讓我們來看看這筆投資的情況。如果你今天掏出100美元，你需要等待多少年才能拿回投資的100美元，然後開始獲得超出本金的回報？在美國，如果你投資日本、中國和歐洲債券，你可能需要分別等待約四十五年、一百五十年和三十年[9]才能收回資金（可能會獲得很低或為零的名目報酬），而在歐洲，鑑於名目利率為負值，你的投資可能永遠回收不了。然而，因為投資的目的在於儲存購買力，所以你還必須考慮到通貨膨脹的因素。撰寫本文時，在美國和歐洲，你可能永遠沒辦法收回購買力（而在日本則需要二百五十年的時間）。事實上，在這些實際利率為負的國家，我們幾乎可以保證未來的購買力會大幅縮水。與其得到低於通貨膨脹的報酬，為什麼不把錢拿來買任何等於通貨膨脹或比通膨更高報酬的東西？我發現了很多投資機會，並預期它們的表現會明顯優於通膨。下圖顯示了在美國持有現金和債券的名目和實際投資回收期。如圖所示，這是有史以來最長、長到十分荒謬的時間。

---

[9]　基於2021年8月的三十年期名目債券殖利率（視為永續債券）。

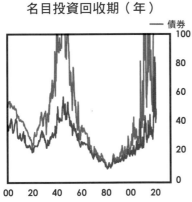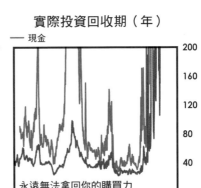

名目投資回收期（年）　　實際投資回收期（年）

—— 債券　　—— 現金

永遠無法拿回你的購買力

結論

　　我在本章節介紹的是從投資者的角度來看自1900年以來的大週期。環顧世界五百年和中國的一千四百年，我看到基本上相同的週期基於基本相同的原因反覆發生。

　　正如本書前面所討論的，1945年世界新秩序建立之前的艱困時期是大週期末期過渡階段的典型特徵，當時發生了革命性的變化和重組。雖然很可怕，但度過了從舊秩序轉換到新秩序的痛苦之後，出現了驚人的上升階段。因為這些事情在史上發生過多次，也因為我無法確定未來會發生什麼，所以我不能在沒有保護措施的情況下進行投資，以免這些事情真的實現，成為我致命的錯誤。

第2部

五百年世界

發展史

第 8 章

過去五百年概述

在第一部分，我解釋了在我看來，永動機是如何運作的。在第二部分，我會詳述這部永動機在過去五百年來產出了什麼。一如我在第一部分所做的，首先我會用一個簡短的摘要。這章將為第二部分接下來的章節暖身。第二部分主要詳述大週期如何在荷蘭、英國、美國以及中國的實例中發生。最後，在第三部分，我會和各位分享我的模型針對當今幾個主要國家的看法，試圖管窺未來的走向。但是在這之前，我們得先回到1500年，進一步了解這個故事開始的世界是什麼模樣。

1500 年的世界

1500年的世界和現在截然不同，但運作方式和今天如出一轍，因為儘管自1500年以來，世界方方面面顯著進展，但是背後運作的方式始終一致，進化的上升趨勢帶動進步與繁榮，以及在上升趨勢的大週期免不了出現波動與顛簸。

1500年的世界不同於今天的最重要幾點：

1500年的世界要「大多了」。五百年前，一天只能騎馬趕路約二十五英里（約四十公里）。今天花同樣的時間，我們可以飛到世界的另一端。「阿波羅號」太空人往返月球的速度都比1500年從巴黎到羅馬還快。因此，地緣因素（例如誰能夠影響到誰的區域）牽涉的範圍比現在小多了，所以感覺當時的世界比現在大許多。歐洲是一個世界。俄羅斯是另一個世界。中國以及周邊地區更是遙不可及的世界。現在看來，那時的國家似乎幅員小、數量多，但其實根本不是這麼回事。因為不像今天，當時並不存在國界這種事，為了爭奪財富以及權力，鄰國之間幾乎不斷地爆發戰爭與衝突。

但是在1500年，這種情況迅速改變。歐洲強權在葡萄牙人和西班牙人的帶領下進入了探索時代，有機會接觸遙遠的帝國。一如所有的重大進化時期，探索時代的推手也是能讓人民致富的各種技術發明，在這個例子，重大發明是可以載著探險家航行世界的船舶，探險家靠著和發現的地方貿易，或是直接掠奪它們的金銀財寶，累積財富。當時，財力雄厚的統治者為出國的探險家提供資金，換取探險家帶回國的一部分戰利品。

國家並不存在。實際上，領土是由家族經營管理。在1500年，尚未出現擁有邊界以及統治階層的主權國家。主權國家的型態尚未出現。反之，**被稱為王國（kingdom）和王朝（dynasty）的龐大家族，由國王與皇帝統治，為了爭奪財富與權力，和鄰居的衝突幾乎沒斷過**。當一個王國征服、壯大、佔據足夠的土地面積，就被稱為帝國。由於統治權是以家族為中心，若家族的統治者過世而且沒有血緣上的近親與子嗣繼位，其他王國與王朝可以繼承其土地，這安排類似今天一個人繼承家族的家產或企業。因此近親聯姻成了當時家族牢牢掌控帝國寶座與土地的合理方式，以免過了幾個世代，土地被不斷分割終至消失。

宗教與宗教領袖的權力比今天大得多——以及我們今天所知的科學並不存在。在世界大部分地區，菁英（亦即擁有大部分財富和權勢的一小群人）的構成分子包括君王（monarchs），他們的君權據悉來自於神授；代表聖者的神職人員；以及管理農民的地主貴族，他們多半把農民當耕地的牛看待。君王有大臣、官僚、控制以及捍衛他們領土的軍隊。

儘管歐洲人和中國人位於世界的兩端，幾乎沒有任何接觸，但他們的運作方式基本上一致，只不過中國的制度規模比歐洲更大、更發達、宗教性較低。

當時的世界沒有那麼講究平等主義。當時並不存在以下這些想法。a）所有人都應該被平等對待；b）對一個人的審判必須由法律定奪。不論在王國內部，還是王國與王國之間，這兩點都不存在。統治權靠的是武器與暴力。直到十四與十五世紀，西歐大部分地區還保留農奴制度（亦即農民基本上被視為統治者的財產），這意味著大多數人只能靠起義爭取權力。雖然這情況在1500年左右已然改觀，但是在十八世紀啟蒙運動之前，普通人可享有的權利還是很微不足道。

1500年世界各地的帝國

歐洲

- **哈布斯堡（Habsburg）王朝控制西班牙以及西班牙統轄的所有領土，加上神聖羅馬帝國轄下的領地，包括今天荷蘭、比利時、義大利、德國、奧地利的部分疆域。**哈布斯堡王朝是當時稱霸西方世界最強大的帝國。
- **瓦盧瓦（Valois，後來的波旁）王朝，控制法國，是哈布斯堡家族的主**

要對手,兩大家族王朝爭鬥不斷。

- **都鐸(Tudor)王朝控制英格蘭**,雖然實力持續壯大,但還不是歐洲的要角。

- **佛羅倫斯、威尼斯、米蘭,經常以共和國形式出現,由顯赫家族統治。** 在1500年,這些共和國是歐洲金融、商業、知識以及藝術創新的重鎮與搖籃。他們非常富有,在當時以及接下來的幾世紀,是影響歐洲與西方世界發展的要角,因為他們孕育了革命性想法,這些思想我將在後面詳細分析。

- **教皇國(Papal States),由教皇以及天主教會統治。** 在基督教的歐洲,君主、貴族與教會之間的關係遵循著典型的模式——菁英們互相支持,以便維持對其有利的統治地位。影響所及,教會得到鉅額財富,多半來自於貧窮農民的貢獻(透過什一稅制,所有收入的十分之一得交給教會),以及在教會轄下農地上無償工作的佃農。

- **留里克王朝(Rurik dynasty)以及後來的羅曼諾夫王朝(Romanov)統治俄羅斯**,當時俄羅斯是邊陲大國,對歐洲人而言似乎遙不可及。

- **鄂圖曼帝國(Ottoman Empire)**,鄂圖曼一世在1453年征服東羅馬帝國首都君士坦丁堡後,以君士坦丁堡為中心,**並根據其家族名,將帝國取名為鄂圖曼帝國。**

此外,歐洲各地還有成百上千個家族統治的公國。他們一直在打仗,因為每個國家都得不斷地保衛和征服自己的鄰國。不管對方是敵還是友,都很重要,而且敵友關係隨時在變。這張地圖顯示在1550年歐洲幾個主要大國。還有許多小國,無法一一放入地圖裡。

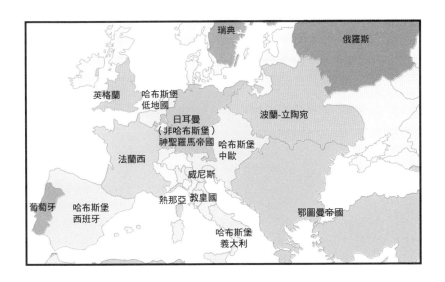

瑞典

俄羅斯

英格蘭

哈布斯堡
低地國

日耳曼
（非哈布斯堡）
神聖羅馬帝國

波蘭-立陶宛

哈布斯堡
中歐

法蘭西

威尼斯

葡萄牙

哈布斯堡
西班牙

熱那亞　教皇國

鄂圖曼帝國

哈布斯堡
義大利

亞洲

明朝幾乎控制了整個中國，是當時世界最先進最強大的帝國。一如歐洲，明朝也是世襲統治，最高領導人是擁有「天命」的天子。天子（皇帝）監督官僚體制，官僚體制由大臣以及軍事將領管理與保護，他們和監督農民、擁有封地采邑的貴族（諸侯）建立了共生關係——儘管彼此有時會你爭我奪。在1500年，明朝正值鼎盛時期，在財富、科技、國力上莫不遙遙領先歐洲，也對整個東亞與日本的文化以及政治產生了巨大影響力。❶

當時儒家學者（士大夫）的地位崇高，被視為社會頂層的菁英，有利他們在仕途上出人頭地。為了出人頭地，一個人必須深入研讀儒家思想，通過競爭激烈的科舉制度。政治決策往往根據統治者對儒家政治思想的詮釋，當時佔主導地位的「新儒學」（宋明理學）將信仰系統（belief system）轉移到更講

---

❶ 順帶一提，中國帝王家的家族關係不應被誤認為是彼此相親相愛的關係，一如歐洲，王公貴胄為了爭大權，手足往往鬥得頭破血流，甚至送命。

理性、哲學、學術、人文等價值。這種實用、講求證據與科學的思維方式，是中國在中世紀遙遙領先歐洲的主因之一。當時，學者與科學家擁有大權，帶動技術突飛猛進（包括火藥、印刷術、建築等等）。相較於其他地方，中國的識字率非常高，醫學也非常發達。例如，它有一個對抗疫病天花的廣泛疫苗接種計畫，接種防疫的作法比歐洲早了幾百年。中國的金融系統也走在世界之先，錢莊與商賈猶如現代版的銀行與公司。中國有使用（濫發）紙鈔的歷史。金融市場相對先進。軍事非常強大，明朝擁有世上最大的海軍，常備軍達百萬人規模。

歷史學家保羅・甘迺迪（Paul Kennedy）在《霸權興衰史》（*The Rise and Fall of the Great Powers*）裡描述得很精彩：

> 「在前現代時期（pre-modern times），沒有一個文明比中國更先進，沒有一個文明比中國更具優越感。在十五世紀，中國有龐大人口，介於一億至一億三千萬，而歐洲人口只有五千萬至五千五百萬；中國有璀璨的文化；平原土壤極為富饒，並有灌溉系統，從十一世紀，就有宏偉的運河系統，連接中國的大江南北；它有高學歷的儒家士大夫官僚系統，負責管理步調一致、層級分明的行政機構，讓中國社會具備凝聚力，不斷進步，這些在在讓來者羨慕不已。」

諷刺的是，盛極必衰。明朝超強的國力以及龐大的財富可能正是導致它走向滅亡的原因之一。明朝歷代皇帝深信萬事具備、別無他求，因此終止了中國向外探索之旅，緊閉國門，過起享樂的生活，把治理工作交給了大臣與宦官，朝廷因而內鬥不斷、充斥貪腐、軟弱無能、動不動就淪為攻擊的箭靶。放棄講究實務的科學研究與創新，改而擁抱迂腐的士大夫制，正如我們將在第十二章所見，導致中國沒落，反觀歐洲則乘勢崛起。

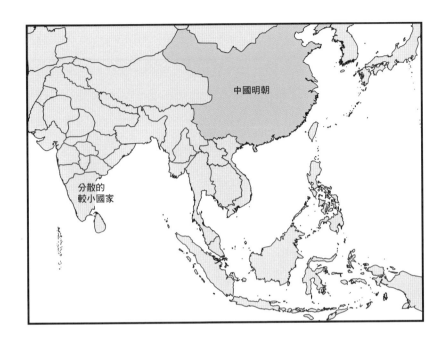

　　在亞洲其他地區，1500年的情況是四分五裂。印度被瓜分為數個王國，包括北部的德里蘇丹國（Delhi Sultanate），南部信奉印度教的毗奢耶那伽羅帝國（Hindu Vijayanagara Empire），但當時印度稱不上引人注目的帝國，要一直等到1520年代，蒙兀兒帝國開始征服印度後，印度才躍居為世界上最強大的帝國之一。同樣地，**日本在1500年也分裂為多個小國，歷經內戰、鎖國，所以當時日本也不是受到矚目的強權。**

中東

- 前面提到的**鄂圖曼帝國在十六世紀中期左右控制了中東大部分地區，主要對手是波斯（今天的伊朗）的薩非王朝（Safavid dynasty）。**

美洲

- 最大的帝國是以墨西哥為中心的阿茲特克帝國以及位於南美洲的印加帝國，前者首都特諾奇提特蘭（Tenochtitlán）的人口可能比當時歐洲任何一個城市都多。但是沒多久歐洲人來了，摧毀兩大帝國後，紛紛建立起殖民地，包括兩百七十六年後建國的美國。

非洲

- 非洲面積是歐洲的三倍，被分割為數十個王國，彼此之間往往隔著廣袤、人口稀少的地區。在1500年，最大的是位於西非的桑海帝國（Songhai Empire），以貿易中心和伊斯蘭學術重鎮享有盛譽。

上述是1500年土地分布圖。**世界秩序即將發生巨變。**

1500年之後發生了什麼

　　你可能認為，自1500年以來，世界發生太多大事，我不可能在本書裡一網打盡。但是我可以畫龍點睛，凸顯從1500年至今世界如何脫胎換骨，強調其中關鍵的主題與轉變，並在接下來的章節裡加以剖析。最重大的改變是改變人們行為的思維與思潮，尤其是該如何分享財富與權力。這些變化正是推動這段歷史進程的因素。辨識出現不變的重大時期不會太難，因為這些時期通常會被冠上「革命」或「時代」（儘管有時會有其他稱呼）。

　　閱讀摘錄過去五百年來的簡史時，請注意進化與週期。你會看到：1）思維方式出現數次革命，為接下來數百年的巨變與進展揭開序幕；2）和平繁榮期與蕭條戰爭期的週期交替出現，標誌舊秩序結束，新秩序開始。

商業革命（十二世紀至十六世紀）

　　商業革命標誌完全以農業為主的經濟走入歷史，取而代之的是買賣各種商品的貿易型經濟。這種演變始於十二世紀，到了1500年左右，因為兩個因素使然，商業革命主要集中在義大利城邦，讓這些城邦變得非常富有。首先，基督教歐洲與鄂圖曼帝國之間的戰爭大大減緩了歐陸與世界其他地區的陸上貿易（尤其是香料與貴重物品的買賣），這為海上貿易創造了絕佳契機。再者，一些義大利城邦仿照羅馬的共和制，建立共和國政府，這些政府比歐洲其他地區的政府更有創造力以及更靈敏的反應能力，為強大的商人階級崛起創造有利條件。

　　威尼斯是主要的代表之一，它的治理系統有諸多制衡設計，確保威尼斯政府比歐洲其他地方，更能用人唯賢。威尼斯領導人（總督）無權指定繼任者，也不得安插家族成員進入政府。新總督係由層層委員會投票選出，在某些情況下，委員會的委員係從數百個貴族家族中抽籤選出。義大利人創造了非常發達的資本市場，靠的是進步的簿記以及公正機構確保合約履行。雖然私人和政府借貸行之已久，但是在1500年之前，這些借貸多半限於富裕公民雙方敲定協議，債權人違約（或被流放、甚至遭處決）的現象極為普遍。由於靠貿易致富的人（商人階級）可從發達的金融系統中受惠，在這個系統裡，存款可轉投資，推升產能，因此商人創造了許多金融創新，包括信貸市場。

　　貿易的收益持續流入，加上需要標準化的硬幣，義大利城邦鑄造的硬幣（尤其是佛羅倫斯的佛羅林金幣〔gold florin〕）被公認為價值實在，因此逐漸升格為全球通用的貨幣。有了價值實在的貨幣為基礎，這些城邦發展了有效的借貸和公開交易的債券市場。威尼斯在十二世紀初發行了一種永久債券（perpetual bond，沒有到期日的債券），票面利率是5%，政府會根據當時的財政／需求，發債（即借款）或是回購債券。威尼斯的商人擁有這些債券，

對政府有很大的影響力,所以違約只能是政府萬不得已的最後手段。債券按期付息了幾百年,沒有違約,給了出借人信心,在次級市場交易債券的制度出現,讓債券成為可流通的投資形式。

能夠以合理的利率迅速貸到錢對威尼斯是一大利多。儘管威尼斯在1500年左右,因為吃了一系列敗仗導致債務違約,但具流動性的債券市場在其他地方(包括荷蘭以及英國)跟著開花結果。

文藝復興(十四至十七世紀)

文藝復興是一種全新思考方式,在許多方面模仿古希臘和古羅馬人的思維,在1300年左右開始在義大利各城邦萌芽,並廣傳到全歐,直到1600年代,這段期間稱為文藝復興時期。文藝復興時期的思想家出現大轉向,改用邏輯推理解釋世界如何運作,而非依循宗教的神意(divine intention)。這一轉變造就了讓人眼花撩亂的諸多發現,帶動歐洲藝術與技術突飛猛進。文藝復興始於義大利北部的城邦,北義是商業革命重鎮,締造了財富,連帶推升貿易、生產、銀行業興起,加上唯智主義(intellectualism)和創造力推波助瀾。**文藝復興是史上自我強化循環(第五章重點)最精彩的例子之一:相對和平的時期,創造力與商業彼此相輔相成,互相強化,締造經濟榮景與各項重大進展。**

在這期間,類似梅第奇家族的人士以及豪門讓文藝復興茁壯燦爛,他們是商人與銀行家,不是封建君主。他們利用名下財富支持藝術、建築以及科學。❷ 除了藝術和建築百花齊放,科學、技術與商業也是突飛猛進。**知識與思**

---

❷ 這一時期統治以及建設佛羅倫斯的梅第奇家族(儘管在他們統治的大部分時間裡,佛羅倫斯技術上仍然是共和國體制),靠著經商以及銀行致富並擴權。他們對藝術和科學貢獻頗大。在歐洲奠定舉足輕重的政治權力。例如,為了獲得權勢以及提供公共服務,梅第奇家族出了四個教皇。多位梅第奇家族成員本身就是藝術家和政治領袖,不僅希望能

想迅速傳播，因為十五世紀中葉發明了印刷機。

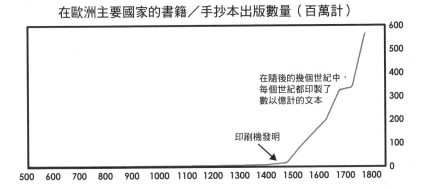

在歐洲主要國家的書籍／手抄本出版數量（百萬計）

在隨後的幾個世紀中，每個世紀都印製了數以億計的文本

印刷機發明

　　順帶一提，歐洲文藝復興的許多創新其實在中國已存在了幾百年之久，因為中國人早發現了催生這些創新的關鍵因素——例如印刷術、科學方法、選賢與能的聘雇制度等等。我們可以把之前提及的新儒學（宋明理學）看作是中國的文藝復興，因為就像歐洲的文藝復興，新儒學講究邏輯和證據為本的思考，也更具創造精神，取代宗教性的世界觀。

　　在十六世紀末、十七世紀初，新思想在歐洲廣泛傳播，諸多名人，包括英國的莎士比亞、法蘭西斯・培根（Francis Bacon），法國的笛卡兒（Descartes）與荷蘭的伊拉斯謨斯（Erasmus）等，發揮廣泛的影響力。生活水準快速改善，儘管多半限於菁英階層，尚未擴及至農民。在義大利，這段相對和平與繁榮時期最後走向了奢華、腐敗、衰亡，城邦愈來愈沒有競爭力，

　　幫助富人，也希望能協助威尼斯的中產階級和較窮的民眾。然而一如相傳多代的家族以及王室，傳了幾個世代之後，出了軟弱的的大家長與君王，加上在經濟吃緊時期，依舊過著極盡奢華鋪張的生活，導致革命。梅第奇家族數次失去對佛羅倫斯的統治權。雖然梅第奇家族在接下來的三個世紀重新掌權，文藝復興也繼續發光，但是到了十六世紀中葉，因為多場戰爭、貿易路徑改變、不良放貸重創家族財政、社會常規與政治現實出現變化，梅第奇家族陷入困境，最後失敗收場。

財政每況愈下。

探索時代與殖民主義（十五至十八世紀）

　　探索時代始於十五世紀，當時歐洲人為了尋找財富周遊世界各地，首次廣泛接觸到許多異族，連帶開始縮小世界的距離。探索時代大致與文藝復興時期重疊，多虧文藝復興發明的嶄新技術，為造船與航海鋪下坦途，而這些船隻帶回的財富，進一步推動文藝復興闊步向前。

　　統治家族支持這類尋寶獵富的探險活動，並與探險家瓜分收穫。例如，葡萄牙王室的亨利王子醉心航海探險事業，因而有亨利航海家（Henry the Navigator）的封號。葡萄牙最早期的一些航海探險活動就是由他贊助，他也建立了跨非洲和亞洲的貿易帝國。西班牙緊跟在後，迅速征服並殖民了西半球大部分地區，包括蘊藏豐富貴重金屬的阿茲特克與印加帝國。雖然葡萄牙與西班牙是競爭對手，但有待探險與開發的世界實在太大，因此就算葡西兩國發生爭端，最後都能成功地言和。西班牙納入哈布斯堡帝國麾下，掌控足以日進斗金的銀礦，因此在十六世紀西班牙的國力在葡萄牙之上，而且自十六世紀末開始，大約有六十年的時間，哈布斯堡王朝的國王也統治著葡萄牙。兩國都將不吝把財富用於開發藝術與技術，造就了藝術與技術的黃金時期。西班牙帝國版圖不斷擴大，大到被稱為「日不落國」，這個頭銜後來用於形容大英帝國。

　　歐洲國家找到既能探險又能賺錢的方式，於是全球貿易崛起，改變了歐洲的經濟。其中最值得注意的是，新財富流入歐洲（尤其是白銀），導致民生基本物資與服務的價格飆漲，名為「西班牙物價革命」。歐洲穩定了數百年的物價，變成了每隔幾十年就翻倍一次，這提醒了我們，巨大的轉變會對經濟產生什麼樣的衝擊，而這種影響憑我們最近的經驗難以想像。

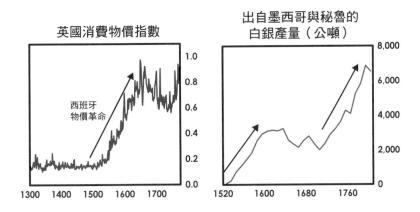

最後，向外探索的動力導致歐洲與亞洲做起貿易（以及剝削亞洲），三大貿易對象是中國、日本、印度次大陸。葡萄牙人在1513年來到中國，是第一批接近中國的歐洲人，雖然其他歐洲探險家（如馬可・波羅）早在1513年之前就已和中國人打交道。歐洲人對中國質地一流的瓷器、絲綢以及其他貨品讚不絕口，對其趨之若鶩，但是中國人對於購買歐洲製品不感興趣，因為覺得歐洲的東西品質低劣。不過他們接受白銀，因為白銀不論在中國還是歐洲都是通行的貨幣，可用來當支付工具。本書稍後會說明，中國數百年來苦於不產貴重金屬，以至於沒有足夠的錢幣。但是歐洲人沒有足夠的白銀可賣給中國人，而中國人又對歐洲其他商品不感興趣，最後導致鴉片戰爭，還有更多有趣的故事，我們稍後會探討。

　　明朝有自己版本的探索時代，卻放棄了它。從十五世紀初開始，明朝永樂皇帝授權最信任的海軍將領鄭和，率領海軍船隊（總稱「寶船」）七次下西洋，遠征世界。儘管不是殖民遠征（歷史學家對航海的商業化程度意見不一），這些船隊的使命有助於將中國的國力擴及至海外。永樂帝的海軍是世界上規模最大、最先進的陣容，擁有噸位更大、建造更精良的船隊，比歐洲任何一個國家的製作水準至少領先了一世紀。

　　中國的國際影響力迅速提升，這可從愈來愈多的外國城市與中國建立正式朝貢關係得到印證。但是明朝皇帝決定結束這些航海活動，把中國變成鎖國的帝國。至今大家仍不清楚是什麼原因，是否因為永樂皇帝的軍事和海軍遠航費支出龐大，抑或後來皇帝認為他們在中國境內可得到所需的一切，沒必要向外探索。

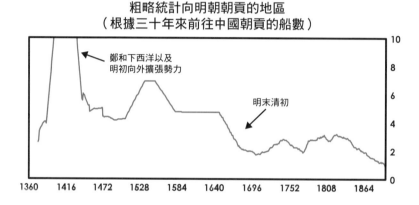

粗略統計向明朝朝貢的地區
（根據三十年來前往中國朝貢的船數）

　　這種內縮現象形成了中國與日本的鎖國時代，接下來的幾百年，中國與日本大致上（斷斷續續地）停止對外國人開放，轉而走上疏離與孤立。

宗教改革（1517至1648年）

　　從十六世紀開始，歐洲掀起宗教改革，新教徒（Protestant）領導的宗教改革運動，對抗羅馬天主教會，結果引爆一系列宗教戰爭，也瓦解當時存在的歐洲秩序。如前所述，當時的秩序（統治階級）係由君主、貴族、教會等三大支柱組成，形成共生關係。宗教改革鎖定的對象是羅馬天主教會裡的權貴以及腐敗墮落，希望另外建立一個獨立的宗教，讓信徒能直接與上帝溝通，而非透過教會組織的規定。當時許多天主教會的主教與高階神職人員生活奢華，猶如住在宮殿的王公貴族，教會出售「贖罪券」（indulgences，據說可以減少信

眾在煉獄中受苦的時間）。羅馬天主教會是一個宗教，也是一個國家，直接統轄現代義大利大部分地區（教皇國）。

宗教改革始於1517年，當年馬丁・路德（Martin Luther）發表了《95條論綱》（*Ninety-Five Theses*），挑戰教皇是解釋聖經的唯一權威以及教皇的整體權勢。當他拒絕撤回自己的主張時，他被打壓成異端，並被逐出教會。不過他的主張（以及其他神學家的想法）在歐洲大部分地區站穩了腳跟，這多虧重要貴族人士的政治支持以及印刷術問世。**宗教改革加上不停上演的爭權奪利，瓦解了既有的歐洲秩序。**

在歐洲主要的基督教大國，宗教改革造成的直接衝擊是內部衝突與動盪加劇，而且動盪蔓延到其他國家。**宗教戰爭和反對既有統治階級與既有菁英階級的戰爭交織在一起，這些戰爭包括法蘭西的長期內戰，估計奪去三百萬條人命；後來也讓英國陷入長期內戰。最後，宗教改革為新教徒爭取到了大量的權利與自由，也削弱了神聖羅馬帝國和哈布斯堡王朝的影響力與地位，並造成德意志嚴重分裂，這個分裂現象在十七世紀中葉極其殘酷的三十年戰爭結束後，持續發酵，繼而導致了一百多年的內戰。一如典型發展，大規模戰爭後新秩序登場，隨之而來的是一段和平與繁榮時期。**

三十年戰爭（1618至1648年）之後的世界新秩序

表面上看，三十年戰爭是新教國家與天主教國家互相對立，但是整個故事複雜得多，牽涉到地緣政治利益，地緣政治利益又和財富與權力相關，影響著誰會和誰結盟。三十年戰爭結束後，簽訂的西發里亞和約確立了新秩序，其中最重要的突破是確立了國界以及國界內人民可行使的主權權利（sovereign rights）。大型戰爭結束以及新秩序建立後，國與國之間多半會有一段長時間偃旗息鼓的和平時期，荷蘭乘勢從動盪中崛起，成為全球領先的經濟大國。但是，爭財與奪權的戰役（尤其是權力式微的君王與臣子之間的角力）繼續在全

歐上演。

資本主義誕生（十七世紀）

　　荷蘭率先發明了可以公開進出以及廣泛參與的股票市場，讓存款人可以有效地把貨幣購買力轉給企業家，讓企業家將購買力用於提高產能以及追求更高的獲利。這大幅改善了資產配置，也刺激了經濟，因為企業家把購買力變成更多的購買力，並產生資本市場週期。資本主義的誕生牽涉許多因素，例如一系列的經濟與金融發展都和資本主義相關，其中最矚目的是可公開交易股票與債券的市場問世，諸如1602年阿姆斯特丹證券交易所開幕，以及英格蘭銀行在1694年首次發行政府公債（為英法戰爭籌資）。資本主義也和科學革命的步伐相輔相成，資本主義誕生是GDP擺脫緩慢成長，進入快速成長的關鍵因素，正如第一章圖表（38頁）所示。我們將在下一章更詳細地剖析資本主義及其產生的巨大衝擊。

科學革命（十六世紀至十七世紀）

　　科學革命延續了文藝復興時期走出宗教框架、靠邏輯推理追求真理的精神與態度，加上宗教改革，人民開始質疑權威、獨立思考。這些因素推動科學方法萌芽茁壯，加深人類對世界的理解，建立了分析與驗證科學發現成立與否的協定（protocols），也為許多提高生活水準的發明與發現揭開序幕。

　　科學方法係培根在十七世紀初期率先帶頭倡議，儘管天文學的許多重要進展（尤其是哥白尼〔Copernicus〕與伽利略〔Galileo〕的貢獻）早在十六世紀就已陸續出現。這些發現大幅提高了歐洲人對於宇宙太陽系的認識，幅度之大是希臘羅馬時期以來首見，其他同樣傲人、與天文學並駕齊驅的進展出現在解剖學、數學、物理（例如牛頓〔Isaac Newton〕的運動定律）以及其他諸多領域。歐洲各國政府開始支持與贊助這類科學研究，最著名的例子是英國皇

家學會（Royal Society，成立於1660年，牛頓在1703年至1727年擔任學會主席），是促進思想交流以及科學發現的重要推手。接下來的幾百年，科學革命與發現協助歐洲大國（特別是英國）實現經濟成長，提高競爭力。支撐科學革命的思想與方法透過啟蒙運動，被應用到愈來愈多的領域。

第一次工業革命（十八世紀至十九世紀）

　　始於十八世紀的英國，民眾的創造力與生產力得到解放，為人們提供資本，讓許多社會得以轉型，成為以機器為基礎的製造業經濟體，創造了幾千年以來首見的長期與廣泛的生產力榮景。產能獲得改善始於農業的各種發明，連帶帶動人口成長，隨著農業勞動密集程度下降，出現都市化的長期性轉變。由於人口湧入城市，工業受惠於穩定成長的勞動人口，形成了良性循環，導致國家內部和國家之間財富以及權力的移轉。湧入城市的新移民需要新類型的商品與服務，因此需要更大的政府，由政府出資興建房舍、改善衛生、提供教育、完善資本主義系統所需的基礎設施，例如法院、監管機構、中央銀行等等。權力轉移到中央政府官僚以及控制生產工具與資源的資本家手裡。

　　就地緣政治而言，這些發展對英國幫助最大，它率先進行了許多重要的創新。在1800年左右，英國的人均產出趕上了荷蘭，然後在十九世紀中葉超過了荷蘭，當時大英帝國的產出在世界的佔比接近高峰（約20%）。

啟蒙運動與革命時代（十七世紀至十八世紀）

　　啟蒙運動也被稱為「理性時代」，基本上是把科學方法應用於規範人類的行為。這種思維方式在十八與十九世紀的歐洲非常普及，更早期的思想運動主張應削減君主和教會的權利，提高個人的權利，這些思維方式是其延續。因為亞當・斯密（Adam Smith）這樣的思想家，經濟學等新領域擴大了研究範圍，而洛克（John Locke）、孟德斯鳩（Montesquieu）等人將政治哲學推

向新的方向。尤其是這些要角和其他人物的啟蒙思想，力主理性與個人自由，削弱君王與教會權力，開啟推翻君主的「革命時代」。這波革命浪潮席捲美國、法國、西班牙、德國、葡萄牙、義大利。典型的劇本是，在動盪的時代，一些國家希望被強人領導，敉平動亂，恢復國家秩序。以法國為例，這個領導人是拿破崙，他有意征服整個歐洲，結果不僅改變法國歷史的路徑，也改變歐洲歷史的走向。拿破崙是典型的偉大仁慈獨裁者，把動亂轉化為秩序與繁榮，並利用過人的軍事手腕擴大了帝國版圖。不例外，他因為過度擴張，最後失敗收場。

拿破崙戰爭與隨後出現的世界新秩序（1803年至1815年）

**　　拿破崙戰爭從1803年打到1815年，拿破崙及其陣營被英國及其盟友聯手擊敗。一如往例，戰勝國聚集在一起，在維也納會議上達成共識，建立新的世界秩序。會議劃定新的國界，維持列強權力平衡，確保沒有一個歐洲大國會變成獨大，藉此避免戰爭。英國成為世界上領先的帝國。一如通例，戰爭過後，新秩序被建立，接著是一段長期的和平與繁榮時期，即大英帝國治下的和平。**

西方列強進軍亞洲（十九世紀）

**　　英國和其他西方列強在十八世紀中葉至十九世紀期間，挾著船堅砲利強行對印度、中國、日本叩關，嚴重打亂了這些國家的歷史發展路徑。當時，中國與日本都採孤立與鎖國路線。**印度由蒙兀兒帝國統治，蒙兀兒帝國曾是南亞重要大國，但在十八世紀迅速走下坡。西方列強挾著軍事優勢，強行叩關想和這三個國家進行貿易。中國試圖與英國一戰，結果輸了。日本看到了中國的前車之鑑，因此在美國指揮官馬修·培理（Matthew Perry）於1853年率四艘軍艦駛入東京灣後，打開門戶與美國進行貿易。**這些發展導致清朝最後走向滅亡、日本內閣辭職，以及英國持續殖民印度。特別是在中國與日本，兩國意識**

到自己必須現代化，因此日本有了明治維新，中國有了維新運動。日本非常成功，中國卻失敗，讓中國持續受苦，經歷所謂百年國恥。

第二次工業革命（1850 年代至二十世紀初）

　　從十九世紀中期開始，第二次創新大潮登場，起初的主角是以蒸氣作為動力來源的發明（如鐵路），然後陸續出現電力、電話、可互換的製造零件，以及二十世紀初的其他各項創新。第一次工業革命以英國為中心，第二次工業革命主要的受惠對象換成了美國。一如通例，這一時期製造了巨大財富，也衍生巨大的財富鴻溝，以及資金過剩的資本市場，導致美國出現了所謂的「鍍金時代」。

共產主義誕生（1848 年）

　　十九世紀中葉，共產主義的誕生與發展，是對資本主義以及資本主義造成的貧富差距所做的反撲，也因為不滿工業革命的好處與利益流向新技術的擁有者而非勞工。共產黨員和既得利益者之間的衝突在十九世紀末二十世紀初加劇，並吹響二十世紀數個重要革命的號角，包括俄羅斯與中國都是共產黨當家執政。

　　接著進入二十世紀，二十世紀有兩個大週期──繁榮、蕭條、戰爭、新秩序。我們現在似乎處於第二個週期的後期階段。因為我會在第十章至第十三章做完整的回顧，以及多數讀者更熟悉我們的現況，所以我將在此結束概述，轉而深入剖析荷蘭的故事，以及荷蘭如何崛起成為第一個全球儲備貨幣帝國。

第 9 章
荷蘭帝國與荷蘭盾的興衰大週期

在十六世紀中葉，荷蘭人發動一系列大大小小的革命，反抗西班牙哈布斯堡王朝的統治，最後終於足夠強大，在1581年爭取到實質的獨立地位。從1625年推翻西班牙至1795年崩潰，荷蘭人在這一百多年期間累積足夠的財富與國力，成為世上最富有的帝國，讓哈布斯堡王朝以及中國都黯然失色。

荷蘭帝國崛起不脫前幾章列出的所有典型原因，大約在1650年左右達到顛峰，進入所謂的荷蘭黃金時代。雖然荷蘭人口少，土地面積小，無法成為歐陸的軍事大國，但是靠著經濟實力、發達的金融體系、強大的海軍（可保護龐大荷蘭帝國在世界各地的貿易據點與殖民地）得到彌補，荷蘭盾成為第一個全球儲備貨幣。

下圖顯示決定荷蘭興衰的八個主因。

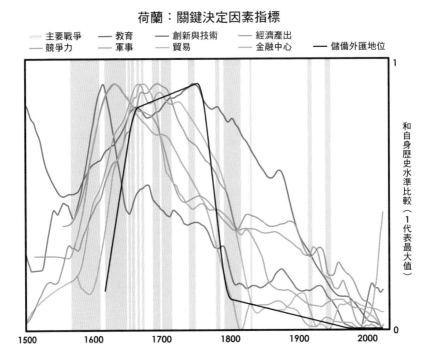

荷蘭：關鍵決定因素指標

該圖未顯示前一個領先強權——哈布斯堡王朝沒落，不過你可以在下一張
圖表看到，該圖繪出荷蘭帝國興衰的完整弧線，並標注了關鍵事件。數字代表
內部秩序週期的六個階段及其大致發生的時間。

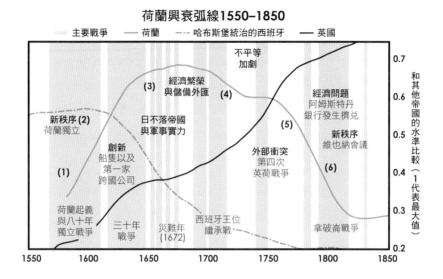

荷蘭興衰弧線1550–1850

故事從西班牙哈布斯堡王朝走下坡開始，揭開了荷蘭大週期的第一階段。

西班牙／哈布斯堡王朝與荷蘭帝國一衰一興之間的過渡期

舊帝國變得又弱又貪腐，新帝國會崛起取而代之。荷蘭帝國的故事始於哈布斯堡王朝由盛而衰，原因不外乎國力變弱、腐敗、過度擴張等等。

從1519年至1556年，查理五世（Charles V）既是神聖羅馬帝國皇帝也是西班牙哈布斯堡王朝國王。他轄下的領土包括現代的荷蘭、比利時、義大利、德國、奧地利和西班牙，讓哈布斯堡王朝成為歐洲最顯赫的王室家族統治的朝代。**西班牙國力特別強，**❶ 因為靠著探索時代累積的財富與權勢。西班牙艦隊顯然是歐洲實力最強的海軍。西班牙的銀幣幾乎成為儲備貨幣——連遠至中國都可以流通使用。在十六世紀中葉左右，情勢開始轉變，**撒在第一階段的衰敗種子開始萌芽，一場革命性的權力移轉開始發酵。**

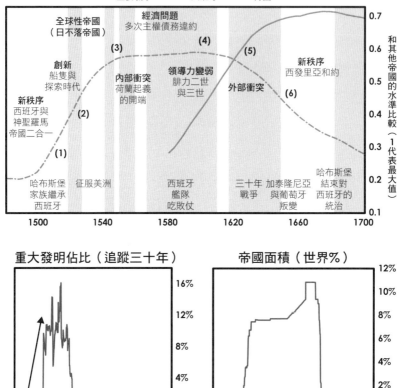

①　到了1500年左右，西班牙的領土逐漸統一。在此之前，基督教王國與穆斯林勢力在此衝突不斷，雙方戰火長達五百多年。西班牙半島自八世紀以來，多半由穆斯林統治。兩大王國卡斯提爾（Castile）的王后與亞拉岡（Aragon）的國王在1469年聯姻，統治西班牙大部分國土。1492年，他們征服西班牙最後一塊被穆斯林統治的勢力範圍—格拉納達（Granada）王國。崛起的西班牙擁有強大的軍事力量，與天主教會形成非常密切的關係，能夠成功收復被穆斯林統治的領土，很大一部分歸功於教皇支持的十字軍東征。宗教與王權往往密切結盟，如西班牙的宗教裁判所。

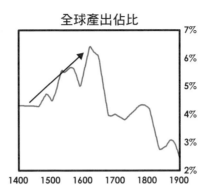

全球產出佔比

哈布斯堡王朝沒落，是許多典型的原因使然。有錢有勢的菁英遭到沒錢沒勢的民眾挑戰，發動革命，推翻既有的統治階級與秩序。例如，誠如我在上一章所指出，宗教改革帶出新的宗教觀，認為羅馬天主教會腐敗、剝削壓榨，因此發動革命。當時，天主教會與神聖羅馬帝國錢多也具備雄厚的政治實力，是維持既有秩序與統治權的堅強後盾。宗教改革始於一群反天主教會的宗教團體，一般通稱為「新教」（Protestantism）。

馬丁・路德在1517年發表《95條論綱》，挑戰教皇對聖經的詮釋以及高高在上的權力。路德拒絕向天主教會讓步收回他的主張，而被判定是異端，並被逐出教會。然而他的見解獲得關鍵貴族的政治支持，加上歐洲開始使用新的活版印刷術，讓他的思想得以廣傳到歐洲大部分地區。

此時剛好碰上經濟陷入困境以及衝突加劇，導致動盪與嚴重的內戰，[2] 最後在十七世紀中葉爆發殘酷的三十年戰爭。受衝擊最大的是神聖羅馬帝國以及哈布斯堡王朝。

查理五世沒能阻止宗教改革的革命性衝擊，以及對既有秩序的破壞力。他

---

[2] 例如法國的宗教戰爭在1550至1600年期間造成數百萬人喪生，而英國在十六世紀期間，隨著新王登基，信仰也跟著轉向數次，過程充滿暴力。就連在十七世紀中葉，災難性的英國內戰很大程度也因宗教紛爭而起。

在1555年被迫簽署了奧格斯堡和約（Peace of Augsburg），這削弱了神聖羅馬帝國以及哈布斯堡王朝的地位。他退位，並將名下領土一分為二：屬於神聖羅馬帝國的領土交給弟弟斐迪南（Ferdinand）繼承，哈布斯堡王朝的領土（包括西班牙、荷蘭、比利時、義大利南部、西班牙的海外殖民地）則交給他的兒子腓力二世。自此，哈布斯堡王朝的衰落就照著典型劇本走：

- **帝國的軍力過度擴張。** 西班牙不僅面臨荷蘭長期抗爭，起義脫離西班牙統治；也和鄂圖曼帝國、義大利幾個邦國、法國與英國交戰。這些戰爭耗資巨大，甚至在三十年戰爭爆發前就蠶食哈布斯堡家族的王朝。
- **可怕的國家財政赤字導致加稅、印鈔、債台高築這個典型的有害組合。** 腓力二世在位期間曾經四次債務違約。
- **中下階級飽受食品價格上漲之苦，** 西班牙物價革命導致食品價格以前所未見的速度飆漲。
- **內部衝突加劇，** 起因於前面提及的所有原因。
- **領導力惡化。** 腓力二世和兒子腓力三世生活奢靡，不善治理國事，最後靠著印鈔解決龐大赤字，導致高通膨率以及經濟災難。他們周圍大臣的表現也大同小異。

這張圖顯示當時流通最廣的貨幣（西班牙馬拉維特幣）的幣值，硬幣價值以白銀重量計算。增加廉價的基本金屬以便擴大貨幣供給額，是當時普遍的「印鈔」方式，同時也造成貨幣貶值。各位可見西班牙幣自十七世紀初期開始貶值。

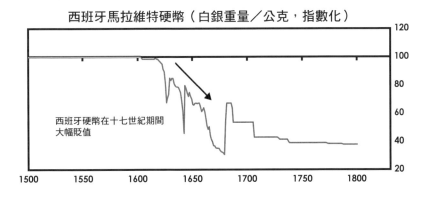

十六世紀的事件並未終結哈布斯堡王朝，甚至也未終結西班牙對荷蘭的統治，這些都要等到1648年三十年戰爭結束才會發生，但他們的確創造了有利荷蘭崛起的條件。

崛起

從1581年至1625年左右，荷蘭帝國按照第一章概述的帝國崛起典型劇本登場。進一步具體分析如下：

- 在沈默者威廉（William the Silent）領導下，荷西爆發八十年戰爭，成功反抗西班牙統治，並在1581年宣布獨立，建立荷蘭共和國。威廉成了荷蘭國父，他是善戰的指揮官，團結荷蘭各省對抗西班牙。
- 雖然接下來數十年，西班牙和荷蘭的戰火未歇，但荷蘭成功脫離西班牙獨立，並為荷蘭共和國的崛起播下種子（尤其是腓力二世切斷與荷蘭的貿易，逼迫荷蘭人不得不自己向海外擴張以利經商）。
- **由於共和國允許加盟的各個省份擁有高度主權，所以荷蘭帝國是由一群政治家集體領導，而非靠君王或領導人一人統治。**儘管貴族擔任最重要的職務，但共和體制的設計強調制衡與夥伴關係，結果證明有效。

- 荷蘭的價值觀與文化強調教育、儲蓄、實力與包容。
- 脫離西班牙讓荷蘭得以建立**更開放、更富創意的社會**。
- 荷蘭人發明了可以航行全球的船隻，到海外累積財富；建立資本主義制度，提供資金進行海外探索以及其他有利可圖的行動；還有其他諸多突破，讓荷蘭變得有錢又強大。荷蘭創造了史上第一家巨型公司——荷蘭東印度公司，在全球貿易量的佔比高達三分之一。❸ 荷蘭人樂於擁抱新想法、新人才、新技術，這些均有利於他們快速崛起。
- 為了支持貿易，**荷蘭政府提高對軍事的投資**，讓荷蘭得以在多場軍事衝突中成功抵禦英國，並掌控更多貿易。
- 荷蘭也創造世上第一個除了黃金和白銀之外的儲備貨幣——荷蘭盾，透過成立阿姆斯特丹銀行，推出創新的金融與貨幣制度，成為荷蘭盾的後盾。❹

由於這些典型、穩健、扎實的功底，荷蘭人變有錢——人均收入是大多數其他歐洲國家的兩倍以上。荷蘭人繼續大量投資於教育與基礎建設，鞏固各項成就與進展。荷蘭識字率是世界平均水準的兩倍。他們繼續發展資本市場，**阿姆斯特丹成為全球最重要的金融中心**。荷蘭只有一、兩百萬人口，卻做到了這一切。

以下圖表顯示十七世紀期間，荷蘭在教育、創新與貿易方面的獨特性，以及這些發展如何影響荷蘭人的收入，這一切我們將在本章稍後一一探討。

簡言之，荷蘭人非常重視教育、勤奮努力，也極富創造力。 實際上，荷蘭在鼎盛時期，重大發明的數量在世界的佔比高達四分之一左右。這樣的向上動能始於荷蘭脫離西班牙獨立前夕。

---

❸ 根據我粗略的估算。

❹ 本章提到「荷蘭盾」時，一般指的是阿姆斯特丹銀行使用的荷蘭盾紙鈔，而非實體硬幣（也稱「荷蘭盾」），後者係貴重金屬打造（即第一類貨幣）。

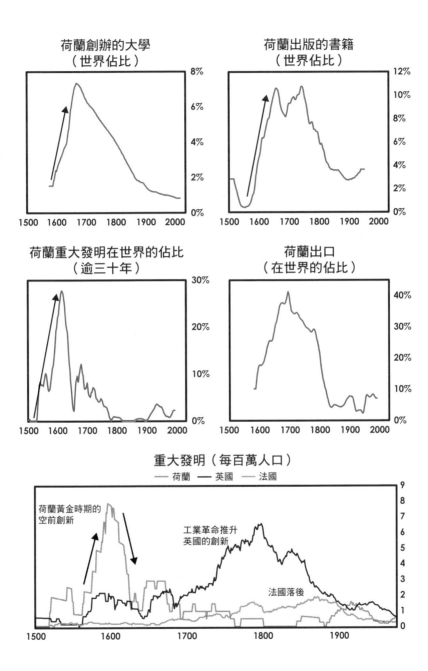

荷蘭創辦的大學
（世界佔比）

荷蘭出版的書籍
（世界佔比）

荷蘭重大發明在世界的佔比
（逾三十年）

荷蘭出口
（在世界的佔比）

重大發明（每百萬人口）
—— 荷蘭　—— 英國　—— 法國

荷蘭黃金時期的
空前創新

工業革命推升
英國的創新

法國落後

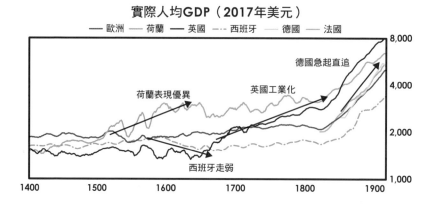

重申一下，荷蘭人的兩大重要發明：1）能帶著他們航行全球的帆船，獨特，效能又佳，搭配他們在歐洲大大小小戰役中累積的軍事技能，成功在海外收集可觀的財富；2）發明資本主義，替這些行動提供資金。

荷蘭的資本市場週期

荷蘭人發明資本主義。這對荷蘭人以及全世界都是偉大的發明，但是像多數偉大的發明一樣，資本主義也造成了一些潛在致命後果。雖然生產、貿易、私有制以前就存在，**但這麼龐大的人數透過公開股票市場，集體購買賺錢事業的所有權，這還是首見。荷蘭人發明了全球第一個股權公開上市的公司（荷蘭東印度公司），並在1602年成立世上第一個股票交易所。**

像多數發明一樣，資本市場出現是基於需要以及自身利益。航行世界尋找新的貿易路徑充滿風險，所以商人把出航相關的一些風險轉賣給其他人，交換條件是未來可分享獲利。這樣的設計言之成理。在十六世紀中葉，荷蘭人把股權引入航海活動，這是革命性作法。在1600年之前，這些股份由少數商人持有，基本上缺乏透明度，流動性也差，所以對於圈外的投資人缺乏吸引力。

1602年阿姆斯特丹證券交易所成立，以及荷蘭東印度公司公開上市，大幅提高股民人數（每五十個荷蘭成年人中就有一個以上擁有股票），而交易所

關於股票所有權以及轉手都有明確規定，讓資本市場更加透明。荷蘭東印度公司同樣也是革命性的發明。作為世上第一家跨國公司，它擁有今天企業的諸多特徵——股東、公司商標、董事會等等。資本市場讓投資人懂得儲蓄、商人得以募資、每個人都有機會進入具流動性的市場，可以簡單有效率地轉移資本，推動累積財富的新時代。荷蘭東印度公司在十八世紀初最輝煌時期，該公司股息佔了荷蘭GDP的近1%。

　　值得注意的是，荷蘭人表現優於西班牙人與葡萄牙人，這讓他們拿下大獎——在歐亞之間取得更高的貿易佔比，尤其是與中國和印尼的貿易，獲利非常可觀。

荷蘭東印度公司的股利與股息（GDP佔比）

　　除了創造股票市場，荷蘭也發明了發達的銀行系統，系統成長快速，開始為荷蘭商人以及非荷蘭商人的國際貿易提供資金。荷蘭創建全球第一家銀行之前，國際貨幣狀況一團糟。在十六世紀末，大約有八百種外國幣和本國貨幣流通於荷蘭，其中許多貨幣是劣幣（亦即硬幣中的貴金屬含量被降低），難以和假幣區隔，造成貨幣價值充滿不確定性，既拖累國際貿易的速度也增加交易成本。

　　在1609年，阿姆斯特丹銀行成立，角色是外匯銀行，保障商業債權人不會受市面上流通但不可靠商品貨幣的影響。阿姆斯特丹銀行提供的服務有助於

穩定貨幣，這讓荷蘭的硬幣、銀行開立的信用狀、荷蘭金融系統位居全球金融的中心。值得注意的是，這家銀行的荷蘭盾（雖然有硬通貨支持）基本上屬於第二類貨幣，這讓荷蘭盾成為世上第一個儲備貨幣。

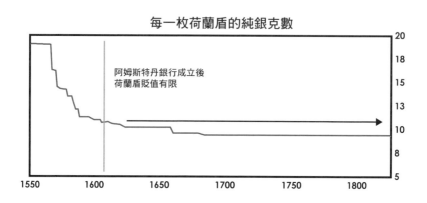

由於這種制度，荷蘭盾成為有效的匯兌媒介以及財富儲存的工具。**阿姆斯特丹銀行的匯票提高了荷蘭盾作為儲備貨幣的地位。波羅的海與俄羅斯的貿易完全仰賴荷蘭盾以及阿姆斯特丹銀行的匯票，作為買賣雙方定價與結算之用。❺**

新世界秩序：三十年戰爭與西發里亞和約

隨後三十年戰爭爆發（1618至1648年）。雖然荷蘭人在這場全歐都被捲入的衝突中，角色相對不重要，但是考量到這場戰爭對歐洲內部與外部秩序的重要性，還是值得詳細介紹一下。三十年戰爭也是內部與外部秩序聯手撼動現狀的經典實例。

所有典型的權力動態平衡都發揮了作用。在這個例子，三十年戰爭是典型的為財富和權力而戰，只不過時間長多了。一方是哈布斯堡奧地利家族的神聖

---

❺ 在1650年左右，倫敦商人普遍用他們在阿姆斯特丹銀行的存款為基礎的匯票支付從莫斯科進口的貨品。至1650年，在阿姆斯特丹銀行開立的帳戶以及存款額均持續增加。

羅馬帝國皇帝，他結盟了德國的天主教封建諸侯（最顯赫的是巴伐利亞），並聯合西班牙與教皇國。另一個陣營是德國的新教王公貴族，分別在不同時期與丹麥、荷蘭、瑞典以及法國結盟。戰爭的導火線是金錢、宗教（新教徒對抗天主教徒）與地緣政治。這些國與國之間的結盟非常複雜。例如君主制的法國（信奉天主教，而且由紅衣主教黎塞留〔Richelieu〕❻ 擔任首相，主導國家政策）竟與路德教派的瑞典以及喀爾文教派為主的荷蘭結盟，彼此先是秘密結盟，後來是公開合作。這是因為相較於意識型態，他們更在乎金錢和地緣政治。

　　三十年戰爭，哈布斯堡王朝戰敗，導致地位大降。西發里亞和約建立了新的世界秩序，擴大了神聖羅馬帝國轄下邦國與諸侯的自治權，又進一步削弱哈布斯堡奧地利皇帝對其他邦國的有限權力。更重要的是，**在西發里亞敲定的和約催生了我們今天所熟悉的國家，亦即允許邦國擁有主權，得以在自己的地理邊界內制定決策**（例如決定宗教、語言、所有規範與制度），彼此尊重這些邊界，以便不會再發生無視邊界、隨心所欲的權力掠奪戰（當然一國有意引發一場大戰的情況除外）。國家概念的出現導致民族主義，以及奉行國家利益至上，影響所及，重塑了敵對國之間的權力平衡觀，**也讓宗教當權者的權力大幅縮水。**

---

❻ 紅衣主教黎塞留是當時法國最重要的領導人，在1624至1642年擔任首相。黎塞留相當聰明，夾在兩位爭奪法國王權的勁敵之間左右逢源：法王路易十三（Louis XIII）以及他的母后之間（你不可能編造這些情節）。黎塞留對於內部秩序有他自己獨特的看法，認為國家應該集大權於一身，重要性高於君主、教會或貴族的認知。他不僅是有大格局的偉大思想家，也是偉大的管理者，讓這套系統正常發揮功能。他提高整個法蘭西王國的效能，有效徵到稅，成功控制貴族與地方當權者。他創造了國家利益與權力平衡的概念——例如，將施政重心放在平衡法國國力和哈布斯堡的霸權。這是在馬基維利（Machiavelli）的理論開始普及後不久。他主張讓中歐保持分裂以利平衡（因為中歐團結會主宰其他地區），這概念從1624年一直維持到法國大革命之前（詳見亨利·季辛吉的《世界秩序》〔World Order〕）。

西發里亞和約反映了我所說的「厭戰」（exhaustion of war），這心態有助於開啟長期的和平與繁榮。就像所有大型戰爭，三十年戰爭對生命、財產、財富造成毀滅性損失。歐洲四分之一人口死於戰火、疾病或飢荒。**由於戰爭可怕的程度遠超過積極求戰者的想像，厭戰讓和約順利誕生，秩序被重新定義，隨後是一段和平時期，直到下一場大戰發生。**

權力重新平衡以及相對穩定的時期讓荷蘭人受益最大；也許最重要的是，這讓荷蘭人擺脫被哈布斯堡王朝主宰的威脅。

另外●**戰爭也會重創經濟與財政；而且對戰勝國或戰敗國皆然。**例如，法國雖是三十年戰爭的「贏家」，而且多半只間接參與，但還是導致財政千瘡百孔，以及嚴重的社會動盪，結果面臨廣泛的叛亂與起義。戰敗的哈布斯堡王朝情況更是慘不忍睹。相較於法國與西班牙，荷蘭經濟受傷程度較輕。接下來的和平時期讓荷蘭人受惠，並滋養了荷蘭的黃金時代。荷蘭人也受益於從戰役中精進的軍事發展，再搭配荷蘭東印度公司的航運實力。強有力的航運結合軍事實力，拓展了荷蘭在全球的影響力。

顛峰

黃金時代的荷蘭人漸漸將注意力轉移至「過上美好生活」，結果弱化了他們的財政。其他大國崛起，開始挑戰荷蘭人。資本主義出現，加上啟蒙時代的新思潮，導致了經濟轉型，稱之為工業革命，這浪潮以英國為中心。荷蘭人在1600年代曾是創新、貿易、財富的領頭羊，無人能出其右，但到了工業革命時期，被甩在後頭。荷蘭帝國持續走弱，卻又過度擴張，最後導致支出居高不下，入不敷出，難以為繼。

下圖顯示了六個重要戰爭與影響。

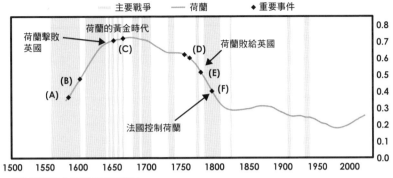

相較於其他大國，荷蘭的國力與實力指數（估計）

(A) 荷蘭宣布脫離西班牙獨立
(B) 荷蘭東印度公司、阿姆斯特丹銀行和證券交易所成立
(C) 第一次和第二次英荷戰爭
(D) 七年戰爭以及1763年影子銀行危機
(E) 第四次英荷戰爭，阿姆斯特丹銀行發生擠兌
(F) 荷蘭東印度公司國有化，荷蘭帝國隕落

荷蘭經歷諸多我們之前所述由盛而衰的經典現象：

- 荷蘭的**教育和技術優勢受到侵蝕**。

- 荷蘭東印度公司沒落，荷蘭喪失整體競爭力。

- **在十八世紀，工業革命使英國取代荷蘭成為歐洲卓越的經濟和金融大國。**

- 和其他大國相比，荷蘭經濟成長趨緩，因此難以負擔與維持龐大帝國的開銷（尤其是由這麼一個小國控制的帝國）。愈來愈多的軍事衝突（為的是保護在世界各地的鉅額財富）導致荷蘭**過度擴張與過度負債**。

- 這一切都不利**荷蘭盾作為儲備貨幣的地位**，在荷蘭**敗給**英國（接著也把重要資產拱手讓給英國）之後，荷蘭盾的儲備貨幣地位進一步惡化。

- 隨著荷蘭帝國走弱，其**金融中心的地位也受到侵蝕**，尤其是發生一系列債務危機以及中央銀行與貨幣的擠兌之後。

　　儘管西發里亞和約給歐洲帶來相對的和平與穩定，但荷蘭在帝國時期，仍參與了許多戰役。對手看出荷蘭的弱點而發動攻擊，特別是為了爭奪貿易路徑而爆發海戰。以下簡要總結荷蘭參與的戰役，為的是建立並維繫帝國的盛世：

- **八十年戰爭（1566至1648年）**：新教荷蘭對抗天主教西班牙之戰。荷蘭在1581年首次宣布獨立，但直到1648年簽訂西發里亞和約，結束了三十年戰爭與八十年戰爭，荷蘭才完全獨立。

- **第一次英荷戰爭（1652至1654年）**：這是一場貿易戰，導火線是英國國會1651年通過航海條例（Navigation Act），規定所有來自美洲殖民地的貨物必須由英國船隻運輸。這場戰爭很大程度以不分勝負收尾，無法解決雙方的貿易競爭。

- **丹麥－瑞典戰爭（1657至1660年）**：瑞典向荷蘭的盟友丹麥宣戰，威脅波羅的海貿易路徑的安全，而這是一條非常賺錢的貿易路徑。最後荷蘭擊敗了瑞典。

- **第二次英荷戰爭（1665至1667年）**：英國與荷蘭再次為了貿易紛爭而戰，荷蘭戰勝。

- **法國－荷蘭戰爭（1672至1678年）與第三次英荷戰爭（1672至1674年）**：這兩場戰爭也是因為貿易而起。荷蘭挫敗了法國併吞荷蘭的盤算，逼迫法國降低若干荷蘭商品的關稅，但也付出巨大代價。

- **第四次英荷戰爭（1780至1784年）**：英國為了報復荷蘭支持美國獨立革命而發動這場戰爭，結果荷蘭大敗，終結了荷蘭盾作為儲備貨幣的地位。

　　諷刺的是，軍事上的勝利，開啟了近一百年的和平，也導致荷蘭退出強國之列。在1688年，荷蘭國王威廉三世（William III）娶了英國國王詹姆士二

世（James II）的女兒瑪麗二世（Mary II），隨後成功入侵英國，奪取了政權。這段歷史被稱為「光榮革命」（Glorious Revolution），為英國創造新的內部秩序。雖然短期來看，威廉三世登上英國王位對荷蘭無疑是件好事，**但經濟整合與軍事合作的次級後果（second-order consequences），在接下來的一百年，嚴重影響荷蘭的經濟實力以及荷蘭盾的地位。**

1688年之後，英國更具競爭力，荷蘭商人遂將業務轉移到倫敦，加速倫敦崛起，成為國際金融中心。英荷結盟（共治）也讓英國商人有機會打入荷蘭貿易網。威廉三世移居到英國，無法專心統治荷蘭。他在1702年過世，無子嗣繼承王位，打斷了英荷之間的直接聯繫，荷蘭國內也因為群龍無首（沒有國王），各省開始鬧分裂。儘管在第四次英荷戰爭之前的八十多年裡，英荷兩國持續保持軍事合作，聯合對抗法國，但是到了十八世紀中葉左右，兩國開始在許多相同重疊的市場你爭我搶、互不相讓。

十八世紀中葉左右，荷蘭帝國式微，國力不再領先群雄。尤其是英國，學習並精進荷蘭的創新，也投資教育，強化人民的能力。這些能力搭配善用資本主義，讓英國突飛猛進，成功走上工業革命。走上工業革命的英國持續精進既有的觀念，諸如標準化生產流程、把生產的主力從個別工匠轉移到工廠等，以利提高生產效能。工業革命也為諸多革命性創新鋪下坦途，讓英國得以提高生產力、攻佔更多的貿易市場、建立強大的軍事力量。

此外，一如典型的歷史模板，**荷蘭變得愈是富可敵國，競爭力愈是下降。**例如，荷蘭人的工資多半高於歐洲其他地區。荷蘭東印度公司也同樣失去競爭優勢。例如，包括茶葉在內的一些熱門新商品，荷蘭的進出口貿易效率不彰。**和其他大國相比，荷蘭經濟成長放緩，讓荷蘭更難支付與維繫龐大帝國的開銷。**為了保護龐大的財富，軍事衝突不斷增加，讓荷蘭財務**過度擴張而吃緊。**

因此從1725年左右至1800年，荷蘭財政不例外地照著歷史模板，不斷惡化。以下圖表精準地呈現阿姆斯特丹銀行興衰的過程。

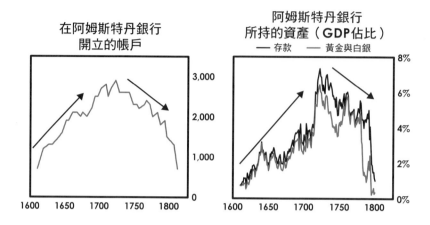

　　一如歷史模板，即便荷蘭其他實力開始走下坡，但荷蘭盾作為儲備貨幣的地位依舊堅不可破。由於匯票是國際貿易信貸的主要工具，所有希望與荷蘭有貿易往來的商人都必須在阿姆斯特丹銀行開戶，**因此約40%的全球貿易量在阿姆斯特丹以荷蘭盾結算**。由於荷蘭在貿易以及金融交易的重要性，以及阿姆斯特丹銀行的政策讓荷蘭盾成為安全有效的匯兌與財富儲存的工具，加上荷蘭商業實體與銀行堅持使用荷蘭盾，在在鞏固了荷蘭盾作為全球首選儲備貨幣的地位。❼ 這給了荷蘭能夠背負大量債務的「非凡特權」。

衰敗

　　1750年左右，英國（與法國）變得比荷蘭更強，因為他們自己發憤圖強，實力上升，反觀荷蘭自己變弱，實力下降。一如典型的模板，荷蘭a）背負更多債務；b）飽受內鬥之苦；❽ c）軍事實力走弱。這些原因讓荷蘭易受攻

---

❼ 可參閱的結算數據顯示，荷蘭盾在全球貿易的佔比居高不下：透過阿姆斯特丹銀行結算的金額，在1760年代達到顛峰，約是荷蘭共和國GDP的1.5倍（有些估計是兩倍多）。1868年的英國以及1955年的美國，類似佔比分別是3.6與2.7。

❽ 一個不錯的例子是「愛國者運動」在這段時期非常受荷蘭民眾歡迎。

擊，國力衰微。

　　由於海外收入下降，富有的荷蘭存款人將現金轉投資到英國，英國之所以更具投資吸引力，因為英國經濟成長強勁，收益更高。[9] 但是這時荷蘭盾依舊是全球的儲備貨幣。如前所述，儲備貨幣的地位通常落後於導致帝國興衰的關鍵轉折點。然後，**一如典型發展，現有霸主面對崛起強權的挑戰，多以戰爭告終**。

　　從1770年代起，英國開始介入荷蘭的航運勢力。此外，美國獨立戰爭期間，荷蘭與美國殖民地進行軍火交易，導致英荷升高衝突。英國不甘示弱反擊，於1781年在加勒比海海域發動攻勢，重創荷蘭海軍，並佔領了荷屬東印度群島。荷蘭東印度公司損失了一半的船隻以及關鍵的貿易航線，不得不向阿姆斯特丹銀行大量舉債，以免破產倒閉。其他敵對勢力乘人之危，強佔了荷蘭更多的航運機會。英國封鎖荷蘭海岸以及東印度群島，造成荷蘭貿易崩潰，連帶出現流動性危機。這些事件對財務造成的後果，顯示於以下圖表：

荷蘭東印度公司資產負債表（GDP佔比）

—— 資產　　—— 負債　　—— 股權

荷蘭東印度公司在第四次英荷戰爭中已形同消滅

---

[9] 這一時期，很多荷蘭人提高對海外的投資。例如，荷蘭人購買英國東印度公司的股票，以及倫敦市也向荷蘭投資人出售定期年金（債券）。有關進一步的詳情，參見Hart、Jonker、van Zanden的《荷蘭金融史》（*A Financial History of the Netherlands*）。

[10] 本圖僅顯示荷蘭東印度公司在荷蘭本土的財務表現，不包括該公司在亞洲分公司的收入與債務，但包括它自亞洲進貨，出口到歐洲的收入。

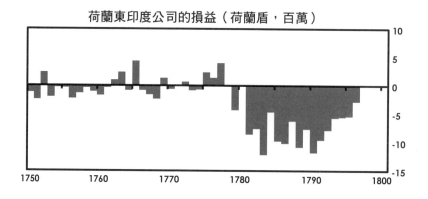

財務損失以及龐大債務導致中央銀行採取典型作法──印製更多紙幣。阿姆斯特丹銀行印製更多紙鈔，注資荷蘭東印度公司，結果大家很快發現，銀行沒有足夠的黃金與白銀來擔保票據的價值，於是照例發生了「銀行擠兌」，投資人紛紛將紙幣換成貴金屬。銀行貴金屬的儲備見底，荷蘭盾的供應量暴增，儘管需求下降，如下圖所示：

　　下圖顯示，在第四次英荷戰爭期間，阿姆斯特丹銀行資產負債表上債務金額爆炸性成長（供參，戰爭開始時，資產負債表上未償付貸款約兩千萬荷蘭盾，亦即戰時阿姆斯特丹銀行的負債規模擴大了約50%）。阿姆斯特丹銀行別無選擇；荷蘭東印度公司大到不能倒，因為荷蘭政府依賴該公司的貸款。

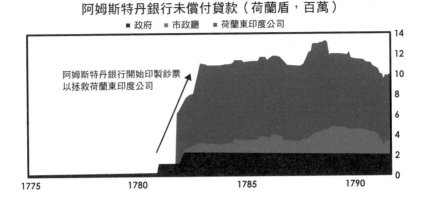

阿姆斯特丹銀行未償付貸款（荷蘭盾，百萬）

■ 政府　■ 市政廳　■ 荷蘭東印度公司

阿姆斯特丹銀行開始印製鈔票
以拯救荷蘭東印度公司

利率上升，阿姆斯特丹銀行不得不讓荷蘭盾貶值，削弱了荷蘭盾作為財富儲存工具的可信度，[11] 結果，英國英鎊取代荷蘭盾成為主要的儲備貨幣。

荷蘭的際遇符合帝國興衰的典型模式，一如第一章總結帝國興衰的原因，以及第三章描述貨幣、信貸、債務如何運作。**阿姆斯特丹銀行從第一類貨幣系統（貴金屬）開始，逐漸演變為第二類貨幣系統（與貴金屬掛鉤的紙幣）。**一如往例，由第一類轉換至第二類係在財務吃緊以及捲入軍事衝突的時候。轉換有其風險，因為會降低大家對該貨幣的信任，增加類似銀行擠兌的風險，而這也的確發生了。長達兩個世紀，將錢存在阿姆斯特丹銀行（即銀行持有的短期債務）一直是財富儲存的可靠手段。而今存款人開始大幅折價將存款兌換成荷蘭盾硬幣（由黃金與白銀鑄造）。阿姆斯特丹銀行利用其持有的硬幣與貴金屬（即儲備）收購在公開市場流通的荷蘭盾，以便支撐存款價值，但是銀行沒有足夠的儲備，無法無限期地買入荷蘭盾。靠銀行金銀幣支撐的存款，在1780年3月還有一千七百萬荷蘭盾，至1783年1月，暴跌至只剩三十萬荷蘭盾。因為金銀幣存款人紛紛解約，要求銀行歸還硬幣，以求落袋為安。銀行擠兌，終

---

[11] 阿姆斯特丹銀行走在時代尖端，使用帳本而非實體「紙幣」。參見Quinn & Roberds,
"The Bank of Amsterdam Through the Lens of Monetary Competition"。

結了荷蘭帝國以及荷蘭盾作為儲備貨幣的地位。在1791年，阿姆斯特丹銀行被阿姆斯特丹市政府接管，在1795年，荷蘭共和國被法國入侵而亡國，成為法國的附屬國。在1796年，荷蘭東印度公司被國有化，股票變得一文不值，特許經營權在1799年到期。

　　以下圖表顯示，荷蘭盾與英鎊、黃金的兌換匯率。顯然阿姆斯特丹銀行已喪失公信力，投資人紛紛改抱其他資產與貨幣。❷

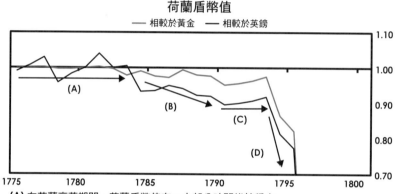

荷蘭盾幣值

—— 相較於黃金　—— 相較於英鎊

(A) 在荷蘭衰落期間，荷蘭盾幣值有一大部分時間維持穩定
(B) 第四次英荷戰爭導致印鈔借款，讓荷蘭盾首次蒙受壓力
　　（阿姆斯特丹銀行發生擠兌）
(C) 法國大革命開始，投資人尋求資金避風港，荷蘭盾出現短暫穩定期
(D) 法國推翻荷蘭政府；阿姆斯特丹銀行的帳戶與資金基本上已被清零

❸

---

❷ 歷史數據顯示，在1795年左右，阿姆斯特丹銀行存款的交易價格比實際硬幣價值縮水了25%。參見Quinn & Roberds, "Death of a Reserve Currency"。

❸ 為了充分呈現阿姆斯特丹銀行存款人可能的財務狀況，我們假設存款人在銀行倒閉時都能按比例分配到銀行金庫還剩的貴金屬（大約是存款金額的20%，亦即存款大約貶值了80%）。

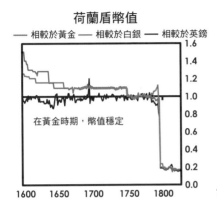

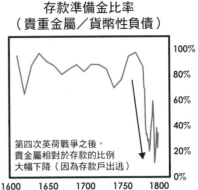

下圖顯示荷蘭東印度公司股東在不同年份的投資報酬率。與大多數泡沫化公司一樣，荷蘭東印度公司一開始營收不錯，基本面也出色。即便基本面開始走弱，依舊能吸引更多的投資人。最後，因為基本面崩盤、負債累累而破產。

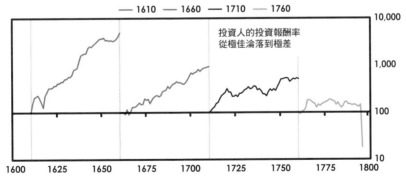

一如典型發展，相較於投資崛起的帝國，投資衰落帝國的資產報酬率下降。例如，投資英國東印度公司的報酬率遠超過投資荷蘭東印度公司。相較於投資英國政府債券，投資荷蘭政府債券的報酬率非常糟糕。

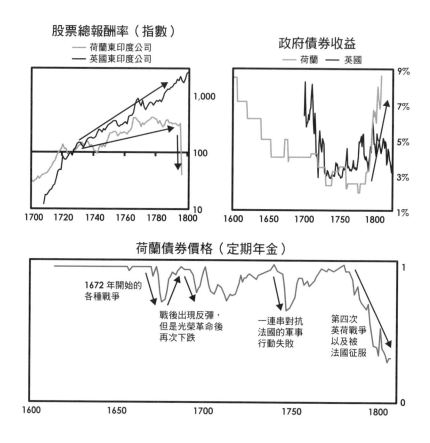

荷蘭帝國衰落帶出了史上另一個大週期:大英帝國的興衰,以及英鎊儲備地位的興衰。這個故事(內容基本上大同小異,只不過相隔了一個世紀左右,技術更先進、民眾穿著不同的服飾、說著不同的語言罷了)將在下一章登場。

第 10 章
大英帝國與英鎊的興衰大週期

當兩個或多個實力相當的國家（或國家共組的聯盟）發生衝突，其中一方戰勝，取得足以制定新規則的主導地位時，世界秩序就會發生變化，這就是新的世界秩序。在這之前，崛起的國家需要累積實力，直到能與霸權國家不相上下，所以任何一個大國崛起的故事，早在它成為大國之前就已開始。同樣地，它衰落的故事也會在它喪失大國地位之後，延續好一陣子。這反映在弧形線走勢，顯示荷蘭、英國、美國、中國等帝國興衰週期的簡化版，之前已與你們分享，現在再次拿出來分享。

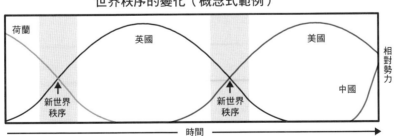

世界秩序的變化（概念式範例）

大英帝國的崛起早在它傲視群雄前就已開始，畢竟它得建立教育、制度、

技術等實力，才能提高自己的競爭力，繼而挑戰並擊敗荷蘭。下圖顯示我根據
八個衡量指標，評析大英帝國從1600年至今的實力。如圖所示，競爭力、教
育、創新與技術水準等在十七世紀初期顯著上升，持續在1600至1800年穩定
進步，並在1700至1900年開花結果，這顯現在英國的經濟產出、世界貿易的
佔比、軍事擴張等現象。其他緊隨在後的滯後發展，包括英國的金融市場與金
融中心（倫敦）成為世界的領頭羊，更滯後的發展是，英鎊取代荷蘭盾成為全
球儲備貨幣。

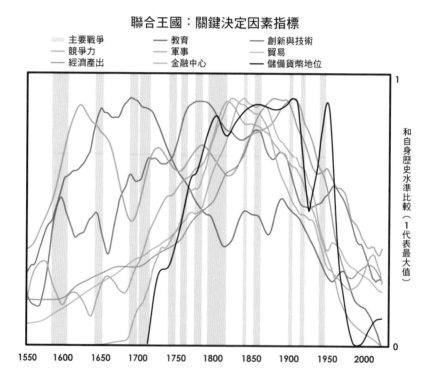

荷蘭在十八世紀末衰落，英國主要的貿易與金融競爭對手失勢了，但是直
到十九世紀初英國才完全崛起，因為還得擊敗最後一個難纏的對手——拿破崙
領導的法國。拿破崙勢如破竹帶軍橫掃歐洲，企圖透過拿破崙戰爭建立最強的

霸權，導致大國之間你來我往彼此競爭、拉幫結派平衡權力，所有的結盟與角力升級到緊鑼密鼓的階段，這點請詳見第二章的附錄。在本章稍後，我會簡短介紹法國的故事，也很具代表性，是解釋大英帝國崛起的一部分拼圖。但是現在我將直接跳到重點，即**英國是靠成功的經濟戰與軍事戰脫穎而出。然後按照典型的歷史大週期劇本演出：戰爭之後，霸權浮出，戰勝國制定新的世界秩序，然後是一段相對和平繁榮期，這個案例大約維持了一百年。此時的大英帝國成為英國有史以來最強盛的帝國。**在大英鼎盛時期，雖然人口僅佔世界人口2.5%，但收入在全球佔比超過20%，並控制全球20%以上的土地，以及25%以上的人口。

　　但我跳得有點快。如上圖所示，英國崛起的故事開始於1600年左右，所以我們應該從那裡開始。下圖顯示了興衰弧線和關鍵事件的時間。這些數字標示出內部秩序週期六個階段的大致時間。

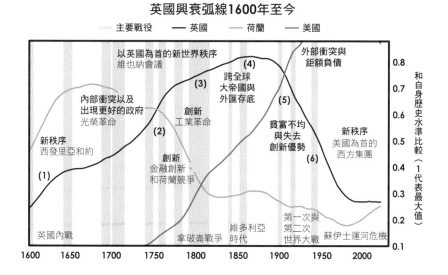

英國興衰弧線1600年至今

崛起

為了替英國崛起鋪路，我們須先描述一下英國在十七世紀末的情況，以及歐洲的大背景。十七世紀初對英國與歐洲而言，都經歷了大規模衝突，徹底改變或顛覆了之前所有秩序。正如上一章提到的，**歐洲三十年戰爭造成嚴重的破壞與天翻地覆的變革，因為這是一場意識型態、宗教信仰、經濟階層之間的戰爭，戰後敲定了西發里亞和約，建立了歐洲新秩序。該和約建立了我們現在所看到的主權國家，導致歐洲列國林立，不同的國家有自己不同的選擇**。英國國內也面臨動盪，一系列爭奪財富與反對君主專制的抗爭，點燃了英國內戰，延續了階級之間已有數百年之久的血腥暴力衝突。接著光榮革命登場，沒有那麼暴力，荷蘭的統治者威廉三世成了英格蘭國王。這些衝突的共同點是削弱了君主權，強化了議會權。這些衝突也為英格蘭、蘇格蘭與愛爾蘭王國之間的關係奠定了基礎。**英國內戰導致國王（查理一世）受審繼而被處決，君主制被廢，改採共和政體，國號是「英格蘭共和國」（Commonwealth of England），由領導叛亂的將軍奧利佛・克倫威爾（Oliver Cromwell）擔任國家元首。**

這些衝突建立了法治而非君主制的統治模式，在國王與議會之間，建立了全新的權力平衡，為英國的崛起奠定了基礎。因為強大的議會可相對地擇優選出國家領導人，畢竟獲得議會信任才能出任首相，而非只要獲得王室寵信就可出線。在英國崛起以及盛世期間，領導英國的政治耆老，諸如老威廉・皮特（William Pitt the Elder）與兒子小威廉・皮特、羅伯特・皮爾（Robert Peel）、威廉・葛萊史東（William Gladstone）、班傑明・迪斯雷利（Benjamin Disraeli）等，都是塑造英國新風貌的強人。他們皆出自商人家庭，而非有封地的士紳階級。

這種靠革命強化議會功能的作法很大程度受到啟蒙運動影響，這種新思潮關乎誰該掌權、可掌握哪些權力、政府該如何運作等等，並在十七世紀末已廣

傳於歐洲。啟蒙運動主要受到法蘭西斯・培根（1561—1626）等人影響，他講究科學思維，**在這以人為本的全新思潮裡，核心思想是社會應該建立在理性和科學的基礎上，政府的權力來自於人民而非神授。**

　　辯論與懷疑主義受到鼓勵。基礎教育改善（因此提高了識字率），透過印刷品傳播思想（第一套百科全書與字典就是在這個時期大量印製出版），愈來愈多的菁英跨國移動（他們飽讀詩書、努力建立跨國人脈），這些都有助於建立與擴大「公共領域」（public sphere），交流政治與社會思想。這時期主要的思想家提出的想法與概念至今仍對西方世界產生重要影響。

　　各國受啟蒙思想影響的方式各異，從俄羅斯凱瑟琳大帝（Catherine the Great）的君主專制政體，到美國開國元勳採用的代議制政府等（更能代表啟蒙思想），都受到啟蒙思想的影響。**英國尤其是啟蒙運動的受益者，包括建立了強大的政治制度、尊重法治、重視科學等等，後者為重大發現提供了後盾。**

　　雖然這些優勢並未立竿見影讓英國繁榮，**但假以時日，英國制度裡對法治的尊重，加上普及的教育，奠定英國取得商業與創新競爭優勢的基礎，為大英帝國的崛起鋪上坦途。**

　　同時，**英國的財政愈來愈強健，因為建立了強大以及中央集權的財政當局，相較於其他國際競爭對手，英國國庫可徵收到更多的稅收。到了十八世紀左右，英國平均稅賦幾乎是法國的兩倍。1694年英格蘭銀行成立，有助於英國政府債務標準化以及提高政府債務的流動性，改善英國政府借貸能力。**影響所及，英國政府債券收益率在十八世紀初期大幅走跌，不管是和自己本身相比或是和其他國家相比皆然。

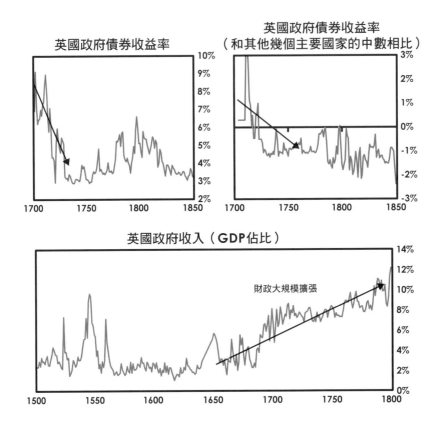

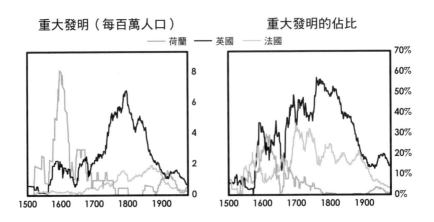

在十八世紀初，一個帝國的崛起還有其他許多典型跡象。下列圖表顯示，英國與當時主要競爭對手相比，在創新上居於領先地位。

工業革命

　　受過良好教育的人口，勇於創新的文化風氣，加上充沛的資金支持開發新想法——尤其是如何讓機器更有效率地替許多辛苦勞工代勞，結果創造了一大波競爭力和繁榮。英國地質蘊含鐵和煤等礦產，這個先天優勢讓英國如虎添翼，順利推動名為第一次工業革命的經濟轉型。如第八章所述，這個轉型讓歐洲從農村以及農業為主的社會（人民多半窮苦，權力掌握在地主菁英手中）搖身一變，變成都市化的工業社會，人民也變得富裕多了（儘管好處不成比例地歸菁英所有），權力掌握在中央政府官僚與資本家手中。地緣政治上，這些優勢導致英國在1750年左右取代荷蘭成為歐洲的經濟與金融強國。三十年後英國在第四次英荷戰爭（1780年）擊敗荷蘭，毫無懸念成為全球首屈一指帝國的前。

　　生產力革命率先從農業開始。農業技術的創新與發明提高了產能，減輕農民的勞動強度。產能增加提高食物的供給量，連帶降低食物的售價，並帶動人口激增。這些變化導致人民湧向城市，這些人提供穩定成長的勞動力，工業因而受益匪淺。工業革命的推手不僅是蒸汽機這類全新發明，調整與精進既有觀念讓生產更有效率也是主要功臣，例如作業標準化、生產主力從個別工匠移至工廠等。充足的勞動力、能源和相連的全球市場，都有利創新突飛猛進。以下列出英國重要創新的時間表以及速度：

- 1712年：發明蒸汽機。
- 1719年：建立絲綢工廠。
- 1733年：發明飛梭（基本的織布機）。
- 1764年：發明珍妮紡紗機（多軸織機）。
- 1765年：發明獨立的冷凝器（用於蒸汽機）。
- 1769年：發明水架（提供織布機液壓動力）；改良升級了蒸汽機。

- 1785年：發明動力織布機；開發煉鐵工藝。
- 1801年：發明輪式蒸氣動力火車。
- 1816年：為鐵路蒸氣動力火車取得專利。
- 1825年：興建連接曼徹斯特與利物浦的鐵路。

　　這些針對農業與工業所做的革命性變革，讓歐洲走向都市化以及工業化之路，商品改由城市的工廠生產製造。移居都市的人口需要全新類型的服務與商品，因此政府必須擴大規模，出資提供房舍、衛生、教育，以及興建公共基礎設施，如法院、監管機構、中央銀行等，以利工業資本主義制度穩定發展。**權力轉由中央政府官僚以及控制生產手段的資本家把持。**

　　這些現象**在英國尤其明顯。英國不僅在許多重要的創新上一馬當先，也利用新穎的生產手段，急起直追領先其他國家，繼而成為全球超級強權。**根據人均產出的數據，英國人的生活水準在1800年左右趕上了荷蘭，並在十九世紀中葉超越荷蘭，英國人的產出在這時達到了顛峰，在世界的佔比高達20%。搭著經濟成長的順風車（經濟成長也有助於提升英國的國力），英國成為主導全球貿易的大國，在十八世紀末超車荷蘭，並在十九世紀一直保持主導的地位。其實十九世紀有好長一段時間，所有國家的產出都在加速，而大多數國家都處於內部秩序週期的第三與第四階段。

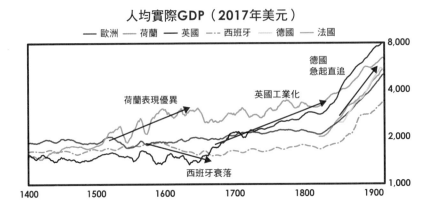

英國成為世界經濟大國的同時，自然需要有堅強的軍力做後盾，才能保護並維護其利益。**英國的軍力（特別是海軍）協助它建立了自己的殖民地，還攻佔了歐洲其他大國的殖民地，並牢牢掌控全球貿易路線。英國以軍事開支支持了經濟活動，帝國經濟獲利能力足以支付軍事開支。**由於英格蘭銀行的金融創新，以及荷蘭盾的崩潰，**讓倫敦取而代之成為世界金融中心，英鎊成為新的世界儲備貨幣。換言之，英國同樣按部就班照著帝國崛起的典型大週期走。**

英國也接手荷蘭的衣缽，成為中國的第一大貿易國。工業革命之後，歐洲不再像以前採購那麼多中國生產的奢侈品，而是心儀茶葉這個商品。中國則對歐洲商品不感興趣，繼續要求歐洲以貴金屬支付買賣。這種下了英中衝突的種子，導致後來的鴉片戰爭以及中國百年的屈辱。誰會想到這一點？

英國崛起的故事，現在回顧起來，一切都是如此顯而易見。回顧過去，描述所發生的一切，輕而易舉。但是能有先見之明，事先站好位置，看著預測成真，則是另外一回事。我不知自己當時會怎麼想，不知看到自己的指標與系統顯現的數據以及分析的情況後，是否會正確下注。這也是為什麼擁有數據以及決策規則，對我而言非常重要，以利我看見自己當時實際做了什麼，以及出現了什麼結果。我現在可以看到當時的指標會顯示什麼，知道他們會繪出我剛才描述的畫面，而且那個畫面並不是一清二楚顯示大英帝國會繼續發展，成為居主導地位的世界帝國。如果我活在十八世紀初期，看著我的指標，我會看到荷蘭還處於盛世顛峰，法國的波旁王朝也是正在崛起的大國，顯示荷法兩國國力當時都是上漲的狀態。

為什麼不是法國？

在十八世紀初，法國是教育與學習的中心，是啟蒙運動的重鎮，著名思想家伏爾泰（Voltaire）與孟德斯鳩等齊聚在法國，法國的出版業蓬勃，所以我的指標應該會顯示法國的國力和荷蘭、英國一樣強大。從1720至1780年出版

的藝術與科學性書籍倍增。資訊量增加，民眾的識字率也改善；在十八世紀，法國的識字率幾乎翻倍。

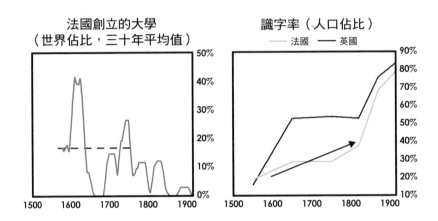

　　法國國力也在上升，因為經濟在大債務週期的初升段表現強勁，碰到投資熱才要形成泡沫繼而破滅之前。當時法國最著名的經濟學家約翰・勞（John Law，出生於蘇格蘭）認為，發行新貨幣可以刺激經濟。在1716年，他成立國家銀行，發行紙幣，該通貨有土地、黃金、白銀、國家銀行票據做後盾，於是開啟了大週期的上升段。這家「通用銀行」（Banque Générale）最初的資本來自於股東，這些股東也加入了銀行的董事會。法國自1673年就有股票市場，當時財政部長尚—巴蒂斯特・柯爾貝（Jean-Baptiste Colbert）制定的貿易條例（Ordinance of Trade）被編入商業法，❶ 因此具備了典型資本市場上升週期的所有要素。同時，約翰・勞也成立了西方公司（Company of the West），該公司又名密西西比公司（Mississippi Company），是一家位於法屬路易斯安那（版圖約為今天美國一半的面積）的貿易公司，擁有壟斷經營

---

❶ 根據貿易條例，法國建立了享有經營壟斷權的股份制公司，在東印度與西印度從事貿易活動。柯爾貝的貿易條例之所以成形，係希望私人出資而非政府出資，挹注貿易公司。

權。現在法國有了一家新公司（充滿開疆闢地激勵人心的精彩故事）、有一家銀行、有政府資助與撐腰，所有該有的元素都到位了。密西西比公司不斷擴張，國債持有人緊抓機會，紛紛將國債轉換成股權。這創造了一波投資熱潮。你買了該公司的股票嗎？我應該買嗎？如果不買，會不會後悔？該公司股票狂飆，最後泡沫破滅，一如經典的模板發展。泡沫破滅後，該公司的股票與票據雙雙重挫，變成一文不值，因為未償付債遠超過支持這些債權的實際資產。

法國人自然而然地拋售貶值的紙幣，改抱硬幣。 新的法律禁止收取超過5%的利息，亦即只有信用最佳的借貸人以及最穩定的投資項目才能貸到資金。因此，新企業幾乎不可能獲得資金，因為銀行沒有足夠的實際貸幣。

此外，燒錢的戰爭也惡化財政。以下列出幾個法國參與的戰爭：

- **奧格斯堡同盟戰爭（War of the League of Augsburg，1688至1697年）**：法國在路易十四領導下，版圖擴及至德國西部，點燃了與英國、西班牙、奧地利以及日爾曼一些諸侯國的戰火。
- **西班牙王位繼承戰爭（1701至1714年）**：法國與西班牙結盟，對抗英國—奧地利—荷蘭的聯盟，爭奪西班牙王位的繼承權，此戰以法國波旁王朝取得王位告終，但法國對其他參戰大國做出諸多讓步，包括將西班牙在義大利和比利時的領土割讓給奧地利，也給予英國與荷蘭殖民與貿易的特權。
- **奧地利王位繼承權戰爭（1740至1748年）**：法國聯合西班牙、普魯士以及德國其他數個諸侯國，對抗奧地利與英國，法國支持德國覬覦奧地利領土的野心。
- **七年戰爭（1756年至1763年）**：法國與奧地利、瑞典、俄羅斯結盟，對抗英國與普魯士，爭的是日爾曼各國領土以及英法在海外的殖民地，尤其是北美的殖民地（這場戰爭又叫作法國與印第安的戰爭）。

- **美國獨立革命（1775至1783年）**：法國、西班牙、美國革命部隊合力，對抗英國政府。

　　雖然上述戰爭中有些讓法國在領土與戰略上有所斬獲，但是付出的代價遠高於收益，最終嚴重損害了法國政府的財政。法國沒有現代化的金融系統，相較於英國，政府更難藉發債取得資金，因此不得不靠課徵重稅，而這當然招致民怨。法國的財政困境影響了該國地緣政治的地位，例如在美國獨立革命期間，英法出現截然不同的際遇。法國戰爭費用的貸款完全採浮動利率，利率至少是英國政府借貸利率的兩倍。這導致法國的償債支出膨脹到一千四百多萬英鎊，反觀英國只有七百萬英鎊（兩國的國債都在二·二億英鎊左右）。由於貴族、神職人員，甚至一些特權城鎮經常交較低的稅，所以其他社會成員背負的債務水準很高，加劇了本已居高不下的收入不均。許多法國勞工連生活的基本需求都得不到滿足，結果導致階級衝突有增無減。

　　收入極度不均，加上王室貪腐、生活奢靡。路易十六（Louis XVI）執政期間，生活奢華無度，在歷史上留下惡名，例如他的妻子瑪麗·安托瓦內特（Marie Antoinette）在凡爾賽宮花園附近斥資興建純觀賞用的王后農莊，大手筆複製鄉村田野的景觀。**兩個大型戰爭——七年戰爭與美國獨立革命，讓國庫出現鉅額赤字**。在美國獨立革命期間，財政赤字約佔GDP的2至3%，或是每年稅收的三分之一。同時，美國獨立戰爭進一步推廣自由與平等這類啟蒙運動的思想，而**1788年與1789年又連兩年農作物欠收，導致麵包價格飆漲，饑荒問題嚴重**，在在為法國革命添加柴火。

　　由於法國的政治決策系統效率低又缺乏代表性，因此政府課不到所需的稅收，或無法進行必要的改革。舊政權做出的決策層層往下落實時，幾乎每下一層就被破壞一次，而且經常發生。貴族和神職人員抵制對他們不利的決定，並且會為自己爭取廣泛的特權，需要地方當局（議會）制定稅賦政策，但他們往

往拒絕配合。法國最接近立法機構的設計是三級會議（Estates General），
與會代表分三個等級（教士、貴族、平民），在國王召集下召開會議，批准
某些法案。例如加稅必須獲得三級會議同意；但是議會的權限與程序並無明確
規定，一些基本問題（例如如何遴選代表，每一級代表有多少選票等等）也
不清不楚。在1789年，三級會議中的第三等級，代表佔人口98%的平民，成
立了自己的議會，邀請第一級和第二級的代表加入。但是為了阻止國民議會
（National Assembly）開會，路易十六下令關閉他們開會的會議廳。

　　抗議、暴動、動亂頻傳。**1791年，男性公民普選出新一屆的「國民公
會」（National Convention）宣布法國為共和國。**1793年1月，路易十六
（當時官方頭銜已變成「公民路易」）被判處死刑。一如革命後的典型發展，
法國不久陷入暴亂，只要被認為不夠熱血，就會遭到整肅。估計當時約兩萬至
三萬人在法國恐怖統治期間（Reign of Terror）被處決。在1795年左右，法
國破產，期間政府發行的貨幣「指券」（assignat）面臨嚴重的通貨膨脹，幣
值大幅縮水。

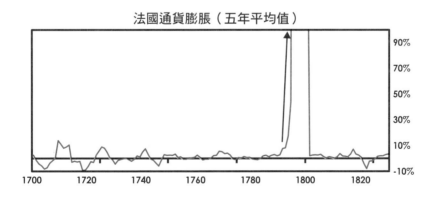

法國通貨膨脹（五年平均值）

　　一如典型的發展，革命導致反革命，發動革命的領導人陸續被逮捕，然後
另立新憲法。新的體制「督政府」（Directorate）上路，一樣無效，也立即
被財政問題拖垮。**但是政府持續印鈔，並強迫有錢公民借錢給政府。**最後，

由於拿破崙成功征服義大利，獲得硬通貨注入經濟。此外，他決定勾銷三分之二的政府債務。這才打住不斷飆升的通貨膨脹。其他措施，包括加稅等等，進一步強化政府的財政。在1796年，政府舉行一個儀式，公開銷毀印鈔的印刷機。

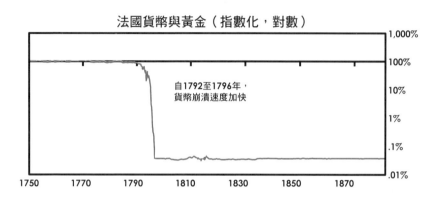

法國貨幣與黃金（指數化，對數）

自1792至1796年，
貨幣崩潰速度加快

拿破崙登場

　　泡沫、貧富差距懸殊、戰爭費支出龐大等因素，導致崩盤，繼而革命登場。革命推翻了舊秩序，揭開新秩序。新秩序登場後，革命的領導人繼續爭來鬥去，導致長達十年的痛苦與動亂，需要強人領袖出面，控制國內亂局。這一切都符合過去一再上演的典型樣本劇碼。**彷彿命中注定，拿破崙上場。典型的時勢造英雄。**法國試圖將共和制推廣到整個歐洲之際，拿破崙作為軍事指揮官，名聲鵲起，也極受歡迎。因此在1799年，他發動政變，讓自己上位擔任第一執政，最後稱帝，握有絕對權力，直到1814年。**因為大權在握，加上獲得廣泛支持，拿破崙穩定了經濟，並讓政府走向專業化**；法國被廣泛認為是正在崛起的帝國，是歐洲其他大國的強勁對手。

　　奧地利與俄國向法國宣戰後，拿破崙一開始取得可觀的戰果，不久就控制了西班牙、葡萄牙、義大利以及大部分的德國。我不會詳述拿破崙的戰爭史，

只不過想說，一如和他同類型的領導人，拿破崙也犯了自信過頭的毛病。拿破崙入侵俄羅斯後，情勢翻轉，從原本戰無不克到節節敗退。**最後法國戰敗，英俄是主要戰勝國。**

值得注意的是，左右法俄之戰的一個重要因素是英國的財政實力遠優於法國。**因為財力夠雄厚，英國得以大量借錢給反法的歐洲聯軍。**英國的財力加上海軍實力，讓英國與盟國得以在屢戰屢敗下仍繼續奮戰。

世界新秩序：維也納會議

現在你知道事情是怎麼回事了。戰後，勝利者聚集，建立新的世界秩序。維也納會議就是這麼回事，一如三十年戰爭後，勝利者聚集在西發里亞的所為。英國、奧地利、普魯士、俄羅斯所組的四國同盟（quadruple alliance）**在維也納會議（1814至1815年）重組了對他們有利的世界秩序，在歐洲大國之間，建立了一個權力互相制衡的體系，這個體系大致上持續到二十世紀。**這些發展所具備的地緣政治重要性，可見於季辛吉的精闢描述：

> 這個同盟可能沒有實現理想主義世代的所有願望，但給了那代人可能更寶貴的東西：一段穩定期，允許他們在沒有爆發重大戰爭或沒完沒了的革命的環境裡，實現自己的願望……戰後出現的穩定期證明了「合法」的秩序已經建立，也被所有大國接受，自此之後，他們在新秩序的框架內進行調整，而非推翻這秩序。

所有列強都派代表出席維也納會議，儘管最重要的決定還是由核心集團以及法國本身協商而成。英國在會中並未乘機大幅擴大版圖，這點和美國在一戰後的巴黎和會以及二戰後的協商談判一樣。**維也納會議主要目標是解決歐洲權力不平衡導致戰爭衝突不斷的問題。以前由弱小和分裂邦國組成的地區，諸如**

義大利、德國、低地國家等，出現了顯著的領土合併，以制衡像法國這樣中央集權化的國家。會議並就跨國河流的航行權敲定協議，以利擴大貿易。戰術上，《巴黎條約》（Treaties of Paris）目的是遏制而非摧毀法國，因此法國只損失了少部分的領土。❷

戰勝國都是君主制國家，頒布的許多政策是為了恢復舊制（例如讓波旁王朝在法國重新回鍋掌權）。即便如此，啟蒙運動的新思想繼續發揮影響力。**多國改而擁抱更具代表性以及基於法治的制度，儘管程度不一（沙皇俄國很大程度上仍然是專制體制）。**在英國，自由化是逐步改革的結果，但在歐洲大陸，改變則是透過一系列革命（尤以1848年的自由主義革命最為大家熟悉）。**另一種革命是民族主義運動，結果德國與義大利邁向統一，而多民族的奧地利帝國和鄂圖曼帝國則陷入動盪。**

英國國力接近顛峰

新秩序有助於穩定，沒有哪個大國比大英帝國受惠更大。**不僅英國主要的經濟與軍事勁敵元氣大傷，權力平衡也讓英國避免在本土附近捲入燒錢的軍事衝突，得以把重心轉移至貿易與海外殖民地。英國這個外交政策叫作「光榮孤立」（splendid isolation），為英國邁入「帝國世紀」預先鋪路。**當然，這期間，也出現幾次非常糟糕的經濟危機（例如1825年的英國恐慌、1837年與1873年兩次美國經濟恐慌）；還有幾次軍事衝突（例如克里米亞戰爭，交戰一方是俄羅斯，另一方是鄂圖曼帝國聯手西歐列強聯盟）。但是這些事件分量不足，無法改變十九世紀欣欣向榮的大局，而英國是領頭羊。如前所述，英國

---

❷ 1814年的《巴黎條約》讓法國的領土恢復到1792年的水準，意味著法國實際上拿回了英國打勝仗奪去的若干殖民地。1815年的《巴黎條約》（亦即拿破崙結束流亡，重返法國稱帝，但是在第二次也是最後一次被擊敗後，與戰勝國簽訂的條約），對法國就沒有這麼寬容，要求法國支付鉅額賠款，接受一支佔領軍駐紮在法國，割讓一些領土，但法國仍然擁有在法國大革命期間控制的大部分領土。

在十九世紀末（1870年左右）達到盛世，收入在世界的佔比高達20%、控制全球40%的出口量、20%的陸地面積，以及全球25%的人口。當然，英鎊也成為全球公認的的儲備貨幣，以下幾頁的圖顯示英國遙遙領先的國力。

在地緣政治上，英國在整個十九世紀持續向外開疆闢地，最後涵蓋了加拿大、澳洲、印度，以及非洲大部分地區。❸ 就連在大英帝國王權明顯鞭長莫及的地區，也愈來愈有能力跨海插手他國內政，以利英國在不平等條件下，獲得貿易特權（例如對中國掀起鴉片戰爭，簽訂南京條約，確保英國可對中國出口鴉片，儘管中國的法律禁止鴉片）。掌控這些殖民地讓英國有了可靠的貨源、財富、收入、優惠的貿易條件。以下這張圖清楚呈現這一情況。

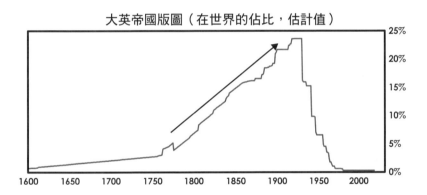

大英帝國版圖（在世界的佔比，估計值）

顛峰

英鎊作為儲備貨幣的地位，輔助了英國在以下的領域當上了霸主：擴張殖民地、軍事布局、全球貿易、投資流動等。**英國對全球的出口額隨著工業革命**

---

❸ 在英國早期擴張中，英國東印度公司扮演關鍵角色，該公司成立於十八世紀末，在十九世紀牢牢掌控當今印度、巴基斯坦和孟加拉等地的經濟與政治。這一大片區域一直在英國東印度公司這家民營企業的管控之下，直到1857年印度民眾起義反對英國東印度公司統治，英國政府不得不介入，才將印度併入英國的版圖。

以及帝國擴張而上升，在1850年左右達到顛峰，在世界的佔比高達40%。以英鎊計價的貿易額高於英國自己一個國家的貿易額。從1850年至1914年，全球約60%貿易額以英鎊計價。這一系列的條件為大週期由盛而衰的典型發展埋下了種子。

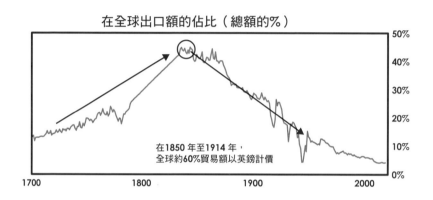

在全球出口額的佔比（總額的%）

在1850年至1914年，
全球約60%貿易額以英鎊計價

即使英國在全球出口額的佔比下降，英國的經常帳收支在這一時期一直保持盈餘。1870年之後，英國一直靠海外投資收益填補貿易赤字。經常帳盈餘的收入為不斷增加的全球跨境投資提供資金，因為其他國家更具投資的吸引力。

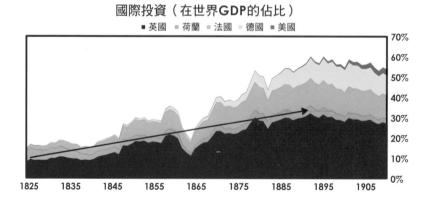

國際投資（在世界GDP的佔比）
■ 英國　■ 荷蘭　■ 法國　■ 德國　■ 美國

在1818年，英國羅斯柴爾德銀行（Rothschild bank）借錢給普魯士政府，這是該銀行首次對政府融資。由於英鎊的流動性愈來愈好，一波波主權借款人（政府）相繼跟進，影響所及，全球政府債、全球貿易、全球資金流，紛紛以英鎊計價。❹ 英格蘭銀行作為「最後貸款人」的角色，可以減輕銀行擠兌等恐慌，靠著英格蘭銀行的經濟管理制度，強化了大家對英鎊的信任感。❺

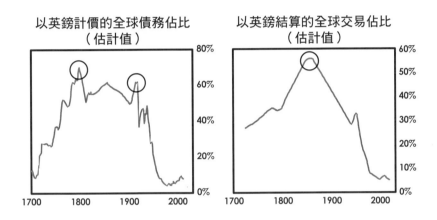

在英鎊計價的全球債務佔比
（估計值）

以英鎊結算的全球交易佔比
（估計值）

大英帝國在十九世紀的最後數十年，仍繼續領土與金融的擴張行動，儘管大英帝國式微的種子已經顯而易見，包括：1）競爭力下降；2）不均與衝突加劇；3）新對手崛起，特別是德國和美國。

❹ 雖然國際上英鎊廣被私人使用與持有，但值得注意的是，在十九世紀大部分時間裡，各國中央銀行所持的英鎊並不多，尤其是相較於今天美元在各國中央銀行投資組合中的角色與佔比。在第一次世界大戰期間，中央銀行的資產，除了自己國家的貨幣，通常都是持有貴金屬。

❺ 1866年的倫敦恐慌可以很清楚地說明這一點。簡單地說，倫敦貨幣市場是貿易融資（trade finance）流動性最強的市場，但是走了十年的多頭期，許多銀行過度擴張，其中一家大型銀行奧佛倫格尼公司（Overend, Gurney & Co.）倒閉，猶如十九世紀版的雷曼兄弟（Lehman Brothers）。所幸英格蘭銀行作為「最後貸款人」出手相救，恢復大家的信心，危機得以在短短幾天內落幕。

競爭力下降

　　回到十九世紀中葉至十九世紀末，經濟成長的故事不脫二次工業革命，這是一段持續創新的時期，科學與工程學扮演重要角色，重要發明包括合成物與新合金等材料，石油與電等新能源的使用率出現爆炸性成長。同時，電話與電燈問世，不久汽車也出現。**交通、通訊、基礎設施獲得改善，**企業資本主義崛起，提高了生產力。**結果是，能夠有效進行轉換的國家（主要是美國與德國），工人的人均產出大幅成長。**英國沒有跟上這班列車，儘管英國許多發明是上述各種新發明的關鍵。英國未能重組其產業，導致工人人均產出明顯下降，遠不及其他主要的工業大國。可參見下列圖表中，創新和經濟實力的長期變化。

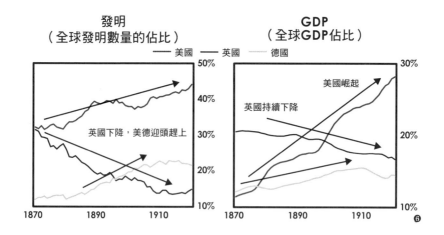

---

❻ 英國GDP佔比包括大英帝國轄下國家的收入。

不平等加劇

在英國，工業化的收益分配非常不平均，導致貧富極端懸殊。在十九世紀末，英國金字塔頂端1%的人口，瓜分了70%以上的財富，比例高於其他同級國家。英國前10%的人口，擁有多達93%的驚人財富。❼ 如下圖所示，貧富差距的高峰與大英帝國1900年左右達到高峰相吻合。這一年也是下一波衝突的開始，衝突圍繞財富與權力打轉，起因於懸殊的貧富差距以及典型的大週期晚期現象（如第一部所述）。

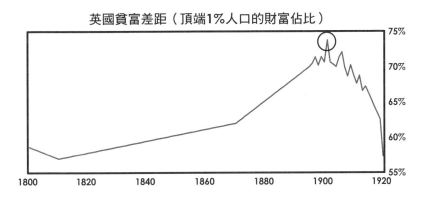

英國貧富差距（頂端1%人口的財富佔比）

社會變革加上日益加劇的貧富差距導致社會關係極度緊張。英國政府在十九世紀中葉的因應政策主要集中在推動改革法案，包括擴大投票權、打擊影響選舉民主精神的貪腐行為。到了二十世紀初左右，繼這些政治改革之後，又祭出社會改革，包括實施公共年金制度、醫療與失業保險、提供學童免費午餐等等。勞工也紛紛成立工會，強化勞工的談判權。到了1911年左右，約25%符合資格的男性加入工會，「工黨」成為政壇重要力量。勞工權益升高，體現在規模愈來愈大的罷工活動，例如1912年煤礦工人的第一次全國性罷工，礦工

---

❼ 作為比較之用，今天英國頂端1%人口擁有的財富佔比約為20%，前10%人口的財富佔比約為50%。

爭取到最低薪資保障。

地緣政治對手出現

除了國內問題頻現，英國在海外也面臨挑戰：與法國在非洲爭高下、與俄羅斯在中東與中亞爭影響力、與美國在美洲較勁。**不過英國最大的對手是德國**。美國雖然是崛起中的大國，但是樂得在自己地盤享受孤立主義，與歐洲隔著一個大洋，很大程度不過問歐洲的衝突。

當新的世界秩序始於維也納會議時，德國仍是四分五裂、諸侯國林立的國家。雖然由哈布斯堡王朝統治的奧地利帝國有很大的影響力，但是普魯士快速崛起，並建立了歐洲最強大的軍隊之一。**接下來一個世紀裡，普魯士成功統一了日爾曼小邦，成為一流的強國。之所以能做到這點，很大程度要歸功於俾斯麥傑出的戰略和外交領導力。**[8] 加上其他典型的成功要素：**出色的教育與競爭力。**

德國統一後，出現大國崛起的經典良性循環。新德國（及其統一前林立的小邦國）都認為，完善的教育制度是提升經濟水準至和英國同樣程度的關鍵因素。新德國從零開始強化教育制度，專注於教授實用的貿易技能、高水準的科學知識（理論與應用並重）。始於1860年代，小學教育是義務，並立法強制執行。德國還新增了三所研究型大學。

---

[8] 雖然普魯士以及後來的德意志帝國，都是由霍亨索倫（Hohenzollern）家族統治的君主制國家，但俾斯麥擁有極大的實權，他一開始獲得君主任命出任普魯士首相（minister president），後來德國統一後，自1871至1890年擔任德國首相。歷史學家艾瑞克・霍布斯邦（Eric Hobsbawm）表示：「自1871年之後近二十年的時間裡，俾斯麥一直是多邊外交棋局中，毋庸置疑的世界冠軍。」

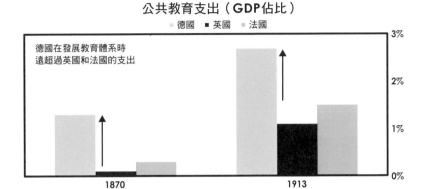

為了打造有利創新的文化，德國政府向企業提供信貸、技術諮詢與協助；
向發明家與移民創業家提供獎助金；把機械當贈品；允許進口的工業設備申請
退稅和免稅。德國也厲行法治，此舉明顯是為了經濟發展。

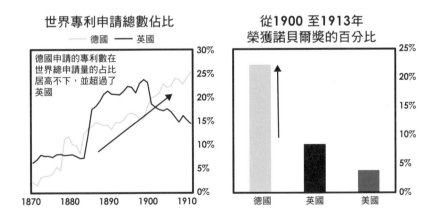

由於這些努力，在1860至1900年期間，德國在全球製造業產值的佔比從
5%大幅升高到13%，反觀其他歐洲大國的佔比停滯不前或下降。**在1900年左
右，德國的GDP已超越英國（不包括英國殖民地），儘管英國仍是世上排名
第一的貿易大國。**

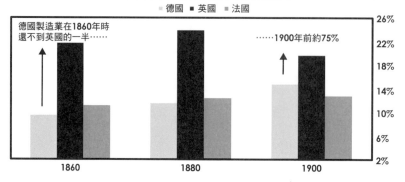

雖然俾斯麥是長袖善舞的外交家,優先考量經濟發展,並重視和國際競爭者的外交折衝,但是他的繼任者外交手腕不夠熟練,也更具侵略性。**威廉二世（William II）1888年即位,強迫俾斯麥辭職,並採取將德國變成世界強權的擴張政策。**影響所及,其他大國（主要是俄羅斯與英國）漸漸與法國愈走愈近（自1871年普法戰爭之後,法國就是德國的死對頭）,希望圍堵德國。**威廉二世著手發展德國的軍力（尤其是海軍）,點燃與英國的軍備競賽。**這開啟了大國之間的下一波競爭。

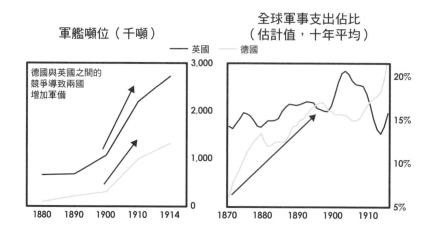

　　英國保持了海軍的優勢，但是軍備競賽導致這些大國的財務吃緊，並進一步影響地緣政治的秩序。**英德彼此樹敵只是歐洲諸多例子之一：法德不和、德國愈來愈擔心俄羅斯工業化、奧地利與俄羅斯為爭奪巴爾幹半島的影響力而對立。儘管這些國家透過聯姻與商業建立密不可分的關係，緊密程度甚於以往。儘管大多數人不相信會發生，但在1914年，巴爾幹半島這個歐洲火藥庫引爆全面戰爭──第一次世界大戰。之所以稱為第一次世界大戰，因為這是歷來第一次世界變得如此之小、如此緊密相互關聯，以至於世上主要地區或多或少幾乎都被捲入。**

　　鑑於第一次世界大戰的複雜與規模，加上至今有關一戰的著作不勝枚舉，所以我只會試圖提供一個整體輪廓：一戰傷很大。**約八百五十萬士兵戰死，一千三百萬人民喪生，讓整個歐洲民不聊生、虛弱不堪、負債累累。**俄羅斯在1917年陷入革命；1918年爆發西班牙流感，接下來兩年，全球約兩千萬至五千萬人不敵病魔。就歐洲人口比例而言，這時期死亡人數超過拿破崙戰爭或是三十年戰爭。但是戰爭會落幕，接著世界新秩序會誕生。

　　在1919年，戰勝國（美、英、法、日本、義大利）召開巴黎和平會議，在《凡爾賽和約》中制定了新的世界秩序。被公認為群龍之首的美國，在談判中扮演關鍵角色。實際上，「新世界秩序」一詞是用來描述美國總統威爾遜（Woodrow Wilson）對全球治理系統的願景。儘管「國際聯盟」很快就以失敗收場。如果1815年的維也納會議創造了相對持久的世界秩序，巴黎和會制定的條款則正好相反，導致第二次世界大戰不可避免，儘管當時這結果並不明顯。戰敗國（德國、奧匈帝國、鄂圖曼帝國、保加利亞）的領土被瓜分，被迫向戰勝國支付賠款。**這些龐大債務導致德國在1920年至1923年出現通膨性蕭條（inflationary depression）。德國之外，世界大部分地區進入和平與繁榮的十年，亦即咆哮的二〇年代。一如典型的發展，負債過重、貧富差距過大，終於在1929年爆炸，導致大蕭條。繁榮與蕭條這兩個大週期登場時間異常接**

近，儘管還是照著經典的劇本演出。我不會離題探討1920年代如何從繁榮掉到蕭條，因為我已在本書其他地方提過。但是我會著墨大蕭條的故事。

大蕭條加上懸殊的貧富差距，導致民粹主義與極端主義在各地崛起。在一些國家（例如美國與英國），財富與政治勢力被重新分配，但保住了資本主義與民主。在其他國家，尤其是經濟較弱的國家（德國、日本、義大利、西班牙），民粹獨裁者乘勢崛起，掌握大權，試圖擴大他們國家的版圖。

一如典型發展，在全面爆發戰爭之前，通常會有十年左右的時間，出現經濟、技術、地緣政治、資金的短兵相接。大蕭條和二戰之間這段時期符合這項規律。德國與日本積極向外擴張，愈來愈頻繁地和英、美、法等國爭奪資源、影響力與領土。這些緊張關係最後沸騰為開戰。

第二次世界大戰距離第一次世界大戰僅二十年，犧牲更多人命、損失更多金錢。德國與日本戰敗，美國、英國、蘇聯戰勝。但英蘇的經濟受傷頗重，美國的財富倒是受益甚大。如圖所示，戰後德國和日本的人均GDP至少縮水一半，貨幣崩盤。一如典型的模板，戰勝國在1945年齊聚召開會議，決定新的世界秩序。

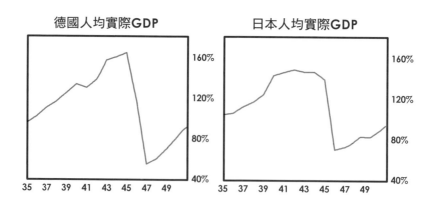

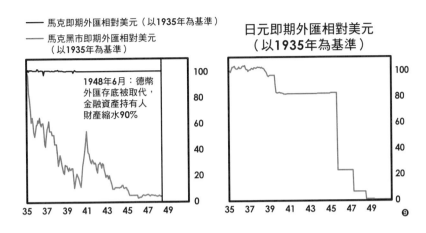

衰落

1945年盟軍戰勝，讓財富與權力重新分配，美國崛起成為世上霸權，一如英國在拿破崙戰爭後一躍而起。 二戰讓英國背負龐大債務，身為龐大的帝國，維持起來花費的成本高於獲利，加上對手林立而且更具競爭力，國內貧富之間差距懸殊，導致巨大的政治鴻溝。

二戰後又過了二十年，英鎊才完全喪失作為國際儲備貨幣的地位。就像英語已和國際商業、外交交流密不可分，難以被其他語言取代，儲備貨幣也是如此。其他國家的中央銀行在1950年代仍繼續持有大量的英鎊儲備。1960年，三分之一的國際貿易仍以英鎊結算。**但是自二戰結束後，英鎊的地位持續下降**，因為聰明的投資人已意識到，英美金融狀況的強烈反差：英國負債累累、英國淨儲備偏低，這些都不利英鎊債券的投資價值。

英鎊走貶是個漫長過程，經歷多次大幅貶值。 1946至1947年試圖讓英鎊可被兌換的努力失敗後，英鎊兌換美元在1949年貶值了30%。雖然短期內起

---

❾ 這張圖顯示，美元與德國馬克之間的官方匯率，以及紐約和德國之間實際交易的非官方匯率（黑市匯率）。非官方匯率顯示，德國馬克的實際價值在這段期間已開始崩跌。

了作用，但是接下來二十年，英國的競爭力持續下滑，導致一再面臨國際收支緊張的局面，最後英鎊在1967年貶值。大約同一時期，德國馬克取代英鎊，成為全球第二大儲備貨幣。以下圖表說明這一情況。

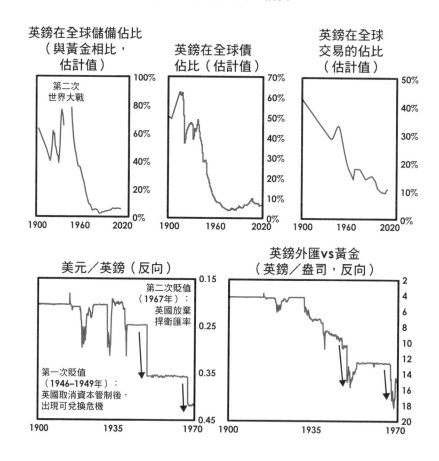

1947年英鎊暫停兌換、1949年貶值

　　1940年代往往被稱為是英鎊的「危機年代」。戰爭迫使英國向盟國以及殖民地大量借款，這些債務均要求以英鎊計價。二戰結束後，英國必須加稅或是削減政府開支，否則無法履行還債義務，但英國做不到這些，所以必須強

制要求前殖民地不得主動出售這些債務資產（例如債券）。美國亟於讓英國恢復英鎊的可兌換性，因為這些限制已降低全球經濟的流動性，影響美國的出口利潤。英格蘭銀行也亟於取消資本管制，以利恢復英鎊作為全球貿易通貨的角色，增加倫敦金融業的收入，以及鼓勵國際投資人繼續用英鎊儲蓄。**在1946年，根據達成的協議，美國提供英國37.5億美元貸款（約佔英國GDP的10%）**，為英鎊可能出現的擠兌提供緩衝。一如預期，當1947年7月，恢復部分可兌換時，英鎊受到相當大的拋售壓力，英國和其他英鎊區國家轉而採取緊縮政策，以維持釘住美元的匯率。緊縮政策包括限制進口奢侈品、削減國防開支、縮減美元和黃金儲備。此外，使用英鎊的經濟體達成協議，不會把持有的儲備分散到美元上。英國首相克萊門特・艾德禮（Clement Attlee）發表了戲劇性演說，呼籲民眾再次發揮戰時犧牲精神，捍衛英鎊：

> 今天我們要為英國投入另一場戰鬥。這場戰鬥不能靠少數人的力量，它需要全國人民團結一致。我相信，團結起來，我們將再次取得勝利。

演講結束後，英鎊的擠兌速度不減反增。**到了8月底，英國暫停英鎊兌換，這讓美國以及在禁令生效前買入英鎊資產的國際投資人非常火大。**比利時國家銀行總裁揚言要停止使用英鎊交易，並呼籲以外交手段干預。**兩年後，英鎊貶值，因為英美兩國的決策者都明白，英鎊不可能以目前的匯率水準恢復自由兌換。**英鎊貶值後，英國競爭力恢復，經常帳收支改善，到了1950年代中後期，英鎊完全恢復自由兌換。以下圖表說明這情況。

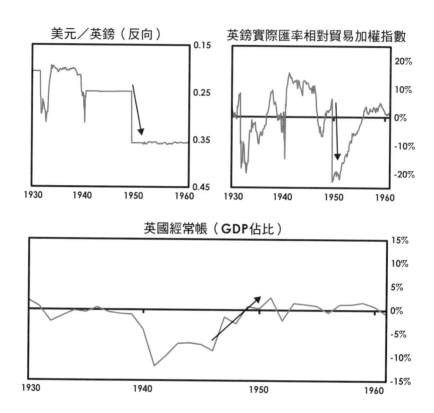

英鎊貶值並未如預期導致恐慌性拋售，即便英債的基本面仍然非常糟糕。原因之一是，很大一部分的英國資產由美國政府持有，美國希望恢復英鎊自由兌換，所以願意承受貶值的衝擊。此外，英國資產也被印度、澳洲等「英鎊區」（Sterling Area）經濟體所持有，這些經濟體的貨幣出於政治原因而和英鎊掛鉤。儘管如此，**戰後的實際經驗讓有識之士清楚知道，英鎊已無法再像二戰前那樣，在國際上發揮一樣的角色。**

1950和1960年代國際支持英鎊匯率的努力以失敗告終，英鎊在1967年再次貶值

儘管1949年英鎊大幅貶值，短期內收到效果，但是接下來國際收支反

覆吃緊。這讓國際決策者非常緊張，擔心英鎊匯率崩盤或是儲備資產迅速從英鎊轉向美元，可能重傷布列敦森林貨幣體系，特別是考慮到冷戰背景以及擔心更多國家遭共產主義赤化。**因此，各方做出了許多安排，希望能支撐英鎊，進而保持國際金融市場的流動性**。此外，英國規定英鎊區內的共同市場（Common Market），所有貿易必須以英鎊結算，所有貨幣必須釘住英鎊。結果在1950年代與1960年代，英國被視為區域經濟強國，英鎊被視為區域儲備貨幣。但是這些措施未能解決英國負債太多、競爭力太弱的問題。英國沒錢還債，也沒錢購買需要進口的必需品，所以英鎊必須在1967年再次貶值。**1967年之後，就連英鎊區國家都不願意以英鎊持有外匯存底，除非英國以美元擔保其基本價值。**

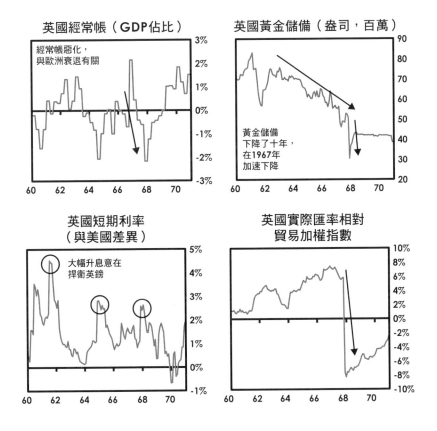

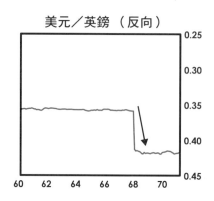

美元／英鎊　（反向）

英鎊貶值後，大家對英鎊喪失信心。各國中央銀行紛紛拋售英鎊儲備，改買美元、德國馬克、日圓，而非只是簡單地減少儲備中英鎊的佔比。英鎊貶值後，短短兩年內，英鎊在各國央行儲備中的平均佔比跳水式下跌。**在1968年之後，有些國家儘管英鎊儲備仍然很高，但實際上持的是美元儲備，因為根據1968年的《英鎊協議》，這些英鎊儲備中，90%的美元價值獲得英國政府擔保。**

央行儲備中英鎊的平均佔比（%）

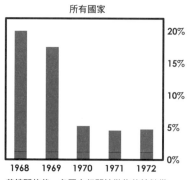

所有國家

英鎊貶值後，各國央行開始拋售英鎊儲備。
英鎊的佔比暴跌。

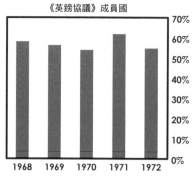

《英鎊協議》成員國

《英鎊協議》成員國承諾繼續持有英鎊儲備，
但前提是90%英鎊儲備的美元價值
獲得英國政府擔保。

二戰後的歐洲

正如我們一再看到的，戰爭的可怕代價讓各國在戰後努力建立新的世界秩序，確保這類戰爭不會再發生。當然，新的世界秩序圍繞戰勝國打轉，而戰勝國往往成為新崛起的帝國。二戰後，新帝國顯然是美國。

戰後秩序中，最重要的地緣政治因素包括了：

- **美國成了超級強國，這讓美國扮演全球警察的角色。**不出所料，美國和世界第二大強國蘇聯之間，幾乎立刻出現緊張關係。美國與盟國建立軍事同盟——北大西洋公約組織，蘇聯與加盟共和國則成立了華沙公約組織，兩大集團在冷戰期間互相對抗。
- **聯合國成立，為的是解決全球爭端。**典型的作法是，將聯合國的總部設在崛起帝國的中心（亦即紐約），而聯合國的主要權力機構（安理會）由戰勝國主導與支配，這同樣也是典型的作法。

新世界秩序中有關金融的部分，最重要的元素是：

- **布列敦森林貨幣體系確立了美元作為世界儲備貨幣的地位。**
- **成立國際貨幣基金（IMF）與世界銀行，支持新的全球金融系統。**
- **紐約成為新的全球金融中心。**

根據歐洲的觀點，新的世界秩序裡，權力平衡出現位移，原本在金字塔頂端的歐洲列強沒落，競爭力乏了、光芒黯了，被新崛起的超級大國取代，這些新興超強大國讓每個歐洲國家都相形失色（特別是他們的海外殖民地紛紛獨立）。因為這些壓力，加上從兩次世界大戰痛擊得到教訓，大家清楚知道分裂

的慘痛代價，所以更珍視歐洲團結的重要性。這正是催生歐洲新秩序的動能，讓歐洲逐漸邁向統一形成歐洲聯盟。

　　歐盟重要推手羅伯特・舒曼（Robert Schuman）的故事有助於大家了解歐洲為何會整合。舒曼的父親是法國公民，後來成為德國公民，因為他的家鄉亞爾薩斯－洛林（Alsace-Lorraine）在1871年被德國併吞。舒曼出生時是德國公民，但是一戰後，亞爾薩斯－洛林回歸法國，所以舒曼成了法國公民。二戰期間，舒曼投入政壇，加入維琪政府（Vichy），後來離開親納粹的維琪政府，加入法國抵抗運動。直到二戰結束前，他都過著東躲西藏的日子，蓋世太保還懸賞十萬馬克捉拿他。舒曼的重要盟友是西德戰後第一任總理康拉德・艾德諾。艾德諾曾擔任科隆市長，走中間路線，1944年被納粹踢出政壇，還被送進了集中營。1949年，他以基民黨（Christian Democrat）黨魁身分當選西德總理後，施政重心擺在重建德國經濟、與歐洲其他大國和解，以及對抗共產主義。根據舒曼、艾德諾以及歐盟其他創始人的計畫，統合歐洲的目的是讓戰爭「不僅難以想像，而且實際上也不可能」。

　　他們的第一步是成立歐洲煤鋼共同體（European Coal and Steel Community）。這聽起來像是狹隘的經濟協議，但定了明確的目標──成立歐洲聯盟。以下摘自《舒曼宣言》：

> 　　將煤鋼生產合併，可立即為經濟發展打下共同基礎，這是建立歐洲聯盟的第一階段，並且能改變長久以來致力於生產武器、結果反讓自己成為最大受害地區的命運。

　　根據協議，歐洲成立了超越國家的機構，包括最高總署（High Authority）、共同議會（Common Assembly）和法院，這些機構做出的決定與法規有約束力，加入共同體的國家必須遵守。這些機構有權徵稅、可以發

債，以及立法保護勞工福利。六個國家簽署了歐洲煤鋼共同體協議，後來陸續有更多國家加入，形成關稅同盟（1957年，羅馬條約）。繼而同意開放邊界（1985年，申根協議）。最後大家就政治和經濟統合達成框架協議，包括歐洲公民身分（1992年，馬斯垂克條約）。

　　一如典型發展，歐洲地緣政治新秩序伴隨著金融／經濟新秩序。馬斯垂克條約為新的共同貨幣（歐元）以及共同經濟規則（例如政府的預算赤字）奠定了基礎。二十七個會員國（人口逾四億）成為一體，這是了不起的偉業（畢竟其中許多國家過去曾經兵戎相向），讓歐盟的地位不輸其他大國。

歐元區和美國與中國的比較

	歐元區	美國	中國
帝國分數（0-1）*	0.55	0.87	0.75
人均GDP（2017年，美元，購買力平價調整）	41,504	60,236	16,411
GDP（世界%，購買力平價調整）	13%	17%	23%
人口（世界%）	4%	4%	18%
出口額（世界%）	12%	11%	15%
軍事支出（世界%）	9%	28%	19%
大學畢業生人數（世界%）	13%	20%	22%
專利數（世界%）	11%	17%	41%
諾貝爾獎得獎人數（世界%）	11%	32%	2%
股票市值（世界%）	8%	55%	10%
國際貨幣交易（世界%）	28%	55%	2%
作為央行儲備的貨幣（世界%）	21%	62%	2%

*歐洲帝國弧線將歐元區主要國家視為一個單位以利比較

　　歐盟在二十一世紀初發生的危機以及相對式微，其實是出現了大週期走下坡態勢的經典現象，這些體現於第二章所描述的八個國力衡量指標與其他指標上。這些與造成其他帝國由盛而衰的原因相同。更具體地說，歐洲負債龐大、經濟基本面脆弱、內部衝突大、活力與發明能量偏弱、軍力也不強。歐元區成員國之間財富和收入差距大，助長了民粹主義，許多人因而反對繼續留在歐盟，並讓英國成功脫歐。簡言之，歐洲不久前還是有權有勢的帝國，而今整個歐洲（包括英國在內）地位滑落，淪為次要勢力。

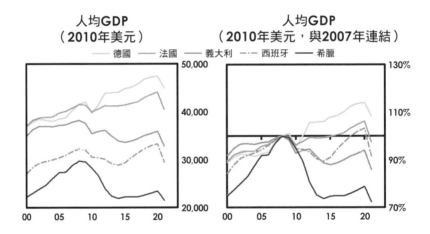

　　現在我們要把注意力轉向美國與中國。

第 11 章
美國與美元的興衰大週期

本章討論美國在十九世紀開始興起的大週期，美國逐漸超越英國成為世上最強帝國，及美國近來的衰落。由於美國作為全球首要帝國的故事仍在開展中，與今日世界也高度相關，比起對荷蘭及英國，我會更詳細地描述美國的大週期，尤其那關係到美元作為全球儲備貨幣的地位，以及影響美元的經濟與貨幣政策力量。

次頁的圖表顯示，組成美國整體發展軌跡的八種力量。**各位從中可看出，自1700年以來美國興衰背後的故事。**教育蓬勃發展且績效卓著，促使在創新與科技、在世界市場競爭力、在經濟產出上，都不斷進步。這一切又激勵金融市場發展，使美國成為金融中心，在軍力及世界貿易上領先，再經過相當長時間，美元興起成為儲備貨幣。美國在教育、競爭力和貿易方面的相對優勢已降低，在創新和科技、儲備貨幣地位及金融中心地位，則仍維持很大優勢。**圖表中未顯示的是，美國收入與資產負債表狀況的偏差，及其內部衝突，這兩者都更令人關切**（更完整的現狀圖表，請看本書最後一章。）

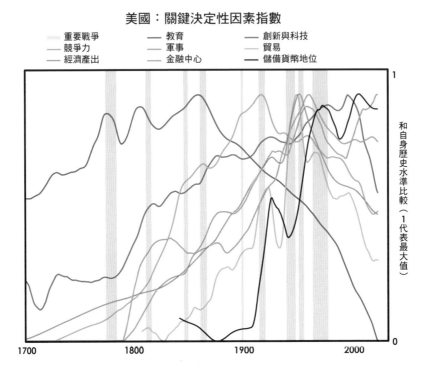

美國：關鍵決定性因素指數

　　再下一張圖表結合所有因素，顯示美國自獨立戰爭前以來的整體發展軌跡，並標示此期間的關鍵事件。圖中數字則標示內部秩序週期六階段的約略時間。

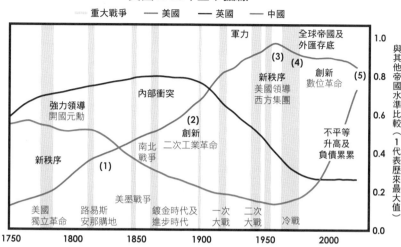

現在我們要詳述美國故事，從開國直到我撰寫本書時。

興起

　　與所有新興國家和朝代一樣，**美國也經歷過常見的革命及革命後進程，並從中創造出新的國內秩序：1）一群合作無間的英明領導人，為取得控制權而作戰，2）這群人戰勝並鞏固控制權，3）新領導團隊的願景得到人民支持，但4）它分裂為不同派系，各派系對政府應如何運作以實踐那願景產生衝突。最後這些派系5）設計出控制系統，並形諸於協議（美國是先完成邦聯條例〔Articles of Conferedation〕，後完成憲法），6）設立政府各部門（如貨幣及信貸體系、司法體系、立法體系、軍事體系等等），7）讓人員進去履行職務，使政府運作順暢。**美國以獨特的和平方式完成這些，透過談判，對協議近乎完全地尊重，並做出良好的治理設計，使它有極好的開始。

　　在呈現八種實力的圖中各位可看到，先有教育水準快速提升，再來是創新、科技及競爭力大躍進，一直持續到兩次世界大戰，其間在南北戰爭時曾中

斷。國內外貨幣／債務、經濟、軍事的狀況，有很多起起伏伏。我不會詳細說明，但要指出，它們都遵循前面曾提到的、同樣的基本因果關係典型模式。美國崛起雖在二次大戰後最顯著，但其實是始自十九世紀末。我們就從這裡講起。

　　南北戰爭後，發生第二次工業革命，那是英國、歐陸、美國和平追求財富與繁榮，使收入、科技、財富大有收穫的典型時期之一。

　　美國的這些斬獲，是透過自由市場資本主義體系供給資金，也一如往例，帶來許多財富，並造成重大貧富差距。這些差距導致不滿及進步時代的政策，包括打破財大勢大的壟斷企業（「解散托拉斯」〔trust busting〕），增加對富人課稅，第一步便是在1913年通過憲法修正案，允許課徵聯邦所得稅。美國已增強的實力，反映於它在全球經濟產出及世界貿易的佔比上升，還有不斷增長的金融力量（紐約成為世界主要金融中心便是例子），在創新上持續領先，並善用其金融產品。

美元及美國資本市場漫長的崛起

　　美元成為世界首要儲備貨幣之路，絕非一路暢通。美國建國後的頭一百年，其金融體系完全未開發。當時美國銀行業仍是典型營運方式，與大多數國家相同，我在第三、四章曾說明。也就是硬通貨存入銀行，而銀行貸出貨幣總額，比持有的貨幣多很多。那場龐氏騙局被揭發，於是銀行未能履行承諾，又使資金貶值。美國當時並無中央銀行控制金融市場，或作為最終貸款人。**美國曾走過多次景氣好壞週期，每次總是由一陣債務融資的投資熱（投入土地、鐵路等等），變成過度擴張，導致信貸損失及信貸緊縮。因此銀行體系恐慌極為常見。**單單在紐約市，1836到1913年便發生過八次重大銀行恐慌，地區性銀行恐慌也很常見。這是由於高度分散的銀行系統，擁有的貨幣數量是固定的，又沒有存款保險，加上金字塔型的準備系統（由少數幾家紐約大銀行作為「通

匯銀行」〔correspondents〕，或持有美國各銀行高比例的準備金），提高了一家銀行出事會傳染給別家的風險。

　　紐約也像倫敦一樣，在成為全球金融中心前，早已是地位穩固的貿易中心，不過要等到進入二十世紀才是如此。1913年時，全球前二十大銀行排行榜裡，只有兩家美國銀行，排名第十三與十七。相形之下，英國銀行佔九家，前五名就佔了三家。對照起來，當時美國的經濟產出比英國大很多，在出口市場佔比則不相上下。

　　在崛起的紐約金融中心，有許多最重要的金融創新，都因紐約作為大型貿易中心的需要而產生。投資銀行在美國起飛，到十九世紀成為資金清算所，有不少資金是從歐洲流入，以支應美國那段時期的蓬勃發展。與之前的倫敦一樣，保險公司發展得比銀行快；在戰前時期，保險金托拉斯的規模超過大銀行。

　　美國經濟比歐洲與英國市場更活躍並且變化更快，這也反映在美國股市上。美國股市自南北戰爭後立即開始興旺起來。正如前面所說，**十九世紀後半是和平與繁榮的時期，也稱為「第二次工業革命」、「鍍金時代」、「強盜貴族時代」（Robber Barron Era，譯注：強盜貴族蔑指對賺錢不擇手段的商人），因為那是資本主義與創新十分發達的年代，貧富差距拉大許多，腐敗現象明顯，怨恨不斷升高。**情勢約自1900年開始反轉，1907年發生典型的債務危機。此次騷亂導致中央銀行體系「聯準會」於1913年創設。1901年時美國股市市值已超越英國。新產業及公司迅速嶄露頭角，如1910年創辦的美國鋼鐵公司（US Steel），僅十五年後便成為美國最有價值的公司。

　　接著第一次世界大戰爆發，幾乎沒有人預期它會發生，更沒有人預料會持續那麼久，從1914年打到1918年。美國大半時間並未參與一次大戰，而且是戰爭期間唯一維持可兌換黃金的大國。不僅歐洲各國經濟與市場因努力作戰而嚴重受創，歐洲各國政府採取的政策，更進一步動搖對其貨幣的信心。反之美

國的相對金融及經濟地位卻受益於此次戰爭。協約國戰債主要是向美國借貸，這促進以美元計價全球政府債務。

　　依循往例，一次大戰戰勝國美國、英國、法國、日本、義大利，在戰後集會討論世界新秩序。這次會議名為巴黎和會，在1919年初舉行，持續六個月，最後訂定凡爾賽和約。條約中戰敗國（德國、奧匈帝國、鄂圖曼帝國、保加利亞）的領土被瓜分，交由戰勝國控制。戰敗國為賠償戰勝國的戰費，承受對戰勝國龐大的債務。那些債務以黃金償還。

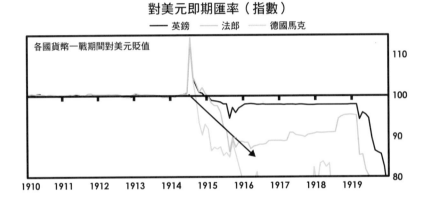

　　美國在地緣政治上也受惠，因為它在塑造戰後世界新秩序上扮演關鍵角色，不過美國仍較偏向孤立主義，英國則繼續擴張和監管其全球殖民帝國。戰爭剛結束時的貨幣體系動盪不定。儘管大多數國家力圖恢復黃金可兌換性，但唯有在一段巨幅貶值及通膨期後，貨幣對黃金的幣值才穩定下來。

　　正如常見的發展，到戰後幾年，配合世界新秩序出現，一段和平繁榮期到來，促成的動力是高度創新與生產力，加上資本市場興旺，到上升期後段卻產生大量債務及嚴重貧富差距。在咆哮的二○年代，為購買投機性資產（尤其股票）發行了許多債券（承諾以可兌黃金的紙鈔償還）。聯準會為加以抑制，在1929年緊縮貨幣政策，造成泡沫破滅，全球經濟大蕭條開始。它造成幾乎所

有國家經濟受創，導致國內及國與國間為財富而爭鬥，並導致十年後的熱戰。

我曾在第六章詳述，二次大戰前及戰爭期間的重要事件，以此為例說明，大外部有序／混亂大週期的戰爭時期。此處要記住的重點是：1945年同盟國勝利，產生了下一階段的世界秩序變動。那是財富與權力的大移轉。**相對來看，美國是二戰最大贏家，因為戰前及戰爭期間，美國賣出許多東西，也借出許多錢，而基本上所有戰事發生於美國領土之外，因此美國本土並未受到損傷，相對於大多數其他主要參戰國，美國的陣亡人數也較低。**

顛峰

戰後地緣政治與軍事體系

依循慣例，戰勝國集會決定新世界秩序，及新貨幣與信貸體系。

美國、蘇聯、英國由此次大戰躍升為世界強國，而美國顯然最富裕，軍力最強。德國、日本、義大利大體上被摧毀；英國基本上破產，法國飽受戰爭蹂躪，對贏得最後勝利貢獻很少。中國自日本投降後立即恢復國共內戰。**戰爭剛結束時，美蘇合作相當不錯，但沒有多久，意識型態對立的這二大最強國便進入「冷」戰。** 下圖顯示，美、英、蘇、中自二戰結束以來，綜合國力指數對比。各位可看到，直至1980年，蘇聯的成長與美國相當，它雖比中國強大許多，但實力從未接近美國。1980年後蘇聯衰敗期展開，中國開始迅速上升，美國則繼續緩步走低。

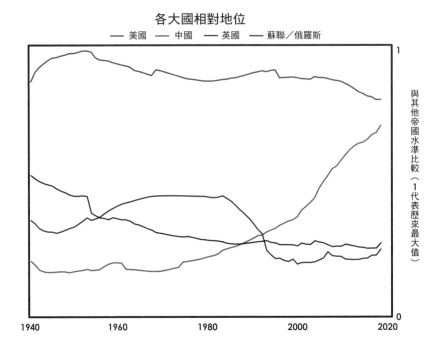

各大國相對地位

—— 美國　—— 中國　—— 英國　—— 蘇聯／俄羅斯

與其他帝國水準比較（1代表歷來最大值）

　　美蘇掌控的集團會分裂，從一開始便很明顯。總統杜魯門（Harry Truman）在1947年3月的演講中，提出現稱杜魯門主義（Truman Doctrine）的主張：

　　　每個國家必須在不同的生活方式中做出選擇。但它經常並非自由選擇。有一種生活方式是以多數人的意願為基礎，並以自由制度、代議政府、自由選舉、保障個人自由、言論與宗教自由、免於政治壓迫為特色。第二種生活方式的基礎是，將少數人意志強加於多數人身上。它依賴恐怖及壓迫、管制報紙與廣播、受操縱的選舉，並箝制個人自由。我相信美國的政策必須是支持對武裝少數的抵抗或支持外在壓力企圖征服的自由人民。

如我在第六章的說明，比起國內治理，●國際關係更受原始動力驅動。**原因在於國家內部有法律及行為準則，而國與國間原始力量最重要，法律、規則、甚至相互同意的條約、仲裁組織（如國際聯盟、聯合國、世界貿易組織）都不很重要。因而擁有強大軍力及強大軍事聯盟才如此重要。**1949年有美國陣營的十二國（後有更多國加入）成立北大西洋公約組織軍事聯盟；1954年美、英、澳、法、紐西蘭、菲律賓、泰國、巴基斯坦，組成東南亞公約組織（Southeast Asia Treaty Organization, SEATO）。1955年蘇聯陣營八國組成華沙公約組織。

如下圖所示，美蘇都大肆投入建造核武，其他幾國也跟進。目前有十一國擁有或即將擁有核武，數量與性能程度各自不同。擁有核武顯然使一國在全球權力賽局中，享有很大談判籌碼，所以有些國家很想擁有、有些國家不想讓別國擁有，其原因就不難理解了。儘管核戰一直不曾發生，但美國自二戰以來，已打過數場傳統戰爭，最著名的是1950年代韓戰；1960、1970年代越戰；1990年與2003年兩次波斯灣戰爭；2001至2021年阿富汗戰爭。這些戰爭在金錢、生命及各方對美國的支持上，付出高昂代價。值得嗎？答案見仁見智。蘇聯的經濟規模比美國小，也比美國弱，為讓軍事開支足以與美國軍事競爭並維持其帝國，巨大的花費把它推向破產。

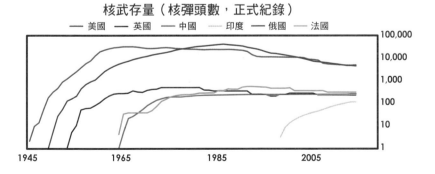

核武存量（核彈頭數，正式紀錄）
— 美國 — 英國 — 中國 ┈┈ 印度 — 俄國 — 法國

當然核武只是軍力組成的一小部分，而且自冷戰以來變化很大。我雖非軍事專家，但有機會與一些人談過，他們使我相信，儘管美國仍是整體軍力最強的國家，但並非在世界各地、在各方面，都居優勢地位，美國面臨的軍事挑戰也愈來愈多。美國在中俄勢力強大的地理區，如果跟它們交戰，很有可能戰敗，至少會遭到難以接受的損傷，美國也可能受到某些二線強國難以忍受的傷害。現在不是1945年之後那種好日子，當時美國是唯一主宰勢力。儘管有好些高風險的可能情況，但依我看，最令人憂心的是中國強行武統台灣。

未來的高風險軍事衝突會是什麼樣貌？新科技將使它與過去的衝突很不一樣。按照傳統，戰勝國會花費更多，投資更多，比敵人堅持更久。但其平衡需要小心拿捏。

●由於軍事支出會挪用政府對社福計畫的支出，而軍事科技與民間科技相輔相成，所以主要強國最大的軍事風險在於，輸掉經濟戰及科技戰。

國與國間往來，多半是平等交易。這表示較不易人為地讓貨幣貶值，傷害到貨幣持有者，因此國際交易的貨幣比較會是價值較高的貨幣。你用某種貨幣儲存財富，而儲存形式是以貨幣計價的債券，這就大有關係。有時當全世界的債務太多，讓其貨幣貶值符合所有政府的利益。此時黃金（及最近的數位貨幣）可能較受歡迎。同樣在這種時候，政府較可能禁止這些替代貨幣，但無法完全禁絕。當以法定貨幣為基礎的金融及信貸體系瓦解，終將導致硬通貨貨幣體系出現。

戰後貨幣及經濟體系

戰後的新貨幣及經濟體系分別有美蘇領導的兩個陣營，但也有一些不結盟國家，有自己的不結盟貨幣，只是未被普遍接受。1944年有四十四國代表，聚集在新罕布夏的布列敦森林，以建立美元與黃金掛勾、他國貨幣與美元掛勾的貨幣體系。蘇聯的體系則以俄國盧布為中心，但盧布沒有哪個國家想要。●

國際交易與國內交易差別很大。政府會想要控制在國境內使用的貨幣，因為透過增減貨幣供應、借貸成本、貨幣價值，可使政府擁有極大權力。

由於貨幣與經濟太重要了，所以我要重回這個主題，再討論貨幣體系如何運作，及目前運作情況。在戰後貨幣體系中，民眾及公司在國內使用政府掌控的紙幣。**當他們需要向別國購買東西時，通常是在央行協助下，用本國紙幣去兌換他國紙幣，央行則以黃金與他國央行結算。**若是美國人或公司，他們就以美元付款，他國賣方可以到其央行去換回當地貨幣，或認為美元比本國貨幣更能保值，而繼續持有美元。於是黃金離開美國央行的儲備帳戶，進入他國央行的帳戶，美元便累積於國外。

布列敦森林協議使美元成為全球主要儲備貨幣。這理所當然，因為兩次大戰已使美國成為遠遠超前的最富有、最強大國家。到二戰結束時，美國已積聚有史以來最多的黃金／貨幣儲蓄，佔全球各國政府持有的黃金／貨幣約三分之二，相當於八年的進口採購額。即使到戰後，美國仍靠出口賺進很多錢。

歐洲與日本的經濟受戰爭重創。為加以解決，並對抗共產主義散播，美國提供它們大規模援助計畫（名為馬歇爾〔Marshall〕計畫及道奇〔Dodge〕計畫），那a）使受創國受惠，b）因那些國家用援助款購買美國商品，對美國經濟有好處，c）提升美國的地緣政治影響力，d）強化美元作為全球主要儲備貨幣的地位。

至於1933至1951年的貨幣政策，貨幣的數量、成本（即利率）和流向，都由聯準會控制，以達成美國更大的目標，而非服務自由市場。❶ 更確切地說，聯準會印製許多鈔票來買債券，限制借出方可收取的利率上限，控制什麼錢可進入，以免高通膨導致利率上漲到無法接受的高點，並在政府監管之下，

---

❶ 由羅斯福放棄金本位，到聯準會與財政部簽署貨幣協定（Monetary Accord，譯注：聯準會不再支持政府借債，恢復獨立地位），是介於1933至1951年，不過明確控制利率曲線政策，聯準會藉此控制長短期利率的差距，是由1942實行到1947年。

激勵人們購入債券，避免其他投資選項變得比債券更具吸引力。**在戰後因軍費開支減少曾發生短暫衰退，之後美國便進入長期和平與繁榮期，這是新的大週期開始的典型現象。**

戰後衰退期間失業率倍增（到約4%），因為有兩千萬人左右需要在軍工及相關行業外另謀就業機會。好在限制人民購買消費品能力的配給法同時廢除，促使消費支出激增。退伍軍人也享有低利抵押貸款，使房地產景氣活絡。產業回歸盈利活動，提高對勞動力的需求，所以就業很快便反彈。馬歇爾及道奇計畫擴大國外對美國商品的胃口，出口因而十分暢旺；自1945年至1970年代，美國民間企業也走向全球並對外投資。股價低，股息高；結果股市數十年都是牛市，更加強紐約全球金融中心的龍頭地位，又帶進更多投資，進一步鞏固美元儲備貨幣的地位。這一切都是典型現象；是相互自我增強的大週期上升階段。

美國有足夠的錢改進教育，投資厲害的科技（例如登陸月球），還有許多其他領域。股市在1966年達到高點，象徵十六年榮景告終，不過當時無人知道。我直接開始接觸世事大約是在此時。我自1961年，十二歲時開始投資。當時我當然不知道自己在做什麼，也不懂得我與同時代的人有多幸運。我在對的時間，出生在對的地方。美國的製造業領先全球，所以勞動力很值錢。大多數成年人能找到很好的工作，其子女能念到大學，並不受限地向上發展。多數人民都是中產階級，所以多數人民都很快樂。

美國做了一切典型的事，協助世界變得更美元化。美國各銀行紛紛擴大在外國市場營運及貸款。1965年時，只有十三家美國銀行設有海外分行。到1970年增為七十九家，1980年時幾乎每家美國大銀行都至少有一家海外分行，而各銀行海外分行的總數成長到七百八十七家。全球信貸十分活絡。然而也出現典型發展，a）有人致富後，財務操作不謹慎，做得太過火，b）全球競爭日趨激烈，尤其來自德、日的競爭。於是隨著美國的貿易盈餘消失，美國

的借貸及財政開始惡化。

美國人從未想過，太空計畫、向貧窮宣戰、越戰，會花多少錢。由於自覺夠富有，美元似乎又是穩當的儲備貨幣，美國人以為，他們可以無窮盡地負擔得了「槍砲與奶油」兼顧的財政政策。到1960年代結束時，GDP實質成長率接近零，通膨率約6%，短期政府利率約8%，失業率約4%。在那十年裡，美國股票年報酬率8%，債券表現落後，與股票起伏相當的債券，年報酬率是-3%。官方金價仍以固定美元金額計，最後幾年市價略有上漲，商品報酬持續疲弱，每年約1%。

1970年代：國際收支問題顯現──低成長、高通膨

如第三章所說，當硬通貨債權（即票券或紙鈔）推出時，起先硬通貨債權與銀行保有的硬通貨數額相同。但是債權持有人與銀行很快就發現信貸與債務的妙用。債權人因為可把債權借給銀行，換取銀行利息，所以有利息可賺。向他們借錢的銀行也很樂意，因為可再轉借給別人，對方會付更高的利率，所以銀行有錢可賺。向銀行借錢的人，可獲得原本沒有的購買力，所以也很願意。整個社會也樂見，因為資產價格與生產力會上升。

1945年後，外國央行可選擇持有付息的債券或無利息的黃金。由於以美元計價的債券被視為與黃金一樣可靠，可轉換為黃金，又有利息，使收益更高，所以1945到1971年，相對於持有的美元債券，各國央行持有的黃金有所縮減。**如第四章的說明，投資人做此舉動是典型行為，將終止於a）真實貨幣（黃金）的需求大大超出銀行的真實貨幣數量，b）你可看到銀行的真實貨幣（黃金儲備）數量在減少中。此時再高的利率都不足以令人感覺持有債券（即要求持有硬通貨）是合理的，而寧願把紙幣換成黃金。當時發生銀行擠兌，違約和債務重整必然發生。由此造成與黃金連結的布列敦貨幣體系瓦解。**

自1969至1970年通膨加速，經濟走弱，聯準會承擔不起再維持緊縮的貨

幣政策，結果美國的國際收支平衡惡化，美元匯率暴跌。美國不但沒有貿易順差，反而出現難以長期承受的龐大國際收支赤字（即美國向世界各國購買的金額大於銷售金額）。1971年夏天，美國人到歐洲旅行時，很難用美元兌換德國馬克、法國法郎、英鎊。**尼克森政府曾誓言不「貶值」美元，但到當年8月，美國未履行以黃金支付的承諾，而是以紙幣代替**。貨幣與信貸的成長不再受限，開啟歷時十年的停滯性通膨。同時其他工業國恢復經濟實力，在全球市場變得極具競爭力。

　　美國人未把這些問題視為未來情勢的徵兆，只當作是一時受挫。然而隨著那十年漸漸過去，經濟問題助長政治問題，政治問題又影響經濟問題。越戰與水門（Watergate）事件拖延不決，石油輸出國組織（OPEC）引發油價上漲，旱災導致糧食價格上漲。隨著物價升高，美國人借更多錢以維持生活方式，聯準會允許貨幣供給加速成長，以順應更多借款需求，並防止利率高到無法接受。

　　這些赤字產生的美元，進到預算有結餘的國家，那些國家把結餘存在美國的銀行，美國的銀行再把錢借給拉丁美洲及其他生產大宗商品的新興國家。儲貸機構（savings and loan associations）短期借入，以提供長期抵押貸款及其他貸款，利用短期利率（它們借入利率）與長期利率（它們借出利率）正價差，作為獲利來源。通膨及其市場效應分二大波襲來，其間並有貨幣極端緊縮、股市重挫、嚴重衰退等時期。**1970年代初，大多數美國人未經歷過通膨，所以並未小心防範，任憑它坐大。那十年過去時，他們深受通膨創傷，並認為通膨永不會遠離。**

　　至1970年代結束，實質GDP成長率約2%，通膨率約14%，短期利率約13%，失業率約6%。那十年裡，金價大漲，商品價格也隨通膨不斷上升，年化報酬率各為30%與15%。但高通膨率吃掉股票不高的5%名目年化報酬率，及與股票起伏相當的國庫券4%報酬率。

後布列敦森林體系

自1971年美元及其他貨幣與黃金脫鉤後，世界轉向無定錨的法定貨幣體系（又稱第三類貨幣體系，如我在第三章所說），美元對黃金、其他貨幣、最後是對幾乎所有東西，價值都滑落。協商建立新貨幣體系的是美、德、日等國的經濟政策主要制定者。❷ 尼克森終止美元與黃金連結時，沃克（Paul Volcker）是其副國務卿，自1979至1987年他擔任聯準會主席。在那幾年期間與前後，他對形塑及引導以美元為基礎的貨幣體系，出力比任何人都多。我有幸與他熟識，所以我個人可以證實，他是品格高、能力強、影響力大又十分謙虛的人：在缺乏英雄／榜樣模範的世界裡，尤其在經濟的公職領域，他是典型的英雄／榜樣模範。我認為他與他的思想值得更深入去研究。

當時的通膨心理我記得很清楚；它促使美國人去貸款，拿到支票後立刻去買東西，以「跑贏通膨」。他們也買不會再增加的東西，如黃金及水岸房地產。因美元債務引發的恐慌也使利率上升，造成金價由1944年固定在35美元，官方維持這價格至1971年，到1980年金價已暴漲至850美元。

大多數人雖不懂貨幣及信貸體系是如何運作的，他們卻深受高通膨及高利率之害，於是那成為長期政治問題。同一期間又發生許多衝突與抗爭，起因有越戰、石油禁運導致汽油價格高漲和天然氣配給、工會為薪資和福利與公司對抗、水門事件、尼克森彈劾案等等。這些問題在1970年代末到達頂點，那時有五十二名美國人在德黑蘭伊朗美國大使館被挾持為人質四百四十四天，美國人覺得國家快崩解了。不過大部分美國人並不曉得共產國家的經濟狀況更糟。

在下一章我們會看到，1976年毛澤東過世，鄧小平上台，當時中國經濟搖搖欲墜，又面臨內部衝突。鄧小平的改革開放導致經濟政策轉變，納入資本

---

❷ 對於如何從金本位貨幣體系走向法定貨幣體系，若想讀一本關於那過程精彩敘述的書，我推薦由沃克與行天豐雄合著的《Changing Fortunes》。

主義元素如私人企業、發展債券與股票市場，富企業家精神的科技及商業創新，甚至億萬富翁資本家激增——這些全在中國共產黨的嚴密控制下。此次領導班子及作法的更替，雖然當時看似不重要，卻將形成塑造二十一世紀最大的一股力量。

1979至1982年轉向貨幣緊縮及保守主義

卡特（Jimmy Carter）總統與大部分政治領袖一樣，不太懂貨幣機制的運作，但他知道必須有所作為以遏止通膨，便在1979年8月，任命強有力的貨幣政策制定者（沃克），出任聯準會主席。同年10月**沃克宣布，將把貨幣（M1）成長率限制在5.5%。**我計算那些數字得出的想法是，要是他真的說到做到，將出現貨幣大短缺，促使利率漲破高點，令債務人借不到錢以支付償還本息的開支而破產。儘管政治反彈力道很強，沃克堅守計畫，把利率推上，照德國總理施密特（Helmut Schmidt）的說法，「自耶穌基督以來」所見的最高水準。

卡特在1980年總統大選輸給雷根（Ronald Reagan），雷根被視為保守派，將施行必要的節制。當時的主要國家（以七國集團〔G7〕為代表：美、英、德、日、法、義、加，由此可見四十年前的全球權力平衡狀況與現今差別有多大）也出現類似走向，都選出保守派，以使通膨亂象受到節制。美國雷根與英國柴契爾夫人（Margaret Thatcher）在上任初期，都曾與工會發生指標性對抗。

●經濟與政治會在左右派不同的極端間擺盪，當某一方極端得過度到無法忍受時，對另一極端的問題的記憶就會淡化。**那就像時尚，領帶寬窄和裙子長短，會隨時間而變化。當某一極端大流行時，我們就該預期，過不了多久便會出現朝相反方向類似規模的移動。**當年貨幣緊縮政策令債務人難以承受，借款也縮減，使全球經濟陷入自大蕭條以來最嚴重的衰退。聯準會開始緩步降息，

但市場持續下跌。然後墨西哥在1982年8月無法償債。有趣的是，美國股市以上揚回應。

接下來發生的事對我是一段痛苦不已的學習經歷。我雖能夠預期到那次債務危機以從中獲利，但我也被誤導，a）以為債務違約將引發經濟蕭條，卻始終未曾發生，b）因為押注經濟會蕭條，結果損失慘重。我個人及客戶都有虧損，以致橋水公司成立不久，就不得不辭退所有員工，我慘到被迫向父親借四千美元，來付自己家的帳單。然而這也是我遭遇過最幸運的事之一，因為它改變了我的整個決策方式。過去我未注意到，債務若是用央行之力能夠印鈔的貨幣計價，央行也能夠對債務進行重整，債務危機就可好好處理，不致危害到整個體系。由於聯準會可提供資金給借錢出去但收不回來的銀行，那些銀行就不會有現金流問題，加以美國會計制度並不要求銀行把這些呆帳列為損失，就沒有解決不了的大問題。那次我學到，**資產價值與貨幣及信貸價值相對應（即貨幣及信貸愈便宜，資產價格愈高），而貨幣價值與總量多寡也相對應，因此當央行釋出大量貨幣與信貸，使之變便宜，此時更積極去擁有資產才是明智之舉。**

1980年代通膨降，景氣升

美國在1980年代股市及經濟一片榮景，同時通膨下降，利率降低，但在債務負擔沈重的新興經濟體，由於無央行紓困，遭遇的則是通膨性蕭條。債務重整過程由1982年緩慢進行到1989年，訂出依當時美國財政部長布萊迪（Nicholas Brady）為名的協議：布萊迪計畫（Brady Plan），這才開始結束那些國家「失去的十年」（不同國家分別簽署協議，一直進行至1990年代初）。自**1971到1991年這整個上上下下的債務週期，幾乎深深影響到全世界每個人，其成因是美國脫離金本位，通膨繼之而來，又必須以緊縮貨幣政策打倒通膨，導致美元走弱及通膨劇降。**大週期展現於市場表現有：a）1970年代

通膨飆升，通膨避險資產飆漲，債券熊市，b）1979至81年嚴厲至極的通貨緊縮，使現金成為最佳投資，也造成非美國債務人必須針對緊縮進行大規模債務重整，然後是c）1980年代通膨率下降，債券、股票及其他抗通膨資產表現極佳。以下各圖對此表現得十分貼切，從中可看出由1945年至今，以美元計算的通膨率及利率上下起伏。在我們思考未來時，需要記住這些變動及其背後的運作機制。

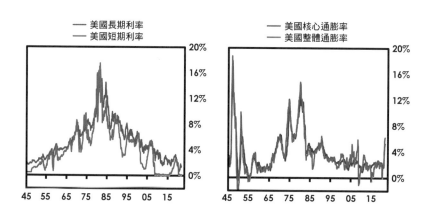

經歷了所有這一切，美元仍是全球主要儲備貨幣。這整段期間強有力地展現出，擁有全球儲備貨幣對美國有多少好處。

1990 至 2008 年：全球化、數位化、債務融資拉動的景氣

蘇聯由於經濟失敗，負擔不了支持a）其帝國、b）經濟、c）軍事，並應付與雷根武器競賽的支出。結果蘇聯在1991年解體。共產主義顯然已敗下陣來，或是在各地已顯露疲態，於是許多國家放棄共產主義，世界則進入十分繁榮的全球化與自由市場資本主義時期。

此後有三次經濟週期，使我們來到我撰寫此書時的現況，一次在2000年的網路泡沫到達高峰，並導致之後的衰退；一次在2007年的泡沫到達高峰，

並導致**2008年全球金融危機；一次在2019年到達高峰，就在2020年新冠疫情引發經濟衰退之前。此期間除去俄羅斯衰退，也看到中國崛起，全球化，還有科技的進步取代人力，那有利於企業獲利，卻加大貧富和機會的差距。**

　　國家與國界的重要性降低；商品通常在能夠最有成本效益的地方製造，由商品帶來的收入也產生於此，這促成新興國家的生產與發展，加速人員在國與國間流動，縮短國與國間的貧富差距，卻急速擴大各國國內貧富差距。已開發國家的中低所得工人受害，而生產力高的新興國家工人相對受惠很大。雖有些過分簡化，但可正確地說，**這是他國尤其中國的工人，還有機器，取代美國中產階級工人時期。**

　　下圖顯示自1990年以來，以實際（經通膨調整）美元計算，中美各自的商品及服務❸的差額變化。如各位在下章討論中國時會看到，中國在鄧小平1978年上台後，採取改革開放政策，中國並在2001年加入世貿組織，中國的競爭力及出口因而爆炸性成長。請注意約自2000年至2010年，中國貿易順差及美國貿易逆差快速增加，然後差距有些縮小（最近在疫情期間又上揚），中國仍偏向貿易順差，美國偏向貿易逆差。這些順差帶給中國大量儲蓄，成為金融強國。

---

❸ 這衡量一國是否整體支出多於收入。

商品及服務出口減去進口（實際值，單位：10億美元，12個月移動平均數）

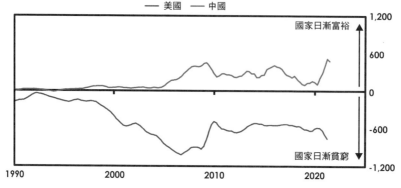

●大多數人民只注意得到什麼，並不在意支付的資金從哪裡來，所以民選官員有很強的動機支出大量借來的錢，並做出種種承諾，保證選民能獲得他們想要的，然後負擔起日後將引起問題的有息或無息債務。那正是1990到2008年的情況。

自1945直到2008年整個長期債務週期期間，每當聯準會想要提升經濟景氣，就會降息，使貨幣及信貸更充裕，那會提高股價及債券價格，增加需求。直到2008年都是這麼做：降息，債務增加比收入快，產生無法持久的泡沫。當泡沫在2008年破滅時，利率來到零，是大蕭條以來首次出現，聯準會改變作法。如同我在《大債危機》一書中詳盡的解說，貨幣政策有三種：1）利率帶動的貨幣政策（我稱之為第一種貨幣政策，因為它是最早使用，也是較受偏好的政策），2）印鈔及購買金融資產，最重要的是債券（我稱之為第二種貨幣政策，目前通稱「量化寬鬆」〔quantitative easing〕），3）財政與貨幣政策並進，中央政府做許多靠借債支付的支出，而央行購買那些債券（我稱之為第三種貨幣政策，因為那是前二種無效時，第三也是最後可用的方式）。以下圖顯示，1933年與2008年債務危機都曾使利率降到零，接著是聯準會大規模印鈔。

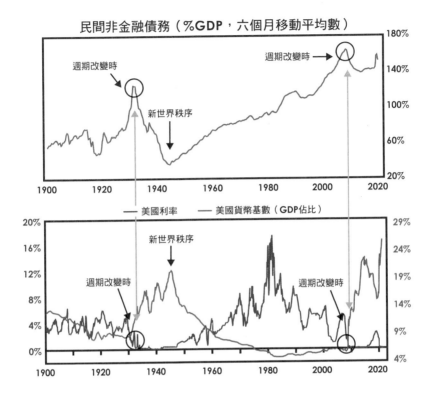

民間非金融債務（%GDP，六個月移動平均數）

美國利率　　　美國貨幣基數（GDP佔比）

此次貨幣政策改變有很大效果及影響。

2008至2020年由貨幣融資撐起的資本主義榮景

在2008年債務危機中，**利率一直下降到零**，這導致三家主要儲備貨幣國的央行（以聯準會為首）從利率帶動的貨幣政策，轉向印鈔及購買金融資產的貨幣政策。央行這麼做是讓資金流入投資人手中，投資人會購買其他金融資產，促成金融資產價格上漲，這有助於經濟景氣，對財力足以擁有金融資產的富人特別有利，貧富差距因而更懸殊。此時借錢基本上是免費的，於是借錢投資者及有借款需要的企業就善加利用，借到錢則大肆購買，推升股價及企業獲

利。這些資金並未按比例流向社會各個階層，財富與所得的差距繼續擴大，以致產生1930至45年後的最大差幅。

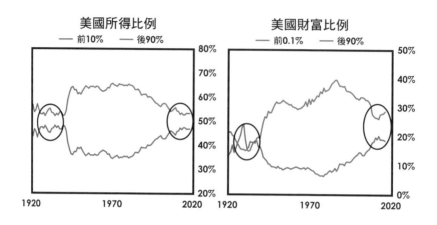

右派企業家、資本家兼民粹主義者川普，說話直言不諱，他在2016年領導抗爭，反對體制內政治人物及「菁英分子」，他保證支持、認同保守價值但失業而生活困苦的民眾，以此當選總統。他繼續削減企業稅賦，維持龐大預算赤字，聯準會也配合。這番債務成長雖挹注了相對強勁的市場經濟成長，為低收入者帶來一些改善，卻伴隨著更大的財富與價值觀鴻溝，使得「窮人」愈發憎惡「富人」。同時政治鴻溝也加大，一邊是日益極端的共和黨，另一邊是日益極端的民主黨。這反映於以下二圖中。上圖顯示，比起過去，參眾兩院的共和黨議員偏向保守立場、民主黨議員偏向自由立場的變化。由此來看，他們已更為極端，彼此的分歧已超過以往任何時候。我雖不確定這完全正確，但我認為大致上是對的。

主要政黨意識型態立場

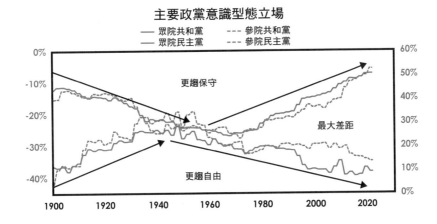

下圖顯示，一般國會議員按政黨屬性投票百分比，現在是有史以來最高。這持續反映跨黨派界線以妥協並達成協議的意願降低。也就是美國的政治分裂加深，很難妥協。

國會議員依政黨路線投票

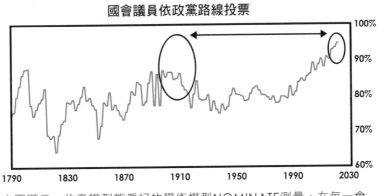

本圖顯示，依意識型態偏好的學術模型NOMINATE測量，在每一會期，參眾議員按其左、右派意識型態，決定如何投票的平均可預測率。

川普在經濟與地緣政治上與國際對手意見不同時，是採取更強勢的談判姿態，尤其對中國和伊朗，在貿易及分擔軍費上，對歐洲、日本等盟國也是如此。川普任期於2021年結束時，與中國為貿易、科技、地緣政治、資本等的

衝突正在加劇;類似1930至45年的經濟制裁,也被放在談判桌上備用。

2020年3月新冠病毒疫情來襲,美國(及世界多國)實行封城,收入、就業及經濟活動大減。美國政府大量舉債,向人民及公司提供大量資金,聯準會則大印鈔票,並購入許多債券。他國央行也是如此。 下圖正是反映這些情況,顯示主要國家的失業率及央行資產負債表,並追溯至能取得的最早數據。從圖中可看出,各國央行印鈔及購買金融資產的水準,都上升到接近或超出以往在戰爭年代最高紀錄的水準。

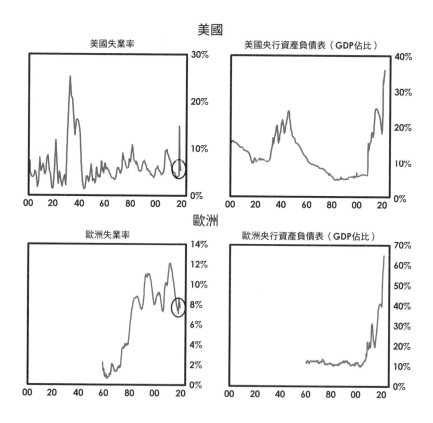

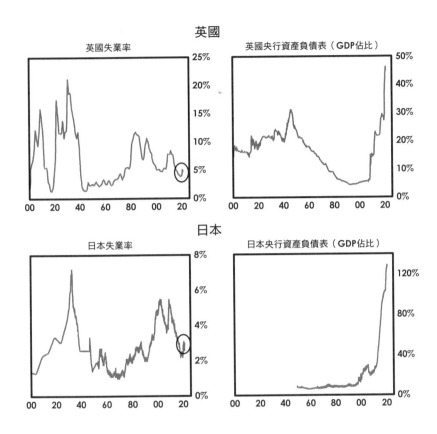

一如歷史顯示，也如第四章的解說，●當貨幣及信貸大肆擴張時，會使貨幣及信貸貶值，連帶使其他投資資產升值。

聯準會在2020年印鈔及購債，很類似羅斯福在1933年3月、尼克森在1971年8月、沃克在1982年8月、柏南克（Ben Bernanke）在2008年11月、德拉吉（Mario Draghi，譯注：時任歐洲央行行長）在2012年7月的作法。這已成為央行的標準作業程序，並會持續到它失效為止。

美國目前在大週期中走到哪裡

我模型中的數字顯示，美國已走到大週期的約70％，上下誤差10％。美

國尚未越線，進入內戰／革命的第六階段，那時會展開實際戰鬥，但目前內部衝突大，並在升高中。近期的選舉呈現出美國的分裂有多嚴重，幾乎是50對50，彼此似乎壁壘分明，難以調和。

下圖是五十年前的民眾分布狀況：各黨大多數是溫和派，極端者也沒有那麼極端。

五十年前政治光譜

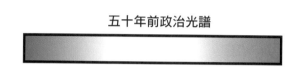

如今是像這樣：有更多人更向極端集中。

2021年政治光譜

歷史告訴我們，●兩極化愈厲害，等於a）陷入政治僵局的風險更大，降低以革命性變革矯正問題的可能性，不然就是b）發生某種形式的內戰／革命。

我在第五章曾說明，指出有可能由階段五升至階段六的典型徵兆。**我目前觀察的三個最重要徵兆是：1）規則被忽視，2）雙方情緒化攻擊彼此，3）發生流血事件。**

在本書最後一章，我會分享我用於追蹤事態發展的量化指標。我會繼續觀察這些指標，並在economicprinciples.org與各位分享我的心得。不過首先我們要看看，崛起中的世界強國：中國，以及美中可能發生衝突的各面向。

---

❹ 深色代表極端化程度。

第 12 章
中國與人民幣的興起大週期

美中之間的情緒十分高昂，所以許多人敦促我別出版這一章。他們說，我們好像處於某種戰爭中；你寫任何讚美中國的話，美國讀者會不高興，批評中國則會激怒中國人，媒體也會扭曲你說的每句話，使情況更糟。那說法很可能是對的，但我無法不公開發言，因為美中關係太重要，像我這樣對這兩國認識那麼清楚的人不能對此略過不提。若不能誠實表達會有損我的自尊。

我不怕批評，我樂於接受批評。我在本章傳達的，只是我反覆學習過程的最新收穫。我學習是透過直接經驗及研究，建立個人觀點，我把學到的東西詳細寫下來，拿給見多識廣的人看，做壓力測試，若我們有意見不同之處，就探討這些歧見，好讓我的思想再改善一些，我會一輩子不斷重複這種作法。然而，這研究反映的是我將近四十年來針對中國所下的工夫，可是研究仍未完成；其是非對錯，尚有待發掘。我把它提供給各位，各位可基於發掘真相的精神，予以採用或批評。

本章重點在中國與中國史；下一章是美中關係。我想要在本章提供的是，增進各位對中國人根源的理解，在中國歷史經驗之下，中國人如何看待美國和看待自己。我雖非研究中國文化與中式管理的學者，但我相信我與中國無數的

直接接觸，我對歷史與經濟的研究，還有我的美國與全球觀點，使我對中國的過去與現在有獨特見解。各位讀完本章後，可自行判斷我說的對不對。

中國文化，我是指中國人對家庭和社群應如何相處、領導者應如何領導、追隨者應如何追隨所固有的期待，它經過數千年演進，歷經許多統治朝代的興衰，發展出儒家與各家哲學。我一再看到，這些典型的中國價值與行事作風表露無遺；且舉兩個人的經濟作為及領導方式為例：長期擔任總理新加坡的李光耀，及開啟中國改革開放的鄧小平。他們兩人都結合儒家價值與資本主義作為，鄧小平則是建立「具中國特色的社會主義市場經濟」。

過去兩年，我研究帝國及貨幣的興衰，也包括中國史，以幫助我了解中國人的想法，尤其是中國領導人，他們深受中國歷史影響。我從西元600年研究起，就在唐朝之前。[1] 我對直接接觸過的人與事，留下的印象很有把握，但是對沒有直接接觸的，當然就無法那麼確定。我對歷史人物如毛澤東的想法，是根據蒐集到的事實、從談話與書本取得的專家想法、加上推測。我可以說，基於本身經驗及我的研究團隊的努力，會同世上某些知識最淵博的中國學者及有實務經驗者的多方查證，我對我的結論具高度信心。

自1984年首度到中國以來，我以近距離、親身接觸方式，認識了從最底層到最高層的許多中國人。我也像對美國近期發展一樣，直接體驗了他們的近期歷史。因此我相信，我相當了解美中的觀點。我敦促未在中國待過相當久的人，勿理會帶有偏見者常描繪的諷刺景象，也放下你可能有的刻板印象，那是來自你以為你知道的舊「共產中國」，因為那些都是錯的。請你把聽到或讀到的一切，向曾在中國待過很久並與中國人共事者多方查證。附帶一提，我認為廣受傳布的媒體扭曲，及盲目、近乎暴力的效忠，妨礙認真思考不同觀點，這是當今令人害怕的跡象。

---

[1] 有關中國各朝代的完整報告，可自economicprinciples.org取得。

　話說清楚，我不講意識型態。我對某個問題，不會根據是否符合美、中或我個人的信念，而選擇要站在哪一邊。我很務實；我看待事情像醫生，依據邏輯及因果關係，並相信經得起時間考驗的東西。我唯一能做的事，是懇請各位保持耐心及開放心胸，聽我分享我學到些什麼。

　我在本書一開始，討論十八項決定性因素時，曾列出我認為對國家健康最重要的因素。其中我強調八個國力測量標準：教育、競爭力、創新／科技、貿易、經濟產出、軍事、金融中心和儲備貨幣地位。我評斷中國的強弱項，正是以這些因素為準。我也設法像中國人一樣，透過他們的眼睛去了解中國的狀況。

　喚醒一下各位的記憶，下圖顯示測量八類不同實力標準，依得出的指數呈現世上主要國家的相對地位。我研究自1500年以來各大帝國的興衰時，就曾檢視這每項指標。現在我也針對中國這麼做，以簡短傳達中國悠久的歷史，並用較詳細的方式，深入其中的重點部分。

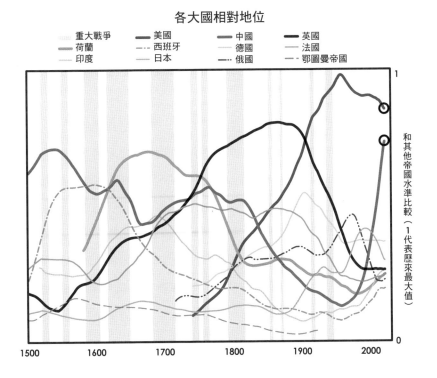

各大國相對地位

下圖再把中國的興起加以細分，顯示中國自1800年至今的八個實力測量指標。

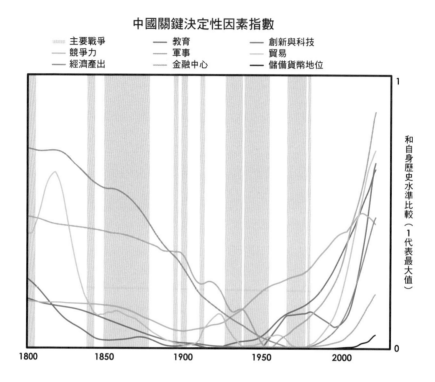

荷蘭及英美帝國的週期，都是從興起開始，然後是長期的衰落，中國有所不同，它過去兩百年的週期，是在長期衰弱後快速興起。雖然次序相反，但推動週期的力量相同。八項實力中有七項在1940至1950年間降至最低點。此後大都就逐步改善，特別是經濟競爭力、教育、軍力，直至約1980年中國經濟競爭力及貿易起飛。那正好在鄧小平的改革開放政策開始之後。那並非偶然。自我1984年首次訪問中國，到約2008年，債務成長與十分強勁的經濟成長齊頭並進。換言之，中國極快速的進步並未造成經濟負債累累。然後發生2008年金融危機，中國與世界其他國家一樣，用一大堆債務來刺激經濟，於是所得

增加，債務更是水漲船高。2012年習近平掌權後，大力改善中國的債務及經濟管理，繼續創新與科技成長，強化教育與軍事，也遭遇與美國的更大衝突。**中國目前在貿易、經濟產出、創新與科技方面，強國地位與美國大約旗鼓相當，在軍事及教育上實力強大且快速上升中。在金融方面中國是新興強國，但在儲備貨幣及金融中心地位上落後。本章後面會詳細探討這每一項，但為了解中國現狀，我們必須先走進它長遠的歷史。**

中國大歷史精要

凡是想要對中國有基本認識的人，必須知道基本的中國史，中國史不斷重複的許多規律，還有歷代君王從研究這些規律得出的恆久且放諸四海皆準的原則。僅僅是對中國史有基本了解都是很不容易的事。它綿延五千年，是如此博大龐雜，曾引起那麼多不同且有時相互矛盾的詮釋，因此我確信，不會有單一的真相來源，那個來源也不是我（我對此特別有信心）。不過有很多見解和飽學之士看法一致，也有不少中外學者及實踐者曾與我分享寶貴的洞見。我試著把所有這些心得彙整起來，那對我不但是寶貴的經驗，也是極有趣的歷程。我無法保證我的觀點最正確，但我可保證，這些都曾與一些世上最見多識廣的人好好做過三方查證。

中國文化始於西元前2000年左右的夏朝，夏朝歷時四百年，其成就是把亞洲帶入青銅器時代。至今對中國人的為人處世影響最大的儒家思想，是孔子所建立的，他生存的年代是西元前551至479年。秦朝在西元前221年統一了我們目前稱為中國的大部分地理區，接著是四百年的漢朝，漢朝創建的某些治理制度一直沿用至今。唐朝始於西元618年。

下圖是把前面大帝國的圖表中所呈現的綜合實力標準也應用於中國，由西元600年至今，跨越一千四百多年。除1840至1950年是明顯例外，當時的中國急劇下墜，此外歷代中國始終是世上最強大的帝國之一。在國共內戰結束

後，中國開始復興，起先腳步緩慢，之後飛速前進。如今它僅次於美國，也有超越美國之勢。

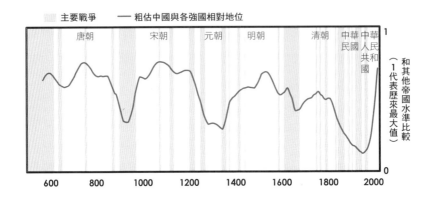

那漫長期間統治中國的朝代，不但國力強大，文化也很進步（以下只舉出圖中最突出的部分，省略許多其他朝代）。每一朝都有它吸引人的故事，但要好好講述，將需要比本章多太多的篇幅。

- **唐朝（681—907）在許多中國人心目中是帝制中國最強盛的朝代之**一。在唐朝之前，中國經過長期分裂及內亂，最後由短命的隋朝再度統一，唐朝緊接著取得政權。唐代由兩代強人父子領導人創建，兒子是唐代第二位皇帝太宗，他最負盛名。他們父子不但以軍事統一中國，並建立了穩定的政府體制與政策，其效能極高，除提升教育品質，在科技、國貿及多元化思想上也有長足發展。唐太宗是大刀闊斧改革的領袖，能夠鞏固權力，締造偉大王朝，並順利轉移政權，使唐朝沒有他依然強盛。一段繁華盛世持續了約一百五十年，唐朝借助特別強大的軍事實力，控制著中亞寶貴的貿易路線。但到700年代末，唐朝因典型的理由步入衰敗：朝廷治國無能，經濟與價值觀差距造成分裂，中央政府因此積弱腐敗（加以內部衝突，導致造反頻頻），財政惡化，天災更是雪上

加霜。

- **然後是北宋南宋（960—1279），此時中國是全世界最能創新、最有活力的經濟體**。唐代滅亡後，中國在第十世紀陷入內戰與紛亂期。最後結束紛亂的是宋朝，宋太祖在960年登上大位。宋太祖是典型的強勢革命領袖，他必須、也有能力讓紛亂恢復秩序。他作為軍事將領登上皇位，登基後進行廣泛改革：a）整合之前爭奪政權的不同派系，b）建立中央集權式、由上而下的軍事及官僚統治體系，c）普及教育，提高治理品質（尤其是改革科舉制度）。太祖及後繼者這些對教育及用人唯才的投資，使宋朝走上典型的光明之路，促進科技大步前進。[2] 但幾個世代後，約到1100年，宋朝因朝廷軟弱無能、財政問題及其他典型因素，而走向沒落。內部衰弱即易受外來勢力攻擊。十二及十三世紀，宋朝先是失去對中國北半部的控制，經過南宋的中興，後被蒙古首領忽必烈征服。

- **忽必烈建立相對短暫的元朝（1279—1368）**。他在位期間大半勤於政事，也像典型的開朝君王：鼓勵教育，統一全國，相對於許多其他蒙古首領，他也以用人唯才、開放式治理著稱。在忽必烈統治下，中國擺脫長年動亂，經濟及貿易實力增強。另一方面元朝四處爭戰，征服領土，耗費不貲。他在位晚年政治日趨腐敗，又未能建立穩當的繼承制，以致他死後內亂及危機頻仍。腐敗及不穩定助長了叛亂，元朝不到百年內便結束了。

- **明朝（1368—1644）是大致和平繁榮的帝國。開創者是洪武帝，他出身寒微，後成為戰績彪炳的抗元將領，他攻下北京，趕走蒙古統治者。經過十四年肅清異己，處死約三萬人，才得以集大權於一身**。明朝起義成功，趕走不得民心的元朝，最初幾代領導人獎勵興學，導正民風，從

---

[2] 宋代的眾多發明中，有活字印刷術、航海指南針及紙幣。

而促進創新，建立唯才是用社會。經過一段時間，明朝與歐洲的貿易擴大（因當時中國產品品質精良），由此帶來大量白銀，並把中國的精力由維生的農業轉向工業。然而明朝未能妥善管理貨幣及財政政策，以持續支持中國在國際貿易上的影響力，並適當回應一連串危機，導致中國防禦不足，易遭攻擊。更不幸的是，小冰河期（the Little Ice Age）造成農業災害及飢荒。到最後戰爭、飢荒、生態災難，碰上僵化無能的政府，形成難以挽救的浩劫，促使國祚將近三百年的明朝在1644年滅亡。

- **清朝（1644—1912）是鄰國的滿族趁著明朝動亂不穩而挑戰中國，最後在中國建立王朝。** 這段過程結束於亂黨攻下北京，明朝最後的皇帝自縊。**然後清朝的週期又開始。中國的領土擴張到最大，統治全世界超過三分之一的人口，在康雍乾三位在位期長的皇帝統治下勵精圖治，也使中國享有長期經濟榮景。❸** 然後歐洲列強到來。本書前面提到過，在地理大發現時代，歐洲強國如何利用其軍力，與資源豐富但軍力弱的外國人進行貿易及剝削對方。那是十九世紀初開始發生的事，從此中國進入百年國恥。歐洲人來要求貿易，但中國人不要他們賣的東西。於是英國人把鴉片帶進中國，讓中國人染上毒癮，他們就會為鴉片而交易。十九世紀發生一連串軍事戰爭（最著名的是鴉片戰爭），加速了中國的衰敗。中國人遏阻衰敗的行動不成功，內部衝突及起義不斷（最著名的是太平天國），一直持續到清朝1912年滅亡。

這過往歷史的種種教訓，在當前中國領導人內心仍居於最重要地位，也深深吸引著我，尤其是放在歷史模式的脈絡中。

---

❸ 中國佔全世界GDP的30%，人口在十八世紀增加了一倍多。

典型朝代週期如何發生

典型的中國主要朝代，如同典型的帝國，存續約二百五十年，加減一百五十年，大致遵循相同的興衰模式。❹ 各位尤其可看到，第五章談到的內部秩序週期一再重複發生。在此複習一下那種週期：

- **第一階段，新秩序開始，新領導層鞏固權力，**導致……
- ……**第二階段，當資源分配系統和政府官僚機構建立和完善時，**如果處理得當，會導致……
- ……**第三階段，當有了和平與繁榮時，**會導致……
- ……**第四階段，當過度支出和大量舉債以及財富和政治差距擴大時，**會導致……
- ……**第五階段，當財務狀況非常糟糕且衝突越發激烈時，**會導致……
- ……**第六階段，當發生內戰／革命時，**會導致……
- ……第一階段，導致第二階段，以此類推，整個週期再次發生。

我們快速複習一下這個週期。**典型的週期始於有強勢領導人贏得控制權，並實施建立大帝國所需的改進措施。**如同大多數其他帝國，先要打贏戰爭，獲得控制權，之後通常是**勉力讓大多數人民歸順及團結**（往往要經過衝突，以建立領導者權威）。再來通常是和平期，因為沒有勢力想要挑戰主宰政權（第一階段）。

---

❹ 有一點要說明，大部分朝代都屬次要、時間不長，或區域性，在中國不穩定時期，快速興起和殞落。不同來源提供的朝代總數不一致，因為什麼算是次要或區域性朝代，或其他形式的政府，並不清楚。就主要朝代來說，約有九個曾統一中國，並多半統治中國很久。其中包括本書研究自西元600年至今的五個重點個案（唐宋元明清），及在那之前歷經八百年的四個朝代（秦漢晉隋）。

　　然後新統治者轉而建立帝國。帝國要成功，需要一群明智、堅定的人民，彼此合作無間。也需要堅實的財政。這些可透過制度，訓練培養出真才實學、自制力強的人才而達成。為了讓最有能力的人擔任最重要的職位，就需要用人唯才的甄選制度。中國歷代多半由科舉考試承擔這項任務，新朝代並經常實施教育改革。帝國也需要有效的資源分配制度（第二階段）。

　　在和平及崛起期，帝國通常經濟運行良好，財政情況改善。帝國剛開始，通常都是財政資源有限但負債水準低，因為前一帝國的債務被取消，有時也因打勝仗而取得前帝國資產。以中國歷史而言，關鍵變數是土地所有權分配及對土地課稅，而新王朝成立，經常會削弱或推翻前朝的「腐敗權貴」，大幅改善國家可分配的資源。新王朝靠這些資源獲利及擴展。它增強商業、科技、軍事實力，那些力量也相互增益。例如科技發達，而科技可運用於經濟與軍事，便有助於王朝這兩方面的發展；軍事強大則可保護國家的商業利益（如保護貿易路線），商業利益又強化王朝的經濟實力。各朝代在全盛時期，都是政府運作良好，資源和人才獲得有效運用，過去的投資產生新收益。經濟繁榮，自給自足；人民富足，在學術、藝文、貿易、建築、其他大文明因素上成就不凡（第三階段）。

　　帝國衰敗典型的發生原因，都是增強它的力量減弱，敵對勢力出現。領導者無能，經常導致腐敗，及／或允許他人腐敗。❺ 同時各朝代不免過度擴張，並經常負債累累，以致面臨債務問題，其方式處理不外乎印一大堆鈔票，繼而造成貨幣貶值。人民也會一般散沙，失去團結的目的及合作無間的能力。貧富差距加大，不利於生產力，並導致政治衝突。此時也經常會發生某種形式的天

---

❺　「壞」皇帝通常都疏於管理政務，並容許甚至參與貪污腐敗，無視於公共投資的需要。有些皇帝是出名地對意識型態要求更嚴格，或本身判斷力或其重臣的判斷力欠佳，或沈溺於位高權重者的享樂。大部分朝代的末代皇帝，往往是在國力已衰微後才即位，控制權往往很有限，甚至身陷於政治事件中（如未成年皇帝）。

災，多半是乾旱或水患，使問題益發嚴重。愈多這種事同時發生，朝代滅亡的機率愈大。

朝代傾頹後，民間造反升高，然後是血腥的內戰（第五與第六階段）。最後強大的新領導人出現，在衝突中勝出，週期又從新朝代開始（再回第一階段）。

不同朝代的衰落有共同的現象，本書提到的其他強國，有些在沒落時也看得到那些現象：

1. **朝代存續期間，不平等及財政問題日益嚴重，是促成衰落的重要推力。** 新朝初創時，人民持有的土地及財富多半較為平等，因為前朝權貴積聚的財產經過重新分配，那有助於防止社會衝突，也有利於財政情況（因為權貴大半比人數眾多的小地主更能逃稅）。但多年以後，土地又集中於愈來愈少的家族手中，他們可以逃稅（透過賄賂、運用官方影響力、找其他方法隱藏／掩蓋財富），因此能夠富上加富。由此產生的不平等直接助長發生衝突，而國家稅基變小使政府弱上加弱，危機一來更難應對。

2. **貨幣問題常促成帝國衰亡。** 宋、元、明朝的政府極力設法維持夠多的金屬貨幣供給，也訴諸印鈔，特別是打仗或發生天災人禍時。徵稅問題更增加印鈔誘因。這引發嚴重通膨或惡性通膨，使情勢每下愈況。

3. **治理及基礎建設品質，在朝代初始多半是上升，久而久之則下滑。** 宋、明、清到後期，多年對公共建設投資不足，使中國很易受飢荒與水患之害。儘管這麼多皇帝難以一概而論，但雄才大略的朝代開創者（如獎勵科技的宋、元開國皇帝），繼承他的通常是較僵化而保守的皇帝（如清朝），太看重皇家財富且奢靡（如北宋最後數位皇帝），且／或較不支持對外貿易（明朝）。

4. **內部衝突通常起於經濟差距，又正逢年頭不佳（多半是農業問題、高負債、政府無能、天災所使然，有時是因與外力衝突）。重大天災與氣候急遽變遷期，造成民不聊生，則經常與朝代滅亡同時發生。**典型的惡性循環是：1）科技不發達與（對新建設及維持）投資不足，使基礎建設抵擋不住天災；2）災難來襲時（在中國通常是旱災和主要河流氾濫），損害農作收成，有時淹沒村鎮，而農作歉收造成糧食短缺與飢荒；3）災害造成內部人民起義。這過程對宋、元、明、清四朝滅亡影響甚大。

5. **生活困苦加貧富差距大，引起最大規模的起義，**百姓反抗權貴行事張狂（如宋朝方臘之亂、元朝紅巾之亂、清朝白蓮教之亂）。反之，多數人民生活無虞，內部穩定，是富庶期的關鍵特徵之一。

6. **受閉關自守及儒家文化影響，崇尚士人，貶抑商業、科技、軍力，導致中國的商業、科技、軍事競爭力降低，以致被較強的「蠻族」擊敗或落後他國，如蒙古人、鴉片戰爭的外國列強、毛澤東閉鎖期的世界其他國家。**

　　中國的自然環境及地質條件也深深影響朝代起落。主要應知道的是，中國的氣候多樣化且地形多變。例如北方平坦、較冷、較乾燥，南方多山、較溫暖、較潮溼，因此中國不同地方生產的作物也有別。統一的中國大致可自給自足，各地的多元性與協調性使它可以辦到。然而各種災變，加上缺乏潔淨水、農地及沿海漁場，易使中國史上出現糧食短缺。所以中國**常有糧食不安全感，**即使今天仍進口大量糧食。**中國也缺乏重要天然資源，如石油、某些金屬、某些食品。儘管它正迅速改進這些條件，但嚴重空氣污染目前也危害人民健康及農業。**

　　這類事件促使**過去及當前的中國領導人學習教訓，**針對這些自然及政治災

難建立防護措施，避免重蹈覆轍，或導致無法接受的後果。換言之，中國歷史上深藏著許多教訓，請相信我，那些全都會影響今日中國領導人所做的決策，不論他們是在做長期規劃或處理眼前政務。

我特別感興趣的是，查看典型大週期模式可追溯至多久以前的歷史，因為中國史是如此悠久，文獻紀錄又如此完備。我也著迷於東西方世界在17到19世紀更顯著的互動情形，以及當世界變得縮小很多，相互連結更加密切，中、西的大週期如何互相影響。

我研究那麼多國的歷史，學到的最重要一課或可說是能夠看出因果關係的大模式。把我的觀點轉向非常長期，感覺就像把谷歌地圖（Google Maps）縮小，因為那使我看得出以往看不見的輪廓，以及出於基本上同樣的理由相同的故事一再重演。我也逐漸明白，有那麼浩瀚的歷史可學是如何影響到中國人的思考方式，那與更著重於現在的美式思維大異其趣。大多數美國人認為，美國歷史只有三、四百年（他們相信美國始於歐洲人移民來此），也不怎麼有興趣於從中學到教訓。

無論美國人感不感興趣，三百年對他們而言好像很久，但對中國人而言，那根本不算長。大多數美國人無法想像有可能再發生革命或戰爭，推翻美國的體制，但在中國人看來似乎無可避免，因為他們一再看到這兩種情況發生，也研究過在發生前必然會出現的模式。美國人多半把焦點放在特定事件，尤其是目前正在發生的事件上，而大部分中國領導人卻是從較大、較漸進的模式，去看待當前事件。

美國人衝動，重戰術；會爭取眼前想要的東西。大多數中國人重戰略；會為未來想要的東西未雨綢繆。我也發現中國領導人比美國領導人加倍親近哲學（真的閱讀哲學著作）。比方我曾與中國某領導人會面，他剛見過川普總統，並憂心美中是否可能起衝突。他說了他帶著什麼心情去見川普，那使我感到訝異，相信與川普的態度應是截然不同。我與這位領導人認識多年，這

當中我們談的多半是中國與全球經濟及市場。多年來我們建立了友誼。他能幹、聰明、謙遜又平易近人。他說去見川普時憂心的是最糟糕的狀況：彼此針鋒相對，可能升高到失控而爆發戰爭。他回顧歷史，並舉他父親的親身遭遇以證明其觀點：戰爭的害處超乎想像，而且下一場戰爭的損傷，可能比先前死傷最慘重的更嚴重。他強調一次大戰的例子。他說，為穩定情緒，取得內心平靜，他閱讀康德（Immanuel Kant）的《純粹理性批判》（*Critique of Pure Reason*），卻發現只能盡力而為，船到橋頭自然直。我介紹寧靜禱文（Serenity Prayer）給他，❻ 並建議他冥想。我回家後再讀《純粹理性批判》，發現不好讀。我當時很欽佩他，現在還是，並十分重視他的看法。

　　我講這則故事是與各位分享一位中國領導人對戰爭風險的看法，也提供一個例子，以說明許多我與他、我與眾多中國領導人及一般人的互動，來幫助各位從我及他們的視角看待這些互動。

　　中國歷史與哲學中，最重要的是儒、道、法家及馬克思哲學，那些對中國人思想的影響，遠大於猶太－基督信仰與歐洲哲學根源對美國人思想的影響。一位極受尊敬的中國歷史學者告訴我，毛澤東讀過好幾次二十冊巨著的《資治通鑑》，內容涵蓋約西元前400年到西元960年，中國十六朝、一千四百年的歷史，甚至更卷帙浩繁的《二十四史》，以及無數有關中國史的著作，還有外國哲學家的著作，最主要是馬克思。毛澤東也寫作，說話帶哲學意味，他寫詩，也練書法。若對毛澤東思想有興趣，或更重要的他如何思考，建議各位讀《實踐論》、《矛盾論》，當然還有《毛語錄》，那是他對許多議題的語錄集要。❼

---

❻ 「上帝，請賜我以寧靜，去接受我無法改變的事，賜我以勇氣，去改變我能改變的事，賜我以智慧，去分辨這兩者的差別。」

❼ 我要感謝澳洲前總理、現任亞洲協會（Asia Society，譯注：美國民間智庫）政策研究所（Policy Institute）所長兼執行長陸克文（Kevin Rudd），指點我去看這些書，並協助我了解中國政治。

　　中國領導人擘劃未來的範圍遠超過百年，因為那是成功朝代起碼的存續期間。他們在明白典型的發展軌跡中，有以數十年為單位的不同階段，他們會就此進行規劃。

　　當前中國帝國的第一階段始於毛澤東，那時中國發生革命，共黨贏得國家控制權，政權及體制獲得鞏固。第二階段是增加財富、實力、凝聚力，但不致威脅世界第一強國（美國），發生於鄧小平及習近平前的繼任者時期。第三階段是在這些成就上，朝向為2049年中華人民共和國建國百年設定的目標前進：成為「富強、民主、文明、和諧、美麗的社會主義現代化強國」，正發生於習近平與後繼者時期。**中國的終極目標是，使經濟規模達到約美國的兩倍，並對外廣泛分享中國成長的利益。**❽ 較近期的目標及達成方式，訂立於「中國製造2025」計畫、❾ 習近平的「中國標準2035」計畫，及慣例的五年計畫。❿

　　中國領導人不只努力推行這些計畫，也訂出明確標準以評斷成效，大部分目標他們都能達成。我並非說其過程很完美，因為它並不完美；我也不是說這當中沒有政治和其他挑戰以致引起意見分歧，包括對該怎麼做的一些殘酷鬥爭，因為確實有（私下進行）。我的意思是，中國人有更長久並具歷史觀的看法及規劃遠景，他們會再細分為短期計畫與執行方式，這種作法對於實現目標成效卓著。巧合的是，我自己研究歷史模式及處理戰術決策的方式，對我如何看待及處理事情有類似影響，例如我現在把過去五百年看作是近期歷史，而最

---

❽　中國人口約是美國四倍，所以只要人均所得達到美國一半，總規模便是美國兩倍。我看不出有什麼阻力會妨礙中國在相當時間後，人均所得達到與美國相當，使其經濟規模成為美國的四倍。

❾　中國製造2025的目標是，中國在大部分領域要做到大致自給自足，並在高科技領域領先全球，包括人工智慧、機器人、半導體、製藥、太空。

❿　中國在2021年3月公布，第十四個五年計畫及2035年目標。

相關的時間跨度似是約百餘年，我從這角度慢慢彙整出的各種模式，有助於我預測事件可能如何發生，我應該如何準備，在未來數週、數月、數年，把自己放在對的位置。

中國式教訓及處世之道

中國文化衍生自中國人數千年的經驗，及自經驗中學到的教訓。它們表現於對事物的運作、什麼方法因應現實最有效等的哲理內；中國哲學明確告訴人們應如何彼此相處，應如何做政治決策，經濟體系應如何運轉。西方世界的主導哲學是，猶太－基督、民主、資本主義／社會主義等思想，個人大都是從中加以選擇，得出適合自己的組合。中國的主要哲學思想是儒、道、法家，直到二十世紀初，馬克思主義及資本主義再加進來。皇帝通常選擇本身所好，付諸實行、學習、調整。若其組合成效良好，朝代就會存活、興盛（按他們的說法，是本朝享有「天命」）。若行不通，朝代就會失敗而被另一朝所取代。這過程在有歷史紀錄以前就在進行，其後只要有人必須決定治國大方向，它就會繼續下去。

儘管我用三言兩語說明這些哲學，談不上周全，但我嘗試如下：

- **儒家致力於維繫社會和諧，要求人們懂得自己在社會階層中的角色，及如何扮演好這些角色**，倫理從家庭開始（夫妻、父子、長幼等等），並向上擴及君臣。人人都應尊敬並服從等級高於自己的人，上對下則要愛護，同時要求嚴格的行為標準。人人都要仁愛、誠實、公平。儒家重視和諧、通才教育、用人唯才。

- **法家贊同由諸侯迅速征服統一「天下」。**它主張世界是人吃人的叢林，人民必須嚴格服從皇帝的中央政府，在上位者則不會過於愛護人民。西方與法家思想相當的是法西斯主義。

- **道家主張，與自然規律和諧相處最是重要**。道家學者認為，自然是由相對的陰陽組成，陰陽平衡便能達到和諧。

直到二十世紀初，馬克思主義獲毛澤東與後繼者青睞，在那之前儒家與新儒家是影響力最大的哲學，通常再加進一些法家。我們講到二十世紀時，我會簡短說明馬克思主義。

所有這些中國體系都重階級，不講平等。中國副主席王岐山是出色的歷史學者，愛好探索不同文化，他曾對我說，美國人與中國人最主要的差別是，美國人把個人看得高於一切，中國人則最重視家族與集體。**美國行事是由下而上（如民主），個人利益最大；中國行事是由上而下，集體利益最重要**。他說，「country」的中文是由「國」「家」兩個字組成，所以中國領導人治國，是希望做到像他們認為的，父母的治家之道，人人知道自己的本分並敬愛尊長。因此中國人較謙遜、恭敬、守規矩，美國人較自大、平等、厭惡規矩。我自己的觀察是，中國人比較願意問問題和學習，美國人則更有興趣暢談他的想法。

至於治理架構（即在中央政府層級體系內，誰聽命於誰，以及向下延伸到與地區及地方政府如何互動），中國人經過許多朝代，歷時數千年，已逐步成熟；但詳細講述需要太大篇幅，在此不贅述。

中國不像其他征服及佔領他國的大帝國，它相對較少佔領遠方國家。**中國基本上是一個龐大平原，四周是大片天然疆界（山與海），人口大部分分布於平原上。中國的世界大都就限於這些疆界之內，中國的戰爭多半是為控制這片疆域，自己人打自己人，但中國人有時也會與外國入侵者作戰。**

中國傳統軍事哲學主張，贏得戰爭的上策並非作戰，而是默默發展本身實力，不戰而屈人之兵。它也提倡廣泛使用心理戰來影響敵人行為。[11] 然而中國內部還是發生過無數激烈的朝代戰爭。少數在中國境外打的仗，則是為建立中國的相對國威及開展貿易。

學者認為，中國不願擴展其帝國原因在於中國地域已經太大，不易控制，也在於中國人寧可維持文化純淨，而孤立是最好的辦法。**傳統上中國人與國界外的帝國建立關係，是偏好從前面提及的哲學中可意料到的方式：即雙方明白彼此的其他地位，並依此行事**。若是中國更強大，大半都是如此，弱國會「朝貢」禮品或好處，相對則一定會獲得和平保障、承認其當局及貿易機會。這些屬國通常維持本身習俗，不會在治國上遭到干預。⓬

中國貨幣暨經濟史

至於中國的貨幣、信貸及經濟，歷史十分悠久而複雜。話雖如此，我前面討論貨幣與信貸大週期時，講到的各式各樣貨幣／信貸／經濟體制及週期，中國全都經歷過。中國人用得最多的貨幣是金屬（在國內主要是銅錢及一些白銀），在九世紀中國發明紙幣後，仍繼續使用了很久，到十九世紀晚期開始用銀圓。當時白銀是國際流通的主要貨幣，有時也用黃金。

了解不同貨幣體系對研究中國尤其重要，因為他們經常變來變去，在不同時期它曾促成繁榮或崩壞，端看對體制管理得如何。中國經歷過數種週期：1）由硬通貨轉向以硬通貨支撐的紙幣（第一類過渡至第二類），然後2）對

⓫ 各位若未讀過《孫子兵法》，建議去讀一讀，感受一下我在此提到的東西。

⓬ 歷史學家費正清（John Fairbank）在其大作《中國的世界秩序：傳統中國的對外關係》（*The Chinese World Order: Traditional China's Foreign Relations*）裡，描寫中國與非華國家的關係是：「中國對外關係採分級、同心圓制，所涵蓋的其他民族與國家，可歸類為三大主要區域：一是漢化區（Sinic Zone），包含最鄰近且文化類似的屬國韓國與越南，它們有部分古時曾被中國帝國統治，還有琉球群島，短時期並包含日本。二是內亞區（Inner Asian Zone），包含內亞的遊牧或半遊牧民族，成為中國附屬部族及國家，他們儘管有時會兵臨長城邊境，但不僅人種及文化上非中國人，也位於中國文化區之外或邊緣上。三是外區（Outer Zone），通常是指『外夷』，在陸地或海洋上的距離更遠，最終包含日本及其他東南亞、南亞、歐洲國家，它們在貿易時理論上要進貢。」

紙幣的信賴增加，直至紙幣無支撐也通行（第二類過渡至第三類），再來是
3）印鈔過度，令人們失去信心而崩潰，於是又回到硬通貨（第三類過渡至第
一類）。

　　如我在第三章所說，貨幣有三種基本體系。首先是錢幣本身有價值（因為
由金、銀、銅製成），我稱之為第一類貨幣體系。其次是貨幣與本身有價值的
資產相連結（通常的形式是紙幣，可用固定價格兌換黃金或白銀），我稱之為
第二類貨幣體系。第三類（或法定）貨幣體系，是貨幣未與任何標的物連結。
下圖以極簡化方式呈現，自唐代以來，這些貨幣體系如何在中國輪轉。其實中
國不同的地方有不同的貨幣，有時也用別國的錢幣或元寶（如十六世紀晚期的
西班牙銀元）。不過**此圖涵蓋甚廣，目的在顯示中國有過，與世界其他地方同
樣類別的貨幣制，運作方式也基本上相同，最重要的是週期循環：硬通貨因債
務問題被放棄，導致通膨、超級通膨，最後又回到硬通貨。**

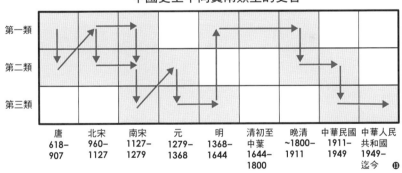

中國史上不同貨幣類型的更替

　　唐初主要是用銅錢（硬通貨）。但如同典型的發展，硬通貨的供應無法滿
足需求：中國成長快速，銅的供應量趕不上提供足夠貨幣。此外每枚銅錢的價

⓭　此圖是我與朱嘉明教授一起完成。

值很低，商人做買賣時，可能必須攜帶數十萬銅幣，那實際上不可行。這些壓力促使發明最早形式的非金屬、形同貨幣的工具。「飛錢」起先本質是銀行發的票據（如支票），但商人把它們像貨幣一樣流通。最後唐朝政府開始監督飛錢的發行及使用。⓮ 儘管如此，日常交易主要仍繼續以銅錢進行。

真正的紙幣（為廣泛使用發行的法定貨幣）在中國史上來得稍晚。十二世紀初宋朝時期，政府接管造幣業，並創造首種由商品支撐的紙幣。紙幣很快被接受，它由什麼支撐變得次要。於是開始早期的法定貨幣制。但紙鈔與債券類似，有一定使用期限，到期後就被收回。

宋代不僅發明法定貨幣，也是最早濫發使紙幣貶值的朝代。到十二世紀中期，因對外作戰及平定內亂，對國庫的財政要求極高。正如帝國衰落時相當常見的現象，宋朝並未加稅或刪減開支，他們不願增加民怨，所以未那麼做，反而是印鈔填補赤字。起初將赤字貨幣化在可管理範圍內，名為會子的最早法幣，自1160年開始少量發行，按接近面額交易三十多年。但宋朝政府很快便開放印鈔，使會子流通量增加了兩倍多。內外衝突不斷，使國庫依舊捉襟見肘，貨幣供應量自1209至1231年增加將近兩倍。結果紙幣的市價（以硬幣計算），在1195年至1230年代，貶值超過90%。

同樣模式又重複好幾次。元朝有感於金屬貨幣的限制，便發行新紙幣（曾令馬可·波羅驚艷），但後來又超印，使紙幣最後又崩跌。明代初期也覺得金屬貨幣受限，便發行紙幣以供給建立新國家所需經費，然後又超印，最後導致紙幣崩盤。這些都是很有趣的故事，但我在此不會詳談。

自法幣在明初失敗後，中國直到二十世紀都放棄嘗試紙幣。反倒是自十四世紀中葉至1933年左右，中國有各種金屬貨幣，以白銀為主。白銀本身價值

⓮ 這些票據類似今日稱為匯票的東西。早期的票據有不同的計價單位，但最後政府發行的鈔票是固定面額。政府機關發行這些紙鈔（稱為交子和會子），取代錢幣。

構成銀幣的主要價值，不過銀幣也會被加上某種溢價。那期間有很長一段，大致是到1933年，中國自己不鑄幣，先是用來自西班牙的銀幣，然後是墨西哥，後來是北美。1933年中國選擇自行鑄造國幣，並開始流通。兩年後中國政府決定以「法幣」代替銀圓，由不能印的貨幣改成可印的。由於中華民國政府在二次大戰期間，及戰後國共內戰的最後階段過度印鈔，法幣也經歷了日益嚴重的惡性通膨。中華人民共和國成立後，推出人民幣，使用至今。

至於中國總體經濟由不同製造業的體現，如青銅器時代與鐵器時代，到以農業及封建為主，再發展出與外國人交易的各種途徑（最重要的是經由絲路）。這使富有的商人階級興起，由此產生的週期循環中，先是貧富差距極大，繼而是發生動亂，富人的財富被搶走。鑑於中國一直是聰明且勤奮的社會，有無數科技發明帶著中國經濟向前進。中國史上不同時期，也會有私人企業崛起的週期，造成財富不均擴大，直至政府以各種方式徵收並重新分配財富。中國也經歷過像第三章描述的債務週期，發生的原因也相同。在債務大週期當中有穩定期，債務不致過度成長；過度成長時就是泡沫期；到沒有足夠的錢償債，就是危機期；若大印鈔票以減輕債務危機，就進入通膨（有時是惡性通膨）期。

有趣的是，最強大的帝國雖曾擁有全球儲備貨幣，但中國最強大的朝代卻並非如此。

原因在於：

- 在海上航行頻繁的年代之前，沒有全球儲備貨幣這種東西（貿易規模有限，且通常以貴金屬進行），而整個中國史上，它始終未成為如此廣袤的帝國（「世界強權」），致使世上有許多國家想要以其貨幣進行交易，並持有其貨幣作為儲存財富工具。中國從未成為能與歐洲分庭抗禮的金融中心，也較不那麼商業化。中國在宋代雖領先金融市場發展（成

立最早的證券公司並使用紙幣），但到十七世紀，中國的金融／資本市場發展，遠遠落後於歐洲。文化上中國領導人並不重視商業，因此商業法體系及金融市場並不發達。由於中國商業發展程度較低，又採取較閉關自守政策，所以在創新上普遍落後歐洲，後面會討論到。

- 再者中國對民間商業及金融市場的支持並不一致，唐宋時期較為支持，明清時期，當各全球貿易帝國剛建立時，較有敵意。因此中國社會及法律架構較不利於資本累積及投資（如公司法較歐洲落後一大截，中國企業也以家族事業居多）。此外國家整體而言，較不願意也無能力投資於戰略性產業或推動創新。對此儒家思想或許要負責任，儒家視商人或企業家地位比士人低，這種觀點到了明清更保守的儒家學派影響力增加時，益發嚴重。

1920與1930年代，內亂及戰爭頻仍，債務急遽大增，導致貨幣供給勢必超出能力所及的典型週期。債務太多引起廣泛債務違約，這一向會導致放棄金屬本位，禁止金屬錢幣及私人擁有白銀。如前面的說明，**貨幣是用於1）政府具獨佔控制權的國內交易（因此可用法定貨幣、甚至假的貨幣來進行），2）國際交易，所用貨幣一定要具有真實價值，否則不會被接受。貨幣真實價值的考驗在於，它是否被積極使用，並以國際與國內相同的匯率交易。當實施資本管制，阻止國內貨幣在國際上自由兌換時，這種貨幣較易於貶值。依定義，儲備貨幣不受這種管制。所以原則上：●當你看到某種貨幣受到資本管制，尤其有重大國內債務問題時，快逃離那種貨幣。**

中國在1930年代有二種貨幣：國內交易使用法定紙幣，國際收支使用黃金。法定紙幣印得很多，經常貶值。繼二戰及國共內戰的動盪後，1948年12月，第一批人民幣以法定貨幣發行，供給受到限制，以終結惡性通膨。1955年第二套人民幣發行，1962年第三套。自1955至1971年，它對美元的匯率是

2.46兌1美元。然後1970與1980年代，又發生一輪高通膨，其緣由是1971年全球性的貨幣對黃金貶值、全球通膨壓力、中國逐步取消物價管制、寬鬆貸款、國營企業支出無節制。到2005年人民幣不再釘住美元。

　　下圖顯示中國自1750年以來的通膨率，包括惡性通膨期。起初通膨相對穩定期，主要是中國使用金屬（銀與銅）貨幣的結果，那些貨幣是以重量計算價值。當清朝覆亡時，各省宣布獨立，並各自發行銀幣或銅幣，也是依重量計算價值。因此甚至在此混亂期，並無特別嚴重的通膨。

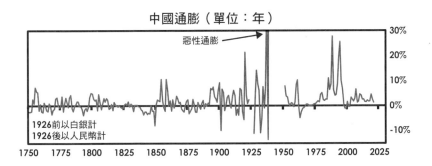

中國通膨（單位：年）

　　以下各圖顯示，中國貨幣自1920年以來對美元及黃金的幣值，以及同期的通膨率和成長率。圖中可看到兩個主要貶值期：一是1948年設定新匯率時，二是1980年到1990年代有一連串貶值，目的在支持出口商，並管理國際收支經常帳赤字，⓯ 結果造成很高的通膨。從中也看得出來，直到約1978年，成長相當快速但起伏不定，之後依舊快速但起伏較小，直到最近因新冠疫情而短暫大降。

⓯ 1985至1986年及1993年的貶值，是繼開放貿易和擴大經貿特區而來。這些開放措施造成龐大的外匯及進口需求，以建立產能，但仍要再過兩年，經貿特區才能產生更多出口。這青黃不接使得中國經常帳赤字攀升。

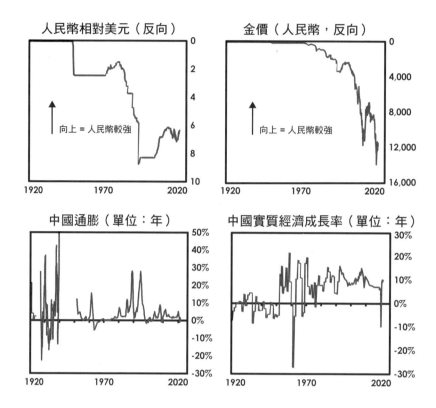

大多數中國人有強烈儲蓄意願，也有適當風險意識，天性促使他們把財富存在安全的流動資產（如現金存款）及有形資產（如不動產及一些黃金），但有些投資人對風險較高的資產經驗有限，如股票及高風險債券，因此可能輕易投入，但他們學得很快。至於中國政策制定者對貨幣、信貸、貨幣政策、財政政策、如何重整呆帳的理解，我發現他們看法深入而長遠，正如同他們對中國史其他部分的認識。

1800年至今

我會先概述1800年至1949年中華人民共和國成立，再較仔細地檢視毛澤東時期，然後深入從鄧小平（1978至1997）到習近平上任（2012年）到現在

這段期間。下一章則探討美中關係。

1800至1949年的衰落

中國在1800年後的沒落，始於a）中國最後一個王朝（清朝）變得腐敗無能，b）英國及其他某些西方國家變得強大，使英國人及其他資本主義／殖民主義者，日益掌控中國的經濟。同時c）無法清償債務的重擔，加以印鈔引起幣值大貶，中國的金融與貨幣體系崩潰，d）發生大規模起義及內戰。[16] 這場大週期性的嚴重衰落，期間所有主要力量都相互拉扯而直線下墜，由約1840年一直持續到1949年。1945年二戰結束，導致大多數在中國的外國人都回國（香港和台灣除外），也導致一場決定財富與權力如何劃分的內戰，那是在中國大陸上共產主義者與資本主義者的戰爭。**這段長期衰退是典型大週期的標準現象，其後是同樣標準的大週期性回升：新領導者贏得控制權，鞏固權力，開始從事基礎建設，並傳承給後繼世代，持續累積成就。**

如前面幾章提到過，十九世紀初是英國崛起並向全球擴張時期，崛起中的大英帝國因而與中國有更多接觸。英國東印度公司（British East India Company）要中國的茶葉、絲綢、瓷器，那些賣回英國利潤極高。但英國人沒有中國人想交易的東西，所以他們必須用當時的全球性貨幣白銀來支付貨款。當英國人的白銀快耗盡時，他們由印度走私鴉片到中國，賣鴉片換取白銀，再用以支付中國貨物。中國人為終止鴉片買賣而打仗，那是第一次鴉片戰爭，**技術上佔優勢的英國海軍在1839至42年擊敗中國，英國便要求簽訂條約，把香港割讓給英國，並對英國商人（在隨後的條約中也對其他強國）開放一系列中國港口，最著名的是上海，最終並導致中國北方大片領土落入俄、日**

---

[16] 牽連甚廣的太平天國運動是人類史上最血腥的戰爭之一，估計造成兩千至三千萬人死亡，並引發龐大財政危機。

之手，目前稱為台灣之地也割給日本。

滿清政府為平定內亂，向外國人大舉借債。戰敗賠款，尤其是義和團之亂（1901年中國人對抗外國人的亂事）後的辛丑條約，也造成龐大債務。當義和團失敗時，列強要求相當於一萬八千噸白銀的賠償，分四十年償還，由列強控制的港口關稅收入為抵押。滿清政府面對鴉片戰爭後二十年裡的許多動亂，耗盡所有積蓄平亂，財政資源嚴重匱乏。**1）缺少強有力的領導，2）財政不夠穩固，3）內亂損害生產力，金錢與人命代價也極慘重，4）與外國人作戰耗費財力與生命，5）又遭遇一些重大天災，以上這些相互強化並自我強化的衰落，以致有百年國恥之說。**

我們不難看出那段時期，在形塑中國領導人的看法上有多重要，例如毛澤東為何把資本主義看作是公司藉帝國主義（透過控制及剝削他國，就像英國及其他資本主義強權對中國的所作所為）追逐獲利的制度，養肥了貪婪的菁英，卻剝削了工人。毛澤東對資本主義的看法與我有別，因為他對資本主義的體驗大不相同，但我們的看法都對。資本主義對於我及大部分我知道的其他人，包括來自世界各地的移民，提供無比的機會。我成年時的美國是機會之地，你可以在此學習、貢獻、獲得公平的報酬，沒有任何界限。而這次從他人視角看事情的經驗，再次提醒我，徹底開放心胸及認真思考不同意見，對發掘真相有多重要。我因此研究了一下馬克思主義，以便了解為何毛澤東及其他人認為這種哲學有道理。在那之前我傾向於以為，馬克思主義頂多是不切實際，最糟的有可能是邪惡的威脅，但我對馬克思究竟說了什麼一無所知。

進入馬列主義

在親自去研究前，我認為馬克思－列寧主義是功能欠佳的資源分配體制，理論上是「各盡所能，各取所需」，卻因為缺少鼓勵創新及效率的誘因而效果不彰。我原本不懂馬克思的思想傑出，他提出一些好理論，但也有些看似不好

的理論，或許他會同意那不好的部分，並未經過他支持的革命體制適當地驗證及改進。如今我的疑問是，十分實際的馬克思，相信實踐是檢驗真理的唯一標準，他是否診斷得出共產主義幾近全部普遍失敗，並因此修正想法。

馬克思最重要的理論／思想體系，稱為「辯證唯物論」（dialectical materialism）。「辯證」是說相反兩方互相作用產生變化，「唯物論」是主張一切都是物質（有形）存在，並與其他物體進行機械式互動。**概括來說，辯證唯物論是，觀察及影響「對立方」的「矛盾」，引起「鬥爭」，藉以促成變化，當矛盾解決時，就會產生進步。馬克思認為這理論適用於一切事物。階級間的矛盾衝突，反映於資本主義與共產主義的鬥爭，只是眾多實例之一。**

這說法有許多地方我覺得很對。

我雖並非馬克思主義專家，但辯證唯物論的推演過程，類似於我自己發現的一種過程，我在拙著《原則：生活和工作》中曾加以說明。我在這過程中為衝突而掙扎、反思，寫下我從中得出的原則，然後改進原則，並以永無止境的漸進方式，一再重複相同過程，我稱之為「循環」（looping）。也就是我相信，聽起來馬克思也認為，從衝突及錯誤中學習和進化是最佳方式。

我也認為，資本主義是一種激勵制度，獎勵最有創意和生產力的人，並有獎勵優良資本配置決策、處罰不良配置決策的資本市場，這會使得a）長期生產力提升（從而做出更大一塊餅），b）貧富差距加大，c）資本市場（尤其債券市場）過度擴張，然後崩盤。一旦發生資本市場／經濟崩潰，同時貧富與價值觀的差異又很大時，可能導致某種形式的革命。這種革命可能以和諧並有成效的方式收場，但大都會先發生重大衝突與破壞。所以至此，馬克思看事情的方式，與我似乎並非南轅北轍，不過我們會如何選擇，及我們認為該怎麼做，很可能大相逕庭。如果各位問我：a）我寧可要資本主義還是共產主義的結果，b）我是否認為我們現在走的資本主義道路，比我們所見的共產主義道路更合理，這兩題我都會答資本主義。反之各位要是問我，a）資本主義和共

產主義體制是否都需要改革，以促成那塊大餅更有效地成長，更公平地分配，b）馬克思的辯證唯物論進化方式，與我的五步流程（5-Step Process）是否大致相似，也是最好的進化方式，我對這兩題都會答是（在此不去細究這兩種方式究竟有何差別）。我也要分享一個關於貧富差距的觀點：有史以來它一直是個大問題，可能威脅到所有體制。我也相信，衝突會帶來鬥爭，歷經鬥爭後會帶來進步。我認為階級（「富人」與「窮人」）衝突，是帝國興衰的主要動力之一，所以也是推動歷史前進的主力之一，而所有主力即前面討論過的三大週期：貨幣與信貸、內部有序與混亂、外部有序與混亂。

1930到1945年間，所有這三大週期在各主要國家，都進入衰弱／衝突階段，導致中國和世界各地發生革命及戰爭。但也一無例外，衰微力量有走到盡頭的一天，新的內部及世界秩序會再開始。更確切地說，外部戰爭於1945年結束，外國勢力離開中國大陸大部分地區。接著國共內戰，到1949年結束，產生國內新秩序，即毛澤東的共產體制。假設你是1900至1949年的毛澤東。想像他讀著馬克思的著作，思考他在那段期間及1949年後的行動。毛澤東成為馬克思主義者，蔑視追求和諧的深入人心的儒家思想，想來也很合理。我們所認識的民主在中國並無任何根源。法家思想與其專制主張卻有。至於資本主義在今日中國正不斷成長，並扎根極深。

列寧以馬克思理論為基礎，標舉建國二步流程，先是由工人打前鋒，但實行「民主集中制」（唯有共產黨員可投票），最終將是層級更高的共產國家，生產工具由人民共同擁有，社會與經濟平等，人民普遍富裕。**毛澤東喜歡馬列的主張：共產主義的理想將在漫長的演進過程結束後實現。鄧小平1986年接受《60分鐘》（60 Minutes）節目專訪時，重申這種觀點。他說，他正採行的資本主義，與共產主義並非不相容。他說：「根據馬克思主義，共產社會是物質極大豐富……因為物質極大豐富，才能實現『各盡所能，按需分配』的共產主義原則。社會主義是共產主義的第一階段……」此話或許有理，也可能不**

對。**時間會揭曉答案**。對我而言，到目前為止，資本主義在中國或其他地方都是競爭中的贏家。但毫無疑問，中國結合共產主義與資本主義，在過去四十年已創造出了不起的經濟成果。

下一節我會簡述中國1949年迄今的發展。之後再分階段深入討論。

1949年至今的崛起

這麼做或許有點過度簡化，但我們可把中國自1949年到現在的演變，分為三階段：

1. **毛澤東時期，1949至1976年。**
2. **鄧小平及後繼者時期，1978至2012年習近平上台。**
3. **習近平2012年上台至今。**

這每一階段都推動中國發展，鞏固前人的成就，沿著中國長期發展的軌跡前進。簡單來說，曾發生的主要事件如下：

- **自1949年到毛澤東1976年過世，毛澤東為首的領導班子（最重要的高幹是周恩來）鞏固權力；打下中國體制、治理、基礎建設等基礎；像共產主義皇帝般統治中國。**當時中國與世隔絕，實行嚴格的計畫經濟，一切都歸政府所有，並維持嚴密的官僚控制。毛澤東與周恩來剛過世時，1976至1978年四人幫強硬派與改革派權力鬥爭。鄧小平與改革派在1978年勝出，由此進入第二階段。
- **以鄧小平為核心的領導班子治理中國，直到他1997年過世。**中國在這階段轉向較集體式領導，對外開放，引進並發展市場經濟／資本主義措施，經濟實力增強許多，在看來不致威脅美國或他國的其他方面，實力

也更強大。在當時認為美中是共生關係，美國自中國購買價格具吸引力的產品，中國則借錢給美國購買中國產品。結果美國得到以美元計價的債務，中方得到以美元計價的資產。鄧小平死後繼任的江澤民與胡錦濤（及領導班子），繼續走相同方向，於是中國的財富和實力，以基本上穩固、看來又不會威脅美國的方式成長。2008年全球發生金融危機，在美國及其他已開發國家因財富而起的緊張加劇，對製造業工作外流到中國的怨恨上升，所有國家包括中國，都靠舉債刺激成長。

- **習近平2012年就任，領導更富裕、更強大的中國，但中國變得負債過多，太過腐敗，與美國齟齬愈來愈多。**他加速經濟改革，在大刀闊斧改革經濟的同時，接受設法遏止債務成長的挑戰，支持建立領先科技，並採取更全球化的立場。他也更積極地縮小中國的教育差距及收入不平等，保護環境，鞏固政治控制。當中國實力增長，習近平的遠大目標變得更為清晰（如一帶一路及中國製造2025計畫），中國與美國的緊張隨之升高，尤其在川普（他是民粹兼民族主義者，以止血美國製造業工作向中國流失為選舉號召）當選總統後。中國面對美國的地位，已成為快速崛起的後進挑戰第一強國的態勢。

以下我們更仔細地來看。

第一階段：奠定基礎（1949—1976）

毛澤東和共黨打贏內戰，1949年創建中華人民共和國，並迅速鞏固政權。他成為實質皇帝（頭銜是「中華人民共和國主席」），周恩來擔任國務院總理。新政府在國內快速整修交通及通訊基礎建設，並由新央行中國人民銀行主持，將整個銀行體系收歸國有。為抑制通膨，央行緊縮信貸，穩定人民幣幣值。政府也將大部分企業收歸國有，並重新分配農地，從大地主手中分給實際

耕種的小農。無論是否工作，人人都有基本收入，而非根據績效發給薪資。由這些保障基本收入及福利給予全民的保護，總稱為「鐵飯碗」。由此建立了穩定的經濟，卻缺乏激勵誘因。

中國在國際上採不結盟政策，不過沒多久新政府便陷入戰爭。如前一章所說，1945年的新世界秩序把全球分為二大意識型態陣營：美國領導的民主資本主義國家，及蘇聯領導的專制共產主義國家，還有不加入任一陣營的第三世界國家。這些不結盟國家中，有許多剛脫離殖民地狀態，尤其是沒落的大英帝國前殖民地。中國明顯屬於蘇聯陣營。1950年2月14日毛澤東與史達林（Stalin）簽訂《友好同盟互助條約》（Treaty of Friendship, Alliance and Mutual Assistance），兩國約定合作及軍事互助。

二戰結束時，韓國以北緯38度線被分為南北韓，俄國控制北韓，美國控制南韓。1950年6月北韓侵略南韓。中方起初置身事外，他們正忙於應對本身挑戰，不想捲入戰爭。美國的回應則是與聯合國聯手派軍參戰，使韓戰打到與中國比鄰的北韓。中國視此為威脅，尤其因美國麥克阿瑟（Douglas MacArthur）將軍表明將攻打中國。儘管中蘇簽有互相支援條約，但史達林不願與美國作戰，所以未如中國所預期的提供軍援。儘管中國面對實力強很多（並有核武）的美國，準備不足但還是參戰，最後把美國與聯合國部隊擊退到原本訂立的邊界。這是毛澤東首次面對重大挑戰，中國人視之為一大勝利。

自1949年中華人民共和國建國至1976年毛澤東過世，中國經濟成長相當快速，平均年成長約6%，年通膨率約1至2%，累積約40億美元外匯存底。這代表一定的進步，但中國依然貧窮。那段期間也有許多起伏變動。特別是：

- 在蘇聯協助下，1952至1957年工業生產年成長率達19%，國民所得年成長率達9%，農業生產年成長率達4%。中國政府興建工業設施，並自蘇聯進口許多設備。也改革農業措施及方法，設立人民公社，讓農民

集體耕種以達到規模經濟。當時是高生產力年代。但史達林1953年逝世後，赫魯雪夫（Nikita Khrushchev）上台，批判史達林及其政策，與毛澤東離心離德，導致中蘇領袖公開相互批評，由此蘇聯支援開始減少。

- 到1960年左右，蘇聯由盟友變為敵人，並撤走經濟援助。
- 由1958至1962年，因乾旱及經濟管理不當，為企圖成為工業強國，由上而下強制推動大躍進運動，再加以蘇聯經援減少，以致經濟縮減25%，並估計有一千六百至四千萬人死於飢荒。據估計，那段時期的工業產出總計下降19%，較1959年的高峰滑落約36%。歷史學者同意，那是恐怖時期，但對有多少恐怖是因毛澤東管理失當而生，還是因其他原因，意見有些不同。
- 1963至1966年，經濟復甦並達到新高。但此時又發生文化大革命。

正如所有週期都會出現，毛澤東的領導及意識型態遭到挑戰。鑑於大多數中國皇帝都是被自己人推翻，毛澤東（及所有其他人）心中，必然記掛著這種風險。因此自1966至1976年，他鼓動稱為文化大革命的政治革命，以「清理階級隊伍」，強化「毛澤東思想」。毛澤東贏得這場政治兼意識型態戰役，肅清對手林彪，林彪在被指為是他發動的拙劣政變中死於飛機失事，「毛澤東思想」則被寫入憲法中。毛澤東獲勝的代價十分可怕。文革中斷教育，傷害或損失無數生命（估計數字由數十萬到多達兩千萬），並嚴重打擊中國經濟。到1970年代初，在總理周恩來對政務運作的領導下，情勢開始穩定。1969年中蘇軍隊在邊界起衝突。

在中國1971是大變局的一年。文革製造動盪，而毛澤東的健康情況惡化。那促使周恩來在幕後的領導角色日益吃重，他因而在1973年獲選為「中共中央副主席」，儼然毛的繼承人。同樣在1971年，中國遭到蘇聯威脅。軍

事上強大許多的蘇聯與中國的邊界長達二千五百哩,中蘇邊界的威脅是與日俱增。美國自越南撤軍後,蘇聯1975年便與越南結盟,部隊及武器進駐,而中國南方與越南的共同邊界有九百哩。毛澤東有一個地緣政治原則:認清主要敵人,削弱敵人的盟友,離間它們與主要敵人。他認為蘇聯是中國主要敵人,也明白美蘇之戰雖尚未白熱化,但有可能。他因此採取接近美國的戰略行動。季辛吉引述中國官員的話說:「美帝最不願見到的是,在中蘇戰爭中,蘇修主義者獲勝,這將〔使蘇聯得以〕建立資源及人力都比美國帝國更強大的大帝國。」

　　我也知道改革派周恩來數十年來一直想要與美國建立戰略關係,那是我的中國好友冀朝鑄告訴我的,他曾任周恩來譯員十七年,季辛吉與周恩來首次會談便是由他翻譯。❶ 中國想要打開與美國的關係,以抵銷俄國的威脅,並強化中國的地緣政治與經濟地位。**由於1971年時情勢特別清楚,中美建立關係符合雙方利益,兩國也都表達了建交的意願。**1971年7月季辛吉訪問中國,1972年2月尼克森總統也訪問中國,1971年10月聯合國承認毛澤東領導的共黨中國政府,並給予安理會席次。**尼克森訪中時與周恩來簽訂上海公報,美國在公報中說,它「認知台灣海峽兩岸所有中國人,都認為只有一個中國,台灣是中國的一部分。美國政府不挑戰那立場。它重申美國關切的是由中國人自己和平解決台灣問題」。儘管有這些保證,統一台灣仍舊是中美最一貫爭議的議題。**

　　繼這些友好行動之後,美中關係、貿易及其他交流展開。

　　然後到1976年1月及9月,周恩來、毛澤東相繼過世,共黨中國面臨首次

---

❶ 冀朝鑄在美國長大,一直念到哈佛大學大三。其兄長與周恩來關係很近,周恩來送他們兄弟到美國,設法與美國人建立良好關係。韓戰爆發時他回到中國,成為周的翻譯官,後來服務於中國駐聯合國第一屆代表團,也曾任中國駐英大使。他告訴過我很多事,為尊重其隱私,我不會加以討論,但我想此事並非敏感資訊。

接班危機。1976至1978年，四人幫（激起文革的強硬保守派）與改革派（想要經濟現代化並對外開放）權力鬥爭。改革派獲勝，鄧小平在1978年成為最高領導人。

第二階段：鄧小平與後繼者以經濟改革及開放增進國力，但不致威脅他國（1978—2012）

當時鄧小平已74歲，人生閱歷豐富。自1978至1997年過世，他最重要的政策一言以蔽之，就是改革開放。「改革」指市場改革，借助市場來分配資源和激勵人民，「開放」指與外界交流，學習、改進和貿易。資本主義成為共產主義組合的一部分。當時中國仍極為貧窮，年人均收入不到200美元。鄧小平明白，只要沒有強大許多的外國強國想要使中國保持衰弱而橫加破壞，這些措施可使中國財政更健全；關鍵在於以有利於且不威脅那些強國的方式推行這些措施。**1979年他與美國正式建交。**

一開始鄧小平便訂出七十年計畫，a）到1980年代末，使所得翻倍並確保人民衣食無缺，b）到二十世紀末GDP要翻四倍（1995年已達成，超前預定時間五年），c）2050年（建國百年）時，人均GDP增至中等已開發國家水準。他明示，中國將以「社會主義市場經濟」達到那些目標，他也稱之為「具中國特色的社會主義」。他做這番劇烈變動，卻並未批判馬列主義；其實如前所述，他認為這兩種制度基本上不衝突，他是從辯證唯物論角度去看，視之為能調和的兩個對立面，將促進朝共產主義理想國的漫長路途前進。

鄧小平在位時，也改革了政府決策架構。更確切地說，他把決策過程由單一領導人主導（過去是毛澤東），改為在無法達成共識時，由政治局常務委員會投票決定。他也改變選任政治局常委的制度，由最高領導人個人挑選，改為與黨內大老諮詢協商選出候選人，通常是夠資格的政府官員。鄧小平為了將其治理理念制度化，重新打造中國憲法，在1982年通過。新憲法也做出一

些改變，以配合鄧小平的改革開放政策。新憲法訂下領導人任期限制（五年任期連續兩任），並正式納入他的「集體領導／民主中間」政策，以防止專制決策。新憲法也賦予更多宗教、意見、言論、新聞自由，以鼓勵中國人「實事求是」。**這些改革促成首次有秩序地權力轉移，交給江澤民領導的下一代政治局常委會，五年兩任後再交給胡錦濤。這兩任領導班子都遵循鄧小平的基本路線：促使中國更加富強，在經濟上更借重市場驅動／資本主義，並增進與他國貿易，向他國學習，使他國人民樂於與中國互動及貿易，而非感到受威脅。**

　　收復百年國恥失地也是很重要的長期目標。1984年，與英國不斷討價還價後達成協議，香港將在1997年，在「一國兩制」下回歸中國。然後1986年中國與葡萄牙達成協議，澳門在1999年回歸中國主權。

　　我在1984年首次與中國直接接觸。我應中國國際信託投資公司之邀去訪問，那是中國唯一的「窗口企業」（意指獲准自由與外界往來的企業），其領導幹部請我協助他們了解全球金融市場如何運作。這家公司是因鄧小平改革開放政策而設立，由中國老牌資本家榮毅仁經營，他將家族企業交由公私合營，選擇留在中國。

　　當時中國非常貧窮落後。但我立即看出，中國人民聰明而有禮，窮是大家都窮。這一點與我去過的大部分未開發國家不同，那些地方的貧民彷彿生活在另一世紀。中國的落後源自於普遍缺乏取用外界可用資源的管道，以及缺乏激勵性的制度。例如我贈送價值10美元的計算機做禮物，就連最高階幹部都以為那是神奇的裝置。當時所有企業（包括小飯館）均屬公營，十分官僚。中國人無法選擇職業，不關心前途，績效好也沒有金錢獎勵。他們沒有私人財產權，像是自己的房子，也不曾接觸世上可資借鏡的最佳實務與產品。

　　我很清楚封閉政策是中國貧窮的原因，所以我認為取消障礙，自然可使中國的生活水準與已開發世界看齊，就像不受限制的水會自然往低處流。要具體想像那種情況並不難。我記得在中信的「巧克力大廈」（Chocolate

Building）十樓演講。我指著窗外在我們下方的兩層樓胡同，對聽眾說，不要多久那些就會消失，由摩天大樓取而代之。他們懷疑地說：「你不懂中國。」我告訴他們，是他們不懂開放後將帶來的經濟套利力量。

　　開放固然開創出很大的自然機會，但中國人將其利用到極致，他們的表現甚至超出我最高的期待。他們在獨特的中國文化影響支持下，從執行鄧小平的各種改革得到如此成就。在改革初期我經常聽到的目標是：「打破鐵飯碗」，即不再提供消極怠工的保障就業及保證基本福利，改為更著重激勵性的待遇。全球化也助益不小；世界想要把中國納入。

　　鄧小平很好學，也指示其政策制定者跟他一樣向外國學習。他特別仰仗新加坡的李光耀，及其他文化相通的「亞洲四小龍」經濟體的領導人。我記得曾與中國對外貿易經濟合作部（相當於商務部）部長一起晚餐，他不厭其煩地提起，新加坡機場作業的細節（包括旅客提領行李要等多久），新加坡如何達到這麼好的成就，中國本身將如何實行那些作法。多年後我有機會在家裡招待李光耀，還有一些其他貴賓。我們請他分享對當前與過去領袖人物的看法。我們熱切期待聽到他發言，因為他在過去五十年認識其中大部分人，他自己也是偉大領導人之一。他毫不猶豫地說，鄧小平是二十世紀最偉大的領袖。為什麼？因為他聰明、睿智、心胸開放，他極為務實，他為十億人民的國家帶來偉大的成就。

　　鄧小平1987年正式退出政治局常委會，但仍是中國實質領導人，中國持續開放，並以飛速變得更資本主義化。那些年我對中國的進步略盡綿薄之力。1989年我在中信的友人王莉（當時負責債券交易），介紹我認識了一群人，他們受命要成立組織（中國證券市場研究設計中心），負責創設新中國股票市場。他們是在有遠見的經濟改革者兼歷史學者王岐山要求下，由七家公司所委派。

　　中國依然很窮，該中心因經費不足，辦公室設在破舊的酒店裡。但他們擁

有最重要的東西：開創大變局的明確使命、品行良好的聰明人士、容許快速學習的開放胸襟、達成目標的堅定決心。這對他們來說不是工作，而是推動國家進步的崇高使命。我很榮幸能協助他們。其後數十年，我目睹他們與許多其他人創建中國金融市場，以至於躋身全世界最大之列。

然後震撼來襲，使人人對幾乎一切都產生質疑。1989年中國民主運動演變為示威抗議，導致天安門廣場的鎮壓行動。中國領導班子對如何處理民運意見分歧。鄧小平最後拍板，排除自由派勢力，採取保守派主張的鎮壓行動。當時與我談過的中方人士，大都擔憂中國會回到舊時毛澤東／四人幫的作風。中信的一位密友顧女士，其兄弟是中國國防部長，當時剛好住在我家，所以我透過她的眼睛，也透過其他中國朋友的眼睛，看著事態發展。顧女士是「解放」後早期追隨毛澤東的理想主義者。文革爆發，她丈夫遭受迫害身亡，朋友都避著她。她走過那段可怕的經歷，出來替己所愛的國家工作，在中信做到高位。她為對可能回到過去那可怕的日子而哭。天安門廣場使大多數國家與中國的關係大幅倒退，但並未妨礙鄧小平及其政府繼續改革。一段時間後，曾對鎮壓心碎的大部分中國友人逐漸相信政府的行動是對的，因為他們最害怕革命造成混亂。

隨後的十年，經濟持續強勁成長，與西方的關係及貿易比以往更好。對中國助益甚大的全球化，可說始於1995年世貿組織成立時（2016年川普當選，實際上終結了全球化時代）。中國2001年加入世貿組織，自此在世界貿易上的地位大幅提升。那一年，世貿組織80%會員國的對美貿易額超過中國。如今約70%會員國的對中貿易額，多於對美貿易額。

當此全球化時期，中美發展出的共生關係，是中國以極低成本製造消費品，再借錢給美國去購買那些商品。那對美國人是「先購買後付款」，十分划算，中國人則因可以累積美元外匯存底，也樂見這種關係。我覺得訝異的是，中國人平均所得約美國人的四十分之一，卻借錢給美國人，照理富人應比窮人

更有錢能出借。在我看來，美國人多麼寧願負債，以資助自己過度消費，而中國人多麼重視儲蓄，反思起來令人震驚。我也反思，新興國家意欲累積主要儲備貨幣的債券／債務作為儲蓄，卻可能使主要儲備貨幣國家變得舉債過多。

中國的「三角債務危機」在1992年面臨嚴重關頭。那是中國五大國有銀行，在中央政府隱性擔保下，借錢給無效率、不賺錢的大型國企，因而造成的債務與經濟問題。共黨最高層大膽改革者朱鎔基領導重整經濟，使之更有效率的工作。那過程極具爭議性，並損及許多既得利益者，因此執行上需要很大的勇氣和智慧，還有高層的支持。當時採行了最佳實務（例如運用「呆帳銀行」來承接、廉售、逐步減少呆帳），也針對中國的環境進行修正。1998年朱鎔基出任總理，他在此職位上繼續積極推動改革，促使中國經濟現代化及提高效率，直至2003年他退休。許多他過去的助手現在都是制定中國經濟政策的高官。

我在1995年送十一歲的兒子麥修（Matt）到中國，住在顧女士夫婦家，上當時一所貧窮的當地小學（史家胡同小學）。麥修從三歲起，曾多次與我一起到中國，與顧女士熟識。他不會說中文，所以必須融入中文環境中學習，他確實是那麼做。學校雖窮（比方到11月底才有暖氣，所以學生上課時要穿棉襖），但有聰明、具愛心的老師，給孩子優良、完整的教育，包含品格教育。麥修雖失去一些他習慣的舒適生活（像是他住的老公寓每週只供應兩天熱水，所以他無法天天洗熱水澡），但他受到極佳的教育和關愛，比他在美國富裕的社區成長得更好。他與老師、同學建立了很深的感情，至今仍存在。他因為這番經歷，成立了協助中國孤兒的基金會，並主持其運作十二年。約在同時我也**聘請中國團隊，把美國機構資金投資於中國企業。進行兩年後發現美中兩頭兼顧太困難，不得不中斷。**

1995至1996年時，鄧小平健康惡化已廣為人知。中國領導人們擔心他離世會被視為挑戰中國權威的機會。他們尤其擔心，台灣人會舉行有利於獨立的

公投。被中國視為立場偏獨立的領導人李登輝總統，在被提名參選1996年台灣總統大選前，剛完成爭議性的訪美。顧女士認識主管對台關係的中國官員，並安排我去見他。他告訴我，中國會不惜一切，包括開戰，以阻止台灣獨立。他說，中國新領導人若允許公投，中國人民會認為他太軟弱，無法領導。中國見識過，俄國如何以殘酷鎮壓車臣共和國反抗者減少了對獨立的支持；中國希望在台灣海峽一連串飛彈試射會同樣澆熄台灣的熱情。1996年3月，要競選連任的柯林頓總統（Bill Clinton），派出兩艘航空母艦進入台灣海峽。雙方接著有更多軍事行動及威脅。到最後台灣並未舉行獨立公投，於是我的中國友人認為，他們的舉動是成功的，美國人則認為嚇阻了中方（這是我最近才從一位美國朋友得知，他曾參與派出美國軍艦的決策）。由於這「第三次台海危機」，中國大肆增強在此區域的軍事實力。我指出這點是為表達：a）統一台灣對中國有多麼重要，b）二十五年前情況有多麼危險，當時中國的軍力與現在差得遠。簡言之，**我非常擔心會發生「第四次台海危機」。**

　　鄧小平在1997年2月19日過世時，中國已經面目一新。他上台時，90%的中國人生活在赤貧中；他死時那比例降低一半有餘，而最新的數據是低於1%。從他1978年開始改革，到1997年過世，中國經濟年平均成長10%，規模翻了六倍，平均通膨率約8%。外匯存底由40億美元增至近1,500億美元（經通膨調整為今日美元，相當於增加逾2,500億美元）。外匯存底在1978年可支付60%全年進口額。到1998年可支付逾125%進口額（可償還外債利息近800%）。

　　繼起的江澤民和胡錦濤及其團隊，繼續改革與前進，其間有許多起起落落（但起多於落）。1997年發生亞洲金融危機，朱鎔基被指派加以因應，中國很成功地完成債務及企業重整，包括出售不賺錢國企，增加出口及累積外匯存底，打擊貪腐，進一步發展並改善市場及市場機制。這些改革加上其他措施，都是重要的進化步驟。我有幸在最基礎的層級密切參與其中某些改革，像是債

務重組及資產出售。儘管這些事件在當時看來事後回想已不太重要，但全都是顯著成就。我也碰到過貪污和不當行為案例，也近距離目睹過善惡持續鬥爭以至推進改革。

　　如同戰後典型的和平與繁榮期，當主要強國並未受到威脅，新興國尚不具威脅性，它們彼此以共生方式合作時，新興國可自主要強國學到許多東西，直到新興國變得夠強大，足以威脅到原本的強國。除受惠於學習，它們也能從互相貿易中受益（直到那變得不利），從以互利方式運用資本市場而受益（直到那變得不利）。

　　更確切地說，1978至2008年間，中國快速成長拜以下兩點之賜：1）世界仍處於大週期的和平與繁榮階段，世人普遍接受全球化與資本主義是使世界更美好的途徑：即相信商品及服務應在成本最低之處生產，人才應自由流通，不應有國籍偏見，民族主義不可取，全球機會均等，追求獲利的資本主義是好的，同時2）鄧小平把鐘擺由實施結果很糟的共產主義及孤立主義政策，擺向成果極佳的市場／中國特色社會主義及改革開放政策。這使得中國學到許多，吸引許多外資，成為出口大國及儲蓄大國。

　　隨著中國人更有能力進行成本效益高的生產，他們從提供全世界廉價商品開始，後來是更先進的產品，並在此過程中變得富有許多。其他新興國也是如此，世界經濟擴張，最窮國成長最多，最富國成長較慢，兩者間的財富差距縮小。這些情況使多數人條件水漲船高，特別是全球菁英人士。中國也躍升為與美國幾乎平起平坐的強國，美中一同創造出世上大部分新財富與新科技。歐洲曾是十五至二十世紀全球最大強國的發源地，此時已相對疲弱，日俄則成為次等強國。所有他國都屬邊緣。印度等新興國雖改善了國家狀況，但無一達到世界強國地位。

第三階段：美中出現衝突暨全球化終結（2008年至今）

　　如同典型的藉債務成長促成的繁榮期，其結果是債務泡沫及財富差距拉大。美國的泡沫在2008年破滅（如同1929年），全球經濟緊縮，美國及他國的中產階級受傷（如同1929至1932年）。利率降到零（如同1931年），但仍不夠寬鬆，於是各國央行在2008年後大量印鈔，大規模購入許多金融資產（如1934年），此舉從2009年起，推升許多國家的金融資產價格（如同1933至1936年）。「富人」（有金融資產者）因此受惠多過「窮人」（無金融資產者），使貧富差距變得更大（如同1933至1938年）。「窮人」，尤其工作被中國人及移民搶走的人，開始起來反抗因全球化受益的菁英分子。當經濟不景氣與貧富差距大同時發生，民粹主義與民族主義便在全世界各地興起（如同1930年代），這也是典型情況。就在此時，崛起中的強國形成的威脅，對領先強國會變得更明顯。**和平、繁榮、全球化時代逐步終結，國內貧富衝突、及崛起國（中國）與世界第一強國（美國）衝突的時代於焉開始。**

　　中國人持有許多美元計價債券，尤其是美國政府借貸機構房利美（Fannie Mae）與房地美（Freddie Mac）的債券。有好一陣子，美國政府不讓持有這種債券的中國人知道政府會不會擔保它。我曾與中國主要的此債持有者談過，麥考米克（David McCormick，現任橋水執行長，當時是美國財政部主管國際事務的次長）、鮑爾森（Hank Paulson，時任美國財政部長）也與他們談過。我們都印象深刻的是，中國人對美國給他們製造的難題，以體諒、合作的態度面對。他們鎮定、合作、具同理心。

　　2008年11月，G20國家的領導人齊聚華盛頓特區，決議將透過積極的財政及貨幣政策聯手刺激各國經濟。這必須大幅增加政府負債，由央行提供更多鈔票及信貸來支應。**這些政策使中國在2009至2012年，債務成長比經濟成長快很多。**

晉身世界強國

　　習近平2012年就職，新領導班子誕生。遵照行之有年的順序，先選出政治局委員，然後是部長、副部長及高階官員。接著訂下前幾輪的計畫。與大多數新領導人上任時一樣，他們滿懷興奮與熱情，既要肅清貪污，加強法治，也要增強並增加以市場為基礎的改革，以強化中國經濟。他們進行多次腦力激盪會議，我有幸參與過幾次。願意出力而觀點不同的人集思廣益、通力合作；他們在會議上表現的坦誠、開放、友善、智慧，討論成效十分突出。

　　此後我一直密切追蹤中國的財經狀況，也與中國經濟政策最高制定者多次對話，關於債務過度成長、影子銀行體系的發展及管理、中國金融體系脆弱性、美中貿易爭端等等議題。我總是設法從他們的角度去看事情，並思考如果我是他們，我會怎麼做。我與他們分享我的心得，坦白的程度就像醫生與同事討論病例，也很像我在本書中與各位分享的方式。**⓳** 讀者們現在大概已知道，我相信萬事萬物都像機器般運行，遵循恆久有效且放諸四海皆準的因果關係。中國領導人也這麼想，所以我們幾乎總是得出類似結論。

　　這些年來習政府強力執行改革及開放市場與經濟的政策；管理債務成長；更彈性地管理貨幣；支持創業及市場導向的決策，尤其對中國想成為領先世界的產業；制定合理監管機制，由健全的主管機關執行；建立未來科技與工業的能力；擴大惠及最落後地區與人民的經濟利益；控制污染及環境惡化。但很多人不這麼想，我猜測原因在於a）改革與其他管制趨嚴同時發生，b）有些對中小企業的支援（如提供貸款），不如大型國企受到的支援（這更多是與技術上的挑戰有關，而非促進中小企業發展的意願降低），c）政府由上而下指揮經濟，有時會期待銀行和公司做不符經濟效益、卻有社會效益的貸款（為國家

⓳ 我從不問會令他們窘迫的問題，因為必須選擇要說出機密資訊，還是要拒絕我的要求。我向來表明，我唯一的願望是了解和協助。

整體最佳利益著想），d）中國扶植企業，追求國家目標，e）不讓某些外國公司享有與中國公司同樣的待遇，f）中國協調財政與貨幣政策以管制經濟，做得比主要儲備貨幣國家多很多，所有這些通常都不受國外資本家歡迎。

　　當然有很多美國人批評這些政策。我雖不會深入其優劣，但我要說，**我們應預期各國的領導人都會設法透過適當管理及協調貨幣與財政政策，在「國家」（政府影響並控制經濟）與「資本主義」（由自由市場控制經濟及資本市場）間取得最佳平衡，我們也應設法理解領導人作為背後的想法。**例如習主席說，他想要a）降低政府在訂價及分配資源上的角色，發展資本市場，激勵創業，同時b）強勢指導總體經濟，管制市場及其他生活面向，以求符合大多數中國人最佳利益。亦即他要的是，資本主義與馬克思共產主義的結合。這對不習慣看到資本主義與共產主義並行，並未密切觀察，也未與政策制定者談過，以了解其環境與觀點的人，可想而知會感到困惑，**所以他們看不見，在看似極不一致當中存在著一致之處（馬克思及中國領導人會稱之為「辯證法」）。**

　　為了解中國領導人的環境及觀點，我建議各位不要以刻板印象（如簡化為「共黨作風」）去看待他們的作為，並接受他們正在嘗試、也會繼續嘗試，同時並行這兩種看似矛盾的作法。在他們看來，資本主義是提高大多數人生活水準的方式，不是為了服務資本家。無論你認為這麼做是好是壞，其成果一直極為突出，因此我們不應期待中國人會放棄它，改採美式或西式作風。反而我們應加以研究，看看能從中學到什麼，就像中國人曾研究西方，向西方學習。畢竟我們面對的是各種治理方式的競爭，我們需要多了解才更有勝算。

　　至於對外政策，中國已更強大、更有實力，美國卻是衝突性升高。更確切地說，自2012年到我撰寫本書時，中國實力更壯大，這現象日益明顯也更公開地展示（如中國製造2025計畫，高舉打算在某些美國目前控制的產業取得主宰地位）。這引起美方強烈反應，在川普2016年當選後最為顯著。

　　川普利用受全球化衝擊者的不滿，他們認為中國是不公平競爭，偷走了他

們的工作，川普也挑起新的保護主義及民族主義。**不僅川普如此。中國的實力對較溫和的政策制定者也變成挑釁。過去兩國是互惠關係，如今是赤裸裸的競爭。**

　　中國基本上不願被圍堵，美國（及某些他國）卻想圍堵它。這在地緣政治上有何意義？如各位現在所知，國界會隨時間不斷改變，經常引起爭端，解決邊界爭端，相對於憑實力，國際法可說是微不足道。中國在2009年向聯合國宣示，它對中國東海南海一帶擁有「不可爭議的主權」。這片區域在二戰時中國提出的地圖中以「九段線」標明；它涵蓋越南以東、馬來西亞以北、菲律賓以西的水域，包含一堆島嶼，對中國需要的航運很重要，一般也相信那裡有尚待發掘的油藏。我想以中國對進口石油的大量需求，加上由中東進口石油有被切斷的風險，中國會很樂意擁有那些油藏。若各位讀過第六章的二戰個案研究，看到美國如何切斷輸往日本的資源，就知道問題所在：中國對目前經由麻六甲海峽咽喉進口的石油及其他物品需求量很大。

　　基於這些及其他假設，出現了中國是威脅／敵人的觀點，全球化已逆轉，各種「戰爭」已趨激烈，先從貿易及經濟戰開始，擴大到科技及地緣政治戰，最近延伸到資本戰。相對於可能的嚴重程度，目前這些戰爭都還算相當溫和，但我們應密切關注。到最後，一國被認定的實力，會與真正存在的實力相當。這真正存在的實力就反映在我正在關注的各種指標及其他事實上。

　　中國的內部繼續成長，也擴大對國外的投資及商業活動。**它大量投資於開發中國家，最值得注意的是透過一帶一路，以鄰國（哈薩克、巴基斯坦、塔吉克、阿富汗）為起點，經中亞延伸到歐洲，也經阿拉伯半島及南亞進入地中海及非洲。已投資及指定要投資的金額龐大無比，是自馬歇爾計畫以來的這類計畫規模最大者。這是財富＝實力的好例證。**受惠於道路及其他基礎建設、資源、貿易的國家，固然心存感謝，但也引起有償還貸款問題及發現中國控制太多的國家不滿，美國也感到憤慨，因為中國堅定施展軟實力，已降低美國在那

些國家的影響力。

　　至於中國國內政治，2018年習近平a）鞏固自身及支持者（即「核心」領導班子）的權力，b）修改中國憲法，明訂中國共產黨控制一切，c）取消國家主席及副主席任期限制，d）設立國家監察委員會，確保政府官員依照黨意行事，e）將習的主張「習近平思想」正式列入憲法中。截至撰寫本書時，政治巨大變動，加強管控，擴大財富分配，都在進行中。 有人擔心，習正變得比毛更專制。我非中國政治的專家，所以對中國內政事務可置喙的不多，不過我願傳達我聽到的：習採取加緊管控的爭議性行動，是出於相信中國在挑戰更大的世界形勢裡正進入更艱難的階段，此時團結、連續性的領導特別重要，未來幾年內，這種情況將有增無減。前面提過，●**在重大危機時期，往往適合較專制、較不民主的領導。**

　　時至2019年末，新冠肺炎疫情在中國爆發，導致2020年全球經濟開始走下坡，及大量印鈔和創造貨幣與信貸，此時美國正好發生各種衝突（最明顯的是，與種族不公相關的抗議行動，還有爭議性強烈的總統選舉）。由此我們走到今日的局面。

　　回顧過去四十年，中國由隔絕轉向開放，由強硬共產主義轉向「市場改革」及資本主義，這些對中、美、世界他國經濟重大影響。 中國從世上最落後國之一，轉型為經濟、科技、軍事、地緣政治上實力最強的兩大國之一。那些進步多半發生於和平與繁榮期，那時最大帝國未遭到威脅，全球化與合作也蓬勃發展。那段時期一直延續到2008年債務泡沫破滅，於是美國與許多他國變得更傾向民族主義、保護主義、衝突性，符合典型大週期的進展。

　　中國改革開放的成果反映在下圖中，它只顯示了幾個代表性數字。人均產出增加二十五倍，生活在貧窮線下的人口由96%降至不到1%，平均壽命增加約十歲，平均就學年數增加80%。我可以一直列舉下去，幾乎在所有領域都有同樣令人刮目相看的數字。

中國1949至1978年發展

	1949	1978	2018	自1949	自1978
人均實際GDP*	348	609	15,243	44x	25x
全球GDP佔比	2%	2%	22%	12x	11x
貧窮線（每日1.9美元）以下人口佔比**	—	-96%	1%	至少-96%	-96%
平均壽命	41	66	77	+36歲	+11歲
嬰兒死亡率（每出生1,000人）	200	53	7	-96%	-86%
都市化率	18%	18%	59%	+41%	+41%
識字率	47%	66%	97%	+50%	+31%
平均就學年數	1.7	4.4	7.9	+6.2年	+3.5年

*2017年美元計算，經購買力平價調整

**世界銀行僅有自1981年起的貧窮數據

　　中國興起的各種指標雖具廣泛代表性，但並不精確，因各種實力無法確切地度量。以教育為例，教育指數雖上升得頗為迅速，卻未能充分掌握中國相對的進步，因為那是計算平均與整體的教育水準。這種扭曲在下表中表現得最清楚。各位可以看到，中國的平均教育水準雖比美國低相當多，中國受過高等教育的總人數，卻比美國多很多。中國科學、技術、工程、數學（STEM）畢業生的總數約是美國的三倍。此外我們有理由相信，中國教育的平均素質並不那麼高，尤其在大學一年級。例如在最新排名中，中國僅有兩所大學進入全球前五十名大學（清華大學二十九名，北京大學四十九名），而美國有三十所大學入榜。這種情況：中國在單項的平均水準低於美國，但總數上中國大於美

國，原因在於中國的平均發展水準較低，中國人口又是美國人口的四倍多。許多統計數字都有這種現象。例如美國在全球整體軍力最強，中國則似乎在東海、南海軍力較強，但中美有許多軍力是保密的，所以還有很多未知數。

	美國				中國			
	1980	目前	變化	變化 （％）	1980	目前	變化	變化 （％）
平均就學年數	11.9	13.6	+1.7	+14%	4.6	7.9	+3.3	+72%
政府教育支出 （GDP佔比）	5.30%	5.50%	0.20%	+4%	1.90%	5.20%	3.30%	+174%
估計受過高教人口 （百萬人）	25	60	+35	+140%	3	120	+117	+3,900%
受過高教人口 （工作年齡人口 佔比）	17%	28%	11%	+68%	1%	12%	11%	+2,272%
受過高教人口 （全球佔比）	35%	15%	-20%	-57%	4%	31%	+27%	+590%
主修STEM （百萬人）	3	8	+5	+141%	1	21	+21	+4,120%
主修STEM （全球佔比）	29%	11%	-18%	-62%	5%	31%	+26%	+535%

　　結論是，當代中國已完成史上最快速的進步，基本生活條件改善，在締造強大帝國的各因素上也顯著攀升。中國現在是主要強國，也是擴大中的強國。下一章我們要轉向，從目前狀況及對美中兩方最重要的事項來討論美中關係。

第 13 章

美中關係與戰爭

本章我將檢視美中目前處於什麼地位，及其對美中關係的意義。美中目前在若干領域是競爭對手，在這些領域裡處於「衝突」或「戰爭」之中，所以我打算談一談這些方面的現狀。基於這些大半只是傳統舊衝突的新版本（如傳統科技戰中的新科技，傳統軍事戰中的新武器等等），我會在歷史重複發生的事件為背景，根據我研究這些個案學到的恆久且放諸四海皆準的原則來檢視它們。我會探討可能會考慮的各種可能性，但不會預測未來的發展。那將留在本書最後一章。本章我除了傳達事實，分享一些觀點（分享我不確定的推測）。

本章以美中關係為主，但其實宏觀投資者及全球政策制定者所玩的遊戲，就像多維棋戲，需要每一玩家考慮許多方位，及一起下這盤棋的關鍵玩家（國家）可能的行動，每一玩家為下好每一步棋，有諸多考慮（經濟、政治、軍事等等）必須加以衡量。在當前的多維棋戲中，目前其他相關玩家有俄、日、印度、其他亞洲國家、澳大利亞、歐洲國家等，各國都要考慮許多事項及選民，以決定其行動。而從我玩的棋戲：全球宏觀投資中，我很清楚要同時考慮所有相關部分以做出贏的決策，有多麼複雜。我也知道我投資的複雜度不及有權者

那麼高，也接觸不到像他們那麼充分的資訊，所以我並不認為我對全球情勢知道得比他們多，也懂得最好的應對法，否則就屬自大了。基於這些原因，我是謙遜地提出個人看法，其中有不足之處。我再告訴各位自己是怎麼看待美中關係及美中爭霸背景下的國際局勢，我將和盤托出，毫無保留。

美中目前所處地位

依我所見，美中兩國及其領袖處於目前的地位，是命運及週期規律所致。美國因此經歷了相互強化的成功大週期，以致過度行為而在某些領域趨於沒落。同樣地中國因此經歷了負向的衰退大週期，以致陷入困境，導致革命性改變，而使中國來到目前所處的相互強化上升週期。所以基於所有典型因素，美國似在走下坡，中國似在崛起。

命運及債務週期使美國現在進入長期債務週期的晚期，欠債太多，卻仍需要快速增加更多負債，但無法以硬通貨償還。因此美國必須以週期末期的典型方式，將債務貨幣化，以印鈔彌補政府的赤字融資。很諷刺、也不足為奇的是，美國處於這不利地位，正是成功引來過度的後果。譬如因為美國在全球大獲成功，使美元成為全球主要儲備貨幣，美國人因而可向世界他國（含中國）借來過多的錢，以致美國處於積欠他國（含中國）許多錢的弱勢地位，那些國家則因持有重債國的債務而地位不穩，重債國的欠款還在快速增加，並將債款貨幣化，使得付給債權國的實質利率低於零。換句話說，中國因典型的儲備貨幣週期，想要存下很多全球主要儲備貨幣，於是借出太多錢給想借入太多錢的美國，造成目前美中爭霸時，處於尷尬的債權國與債務國關係。

命運與財富週期運行的方式，尤其在資本主義下，透過激勵引導及資源投入，令美國人大幅進步並創造大量財富，最後造成龐大貧富差距，目前正引起衝突，威脅到國內秩序及美國維持強大所需的生產力。中國以往是因債務和貨幣缺失，引發典型的財政崩潰，加以內部衝突與外國勢力衝突，才會在正逢美

國上升時，中國的大週期卻步入財政衰弱階段，當此惡劣狀況發展到極致，便促成變革，最後產生採取激勵機制及市場／資本主義作法，使得中國長足發展，財富大量累積，也出現貧富懸殊，可想而知會日益令人憂心。

命運及全球實力循週期行方式，同樣已使美國處於必須抉擇的不利處境，是要戰鬥以維持地位和現行世界秩序，還是要退卻。舉例來說，由於美國在二戰時贏得太平洋戰爭，因此它責無旁貸必須抉擇，要麼保衛台灣（大部分美國人不知道台灣在哪裡，或怎麼拼出台灣），要麼退位讓賢。即便不符經濟原則，但命運及全球實力週期促成美國現今在七十多國設有軍事基地，以保衛美國領導的世界秩序。

●歷史顯示，所有國家的成功都依賴於國力持續增強，卻不致過度而使國家邁向衰亡。真正成功的國家都能夠維持長達二、三百年，但沒有國家能夠永久持續。

至此我們已看過以往五百年的歷史，尤其著重於荷、英、美的儲備貨幣帝國的興衰週期，也略讀過中國一千四百年來的歷朝歷代，一路談到現在。我這麼做的目的，是要以一路演變到現在的宏觀角度來看當前的情勢，找出事態發展的因果模式，以便把現狀看得更清楚。現在我們要縮小範圍，更仔細地檢視現狀，但不可忘了大局。在縮小範圍之際，許多事件如華為、制裁香港、關閉領事館、戰艦移航、前所未有的貨幣政策、政治鬥爭、社會衝突等等，在發生時會顯得更為嚴重，回顧時嚴重性就大幅降低。我們發現這種事件天天紛至沓來，若要一一檢視，每一件的篇幅都不止一章，我不打算這麼做，只簡要討論重點議題。

歷史教導我們，戰爭有五大類型：1）貿易／經濟戰、2）科技戰、3）地緣政治戰、4）資本戰、5）軍事戰。我要再加上6）文化戰及7）自我戰。凡是明智的人都情願不要發生這些「戰爭」，而是選擇合作，但我們必須務實地承認，那些戰爭目前存在。我們應該運用歷史前例，及了解當前事件的實際發

展，來思考接下來最可能發生什麼，如何妥善因應。

我們看到這些戰爭，目前正以不同程度進行。不該誤解為個別衝突，而應視為由一個發展中的大衝突衍生出來的相互關聯的衝突。在觀察這些衝突的演變過程時，我們需要考察並設法理解交戰各方的戰略目標：例如是想要加速衝突（有些美國人認為這是美國的上策，因為中國實力的成長步調較快，時間愈久對中國愈有利），還是試圖緩和衝突（因為有一方認為，不打仗對本國比較好）？重要的是，為防止衝突升級到失控，兩國領導人應搞清楚，有哪些「紅線」及「引爆線」標示衝突嚴重程度的變化。

我們且謹記歷史及歷史提供的原則，現在來檢視這幾類戰爭。

貿易／經濟戰

貿易戰跟所有戰爭一樣，可以從君子之爭演變到危及生命，就看交手各方要打到什麼地步。

至今我們尚未看到美中貿易戰打得太嚴重。目前實行的是典型的加徵關稅和進口限制，令人想起在其他類似衝突時期一再看到的舉動（如1930年的斯姆特－霍利關稅法）。我們看到貿易談判，其結果反映在有限的2019年「第一階段」貿易協議的初步執行。如大家所見，此次「談判」是考驗彼此實力，而非訴諸國際法及裁判者（如世貿組織），以達到公平解決。打所有這類戰爭都是在考驗實力。關鍵在於考驗實力要採取什麼形式，要較量到什麼地步。

除貿易爭端外，美國對中國經濟政策有三大經濟方面的批評：

1. **中國政府採取諸多不斷演進的干預政策與行動**，旨在限制進口商品、服務及企業進入中國市場，藉此以不公平措施保護本國產業。
2. **中方提供重要的政府指引、資源及監管支出中國產業**，最明顯的有協助自外國公司取得先進科技的政策，尤其對敏感行業。

3. **中國人竊取智慧財產（IP）**，有些竊取行動被認為由政府支持，有些
   則不在政府直接掌控之下。

　　整體而言，美國的回應是設法改變中方舉措（如要求中國對美國開放市
場），本身也採取同類措施（對中國關閉美國市場）。美國不會承認某些不當
行為（如侵犯智慧財產），正如中國也不會那麼做，因為承認的公關代價太
高。所有領導人在尋求人民支持其目標時，都想表現得像是高舉正義大旗，為
對抗邪惡敵軍而戰。所以我們會聽到雙方指控對方在為非作歹，卻不會透露自
己也不遑多讓。

　　●雙方平安無事時，不難站在道德高位；但當衝突激化時，就很易於將原
本認為不道德的行為合理化（稱其為道德而非不道德）。當戰爭打得如火如荼
時，口中高唱理想主義式作為（對國內公關有用），為求勝利的實際作為卻非
那麼回事，分歧就會出現。原因在於作戰時，領導人想要說服人民「我們是好
人，他們是壞人」，那是號召人民支持最有效的辦法，在極端情況下，人民甚
至願意為其目標去殺人或犧牲性命。務實的領袖若解釋道：道德規矩是自己願
意遵守的，而「戰爭無規矩可言」，「敵人不擇手段，我們也要同樣還以顏
色，否則就是愚蠢地自縛手腳」，即使是真實情況，這種說法很難鼓舞人民。

　　我相信我們已看到未來的最佳貿易協議大概是什麼狀況，而這場貿易戰愈
演愈烈的風險大於趨緩，我們近期內也不會看到拜登政府在條約或關稅上有所
改變。無論最後採取什麼作法，都將大大影響美國人和中國人應對正顯現中的
大週期命運。就目前看來，美國兩黨都同意一件事，或許是唯一共識，即對中
國要強硬。至於要多強硬，以及究竟如何表達強硬，中國又會如何反應，目前
都是未知數。

　　美中貿易戰可能如何惡化？

　　通常貿易／經濟戰最危險的部分在一國切斷他國的必需品進口。美日在二

戰爆發前的個案研究（見第六章），對美中現況是有用的啟示，因為地理位置和問題都相似。比如美國若切斷中國進口石油、其他必需品、科技、其他自美國或他國的必要進口，將是戰爭升高的清晰、明顯跡象。中國同樣可能升高戰況，像是禁止通用汽車（在中國的汽車銷量多過美國）及蘋果（Apple）等公司，或切斷美國的稀土進口，那是生產許多高科技產品、汽車引擎、國防系統所必需。我不是要說可能發生這些行動，但我確實想表明，**任一邊採取切斷必要進口之舉，都預示戰況將大為升高，有可能導致加倍嚴重的衝突**。假使未發生這類情況，那局勢會照正常方向走，國際收支平衡狀況主要將根據一國的競爭力而變化。

　　基於以上原因，**美中尤其中國，正轉向提高國內生產及「脫鉤」**（decoupling）。[1] 習主席說，世界「正經歷百年未有之大變局」，「在當前保護主義上升、世界經濟低迷、全球市場萎縮的外部環境……〔中國必須〕充分發揮國內超大規模市場優勢」。過去四十年中國已取得這麼做的能力。未來五年內我們應會看到，美中兩國彼此依賴程度降低。在未來五至十年內，中國降低依賴美國進口的速度，會比美國快很多。

科技戰

　　科技戰比貿易／經濟戰嚴重許多，因為不論誰贏，它很可能也會贏得軍事戰及所有其他戰。

　　美中目前是世上各高科技領域的龍頭國家，而這些領域正是明日的產業。**中國科技業在國內發展快速，目標是服務中國人民，並成為全球市場上的競爭者。同時中國仍高度仰賴美國及他國的科技。**這使美國有助長中國科技發展及

---

[1] 脫鉤雖是情勢所迫，但不易做到，也會造成效率大為降低。中國為達成自給自足的主要計畫名為「國內國際雙循環」。有位博學之士形容那是局部而非廣泛的脫鉤，我覺得很有道理。

競爭力的弱點，也使中國有重要科技被切斷的弱點。

美國現在似是整體科技能力較強，但不同科技領域領先情況不一，而美國正逐漸喪失領先地位。譬如美國在先進AI晶片發展領先，但在5G方面落後。美國科技公司整體市值約是中國的四倍，可以約略代表美國的優勢現狀。這數據低估了中國的相對實力，因其中未納入一些民營大公司（如華為及螞蟻集團）和非企業機構（即政府）的科技發展，這方面中國的規模大於美國。中國最大的科技上市公司（騰訊及阿里巴巴），已是全世界第七及第八大科技公司，緊跟在美國「FAAMG」（臉書〔Facebook〕、蘋果〔Apple〕、亞馬遜〔Amazon〕、微軟〔Microsoft〕、谷歌〔Google〕最大市值企業之後。在若干最重要的科技領域中國是領先的。試想目前全世界最大的民用超級電腦有40%在中國，AI／大數據競賽、量子電腦運算／加密／通訊競賽的某些層面中國也領先。也不乏在其他科技領域領先，如金融科技：中國的電商交易及行動支付交易金額，都是全世界排名第一，遠遠超過美國。或許有些正秘密發展的科技，連美國消息最靈通的情報單位都不知道。

中國推動科技進步，及因此得以提升決策品質，其速度很可能比美國快，因為大數據＋大型AI＋大型電腦＝超強決策。中國正蒐集比美國多很多的人均數據（而中國人口是美國的四倍多），並大量投資AI及大型電腦，以發揮最大用途。中國投入這些及其他科技領域的資源，美國難以望其項背。至於供應資金，創投家及政府對中國開發者提供幾乎無限制的金額。至於供給人才，中國大學的STEM畢業生並從事科技業的人數，約是美國的八倍。美國（儘管在某些領域落後）在整體科技上領先，當然也有一些大型創新中心，特別是頂尖大學和大型科技公司。美國雖仍保有競爭力，但基於中國的科技創新能力進步更快，美國的相對優勢在下降中。別忘了三十七年前我送中國領導人掌上型計算機，令他們感到驚艷，如今中國不可同日而語。想像再過三十七年他們會如何。

　　美國為對抗中國科技威脅，有時其應對方式是阻止中國公司在美國營運（如華為），試圖減低該公司產品在國際上的採用，及透過制裁阻止它們得到生產所需的物品，可能影響到其生存能力。美國這麼做是因為中國正利用這些公司，在美國及他地從事間諜活動嗎？還是由於美國擔心這些公司及其他中國科技公司的競爭力更強？及／或是為了報復中國不許美國科技公司自由進入中國市場？這些固然都可討論，但毫無疑問，中國科技公司的競爭力正在快速進步。美國回應這種競爭威脅的對策是，以行動圍堵或消滅具威脅性的科技公司。有趣的是，美國現在正斬斷中國取得IP之路，但它不久前更有實力這麼做，因為當時美國相對擁有更多IP。中國已開始對美國採取相同舉動，美國將受害日深，因為中國的IP在許多方面愈來愈好。

　　說到竊取科技，雖然通常視其為一大威脅，❷ 但這無法完全解釋對中國科技公司採取的行動。當有公司違反某國法律（如華為在美國），我們期待會依法起訴罪行，以曝光科技中被植入間諜裝置的證據。但我們看不到這些證據。攻擊中國科技公司的一大動機是擔心其競爭力與日俱增，但別期待政策制定者會這麼說。美國領導人無法承認美國科技的競爭力在下滑，也不可能公開反對與美國人自由競爭，數百年來美國人都被教導要相信競爭是公平，也是產生最優成果的最佳途徑。

　　自有歷史紀錄以來，竊取IP就一直不斷發生，也向來很難防止。前面幾章曾提到，英國對荷蘭、美國對英國都曾有這種行為。「偷竊」意味著違法。當兩國在交戰，便沒有法律、法官或陪審團來解決爭端，決策者也不見得會透露做某個決定的真正理由。我並非暗指美國強勢行動的背後是不良動機；我不知真相如何。我只是說，真正的理由或許不全如官方所言。為本國公司杜絕外

---

❷ 據CNBC全球財務長協會（CNBC Global CFO Council）2019年的調查，北美有五分之一的公司宣稱曾遭中國公司竊取IP。

來競爭的保護主義政策由來已久。華為的技術當然深具威脅性，因為它在某些方面優於美國技術。再拿阿里巴巴和騰訊比較美國同類型公司，美國人也許要問，這些公司為何不在美國競爭，那與亞馬遜及美國一些別的科技公司無法在中國自由競爭，多半屬相同原因。總而言之，**科技脫鉤正在發生，這是中美更全面脫鉤的一部分，對五年後的世界樣貌會有很大影響。**

科技戰若惡化會變成什麼樣子？

美國在科技上領先（雖優勢正迅速縮小中），因此中國目前十分依賴進口自美國及受美國影響的他國來源的技術。這形成中國巨大的脆弱性，從而成為美國一大武器。最明顯的存在於先進半導體，也存在於其他科技。全球第一晶片製造商台積電提供中國及全世界所需的晶片，它受美國影響，其動態是值得觀察的許多有趣動態之一，尤其因為它位在台灣。中國進口許多這類攸關國家福祉的技術，但美國福祉需要仰賴中國進口的卻少很多。**假如美國關閉中國取得重要科技的管道，將是軍事戰風險大為升高的訊號。**反之，未來五至十年若照這一方向發展，中國有變得更加獨立的態勢，科技上也將比美國強大許多，屆時我們可能看到科技脫鉤得更厲害。情況天天都在改變，持續關注很重要。

地緣政治戰

主權很可能是中國最大的課題，尤其牽涉到中國大陸、台灣、香港、東海南海的主權。此外還有幾個具戰略經濟重要性的地區，像是一帶一路的沿線國家。

各位可以想見，十九世紀的百年國恥及當時外國「蠻夷」的侵略，促使毛澤東一直到當前的中國領導人具有強制動機，必須維持國境內的絕對主權，取回被掠奪的部分（如台灣和香港），也絕不可再衰弱到受外來勢力擺布。中國渴望維護主權並維持它獨特的行事之道（即文化），因此拒絕美國干涉中國內政（如變得更民主，以不同方式對待西藏人及維吾爾人，改變對香港和台灣的

作法等等）。有些中國人私下指出，他們不會干涉美國應如何對待在美國國界內的人民。他們也認為歐美國家在文化上有改變他人的傾向，即把本身價值、猶太－基督信仰、道德觀、處事之道強加在他人身上，這種傾向自十字軍東征前，發展至今已超過千年。

　　對中國人而言，主權風險及外人強求改變的風險，形成危險的組合，可能威脅到中國照本身認為的最佳方式，盡其所能去發展的能力。中國人認為，擁有主權，以及由層級式治理架構決定出他們認為的最佳方式，並能夠依此去執行，都是神聖不可侵犯的。關於主權問題，他們也指出有理由相信，美國要是辦得到，一定會推翻其政府（即中國共產黨），那也無法容忍。❸ 這些是我認為中國人將誓死抵抗、捍衛到底的最大存在威脅，當美國與中國打交道，若想避免熱戰，務必小心謹慎。對未涉及主權的問題，我相信中方期待以非暴力手段施加影響力，並避免熱戰。

　　最危險的主權問題很可能是台灣。許多中國人認為，美國絕不會堅守要讓台灣與中國統一的含蓄承諾，除非是被迫這麼做。他們說，當美國出售F-16戰機及其他武器系統給台灣，看起來實在不像美國正促進實現中國和平統一。因此他們認為，確保中國安全和統一的唯一方式，便是擁有對抗美國的力量，希望美國在面對更強大的中國軍力時會理智地停止干涉中國內政。依我所理解，中國現今已經增強在台海地區的軍力。中國軍力增強的速度可能更快，不過以相互保證毀滅為嚇阻力量，是最可能的狀況。因此如前面曾提到，**如果發生「第四次台海危機」，我十分擔憂會出現為主權而起的戰事**。美國會為防衛台灣而開戰嗎？不確定。美國若是不開戰，對中國來說將是巨大的地緣政治勝利，對美國則是巨大的恥辱。那將象徵美國的太平洋帝國及在其他地區的沒落，正如英國失去蘇伊士運河，象徵不列顛帝國勢力在中東及更多地區已

---

❸　一般普遍認知，「政權改變」是美國管理其世界秩序常用的手法。

告終。其隱含的意義遠超出損失本身。以英國為例，那預示了英鎊不再是儲備貨幣。美國愈明白表現要防禦台灣，一旦戰敗或撤退，羞恥就愈大。那令人擔憂，由於美國一直相當明確地表示要防禦台灣，而似乎注定不久就會帶來直接衝突。美國若開戰，我相信為台灣與中國打仗而損失美國人命，在美國將大失民心，美國也很可能戰敗，所以關鍵問題在於，戰事會不會擴大。對此大家都很害怕。但願恐懼那種大戰及它造成的毀滅，就像對相互保證毀滅的恐懼一樣，將防止戰爭發生。

另一方面，經過討論，**我相信中國有強烈意願不要與美國發生熱戰，或強行控制他國（不同於想要盡力擴張，並影響區域內各國）**。我知道中國領導班子很清楚熱戰有多可怕，也擔憂不小心陷入戰爭，像一次大戰那般。只要維持得了合作關係，他們很情願合作。我懷疑他們會樂於把世界分為不同的勢力範圍。不過他們仍有「紅線」（可妥協的限度，若越過將導致熱戰），他們也預料將來會有更具挑戰性的時刻。例如習主席在2019年新年賀詞中說：「放眼全球，我們正面臨百年未有之大變局。無論國際風雲如何變幻，中國維護國家主權和安全的信心和決心不會變。」❹

有關在全世界的影響力，美中各有最重視的地區，主要是根據距離遠近（距離最近的國家與地區最受關切），再就是取得必須物資（最在意不能持續獲取重要礦產和科技），以及關切度略低的出口市場。中國人最重視的區域首先是他們認為屬於中國的領土，其次是與邊界（如東海、南海）接壤之處及關鍵供應通道（一帶一路各國），或關鍵進口品的供應國，第三是其他具經濟或戰略重要性的合作夥伴。

過去數年，中國大肆擴展在這些具戰略重要性的國家活動，尤其是一帶一路延線國家、資源豐富的開發中國家及某些已開發國家。這大大影響到地緣政

---

❹ 這段話與台灣統一問題有關。

治關係。這些活動屬經濟性活動，透過增加對標的國的投資（如貸款、購買資產、興建道路和體育館等基礎設施、為該國領導者提供軍事及其他支援等）來進行，美國卻撤回對這些地方的援助。這種經濟全球化範圍之廣，大部分國家必須認真考慮允許中國購買其境內資產的政策。

　　一般而言，中國似乎想與大部分非對立國維持和平共處關係，但距離中國愈近的國家，中國愈想對它們有更大影響力。大多數國家為因應這些變局，正各以不同的程度在苦思，要與美國、還是與中國靠攏，距離最近的國家最需要深思此問題。我與世界各地領導人談論時，一再聽到他們說有經濟與軍事兩項首要考量。他們幾乎全都表示，若從經濟考量選擇，他們會選中國，因為中國在經濟上（貿易與資本流動）對他們更重要，但若要按軍事支援做選擇，則美國佔優勢，不過關鍵問題是，在他們有需要時，美國是否會給予軍事保護。他們多半懷疑美國會為他們打仗，有些亞太地區的領導人更質疑美國是否有力量打贏。

　　中國提供給這些國家的經濟利益很可觀，其作法與美國在二戰後大致雷同，即提供經濟利益給關鍵國家，藉以確保美國想要的關係。不過才幾年以前，美國沒有強大對手，因此美國只要簡單地表達意願，大多數國家會遵從；唯一敵對的勢力是蘇聯（後見之明看來也不敵美國）及其盟國，還有若干經濟力不能比的開發中國家。**過去幾年中國對他國的影響力在擴大，美國的影響力在減退。**對多邊組織也是一樣，如聯合國、國際貨幣基金、世界銀行、世貿組織、世界衛生組織（World Health Organization）、國際法庭（International Court of Justice）等，這些多半是在美國領導世界秩序之初由美國創設。隨著美國退出，這些組織的力量減弱，中國卻在其中扮演更重要角色。

　　未來五至十年，除了其他領域逐步脫鉤，我們也會看到有哪些國家結盟中國、哪些國家結盟美國。在財力及軍力之外，中美如何與他國互動（如何運用

軟實力），將影響這些聯盟如何形成。作風及價值觀很重要。比如在川普年代，我聽到世界各地領導人形容兩國領袖都「殘酷」。你較少聽到對拜登總統如此評價，可是他國普遍擔憂若不完全遵從這兩國領導人的意願就會受處罰，它們對此厭惡的程度達到寧可轉投另一陣營。**觀察這些聯盟將來的態勢很重要，因為如同我們所見，有史以來通常都是最強大的國家被個別較弱、但集體力量大的國家聯盟擊垮。**

　　或許該觀察的是最值得玩味的中俄關係。自從1945年世界新秩序開始以來，中、俄、美三國總是有兩國結盟，試圖削弱或超越另一國的力量。俄中各有很多對方需要的東西（中國需要俄國的天然資源及軍事設備，俄國需要中國的資金）。又由於俄國軍力強盛，它也是很好的軍事盟友。從觀察各國在各種議題上的立場，就可開始看出大勢所趨；比如要不要讓華為進入美國，是站在美國還是中國那一邊。

　　除去國際政治風險與機遇，中美當然也有很大的國內政治風險與機遇。那是因為兩國都有不同派系在爭取政府控制權，其領導團隊也必然會改變，從而產生不同的政策。儘管幾乎難以預料，但不論誰主政，都會面臨目前存在的挑戰，它們正以本書討論的大週期方式逐漸顯現。每位領導人（及這些進化週期中所有其他參與者，包括我們每個人）在這些週期的不同階段上台或下台，他們（及我們）面臨勢必會遭遇的某些可能情況。史上有其他政治人物也曾在過往週期的相同階段上下台，所以我們運用邏輯推理，研究這些人在類似階段的遭遇及應對之道，將可想像得出有多少可能性——即使並不完整。

資本戰

　　歷史告訴我們，衝突時最大風險之一，是取用自身資金／資本的管道被切斷。這可能發生於a）敵對國的行動，b）自作自受的有害行為（如舉債太多，讓貨幣貶值等），導致資本來源不願提供。第六章我討論過資本戰的經典

步驟。有些作法現在正被用到，而且可用得更具威力，所以必須嚴密注意。

資本戰的目標是切斷敵人的資本，因為沒錢＝沒實力。

這種戰爭的程度與衝突的嚴重性相對應。目前稱為「制裁」的資本戰有許多形式，可分為金融、經濟、外交、軍事等幾大類。每一類當中還有許多版本及應用。我不打算深入其中，以免離題太遠。

我們主要該知道的是：

- **美國最大的力量來自擁有全球主要儲備貨幣，這賦予美國龐大的購買力，美國因此得以a）印製全世界的鈔票，並在國外廣被接受，b）控制誰拿得到這些貨幣。**
- **美國正面臨失去儲備貨幣地位的風險。**

美元依舊是世界主導的儲備貨幣，因為貿易、全球資本交易、貨幣儲備方面，使用美元的遠超過其他貨幣。歷史和邏輯顯示，主要儲備貨幣被取代的速度很緩慢，與世界主要語言被取代也很慢一樣，因為已經有太多人採用，它也與體制緊密結合。各種儲備貨幣現有的地位反映在各國央行持有的數量上，茲列舉於下頁。

美元是全球貿易、資本流通、貨幣儲備的主導貨幣，所以它是全球最主要的儲備貨幣，這使美國處於令人羨慕的地位，可以印製全世界的鈔票，又可以制裁敵人。美國現在有一個制裁軍械庫，是它用得最多的武器庫。至2019年止，美國實行了八千項針對個人、公司、政府的制裁。透過這些力量，美國可取得所需資金，也可藉著阻止金融機構及其他國家與敵對國來往，使它們無法取得資金及信貸。這些制裁絕非完美或面面俱到，但通常很有效。

美國正面臨失去儲備貨幣主宰地位的風險，原因在於：

央行持有儲備貨幣比例

美元	51%
歐元	20%
黃金	12%
日圓	6%
英鎊	5%
人民幣	2%

根據2019年數據

- **央行儲備貨幣及主權財富基金中，按照衡量持有儲備貨幣應有規模的一些標準，外國人的投資組合中以美元計價的債券數量高得離譜。❺**

- **美國政府及央行以極快速度增加美元計價的債券及貨幣數量，因此若聯準會不將大量美債貨幣化，可能很難找到對美債的足夠需求，再者持有美債的經濟誘因不具吸引力，因為美國政府支付的名目收益率微不足道，實際收益率更是負數。**

- **在戰時持有債券以作為交易媒介或財富儲存工具，不如承平時受歡迎，所以若出現戰爭傾向，債券（保證可收回法定貨幣）及法定貨幣的價值，相對於其他東西就會走貶。目前這還不成問題，但若戰況趨於激**

---

❺ 美元計價債券所佔比例大，涉及以下幾點：a）國際投資人為保持投資組合平衡，願持有的資產配置百分比，b）為滿足貿易及資本流通需要，持有儲備貨幣的規模應適當，c）美國經濟相對於其他經濟體的規模及重要性。美元計價債務目前高得不成比例，原因在於美元是世上首要儲備貨幣，亦即美元安全性被高估，而美元借款一直多到不成比例。目前負責決定對不同市場應持有多少比例的人，大都傾向於不配合美債待售數量增加來提高持有比例，事實上他們正考慮減少持有美國國債比例，果真如此，聯準會便需要增加收購。

烈，問題可能就會出現。

- **中國持有約1兆美元美債是風險，但並非無法管理，因為那只等於（截至2021年5月）約28兆未償美國國債的4%左右。** 可是其他國家意識到，美國對中國採取的行動也可能施加在它們身上，所以中國持有的美元資產若遭到任何折損，都可能提高其他美元資產持有者所認定的美債風險，那會減少對美債的需求。目前還沒有這種問題，不過看來快要成為問題。

- **美元得以作為儲備貨幣，主要有賴於它能在各國間自由兌換，因此若美國將來可能控制美元流通，及／或美國採取的貨幣政策會為追求本身利益而違反全球利益，那將使各國不再那麼想擁有美元作為主要儲備貨幣。** 目前無需顧慮此事，可是一旦有人提出可能實施外匯管制（那是貨幣循環下一階段常見的情況），這就會成為問題。

- **受到美國制裁傷害的國家正設法逃避制裁，或削弱美國實施制裁的力量。** 以俄、中為例，它們都正遭受美國制裁，也很可能在未來面臨更多制裁，它們正各自發展替代支付體系，及相互合作。中國央行已創立數位貨幣，將可降低中國受美國制裁的曝險。

沒有好的可替代貨幣的原因：

- **美元（佔各國央行儲備貨幣51%）** 有趨弱的基本面，第十一章曾加以說明，在此即不複述。

- **歐元（20%）** 是結構薄弱的法定貨幣，由較小、缺乏協調性、財政較弱的多國發行，它們結合在高度分散的貨幣聯盟下，力量有限。由於歐盟在財政、經濟、軍事上頂多是次要強國，購買歐盟央行也可自由印製的歐元和以歐元計價的債券，並不具有吸引力。

- **黃金（12%）**是硬通貨，持有它是因為千百年來它一直運作最好，也因為它對其他資產能有效的分散風險，尤其對法定貨幣而言。1971年以前，黃金是全球貨幣體系的基礎，目前它是較不活絡的資產，因為沒有大規模以黃金進行的國際貿易及資本交易，也未被用於平衡對外收支。以目前價格計算，黃金市場的規模太小，無法在財富中佔高比例。以法定貨幣為基礎的資產（信貸資產），若改為以黃金為基礎，那只會發生於放棄法定貨幣制時（歷史顯示有此可能），則將導致金價暴漲。

- **日圓（6%）**也是在國際上非日本人不會廣泛使用的法定通貨，它與美元的問題相同，包括負債太多且仍快速增加，以及被貨幣化，債務利率無吸引力。何況日本僅是中等世界經濟強國，軍力很弱。

- **英鎊（5%）**是已過時的法定貨幣，其基本因素都相當弱，在衡量一國經濟／地緣政治實力的各項指標上，英國幾乎全都不算強。

- **人民幣（2%）**是唯一因基本面而被選為儲備貨幣的法定貨幣。中國有很大的潛力。它在全球貿易、全球資本流動、全球GDP的佔比皆與美國大致相當。❻ 中國管理人民幣已到對其他貨幣及對產品與服務價格相對穩定的程度，它擁有龐大外匯存底，沒有零利率及實質負利率，也未大舉印鈔將大量債務貨幣化。對中國的投資增加使人民幣走強，因為購買那些投資必須用人民幣。這些都是正面因素。負面因素則有：中國國內債務相當龐大，必須加以重整；人民幣並未廣泛使用於全球貿易及金融交易；中國的清算體系尚不發達；政府不允許人民幣自由流入及流出。

因此目前並沒有具吸引力的全球儲備貨幣可以與美元競爭。

---

❻ 經購買力平價調整。

●歷史顯示，每當a）貨幣不受歡迎，b）沒有其他貨幣吸引人投資，則貨幣就會貶值，資本也會找到其他投資標的（如黃金、商品、股票、不動產等等）。因此強勢替代貨幣不是促使某一種貨幣貶值發生的前提。

情勢會變。就美中在打資本戰而言，中國貨幣及資本市場的發展對美國有害，對中國有利。只要美國不試圖削弱中國貨幣及資本市場，不對其攻擊，且／或中國也不自傷（改變政策以使那些市場的吸引力降低），那麼中國的貨幣及資本市場很可能迅速發展，而與美國的市場競爭愈來愈激烈。就看美國政策制定者如何決定，是要變得更激進以設法阻斷這條發展之路，還是接受它，但那可能導致中國相對更強大，更能自給自足，更不易遭到美國擠壓。雖然中國傷害美元及美國資本市場的力量較弱，強化本身的人民幣對它最有利，但它企圖傷害美元的可能性依然存在。

如同我對研究過往週期的說明，資本戰通常會隨週期進展而趨於激烈。拿歷史案例與今日同等情況相對照，譬如以二戰前美日所採取的行動，比較當前美中所採取的行動，應該會有幫助。

軍事戰

我並非軍事專家，但有機會向軍事專家請益，自己也研究這個主題，所以我將傳達自各方獲得的訊息。各位可以自行判斷要接受或略過。

●下一場大戰的樣貌你無法具體想像，但很可能比大部分人推測的更具破壞性。那是因為各國已秘密開發許多武器，也因為以各種形式的戰爭打擊對手的創造力和能力十足成長了許多，自強大的武器在戰鬥中使用及面世可以得知。今日有超乎想像之多的戰爭類型，每一類又有比為人所知更多的武器系統。核戰可能發生固然令人害怕，但我也聽過可能發生同樣恐怖的生物戰、網路戰、化學戰、太空戰等不一而足。有很多戰爭形式未經測試，真正打起來戰況如何，有很大的不確定性。

　　根據已知部分，重點**是美中在東海及南海的地緣政治戰，由於雙方正測試彼此的底線，軍事敵對持續升高。中國目前在東海南海的軍力比美國強，因此美國在這地區很有可能戰敗，不過美國整體在全球規模而言比中國強，很有可能「打贏」更大規模的戰爭。**更大規模的戰爭卻有許多未知數，包括別國在大戰中會如何行事，及有何秘密軍事科技等，以致會太複雜而難以想像。消息靈通人士唯一共識是，未來軍事戰的恐怖將超出想像。

　　中國軍力進步的速度也值得注意，它與中國其他方面一樣飛快發展，尤其是過去十年，預料將來只會更快，要是中國的經濟和科技進步速度超越美國，就更為可觀。**有人預想中國在五至十年內可取得廣泛軍事優勢。我不知是否真會如此。**

　　至於潛在軍事衝突地點，台灣、東海、南海、北韓是最熱區，印度、越南是其次（理由就不贅述）。

　　美中大規模熱戰將包括前面所有提到的戰爭類型，外加許多其他類型，並且戰事會極大化，因為是生存之戰，彼此會竭盡全力打擊對方，歷來所有國家都是這麼做的。那將是第三次世界大戰，傷亡可能比二戰多很多，二戰就比一戰死傷慘重，原因是戰爭的科技進步。

　　也會有代理人戰爭，我們應注意其發展，因為代理人戰爭在侵蝕主要強國的國力及全球影響力上十分有效。

　　在思考戰爭時機時，我常記在心的原則是：●**當國家內部嚴重混亂時，是敵國積極利用其弱點的好機會。**例如日本在1930年代侵略中國，當時正是中國長期內戰，國家分裂且國力衰竭。

　　●**歷史的教訓是，在領導階層輪替期及／或有弱勢領導人，同時發生大規模內部衝突，此時敵人發動攻擊的風險應視為升高。**鑑於時間在中國那一邊，如果要開戰，愈晚發生（如五至十年後中國可能更強大、更自給自足）才符合中國利益，而愈早發生則符合美國利益。

我在此要外加兩種戰爭：文化戰，它將驅使兩方如何應對這些狀況，包括寧死不投降；自我戰，它將決定國家戰鬥力高低，並以第一章探討的關鍵方式使國家實力變強或趨弱。

文化戰

●人際相處方式，是決定他們如何應對共同面臨的狀況的最重要因素，他們共同擁有的文化，則是決定人際相處的最重要因素。美國人與中國人最重視的事，以及認為人際應如何相處，將決定兩國人民如何處理剛探討過的以上各種衝突。美中人民會為不同價值觀與文化規範而犧牲奮鬥，因此雙方都能理解這些差異，並懂得好好處理，對和平解決爭端十分重要。

如前所述，**中國文化促使其領導人和社會由上而下做出大多數決策，要彬彬有禮，把集體利益置於個人利益之上，需要人人知道自己的角色並盡到本分，敬愛尊長。中國人也追求「無產階級專政」，用白話說就是機會與報酬要廣泛分配。反之，美國文化促使其領導人必須由下而上治理國家，要求高度個人自由，看重個人主義超過集體主義，欣賞破格思維及行為，為思想品質多於為地位而尊敬他人。這些核心文化價值促成美中選擇了其政治經濟制度類型。**

坦白說，這些差異大部分在日常生活中並不明顯；相較於美中人民共有的信念，通常也不甚重要。美中共有的信念不勝枚舉，也並非所有中國人或美國人全都認同，所以有不少美國人在中國活得很自在，反之亦然。美中文化差異也不能一概而論。例如新加坡、台灣、香港等其他地域的華人，其治理制度就類似西方民主體制。然而這些文化差異微妙地影響著幾乎一切事務，在重大衝突時就成為決定性差異，敵對雙方是戰鬥還是和平解決爭端，便取決於此。**中美彼此間的主要挑戰起因於有些人不了解、不能以同理心看待對方的價值觀及行事方式，不許對方做其自認為最恰當的事。**

儘管兩國相互開放增加了互動，也有更多共通之處（像是類似的經濟自

由，導致相似的欲求、產品、結果），使兩國的環境及人民比過去加倍近似，可是處事的差異仍很明顯。那反映在兩國政府各自與其人民的互動，以及美國人與中國人的互動，尤其是在領導人與政策制定者階層。**有些文化差異屬於次要，有些卻重要到有許多人願為其而戰，以致犧牲生命**，例如美國人多半相信「不自由，毋寧死」，對中國人而言，個人自由卻不及集體穩定那麼重要。

這些差異也反映在日常生活中。中國政府更像父母般對人民，例如規定兒童可玩哪種電玩，及每天可以玩幾小時，在美國電玩不歸政府管，這類事被視為個別家長的決定。這兩種作法都各有利弊。

中國重視層級的文化，使中國人自然而然直接接受政府的指揮，美國講求平等的文化，使美國人接受可與政府抗爭該做些什麼。同理，不同文化傾向影響美中人民，對要求戴口罩以隔絕新冠肺炎病毒時，由於中國人接受指示，美國人經常不接受，於是出現進一步的後果，影響確診病例數、死亡人數及經濟衝擊。這些受文化左右的處事差異，導致美中人民對許多事情反應有別：資訊隱私、言論自由、媒體自由等等，總結起來兩國的行事方法有諸多不同。

對這種不同文化的應對方式，正反意見都有，我不會在此討論，但我確實想要說清楚，**使美國人像美國人、中國人像中國人的文化歧異是根深柢固的**。有鑑於中國過往輝煌的歷史，及其背後的文化多麼深入人心，要中國人放棄其價值觀和制度，那種可能性不會比要美國人放棄來得高。試圖強迫中國人及中國的體制變得更像美國，對中國人而言，等於要消滅他們最根本的信念，他們將誓死加以捍衛。為了和平共存，美國人必須了解，中國人相信他們的價值觀以及實踐那些價值的方式都是最好的，正如美國人相信美式價值觀以及實踐那些價值的方式都是最好的。

譬如我們應當接受，在挑選領導人上，大多數中國人認為，讓有能力、有智慧的領導人去挑選，比讓全民以「一人一票」方式去挑選要好，因為一般大眾的資訊和能力不足。他們大都相信，一般大眾會憑一時情緒和根據候選人為

爭取選票所開的支票來選擇領導人，而非根據對人民最好的政策。同時他們相信——正如柏拉圖所相信、也有好幾國曾發生——當民主政治碰到局面混亂，人民為政策方向爭辯不休，而不是支持堅強、有才能的領導人，就易淪為失能的無政府狀態。

中國人也相信，他們選擇領導人的方式，有助於做出更好的跨世代戰略決策，因為在長期發展軌跡上前進所需要的時間，任何領導人的任期都只佔很小的一段。❼ 他們相信對集體最有利的最重要，對國家最好，而且由最高層決定最恰當。他們的治理體系更像是大企業常見的那種，尤其是跨世代公司，因此他們不懂美國人和其他西方人為何難以理解中國體制遵循這種方式的道理，也無法像中國人那樣看到民主決策過程的挑戰。

我要澄清，我並非要探討這些決策制度孰優孰劣。**我只是想表明，這兩邊各有其主張，並協助美國人和中國人從對方的視角看事情，最重要的是明白我們可以選擇，接受容忍甚至尊重，彼此按照自認最佳的方式去行事的權利，還是要中美人民為了各自認為無法妥協的理念而奮戰到底。**

美中政、經制度不同，起因於歷史及源自歷史的文化差異。就經濟而言，有兩種不同觀點：傳統左派（支持由政府擁有生產工具、支持窮人、支持財富再分配等等，中國人稱為社會主義）；傳統右派（支持私人擁有生產工具、支持在體制內的贏家、支持十分有限的財富再分配）。中國及世界其他地方都存在這兩派，所有社會都曾在這兩端擺盪，尤其是中國，所以指中國人在文化上偏左或偏右都不對。美國歷史短暫許多，前前後後也存在過類似的搖擺。我不知道若美國的歷史更久，是否會看到更大幅度的擺盪，就像在歐洲漫長的歷史所看到的那樣。

---

❼ 其實美國的政策與方向缺乏延續性，是中方要應對的挑戰，問題出在美國民眾選擇代表自己的領導者表現出其所重視的議題，似乎是反覆無常地改變。

基於以上理由，傾向「左派」「右派」似乎更像是環繞革命趨勢的大週期擺盪，而非緩慢演進的核心價值觀。其實我們現在就看到美中出現這種搖擺，所以要是說，像資本主義這種「右傾」政策在中國可能比在美國更受歡迎，或反之亦然，不算是太誇大。無論如何，關於經濟體制，似乎沒有很多深植於文化偏好的明顯差別。相對於經濟體制，中國傾向由上而下／層級制，而非由下而上／平等制，似乎深植於文化和政治體制中，而美國人則強烈傾向於由下而上／平等制。至於哪種制度成效最佳、最後會勝出，就留給其他人去辯論，但願不帶偏見，不過我要指出，熟諳歷史的觀察家斷定，這些體制不會永遠好或壞。●哪一種最適合，取決於a）當時情況，b）採用某體制的人們彼此如何對待。沒有制度立於不敗，其實每一種都會失靈，假使體制內的人尊重體制不及重視個人的需求，體制本身又不夠靈活，無法與時俱進，就難免崩解。

在設想美中人民要如何因應雙方共同的挑戰，以便在這個地球上用可能的最佳方式求進步時，我試著推測他們強烈的文化傾向會把他們帶往何方，尤其是寧死不放棄而無法調和的差異。比方說，大多數美國人和西方人會為能夠擁有及表達個人意見，包括政治意見，不惜犧牲性命。反之，中國人更尊重權威，這反映在個人及所屬組織的相對權力上，還有團體組織要為團體中的個人的行動負責。

這種文化衝突曾發生於2019年10月，當時的休士頓火箭隊（Houston Rockets）總教練莫瑞（Daryl Morey）在推特發了一張表示支持香港民主運動的圖片。他很快撤下這則推文，並解釋他的觀點並不代表火箭隊或NBA的觀點。後來莫瑞遭到美國這邊的攻擊（媒體、政治人物、民眾），因為他未堅持言論自由，中國那邊則認為整個聯盟都應負責，處罰包括中國國營電視台取消轉播所有NBA比賽，下架線上商店的NBA商品，傳聞還要求NBA解雇莫瑞。

此次衝突發生的原因是，言論自由對美國人多麼重要，美國人也認為，組

織不應為個人行為受罰。而中國人認為，傷害性的攻擊需要受罰，並且團體應為個別成員的行為負責。推而廣之，我們可以想像，由於美中對人際相處的深植信念存在著這些差異，將引發更嚴重許多的衝突。

　　當中國人處於優勢地位時，他們傾向於要求a）相對地位很清楚（處於劣勢的一方要認清自己的地位），b）劣勢方要服從，c）劣勢方要明白，不服從就會受罰。那是中國領導人物的傾向／風格。在有需要時，他們也可能是伸出援手的及時雨。例如當新冠肺炎疫情及死亡人數首波大爆發時，康乃狄克州州長亟需個人防護設備，可是向美國政府或其他來源都無法取得，我向中國友人求助，他們提供了全部所需，數量龐大。當中國走向全球之際，有不少國家的領導人（及人民）很感謝中國的慷慨之舉，也不滿中國懲罰之嚴厲。有一些文化差異可透過談判使雙方都滿意，不過有些最重要的差異很難靠談判解決。

　　我想主要該理解和接受的是，中美兩國人民的價值觀不同，各自都會做出非對方所樂見的選擇。像是美國人可能不喜歡中國人處理其人權問題的方式，中國人可能也不喜歡美國人處理其人權問題的方式。重點在於：面對這種情況該怎麼做？是否美國應與中國對抗，把它認為對的作法強加在中國身上，中國對美國也是如此？還是雙方應同意，不干預彼此的作為？我的看法是，要強迫別國的人去做他們強烈認為對自己不好的事，是太困難、不恰當、恐怕也辦不到的事。**美國把這種事強加於中國的能力，與中國強加於美國的能力，將取決於兩國相對的實力。**

　　我雖只探討美中戰爭問題，傳達我有限的所知，而我需要知道的更多，但我要提醒各位，這些戰爭比一對一衝突複雜得多。它們彷彿多維棋戲，因為涉及許多國家，牽涉許多層面。例如當我考量美中關係時，範圍遠超出雙邊關係，我必須思考美、中在所有重要層面的多邊關係，比方所有重要的亞、歐、中東政府及民間部門，還有所有那些國家與別國的重要關係等等。也就是為考量美中關係，我必須想到沙烏地阿拉伯與美國、沙烏地阿拉伯與中國的關係，

為此我又要想到沙國與伊朗、以色列、埃及的關係，以及在所有重要層面的許多其他關係，再加上其他類似的關係。要是沒有厲害的電腦及大量數據協助，很難追蹤更別說理解情勢發展。那遠超出我所能掌握，坦白說，當我與各國領導人交談時，發現他們對這多維棋戲裡其他玩家真正想法的理解少得驚人。

爆發不必要戰爭的風險

如同我在第六章所說，愚蠢的戰事往往是針鋒相對的升級過程所造成，在此過程中，敵人即使很小的動作也要回應，那比暴露國力贏弱更重要，尤其當雙方並不真正明白對方的動機時。歷史顯示，衰落中的帝國尤其會有這種，它往往認為退卻就是失敗，因而傾向去打不合邏輯的仗。

以台灣問題為例。即使美國為防衛台灣而戰看似不合邏輯，但不還擊中國對台灣的攻擊，可能被視為大失在其他國家面前的聲望與影響力，美國若不為盟友而戰並得勝，那些國家不會支持美國。此外這種挫敗可能使領導人在本國人民眼裡顯得懦弱，因而失去保住權位所需的政治支持。當然，在衝突來得太快時，因誤解而誤判將十分危險。所有這些動能會產生把戰爭推向升級的強大拉力，就算相互毀滅的戰爭比起以較和平方式合作與競爭，後果要糟糕得多。

另一方面，在美國和中國的不實、情緒化言論，會製造升高氛圍的風險。例如最近一項皮尤（Pew）中心民調顯示，73%的美國人對中國印象不佳，73%認為美國敦促中國改善人權，50%認為美國應要求中國對它在新冠肺炎中的角色「負責」。雖然我沒有中國人民對美國觀感的民調數字，但很多人告訴我已經惡化。不需要太多刺激，就能讓兩國人民要求升高衝突。

總之，美中領導人和人民都承認，兩國正處於體制和能力的競爭中，這才是明智的態度。美中必會遵循各自認為最適合本身的體制，美國的國力略微領先，但幅度在縮小，人口則比中國少。根據歷史經驗，人口可能很重要，但其他因素（如第二章列舉的十八項決定性因素）更為重要，因此即使人口少的帝

國，只要本身治理得當，也能成為世上頂尖強國。其中的深意在於，攸關強大最重要的是我們對自身的作為。

自我戰：敵人就是自己

我們最大的戰爭是對自己的戰爭，因為一國的強弱，自己最能控制。決定國家之所以強弱，理由相當清楚，並且這些強項和弱點可以測量，因此不難衡量各國目前的狀況如何。第一、二章曾列出這些因素，並以十八項決定性因素來衡量。我在此先簡短回顧，到最後一部，我會呈現大多數國家的指標，並探討主要指標，以幫助我們預測未來。

在此之前，先看看有助於產生偉大帝國的具體因素，如下……

……領導階層夠強大，有足夠能力提供成功的基本因素，包括……

……優質教育。我所謂優質教育，不僅指教授的知識和技能，也包括教育本身……

……優良品格、禮貌、敬業精神，通常家庭和學校都會教。這些促使公民素養提升，反映在以下因素中，如……

……腐敗少，高度尊重規則，如法治。

……人民能夠合作無間，團結在彼此該如何相處的共識下，也很重要。當人們有知識、技能、好品格、有公民素養並團結合作，就會出現……

……良好的資源分配制度，這會因以下措施而大為進步……

……**開放接納全球最佳的思想**，該國便擁有成功的最重要因素。那使它獲得……

……**全球市場上更強的競爭力**，帶來超過支出的收入，使國家達成……

……**強勁的所得成長**，以致能夠……

……**增加投資以改進基礎建設、教育、研發**，使它擁有……

……**快速提升的生產力**（每工作小時的產出價值更高）。生產力上升可增加財富和生產能力。當一國的生產力水準提高，就能成功的發明……

……**新技術**。新技術在商業及軍事上均有價值。當一國以這些方式變得更有競爭力，自然會……

……**在全球貿易佔更大更重要的比例**，因此它需要……

……**強大的軍事力量**以保護貿易路線，並影響國界外的重要國家。隨著一國經濟強勢崛起，就會發展出……

……**活絡而廣被使用的貨幣、股票、債券市場**。在貿易及資本流動居主導地位的國家，其貨幣自然更常被用作首選的全球交易的媒介及保存財富的工具，這**使得其貨幣成為儲備貨幣**，並建立……

　　……**至少是全球主要的金融中心之一**，以吸引及分配資本，並擴大全球貿易。

　　能夠使這些測量結果向上提升的就是好事，使它們下降的就是壞事。基於此，所有國家明智的公民都應捫心自問，整體公民及領導人有多努推升這些測量結果。我也希望他們記得因果關係，避免會導致衰落的過度行為與分裂。

　　至於本章討論的個案，美中的內部戰爭與挑戰，比外部戰爭與挑戰來得更大、更要緊。其中包括國家領導階層及各級政府的政治爭奪戰，不同團體間（如富人窮人、鄉村都市、保守進步、不同族裔等等）的爭鬥，還有人口變化、氣候變遷等等。幸好這些力量中最重要的，都在我們的控制範圍之內，也可以測量，使我們得以評估目前表現如何，要是表現欠佳，就做出改變，使情況朝正確方向前進。**大致上我們會獲得應有的成果。如同邱吉爾對英國人民說的：「努力贏得勝利！」**（**Deserve Victory!**）

第３部

未來

第 14 章
未來

「**靠**水晶球預言的人注定要吃碎玻璃」，這是我十四歲時學到的一句市場格言。因為我親身經歷過，證明這句話是對的。這影響了我對過去和未來的看法。我會藉著回顧過去以 1）了解可能發生的情況，2）避免自己可能犯的錯或遺漏了哪些重要的事，以保護自己我需要負責的人。雖然每個人可以對本書中描述的模式和因果關係可展開爭論，但如果你閱讀本書是出於務實目的而非一時興起，那麼請你和我一樣做好上述這兩件事。

本章旨在分享我對未來的一些想法。雖然對於未來我了解著實有限，但其實我所知也不少。我覺得應對未來就是1）感知並適應正在發生的事情，即使它無法預料；2）歸納出事情可能發生的機率；3）充分了解可能發生的事情，以保護自己受到未知事件的衝擊，即使你沒有辦法萬無一失。

了解過去歷史的演進，可以讓我考慮到未來發生類似事件的可能性。這比對未來一無所知好上許多。例如，歷史上有許多革命、戰爭和天然災害等事件，幾乎奪走了我們身邊的財富。但了解這些事件與情況之後，我就可以去尋找再次發生相同事件的徵兆。有了這些徵兆，即使預測並不完美，但可以讓我站在更有利的位置來保護自己，以免因一無所知而毫無準備。

　　我來舉個最差情況的例子，即使在最好的機遇下如果毫無預知，其實跟最差的情況也相去不遠。我清楚記得我父親和他的朋友全心認為美國經濟大蕭條以及第二次世界大戰都是所謂恐怖的年代，因而錯失之後繁榮的機會。人生的賽局，就是盡最大努力去了解世界是如何運作，想像各種可能性（包括它們的風險和報酬），並知道如何分散風險。

　　雖然我在傳達我的想法，但請記住，我所說的每句話都有討論空間，我的目的就是希望能提高我評估的正確機率。這是一項正在進行的計畫，為此，我計畫在economicprinciples.org持續更新我對這些模式和經驗教訓的理解，希望大家可以一起參與，藉由與大家的討論來讓這個計畫更完美。

我的研究方法

　　快速回顧一下，我的研究方法是基於 a）進化，它會隨著時間推移出現變化，通常是朝著改善的方向發展，例如提高生產力，b）週期，這會導致經濟有序的起伏（例如債務泡沫和泡沫破裂）和市場的顛簸（無序的波動，如天然災害），以及 c）指標，可以幫助我們了解我們在週期中的位置以及接下來可能會發生的情況。我會簡單摘要驗證上述每個想法。

進化

　　通常重要的事情都會以易於觀察和推斷的方式發展，因此，只要不是那種五百年一遇的特殊事件，不難了解它們在未來大致上的發展方向。下面圖表顯示了有關人口、預期壽命和繁榮的故事。

　　讓我們從世界人口開始。左邊的圖表從1500年開始，右邊的圖表從1900年開始。我把它們都展示出來是希望讓你們看到，從1900年回顧一百年和在今天回顧一百年，其中差別有多大。請注意人口在二十世紀的成長速度有多快。還要注意本書中提到的重大歷史事件——包括經濟大蕭條、兩次世界大戰

和無法計算的天然災害──對更大的進化趨勢沒有明顯影響。

全球人口（單位：百萬）

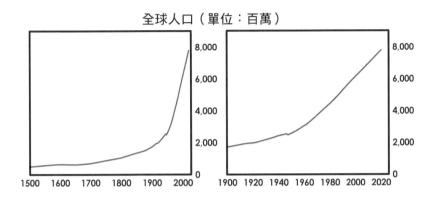

接下來的兩張圖表顯示了人口成長率。注意之前圖表中沒有出現的大起大落，因為與長期趨勢相比，人口總數每年變化微不足道。但如果我們親身經歷過下面圖表這些波動階段，就會對生死的經歷更有感覺（確實如此）。

全球人口成長率（十年變化，估計值）

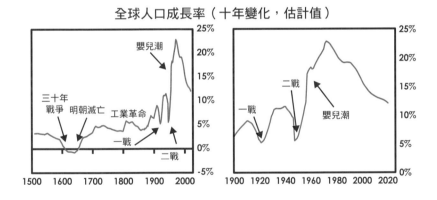

接下來的兩張圖表顯示了預期壽命類似的情況。這些圖表中的波動比之前的圖表更大，因為當發生戰爭和流行病等重大事件時，平均預期壽命的變化更大（我會在economicprinciples.org展示那些致死因素是什麼以及它們發生在何處）。請注意預期壽命如何在大約三百五十年間保持大致相同（大約二十五

至三十歲），然後從1900年左右開始加速，當時嬰兒死亡率大為降低，且醫學（如抗生素）有了很大進步。

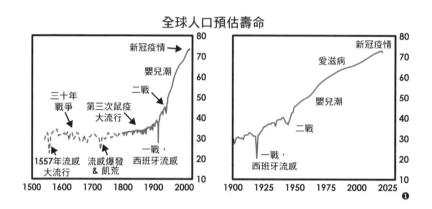

現在讓我們來看看用實質（即經過通膨調整後）GDP衡量的經濟繁榮。第一張圖表顯示了經濟發展全景：人均GDP在十九世紀之前成長非常緩慢，之後出現加速現象，相對於其間的波動，這種廣泛的進化趨勢佔了主導地位。

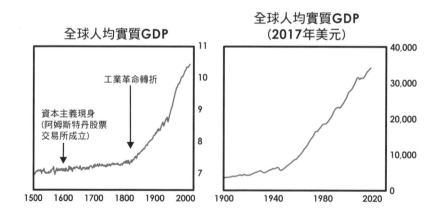

---

❶ 由於可靠的歷史數據有限，這些頁面上顯示的許多圖表僅參考少數國家過去的紀錄。十九世紀之前的預期壽命僅記載英國（以虛線標記）。1870年之前的全球GDP主要是歐洲一系列國家的GDP。二十世紀之前的總財富沒有明確紀錄，因此無法展示在那之前的走勢圖。

　　下圖顯示了自1900年以來的人均實際財富。從1900到1945年，人民財富幾乎沒有增加，因為那是十九世紀初期要進入1945年新世界秩序的週期後期的過渡階段。隨著新世界秩序的建立，和平與繁榮隨之到來，經濟上升趨勢強勁且相當穩定（平均每年4%），即使在當下的我們，都能感受到這股變化。

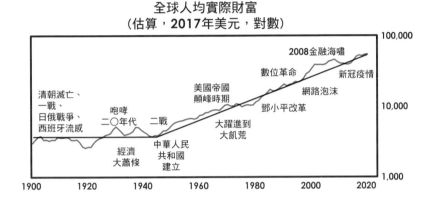

全球人均實際財富
（估算，2017年美元，對數）

考慮到這些事情演變，讓我們開始展望未來。

　　如果我們仔細回顧，看看現在經濟是如何形成的，我們會發現這些演進並不是自己發生：每天發生的事件影響當下環境，人們的行為塑造了這些事件。雖然在當時要我們去預測每一個具體的戰爭、乾旱、流行病、發明、繁榮時期、衰退等是不可能的事。但即便我們無法預知事件具體發展，我們也可以非常自信地說，因為不斷的進化，人們可以活更久，同時享受更高的生活水準，而且我們完全有理由相信，由於人類的創造力，因此這種進步將繼續發生。我們也可以自信地說，未來的路上會有繁榮和蕭條、豐足和飢荒，以及健康和疾病並存的時期。

　　從過去一百年發生的事情來看，人們或許就可以下結論：從過去經驗推斷出未來，就可以相當準確的預測可能發生的變化。例如，簡單地透過過去一百年推斷，可以合理地預估未來十年世界人口將比現在高出約10至15%，人

均產出將高出約20%，人均財富將增加30%，平均壽命將延長7.5%。也可以合理地預估，在未來二十年中，它們將分別成長25%至30%、45%、70%和15%左右，儘管我們不知道具體將發生什麼事。

這種簡單而且不需嚴謹分析的方式就能描繪出不太遙遠的圖像，但它可能就是這個樣子。透過這種方式，很容易就能統計出每個國家／地區的詳細資料。雖然處理這些資訊對於人腦來說相當複雜，但適合的人腦和電腦聯手，就是一件十分容易的事。

但我們發現，單憑推斷而得還不夠。例如，在1750年，我們有理由相信，君主和貴族地主在士兵的幫助下監督農民，將成為未來的治理體系，農業用地將繼續成為最重要的賺錢資產，而且人均收入每年僅成長0.5%左右，平均壽命將穩定在三十歲左右。一直都是這樣。你無法想像我們現在所知道的資本主義和民主，更不用說美國已經成為世界領先的強國。

當一些重要事件引起典範移轉時，進化的速度就會變快，導致巨大的轉折。十九世紀初期出現的典範移轉來自於現代金融工具的發明、可代替人力的機器、更具包容性的社會、擴大了創造力和生產力的機會、愈來愈多的書籍以至於知識得以更廣泛地共享，以及科學方法的應用。雖然這些事情都是無法預料的，但它們可以被感知、理解，並加以適應。這就是為什麼●雖然從過去推斷未來通常是一件合理的事，但也要做好未來將與你現在的預期大不相同的準備。

在我大約五十年的投資生涯中，我看到許多基於之前發生的事情和當時似乎合乎邏輯的觀點最後被證明是錯誤（以最近的例子來說，我之前認為債券殖利率不可能出現負值）。近期既定的信念被打破的主因是數位化革命。經由這些經驗與觀察，我學習到了●識別、認知與適應典範移轉的必要性——即使我們無法預測典範移轉，但試著藉由一些有用的好指標來預測也很重要。透過這些觀察指標還可以幫助你判斷這些典範移轉會不會只是曇花一現。

一路上的週期和波動

前幾章已經全面介紹了週期和波動，所以現在我們就要把注意力從過去轉移到未來。

雖然週期和波動與宏觀圖像相比，影響相對較小，然而，確實有許多人受到傷害甚至死亡。下面的圖顯示過去五百年中的蕭條、財富減少、戰爭和流行病導致的死亡，從中可以找出一些觀點。其實真實的情況比我們看到的還嚴重，因為圖只是以平均值的形式來記錄，所以可能低估了最直接受影響的人所經歷的嚴重程度。大多數的人不會想到這圖幅的黑暗面。他們只著眼於1945年後的積極趨勢並以其推斷未來。你可以決定是否用我的方式觀察。對我來說，看到這些過去發生過重大、致命的事，我相信它們終將還是會再發生。除非有人提供我它們不會再次發生的更好證據，而不是它們尚未發生的簡單事實，否則我將假設它們終將發生，所以我會試著找到保護自己避免受其後果所害。

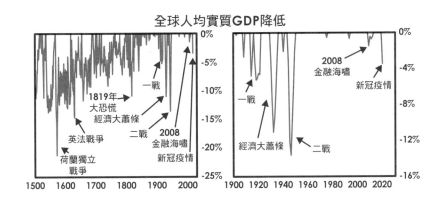

全球人均實質GDP降低

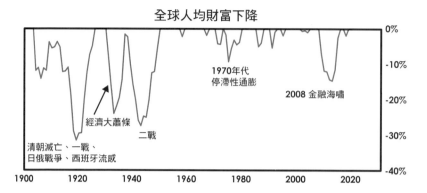

全球人均財富下降

1970年代
停滯性通膨

2008 金融海嘯

經濟大蕭條

二戰

清朝滅亡、一戰、
日俄戰爭、西班牙流感

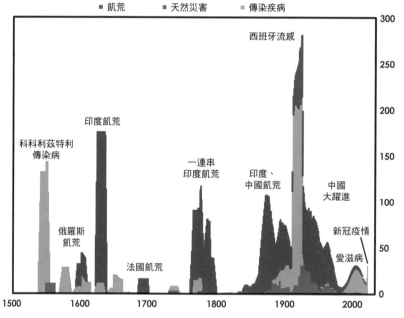

依類別劃的分全球死亡人數
（每十萬人口中的比例，十五年平均）

■ 飢荒　　■ 天然災害　　■ 傳染疾病

西班牙流感

印度飢荒

科科利茲特利
傳染病

一連串
印度飢荒

印度、
中國飢荒

中國
大躍進

新冠疫情

愛滋病

俄羅斯
飢荒

法國飢荒

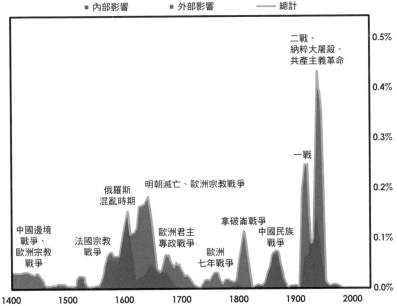

從我過去的研究和五十多年的投資經驗中得出的重要原則，就是●一個人不論在投資市場或生活中想要成功，應該押注在以下積極面，來自 a）提高生產力的進化，但也不能過於躁進，以至於讓 b）市場的週期與波動將你淘汰出局。換句話說，押注在變得更好的事物——例如，實際獲利更高——就是一個很穩當的下注。但單壓在同一個標的，讓市場波動將你摧毀就不妙了。這就是為什需要一些質化的指標來協助我們。

質化指標

因為現在在我們眼前出現的一切都是之前發生事件的結果，所以我有一些非常好且合邏輯的領先和同時指標（或許不夠完美）。有些可以量化，有些則不能。

如前面所述，我發現了十八個決定因素，可以解釋國家內部和國家之間財富和權力大部分的情況和變化。我在後文分享我所關注的十一個主要大國中的這十八個決定因素（有關全球前二十大國家的更多詳細資訊，可參照**economicprinciples.org網站**）。但首先，我想分享一些對過去影響最大的五個決定因素的總體想法，我相信也會對未來幾年產生最大影響，它們分別是：**創新、債務／貨幣／資本市場週期、內部有序和混亂、外部有序和混亂以及天然災害**。在查看圖表時，請記住，在某些情況下，這些決定因素會一起上升和下降，因為它們是相輔相成的，而在其他情況下，一個國家的利益是以犧牲另一個國家的利益為代價的。例如，發明新技術提高了人類的生活水準，但會讓發明能力強的國家處於優勢地位。軍事水準的提升顯然對全人類不利，因為它們以犧牲其他國家為代價使某些國家受益。

人類的創新發明

如前面所述，創新和發明顯然是決定一個國家發展最有力的因素。

想想過去的一百五十年，有太多我們無法想像的事物發明與出現。在我們擁有它們之前，沒有人能夠想像得到——例如，電話（1876年）、電燈泡（1879年）、內燃機汽車（1885年）、收音機（1895年）、電影（1895年）、飛機（1903年）、電視（1926年）、抗生素（1928年）、計算機（1939年）、核子武器（1945年）、核電廠（1951年）、GPS（1973年）、數位相機（1975年）、線上購物（1979年）、網際網路（1983年）、線上搜尋（1990年）、網路銀行（1995年）、社交媒體（1997年）、Wi-Fi（1998年）、iPhone（2007）、CRISPR基因編輯（2012年）等等。這股巨大且穩健的力量正在塑造新的未來，而且超乎我們的想像，這就是技術的演變。其他大多數事情——像生活方式、國內和國際政治等也都是以類似的方式在演進。

我相信人類透過創造力正在加速進化，大多數人都會從中受益。這是因為

我們從現在看到的重要發明中，思考不論在質或量上都持續改善，可以預期未來還有更多發現和創造。這些發明將透過電腦、人工智慧和其他與思考相關的技術進步的形式出現。也就因為它們可以應用在人類的活動和決策等許多領域，所以在我看來，大多數領域的發明和改善速度都將加快，從而提高我們的生產力和生活水準。

人們現在藉由電腦來彌補自身不足之處（例如，電腦的記憶力比人腦更大，而且容易存取；電腦可以用極快的速度處理更多數據，而且不會受到情緒化影響而犯錯）；但是，人類可以幫助電腦克服其局限性（例如，電腦缺乏想像力、直覺、常識、價值判斷和情商）。人類與電腦之間的合作可以增進思考的量與質，❷ 也預示生活中各個層面都會出現改善。我會這麼說，是因為我經歷過，而且我已經看到一些新的改變即將出現。

換句話說，**電腦和人腦的成長都會愈來愈快。更重要的是，量子計算與人工智慧的進步和廣泛的運用將加速學習曲線，也會讓全球財富和權力出現明顯的變化。這些技術將在未來五到二十年內發生不同程度的變化，而且我相信它們疊加起來會形成有史以來最大的財富和權力轉移。使用人工智慧的量子計算將之於傳統計算的進步，就像電腦之於算盤，為人類提供更多的能力去觀察、理解和塑造事物。這讓我對長期趨勢非常樂觀，並渴望押注於偉大的新發現。**

即使沒有量子計算的推動，我預計人類的壽命在未來二十年會大幅增加（增加20%至25%或更多），有些原因我們可以看得到，但還有更多是我們無法預知的。一些已經出現的發明包括醫療保健、和人工智慧和機器人相關的健康監測和可穿戴式設備技術；基因定序和基因編輯的進展和實際應用；mRNA疫苗技術改進；以及營養和藥物方面的突破。從過去這些歷史可預測（的確如此），未來將會有更多我們還無法理解的發明。

---

❷ 很快地，無法讀寫電腦程式碼就會像無法讀寫文字一樣。

　　理所當然地，這不禁讓我想到對投資的影響。在其他條件相同的情況下，如果你押注進化會發生，能創造新的發明並從中受益的公司的股票，絕對值得擁有，但事實上，投資人的回報是否能跟得上公司的創新表現，取決於政府如何分配產出的利潤。如果世界各國的財務過度擴張且貧富差距很大，就會產生逆風。另外，價格也是一個重要因素。投資在好的公司，有可能因為股價太貴而賠錢；同理，投資不好的公司，有可能因為股價低而賺錢。最後，凡事都有陰暗面。人類的新發明與新技術的出現影響通常有好也有壞。就好比伴隨著醫療保健的進步，對人造成傷害新技術肯定也會進步。所以我的觀點是，**只要人類不自取滅亡，創造力和生活水準將會變得更快、更好。**

　　下圖顯示了我們對主要國家的發明、技術進步和創業精神的最新解讀。柱狀圖上方的箭頭顯示每個國家的地位趨勢是向上、持平還是向下。這個衡量指標大約有一半的權重是來自於：1）外部排名和人均創新綜合的衡量指標（衡量創新在經濟中的廣泛程度），另一半權重在 2）國家關鍵創新指標（例如，研究人員、研發費用、專利、諾貝爾獎和創投資金）。**就像我所有的衡量指標一樣，這張圖大致上但也並非完全等於真實情況，但具有象徵性。如圖所示，美國在這些措施中位居榜首，微幅領先排名第二的中國（主要是由於美國在全球研究支出、研究人員佔比，以及在其他像創投資金領域具領先優勢）。但美國的排名是穩定的，而中國的排名則在快速上升。請記住，誰在技術戰拔得頭籌，通常就能贏得經濟和軍事優勢。**有關更多本章圖表的詳細資訊，請參見本章最後有每個國家的簡短說明。

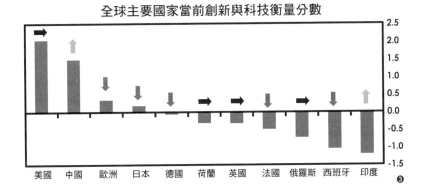

全球主要國家當前創新與科技衡量分數

債務／貨幣／資本市場／經濟週期

正如我之前解釋，這個週期是經濟波動最大的驅動力，而且對內部和外部政治和戰爭有重大影響，因此了解各國在這個週期中的位置，對於預測接下來可能發生的事情至關重要。

根據我對歷史和現有條件的解讀，以及我對經濟機器運作方式的理解，若要以世界儲備貨幣（特別是美元）作為支付的工具，由於付款承諾規模太大、且成長太快，恐怕無法用硬通貨支付。換句話說，以這些貨幣計價的債務過多，因此可能得透過印鈔來償還，債務增長❹ 和利率可能也會維持在低於通貨膨脹和經濟／收入成長率的水準。這反映了一個事實，就是主要儲備貨幣國家的債務／貨幣／資本市場／經濟週期處於後期，所以財富可能會經由某種重分配方式從富國手中轉移到窮國手裡。不管怎樣，實際情況依各國具體國情不同，但可能是全球範圍內的趨勢。

---

❸ 箭頭表示國家量測的二十年變化。

❹ 結論是，出借的資產（尤其是現金）可能表現不佳，借入的負債可能表現得好，尤其是投資到那些有獲利性、有顛覆性技術及報酬率高於資金成本的穩健投資。

　　因此，從長遠來看，最大的風險是「貨幣價值」風險，而大多數人對此並沒有足夠重視。我希望第四章能幫助人們更加理解及更完善處理這個問題。

　　明確地說，有巨額赤字的儲備貨幣國家，其赤字和債務都是以本國貨幣計價，它們藉由印鈔償還債務，也將風險從債務人身上轉移到債權人身上。**因此，最大的風險不是那些債務人會違約；而是債權人持有的資產會貶值——也就是說，持有債務資產的報酬率會低於通貨膨脹率。**我相信，即將發生財富從債權人向債務人的大轉移（正如第三章所解釋聖經中的大赦年那樣），所以歷史總是一再上演。

　　這對美元（最重要的）和其他次要的儲備貨幣意味著什麼？這些貨幣會不會衰落而被其他貨幣取代？**最有可能的是，它們會像歷史上的儲備貨幣一樣漸漸失去地位：剛開始一段時間會緩慢下滑，然後迅速衰落。**就如同我們在這些案例中看到的那樣，儲備貨幣衰落的速度明顯落後於其他實力衡量指標的衰落速度。儲備貨幣往往在其基本面轉差後仍長期維持，因為使用它們已經根深柢固，所以人們會傾向持續保留。但之後，當人們發現貨幣背後的基本面會讓他們持有債務變得不划算時，儲備貨幣的地位就會突然暴跌。

　　下跌速度很快，是因為貨幣的衰落幅度超越了債權人可以收到的利率。因為虧損導致拋售，而拋售時又造成更大損失，就會出現自我強化的惡性循環。荷蘭盾和英鎊都以這種方式暴跌，原因是它們在負債累累時發生了地緣政治危機。這些事件讓債權人清楚地認識到，這些國家基本面比他們想像的還要弱，而且利率也無法彌補貨幣的衰落。

　　雖然我有很好的指標來判斷這種衰落的發生，也有一些相當好的領先指標預告它會在短期內發生，但我的長期領先指標對於確定時間來說只是差強人意。因為長期指標是基於供應和需求的金融層面判斷。用評估個人和公司財務狀況的同樣方法來評估國家的金融狀況是非常容易的（透過檢查該國是否有盈餘或赤字，資產多於負債，並找出它們的債務是用自己的貨幣還是外國貨幣計價，

是誰提供它們資金及為什麼提供）。因為這些都是長期驅動因素，所以也很容易看到哪些國家和貨幣是脆弱的。但要準確預測大衰落的時間點是很困難的。

　　接著要展示的債務負擔衡量表是基於以下因素的結合：a）相對於資產的債務水準，b）外部、內部盈餘和赤字規模，c）償債成本相對於GDP的規模，d）一個國家本國貨幣計價的債務相對於以外幣計價的債務規模，e）本國公民持有的債務與外國人持有的債務規模，以及 f）信用評等。我這樣評估，因為這種方式已經被證明是預測貨幣和債務資產實際價值下滑最可靠的方式，無論它們是因為沒有創造足夠的貨幣和信貸來滿足過度的債務需求而導致債務違約，抑或因為創造了過多的貨幣和信貸來滿足過度的債務需求而出現貶值。我編製的這個指數排除了儲備貨幣地位因素，這樣我就可以看到一個國家如果失去儲備貨幣地位會有什麼樣的風險。儲備貨幣地位顯示在下圖中。

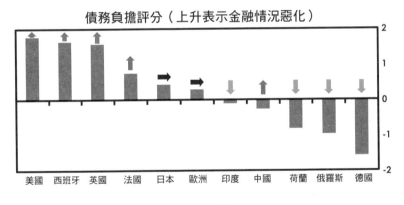

債務負擔評分（上升表示金融情況惡化）

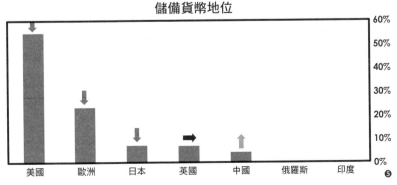

儲備貨幣地位

這兩張圖描繪了一幅相當清晰的畫面。例如，**雖然美國的債務負擔很高，但它的債務是以世界主要儲備貨幣美元計價，所以美國有能力透過印鈔來償還債務。這樣雖然降低了它的違約風險，卻增加了貶值風險。正如你所看到的，如果美國失去儲備貨幣的地位，它將陷入嚴重的財政困境。**俄羅斯和德國在債務負擔圖上排名最高，因為它們的債務最少。俄羅斯沒有儲備貨幣地位，而德國有一定的儲備貨幣地位，因為它使用的歐元現在是第二大儲備貨幣。中國在債務負擔圖的排名中處於中間位置，因為它的債務中等偏高，大部分是人民幣計價，而且大部分由中國人持有。中國的儲備貨幣地位正在形成。

內部有序與混亂的週期

羅貫中的經典著作《三國演義》的開頭是這樣寫的：「天下大勢，分久必合，合久必分。」因為中國和其他大多數地方都是如此，而且很可能會繼續下去，所以這是一個很好的原則。我在第五章中解釋了國家內部有序和混亂的週期，所以除了提醒你一個關鍵原則：●**和平帶來收益，戰爭要付出代價**，其他的我就不在這裡重申。

這個原則在國家內部和國家之間都適用。當各國互相合作且有良好競爭關係，不浪費資源在戰爭中，生產力和生活水準就會提高。但當出現戰亂的時候，浪費的資源就會比創造的多，生活水準因而下降。正是由於這個原因，國家內部的衝突程度是一個相當重要的指標。

截至目前，不同國家內部正在發生不同程度的衝突，如下圖所示。美國的內部衝突特別嚴重，它似乎處在週期的第五階段（金融狀況不佳和激烈衝突），而中國似乎處於第三階段（出現和平與繁榮）。這種情況的變化可能

---

❺ 由於歐洲貨幣聯盟的存在（所有這些國家都使用歐元），因此個別歐洲國家沒有顯示在儲備貨幣地位表上，只顯示了歐盟總量。該指標顯示了以各國貨幣計價的全球交易、債務和中央銀行官方儲備持有量的平均佔比。

會迅速發生——例如，阿拉伯之春，香港的衝突，敘利亞和阿富汗的內戰，最近秘魯和智利的大規模抗議等等——都導致其國家內部秩序出現革命性變化。**因為我預計當你們看到這本書時，有些狀況已經過時了，所以我會在 economicprinciples.org網站上定期更新。**

現今主要國家相對內部衝突評分（上升表示衝突增加）

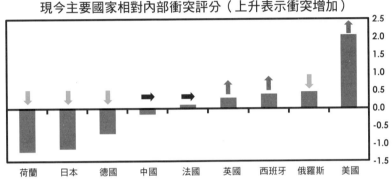

歸根結蒂，●權力規則和權力測試是人們了解一個國家統治的方式。有時候，這些衝突是發生在一個受尊重的規則框架內。也就是說，權力的爭奪是以雙方同意且有成效的方式進行，這是有支持作用的內部衝突。但衝突也有可能是無益或以不受約束的方式發生，這就可能導致領導層和內部秩序出現激烈破壞。**雖然我認為美國在未來十年內演變為第六階段（即內戰）的機率只有 30%左右，但這是一個高風險的危險訊號，美國必須加以防範並透過我的同步與領先指標密切關注。**

所有的內部秩序，即使是那些非民主國家，都有關於如何決策以及如何獲得和分享權力的規則。因為人們通常可以看到這些治理規則是如何得到尊重或被忽視，所以很容易看出該國內部秩序何時會受到新出現的內戰的威脅。例如，當選舉開票結果難分高低，經司法機關裁定後，敗選的人尊重裁決，很明顯秩序得到了尊重。但當雙方爭奪和攫取權力時，這顯然預示著革命性變化及其隨之而來混亂的重大風險。

　　在美國已經出現這種跡象，一些人質疑選舉的有效性，並表示願意為達目標而對抗。這值得關注。

　　現在美國兩極化的情況也非常嚴重，這一點在統計數字中得到了印證。關於選民情緒的調查資料中呈現了兩極化和不妥協的畫面。例如，在2019年美國皮尤調查中，55%的共和黨員和47%的民主黨員認為對方道德水準低於其他美國人，61%的共和黨員和54%的民主黨員表示和對方的價值觀不同。當雙方黨員被問及他們對另一黨派的人的態度是溫暖或冷漠時，79%的民主黨員和83%的共和黨員說他們對另一黨派的人態度「冷漠」或「非常冷漠」（其中，57%的民主黨員和60%的共和黨員選擇「非常冷漠」）。另一項研究報告指出，80%的民主黨員認為共和黨已經被種族主義者所控制，82%的共和黨員則認為民主黨已經被社會主義者所控制。2010年的一項研究顯示，如果他們的孩子與其他政黨的人結婚，近一半的共和黨父母和三分之一的民主黨父母會感到不開心。而在1960年，兩黨的這個比例只有大約5%。最近的一項調查也顯示，15%的共和黨員和20%的民主黨員認為，如果對方的大量黨員「去死」，國家反而會更好。

　　在未來的幾年，可以斷定會有非常重要的政治衝突和變化，非常有預示意義。它們預示著主要國家，特別是美國日益混亂的內部秩序的下一個階段將是什麼樣子。**雖然美國看起來處於週期的第五階段，岌岌可危，但它也擁有最持久和最廣為人知的內部秩序（其憲法制度）。**如同第五章所解釋，這使得它放棄的可能性較小，但如果放棄，則會造成更大創傷。升級為內戰的最可靠跡象是：1）規則被忽視，2）雙方進行情緒化攻擊，3）流血事件發生。雖然第六階段是功能最失調且危害最大的階段，但在之前的階段，也會有愈來愈多功能失調的情況。這類衝突可能存在於社會各領域，而不僅僅是在政府之中。

　　接下來顯示的是自十七世紀末以來美國衝突指數的變化，包括兩個子量表之間的細分情況。這些圖表所反映的是，美國現在國內的總體衝突水準已達

到1960年代末民權法案和越戰以來的最高水準，但跟當時比其實意義不大。「內部衝突」指數（主要反映街頭示威）有中等偏高情況，而「政治衝突」指數則是1920年代初以來的最高水準，當時戰後嚴重的經濟衰退和大規模的勞工暴動❻ 導致民主黨在選舉中大敗。

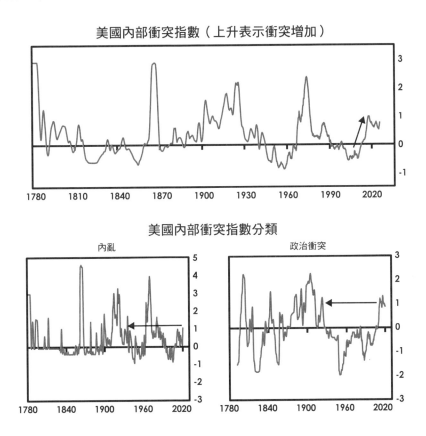

請注意，在此之前的相似時期是1900至1910年代（該時期出現了對「強盜貴族」的反擊，全國性的進步改革運動興起，以及最終出現第一次世界大戰）。另外，1860年代，當時的經濟和價值觀衝突導致了內戰。**風險很高，**

---

❻ 1919年，美國有超過20%勞工進行罷工。

但並非史無前例。不過,這種情況對美國人來說應該值得警惕,對世界來說也是,因為世界上最主要的大國正處於邊緣,隨時可能會朝某一方傾斜。美國內部的分裂狀況現在正加劇世界其他地區的不穩定。局勢的惡化至少都會像歷史上的時期一樣具有破壞性。

那麼,這一切對美國意味著什麼?正如我在第十一章中所解釋,我們的指標表明美國大約走到整個大週期的70%位置。至於衰落情況能減緩或出現扭轉?**歷史經驗告訴我們,扭轉衰落是非常困難的,因為它需要逆轉許多已經完成的事情。例如,如果一個人的支出大於收入,負債大於資產,這些情況只能透過更加努力工作或減少消費來扭轉。問題是,我們美國人是否能誠實地面對挑戰,並適應和改變以面對這些挑戰。**再舉個例子,雖然資本主義的營利系統相對有效地分配資源,但美國人現在需要問自己。「這個體系在為誰優化這些效率?」「如果效益不廣泛共享,應該怎麼做?」「我們是否會修正資本主義,使其既能把餅做大(透過提高生產力),又能好好分配?」在現在這個年代,由於新技術的出現,雇用工人會愈來愈無利可圖、效率低下和削弱競爭力,這些問題的回答就顯得尤為重要。「我們應不應該投資在人身上以提高他們的生產力,即使這樣做不划算?」「如果我們的國際競爭對手選擇機器人而不是人怎麼辦?」包括這些以及許多更重要、更困難的問題一一浮現在腦海。**雖然我們不能確定美國的分裂和衝突是會加劇還是會緩和,但我們明確知道,長期的趨勢是朝著加劇分裂的方向發展,這是一個嚴重的風險。而且美國負債累累,其國際地位正在減弱,並在經歷嚴重衝突,這個事實應該讓美國人和依賴美國的他國人都感到擔憂。**但在美國二百四十五年的歷史中,展現了強大的韌性。美國現在面臨最大挑戰是內部衝突:**它能否保持強大和團結,還是會因為分裂和內部衝突導致衰落?**

外部有序與混亂的週期

●所有的帝國都會衰落，而新的帝國會崛起來取代它們。想了解這種變化何時可能發生，需要觀察所有的指標並追蹤各國的相對狀況。請記住本書前面提過的，歷史上有五種主要類型的戰爭存在：1）貿易／經濟戰，2）技術戰，3）資本戰，4）地緣政治戰，以及5）軍事戰。這裡顯示的外部衝突指標衡量兩個主要國家之間的經濟、政治／文化和軍事衝突水準。如圖所示，最大的衝突發生在美國和中國之間，這兩個世界上最大的強國勢均力敵，足以使彼此的戰爭成為歷史上最具破壞性的戰爭。

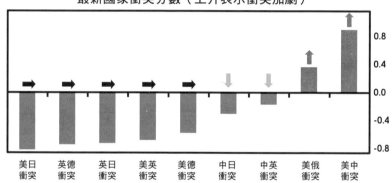

最新國家衝突分數（上升表示衝突加劇）

這種衝突的規模比正常情況下高出一個標準差，相對於過去國家之間的衝突來說，這是相當嚴重的。

接下來的這張圖表顯示了我自1970年以來統計在美國和中國之間的衝突指數。

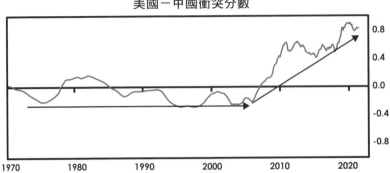

根據我們所看到的，美國和中國顯然處於四種戰爭類型中（貿易／經濟戰、技術戰、資本戰和地緣政治戰），雖然不激烈，但正在加劇。它們還沒有進入第五類戰爭（軍事戰）。正如前面的案例所示，特別是1930至1945年的案例，這四種類型的戰爭發展到軍事戰大約要五到十年。目前軍事戰的風險雖然看起來不高，但有增溫跡象。

回顧過去五百年歷史，我們可以看到，各大主要帝國之間的軍事戰爭平均每十年（或加減個幾年）開打一次，而距離上一次真正的大戰（第二次世界大戰）已經有七十五年了。自1500年以來，主要大國有一半以上的時間處於戰爭狀態。❼ 從這個角度來看，未來十年發生大規模軍事戰爭的機率大約是50%，當然這只是簡單的想法。讓我們仔細看一下這張圖。

下圖是我對各國當前軍事力量的衡量。整體而言，這個衡量應該還算合理——美國是最強大的，中國次之，俄羅斯第三——但這些彙總數字無法看出背後隱含的重點。例如，這些數字無法顯示出某些國家在特定地理區域（如中國周邊地區）和某些類型的戰爭（如太空戰、網路戰等）和美國一樣強，甚至

---

❼ 根據史蒂芬・平克（Steven Pinker）的《人性中的良善天使》（*The Better Angels of Our Nature*）統計，自1500年以來，大國之間發生了五十多場戰爭。1800年之前有80%的年份發生過戰爭；此後則是20%。

比美國更強。而且它們沒有考慮軍事合作和聯盟（如中國和俄羅斯）的影響，也無法反映各國可能擁有的未知軍事能力。對我來說，重要的是這些國家有很多方法可以在最有爭議的地理區域傷害或摧毀對方。

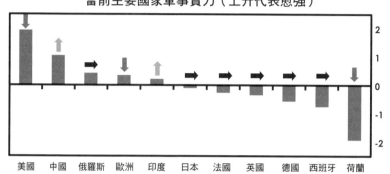

當前主要國家軍事實力（上升代表愈強）

歷史表明，戰爭在生命和金錢方面的代價是極其慘重的，自從核子武器在第二次世界大戰中被開發及使用以來，造成傷害的能力已經呈現指數級上升。我無法想像下一場軍事戰爭會是什麼樣子。我還看到，那些以為對雙方情況最了解的人其實並不完全了解，因為很多事情是未知的，而且軍事戰總是以意想不到的方式發生。出於這些原因，**我們無法肯定地說誰會是下一場大戰爭的贏家和輸家**。我們從邏輯和歷史研究中知道，真正大戰的失敗者會被徹底消滅，但贏家其實也是輸家，因為他們也會承受嚴重的影響，最終背負大筆債務。這對經濟和市場意味著什麼，本書前面已經解釋過了，但總之，影響是毀滅性的。

學歷史的人都知道，相互保證毀滅（mutually assured destruction）的理論阻止了美國和蘇聯爆發熱戰，蘇聯解體主要是由於在大筆軍事費用開支的需求下，無法發展其他優勢。中國在最重要的方面與美國的實力大致相當，而且在許多方面正在變得更強大。在五類戰爭中，中國不會像蘇聯那樣容易被擊

敗，雖然蘇聯也沒有輕易被擊敗。這意味著戰爭可能會加劇，並愈來愈有利於中國，特別是如果美國不扭轉本章中強調的其他實力基礎。然而，中國要想贏得一場戰爭但也不導致自身毀滅，似乎還需要很長一段時間。

總而言之，經過我的電腦和我的綜合分析，**相信在可預見的未來，中國和美國實力將強大到足以對彼此造成無法接受的傷害。正因為容易造成相互保證毀滅的結果，所以雙方應該會盡量避免大規模的軍事戰，但危險的小規模衝突是無可避免的。我覺得這是可以預期的，除非一些意想不到的技術突破，如量子計算的巨大進步，使其中一個大國具有巨大的不對稱優勢，以至於相互保證毀滅的情況不復存在。**此外，雖然不那麼重要，但在這個高度相互聯繫的世界中，美國人和中國人彼此之間的利害與共是阻礙戰爭的一個因素。

然而，隨著時間推移，風險就會持續增加。如果美國繼續衰落、中國繼續崛起最重要的問題是雙方能在此一過程中保持優雅。而最大的風險是，當雙方存在分歧且無法協調，而且沒有相互認可的第三方或程序來裁決衝突時，很有可能會發生戰爭。正如上一章所解釋的，美國和中國之間看似不可調和的主要分歧在於台灣，所以我非常密切關注台海局勢的發展。台灣是中國最重視的利益，中國不惜一戰，因為它相信「只有一個中國，台灣是中國的一部分」。美國是否認為了保衛台灣值得進行一場大戰，這點我是存疑的，儘管有可能。在我看來，這似乎是未來十年兩個大國之間發生軍事戰唯一可能的導火線。

下一個需要注意的地點是緊鄰中國的地區，比如東海和南海周邊國家，以及其他鄰國，如印度、俄羅斯、韓國、朝鮮、日本、阿富汗、巴基斯坦等。考慮到中國的文化，以及什麼對中國最有利，我相信中國會努力透過互利來影響這些國家，但不會開戰以徹底控制它們。

雖然最重要的衝突是美國和中國之間的衝突，但在這部權力平衡和囚徒困境的經典戲碼中，還有其他重要角色。中國和美國盟友的行動也是重要關注焦點。正如之前所討論的，雙方陣營正在逐漸改變，中國的盟友愈來愈多，而美

國則愈來愈少。由於過度擴張而且不太願意為他人而戰，美國現在的處境是試圖在沒有任何獎勵的情況下對其盟友發號施令。在過去，美國只需要暗示它希望其他國家做什麼，它們就會去做，但現在是各走各的路。

最後，哪個國家在這個財富和權力的賽局中獲勝，主要取決於它們的內部能力，這就是我在衡量指數中衡量這些因素的原因，就像我在衡量軍事力量一樣。中國人非常清楚（其他國家也應該謹記），●**最好的作戰方法是不戰而屈人之兵**。這很可能是我們在未來幾年看到的動態。

綜合上述，**我認為隨著中國在貿易／經濟戰、技術戰、資本戰和地緣政治戰這些領域變得更有競爭力，且日益走向全球，風險會愈來愈大**。正如格雷厄姆‧艾利森（Graham Allison）在其著作《注定一戰？中美能否避免修昔底德陷阱》（*Destined for War*）中所解釋，在過去五百年中，當兩個實力相當的國家經歷了不可協調的分歧時，十六個案例中有十二個爆發了軍事戰，而在80%至90%的案例中，大規模的軍事集結最後都引起重大戰爭。❽ 總的來說，我的結論是，未來十年發生大規模戰爭的機率大約是35%，這基本上是一個大膽的猜測。但無論如何，這都是非常危險的。

天災

綜觀歷史，乾旱、洪水、傳染病和其他嚴重的天然和生物災害給人類帶來的傷害，比人類對自身造成的傷害還要大，已導致無數人死亡，擾亂了經濟，並導致了許多帝國和王朝的滅亡。下面這個圖表顯示出一些重大事件。

---

❽ 我們現在正看到這樣的結果。在過去的十年，中國的軍事費用以美元計算急遽上升，儘管佔GDP的比重仍然相對穩定（約為2%）。而美國的軍事支出佔GDP約3%左右，已略有下降。

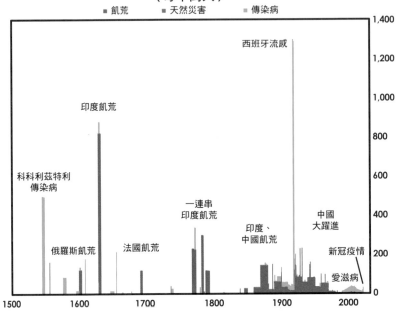

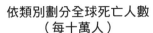

依類別劃分全球死亡人數
（每十萬人）

■ 飢荒　　■ 天然災害　　■ 傳染病

　　雖然我們都知道氣候變遷，但沒有人確切知道它最終會造成多少損失和多少人死亡。但是根據專家的預測，我們有理由相信，所有這些類型的災難在未來幾年將會比以往更嚴重。雖然我自己不是這方面的專家，但我可以向你展示一些有趣的統計資料，並傳達我所了解的情況。

　　右邊下面的這張圖顯示了世界的平均溫度和二氧化碳的濃度，可以明顯看出全球正在暖化。而且毫無疑問，這種情況會持續發生，並將加速，產生巨大影響。值得注意的是，氣候變化的速度會愈來愈快。左圖是自西元元年以來的溫度變化走勢圖。

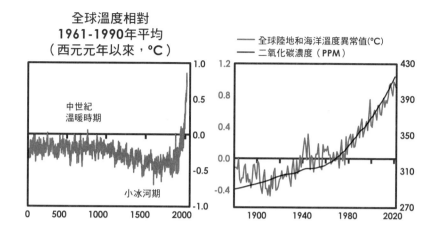

下圖表記錄了極端環境事件。總體情況是，從**1970年到2020年，事件從
每年不到五十次增加到每年將近兩百次，而且有上升的趨勢**。

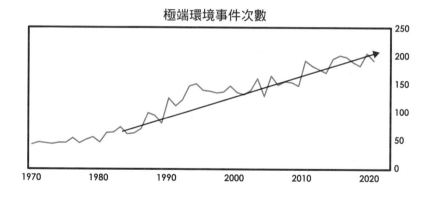

下一張圖表顯示了這些事件造成的經濟損失，以美元為單位，並經過通貨
膨脹調整。如圖所示，這也呈上升趨勢，並出現極端的峰值。

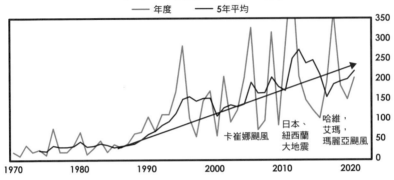

自1970年以來極端環境事件造成損失
（2020年美元　單位：10億）

　　我很清楚知道，人類和自然進化正一起對環境造成了巨大破壞，而且不論在經濟或生活品質方面都會付出巨大代價。這對各國產生的影響不同，而且我們可以根據它們的地理位置、氣候和最重要的產業因素來進行大致上的預測。可以預期的是，這會是一個緩慢、穩定且有所依據的變化，這使人們極容易適應。但是，即使人類有適應和創新能力，應對的速度都往往太慢，而且時常是因為嘗到痛苦才反應。因此，我傾向於相信，應對過程會慢慢地且被動地發生。話雖如此，我對這個問題的了解還不夠多，無法知道它對每個國家和地區的所代表的意義。

　　下圖顯示了各主要國家氣候變化的脆弱性指數，該指數基於聖母大學全球適應指數（ND-GAIN）國家指數的平均值，該指數量化了一個國家對氣候變化的脆弱性，以及學術界有關未來氣候變遷對各國GDP影響的估計。

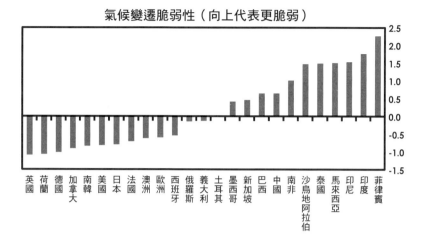

氣候變遷脆弱性（向上代表更脆弱）

結論

根據這五個指標，我的想法是：

- 人類的創造力可能會帶來很大的進步，而債務／經濟週期、內部秩序週期、外部秩序週期以及不斷惡化的自然災害幾乎肯定會帶來問題。換句話說，在人類的創造力和這些其他挑戰之間會有一場鬥爭。
- 國家內部和國家之間存在著非常不同的情況，這將決定哪些國家以及以何種方式崛起和衰落。

上述這些反映了我對世界上十一個主要國家的未來思考，但只基於十八個決定因素中的五個。現在讓我們來考察所有十八個指標，看看它們告訴我們什麼。

全球所有主要決定因素

下表是針對十一個主要國家的現狀和可能的未來詳加敘述。雖然我對全球前二十個國家都有這樣的解讀，但因為篇幅有限，我無法在書中一一呈現。你可以在economicprinciples.org的網站上找到完整說明。雖然這張表乍看之下只是一堆數字和箭頭，但當你仔細看，就能看到更清晰的畫面。

首先，**要告訴各位如何閱讀這張表以及這些衡量指標的原理。第一欄顯示的是各個被衡量的因素。第二欄是衡量的品質。**之所以提供這一欄，是因為對於其中一些重要的決定因素，我們有完整、明確的衡量標準（例如，教育、創新和技術、成本競爭力、生產力和產出成長率），有些無法明確衡量（例如，天然災害），我都會一一說明。此外，還有一些決定因素沒有展示出來，因為有的太主觀，有的太難量化（例如，領導力）。領導力的品質不能像經濟產出的數量那樣客觀地衡量（例如，你怎麼能衡量川普是一個好領導者還是一個壞領導者？）。每一項都是多項指標的總和，我用我認為最好的方式綜合這些特定的因素，同時也考慮它的數量和品質。例如，一個像中國、印度和美國這樣的人口大國，跟一個像新加坡、荷蘭和瑞士這樣的人口小國比較，雖然人口大國在某些方面較強，但某些方面卻比人口小國來得差。所以我試著去建構這些權重，以便我可以想像，如果他們有一個像奧運會或是戰爭的比賽，誰可以勝出。

各主要國家當前的分數
（Z-分數和二十年的變化用箭頭表示）

	指數品質	美國	中國		歐洲		德國	
國家分數（0~1）		0.87	0.75	▲	0.55		0.37	
債務負擔（大經濟週期）	好	-1.8 ▼	0.3	▼	-0.3		1.6	▲
預期成長率（大經濟週期）	好	-0.7	0.4	▼	-1.0		-1.0	
內部衝突（內部秩序；愈低愈差）	好	-2.0 ▼	0.2		0.4		0.7	
教育	好	2.0	1.6	▲	0.3		-0.2	
創新與科技	好	2.0	1.5	▲	0.4		-0.1	
成本競爭力	好	-0.4	1.2		-0.6		-0.6	
軍事實力	好	1.9	1.0	▲	0.3		-0.6	
貿易	好	1.1	1.8	▲	1.3		0.6	
經濟產出	好	1.7	1.8	▲	0.6	▼	-0.1	
股市與金融中心	好	2.6	0.5	▲	0.4		-0.2	
儲備貨幣地位（0~1）	好	0.55	0.04	▲	0.23			
地質	好	1.4	0.9		-0.4		-0.7	
資源配置效率	普通	1.3	0.0		-0.8		0.6	▲
天然災害	普通	-0.2	-0.1		0.0		1.1	
基礎建設與投資	好	0.7	2.7	▲	0.2		-0.3	
個性／文明／決心	普通	1.1	1.5		-1.0		-0.5	
治理／法治	好	0.7	-0.7		-0.4		0.7	
財富、機會和價值觀的差距	普通	-1.6	-0.4		0.3	▲	0.7	

　　檢視這張表，你可以迅速了解每個國家的情況和世界的整體狀況。例如，透過觀察國家的分數和旁邊的箭頭，你可以看到美國是最強大的國家，但正在衰落，而中國緊隨其後並迅速崛起。你可以看到美國在哪些方面特別強大——像是它的儲備貨幣地位、軍事實力、經濟產出、創新與技術以及教育，你也可

以看到它在哪些方面很弱——像內部衝突、財富差距、負債和預期經濟成長率。

你還可以看到，中國在大多數其他關鍵領域緊隨美國之後，在基礎建設和投資、創新和技術、教育、成本競爭力、經濟產出、貿易、軍事實力和貿易／資本流動方面相對較強，但其儲備貨幣地位、法治／腐敗和財富差距相對較弱。我發現這些資料非常寶貴。在思考正在發生的事情和可能發生的事情時，關注它的變化是相當重要的。

	指數品質	日本		印度		英國		法國	
國家分數（0～1）		0.30	▼	0.27		0.27		0.25	
債務負擔（大經濟週期）	好	-0.4		0.1		-1.6	▼	-0.8	▼
預期成長（大經濟週期）	好	-1.1		1.1	▼	-0.8		-0.9	
內部衝突（內部秩序；愈低愈差）	好	1.1	▲			-0.3	▼	-0.1	
教育	好	0.2		-1.2		-0.2		-0.5	
創新與科技	好	0.2		-1.2		-0.3		-0.5	
成本競爭力	好	-0.3		2.4		-0.3		-0.6	
軍事實力	好	-0.1		0.2	▲	-0.3		-0.3	
貿易	好	-0.5	▼	-0.8		-0.6		-0.5	
經濟產出	好	-0.3	▼	-0.2		-0.3		-0.5	▼
股市與金融中心	好	0.1		-0.8		0.0		-0.3	
儲備貨幣地位（0～1）	好	0.07		0.0		0.07			
地質	好	-1.1		0.3		-0.9		-0.5	
資源配置效率	普通	0.1		0.2		0.3		-1.3	▼
天然災害	普通	1.5		-2.4		0.4		0.0	
基礎建設與投資	好	-0.2	▼	-0.3	▲	-0.6		-0.2	
個性／文明／決心	普通	0.5		1.3		-0.4		-1.5	
治理／法治	好	0.8		-1.1		1.2		0.3	
財富、機會和價值觀的差距	普通	0.9	▲	-1.8		-0.2	▼	1.1	

	指數品質	荷蘭	俄羅斯	西班牙
國家分數（0～1）		0.25	0.23	0.20
債務負擔（大經濟週期）	好	0.8 ▲	1.0 ▲	-1.7 ▼
預期成長（大經濟週期）	好	-0.8	-0.2	-1.1
內部衝突（內部秩序；愈低愈差）	好	1.2	-0.5 ▲	-0.4
教育	好	-0.7	-0.5	-0.9
創新與科技	好	-0.3	-0.7	-1.0 ▼
成本競爭力	好	-0.8	0.7	-0.6
軍事實力	好	-1.9	0.4	-0.8
貿易	好	-0.6	-0.9	-0.9
經濟產出	好	-0.3	-1.4	-0.9 ▼
股市與金融中心	好	-0.5	-1.1	-0.6
儲備貨幣地位（0～1）	好		0.0	
地質	好	-0.5	1.9	-0.6
資源配置效率	普通	-0.1	1.3	-1.6
天然災害	普通	0.5	-0.1	-0.7
基礎建設與投資	好	-0.4	-1.0 ▼	-0.6 ▼
個性／文明／決心	普通	-0.3	0.1	-1.0
治理／法治	好	1.0	-1.9	-0.7
財富、機會和價值觀的差距	普通	0.6		0.4

　　舉例來說，如前面所述，**當1）一個國家的財政惡化的同時，2）內部衝突的程度很高（例如，財富或價值觀的差異），而且3）國家正在受到一個或多個強大的外國挑戰，這樣通常會產生4）相互和自我強化的衰落。這是因為國家的財政狀況惡化，使其無法滿足國內的支出需求，無法為戰爭籌資，從而導致更糟糕的結果。**

　　現在，這些因素都被量化，我們可以在表格中看到具體的狀況並進行預測。惡化的重要決定因素愈多，惡化的程度就愈嚴重，衰退的程度就會愈大、愈嚴重。例如，有幾個決定因素在其他因素搖搖欲墜的同時也在弱化，那麼預計衰退的嚴重程度就會增加。因為我在電腦的輔助下可以追蹤這些因素，我可以評估一個國家的相對健康狀況、脆弱性和未來前景。例如，儘管美國仍然是世界上最強大的國家，但現在有許多最令人擔憂的情況出現，這值得密切關注。

　　正如之前的一些圖表所傳達，我們看到 1）這些決定性因素會相互強化，無論是優點（例如，更好的教育往往會創造更高的收入）變強還是缺點（例如，貿易的下滑會導致更高的負債）加劇，所以它們往往以週期形式發生，共同形成大週期。2）當決定因素減弱時，國家也會逐漸衰退。[9] 當許多決定因素加強時，就會出現大規模上升，而當許多決定因素減弱時，就會出現大規模下降。

　　我們的電腦利用這些資料生成書面報告，這些報告可以在economic-pr inciples.org網站上閱讀。它們預測未來十年實際GDP的成長率，以及形成這些預測的每個因素的指標讀數。從這些報告中可以發現，有些國家的數據很可靠，因此預測也更可靠，有些則不然。儘管如此，它們還是忠實反映了一個國家當前的健康狀況，並作為其未來健康狀況的領先指標。根據回溯測試資料顯示，這些估測可以展示一個國家未來十年的平均成長率，有將近六成的時間與其實際成長率的差距在1%以內，將近九成的時間差距在2%以內，而與接下來的成長率的相關性為81%。我發現它們非常有價值。

---

[9] 像地質學（即地下的礦物）這類型的事物是相對容易衡量的，儘管它們的本質可能會出現改變。而像人類創新和技術的演進，通常也可以藉由觀察看出它的趨勢。其他那些週期性變化的因素（如債務和資本市場）可以經由了解週期來理解。但像傳染病、乾旱和洪水這樣的天然災害會出現，雖然沒什麼好大驚小怪，但它們往往出現的時間點都會讓人措手不及。

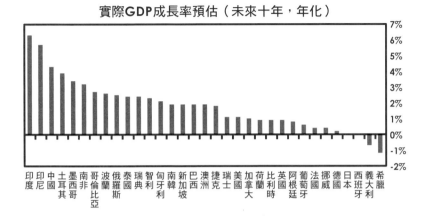

實際GDP成長率預估（未來十年，年化）

印度　印尼　中國　土耳其　墨西哥　南非　哥倫比亞　波羅斯　俄羅斯　泰國　瑞典　智利　匈牙利　南韓　新加坡　巴西　澳洲　捷克　瑞士　美國　加拿大　荷蘭　比利時　英國　阿根廷　葡萄牙　法國　挪威　德國　日本　西班牙　義大利　希臘

　　雖然這些都是很好、很有用的指標，但必須結合我的想法。想一下這個問題：「讓一個國家強大的力量是什麼？」顯然前面的衡量表頂端透過各個決定因素的加權平均得出的總分就可以說明這一點，但事實是，在不同情況下會有不同的決定因素成為最重要的關鍵。例如，擁有強大軍事力量是昂貴的，雖然它平常用處不大，但戰時它就是一國最需要的實力。如何合理設定軍事實力的權重，以對應一些非必要因素組成的經濟產出？事實是沒有標準答案。我沒有建構出一個很好模型，但我經常思考這個問題，並運用我的經驗和直覺來處理這個問題。隨著時間推移，我會讓我的這個模型愈來愈好，但我知道我總是需要讓我的頭腦與電腦相互配合，才能達到最理想成果。

未來十年的情況

　　雖然本書討論的是關於大週期，但我現在想把重點放在這些週期中的某些動態，因為這些動態會是未來十年最重要的關鍵。正如我所解釋的，大週期中還有小週期，小週期加起來就是大週期，另外還有非週期性的波動，這些都決定了未來會怎麼發展。**在未來十年，最重要的動態因素是短期債務／貨幣／經濟週期（也稱為商業週期）、內部政治週期，以及美國和中國之間衝突的升級**

／相互依賴的減少。我發現，牢記這些週期，思考它們會如何相互影響，並評估當前情況在週期中的位置，有助於我適時做出明確決定。

正如第四章所討論，短期債務／貨幣／經濟週期包括一些交錯的週期，有時中央銀行透過創造貨幣和信貸來刺激經濟，然後試圖透過減少貨幣和信貸的流動來放緩經濟的運轉。央行從來沒有完美地做到這一點，這就是導致泡沫、破滅和週期再次開始的過度行為。有時，在經濟下滑的同時還發生了其他負面事件——2001年9月11日就是一個案例。

這個週期通常需要八年左右的時間，但決定發生時間的主因與其說是距上一個週期的遠近，不如說是潛在經濟驅動因素本身。最重要的是，經濟閒置程度、金融泡沫的規模和類型、央行收緊政策的程度，以及市場和經濟對緊縮的敏感性都很重要。最近一個週期開始於2020年4月，是有史以來採取最大規模財政和貨幣刺激措施的一次。在此之前的一個週期是在2008年，雖然規模要比這次小得多，但也稱得上是一次大規模的刺激。之前的幾次週期：2001年、1990年、1982年、1980年、1974年、1970年、1960年等等。這次由於注入大量的刺激，主要經濟體閒置的程度相對有限（特別是在美國），現在泡沫跡象情況適度或較強，市場和經濟對利率的敏感性也很高，因此我猜測，下一次經濟衰退會比正常情況提早到來。我估計從這本書出版起算大約需要四年時間，加減兩三年（從底部算起大約是五年半左右）就會發生。

但千萬不要把賭注押在我剛才的預測上，因為這不會是一個很精確的模型。我需要追蹤我剛才所提的因素，特別是通貨膨脹反彈的速度，以及央行緊縮政策的速度和力道來掌握準確的時間。另外，我預計任何經濟下滑都會迅速被央行的政策逆轉，走向下一輪更大的刺激政策。所以我不太擔心經濟下滑的影響，反而更擔心印鈔過量和貨幣貶值（特別是現金和美元、歐元和日元計價的債務）。當然，這個經濟週期所發生的事情會受到其他週期和市場波動的影響，這個週期也會影響其他週期。

通常內部有序／混亂的週期會落後於債務／經濟週期之後，因為人們在順境中對抗性會比在逆境中弱，所以當這些週期發生強烈交互作用時，就會出現重大變化。在美國，短期的政治變化週期是每兩年一次的國會選舉和每四年一次的總統選舉，總統的任期有八年的限制。在中國，變革每五年和十年發生一次，下一次的大變革會發生在本書出版的時候（2021年11月）。中國對國家主席的任期沒有限制。雖然我們可以稍稍預測未來可能會發生什麼事，但仍有很多不確定因素，其中一些會產生真正重大影響。根據我的估計，下一次經濟衰退很有可能會在美國下一次總統選舉前後出現。

外部有序／混亂週期歷來遵循衝突加劇導致戰爭的軌跡。如前所述，美國和中國現在正在為五類戰爭的日益加劇做準備。他們正在規劃一個大約五年的計畫，以為每一類戰爭準備，達到更多的自給自足，這將使他們有更大的能力來發動戰爭。但任何一方是否會變得強勢主導，而忽視了可能相互保證毀滅的威懾力，這點值得懷疑。有鑑於中國的實力相對於美國來說正在增強，這似乎意味著重要的變化或許不久之後就會到來。

前面有提過，在台灣和東海、南海問題上，我們正面臨著一個不可阻擋的力量和一個不可動搖的對象的衝突所產生的重大風險——中國是改變台灣現狀不可阻擋的力量，美國則是反對中國的不可動搖力量。除了美國和中國，其他重要國家——俄羅斯、印度、日本、韓國以及主要的歐洲和中東國家——將在這場全球賽局中扮演重要角色。在未來五年左右，聯盟的力道會加強，盟友之間的關係也會變得更重要。

這些事情表明，下一個大的風險爆發點大約是在撰寫本文後的五年，誤差兩三年。

再次強調，我預測的這些週期的時間點並不是完全精準。它們就像颶風／颱風季節，我們知道它們大致可能會在特定時間發生，所以提前做準備，當這些情況真的來時，我們就留意風暴的出現，密切關注它們，並盡最大努力

避免損失。雖然我們不能確切地說它們何時會來，以及它們會有多強，但我們
知道，趨勢和基本面決定颶風會愈來愈強，所以我們應該為這種可能性做好準
備。

　　儘管我做了那麼多分析工作，但我知道，未知的事情肯定比已知的事情多
得多。雖然歷史可以很精確複述，但未來卻恰恰相反。我不知道有哪個未來事
件可以準確地預言細節。對於一個投資人來說，最重要的是對未來有相當正確
的預測，能準確地掌握歷史脈動可能沒用；對非投資人來說，在面對人生抉擇
時，道理往往也是如此。在本章最後，我想跟大家分享，如何在假設自己可能
會經常出錯的基礎上做決定。

如何處理已和未知

　　我之所以能有成就，都是因為我知道如何處理我不知道的事情，而不是我
知道的事情。對未來的賭注就是對機率的賭注，沒有什麼是確定的。這就是事
情的真相。雖然到目前為止，我跟你分享的都是基於我對過去的分析，做出對
未來的預測，但我更想讓你知道，在我的生活與投資上，我是怎麼在很多未知
的情況下做出決定的。簡單來說，這是我一直在努力的方向：

　　●了解所有的可能性，考慮最壞的情況，然後想辦法消除無法忍受的情
況。首先要確定和降低不能容忍的最壞情況。就好比一場賽局（生活或市場）
最重要的就是不能被淘汰出局。我從1982年所犯的一個大錯中學到了這一
點，這個錯誤幾乎打垮了我。在那次痛苦的損失之後，我計算了我的基本開
銷，並努力保留足夠的錢來應付最壞的情況。我記得在我東山再起的時候，
我經常計算如果幾週、幾個月，甚至是幾年都沒有一分錢進來的情況下，我
和家人還可以過活。我現在建構一個「世界末日」（end of the world）投資
組合，就是讓我在遇到最壞的情況下也能度過的配置，這是我的基礎。讀完這
本書，你可能會發現，我設想了很多最壞的情況，包括蕭條、貶值、革命、戰

爭、傳染病、我的判斷出現大錯誤、健康問題和各種原因導致的死亡。我投資的出發點就是試圖保護自己不去受到這些情況、甚至更多因素的影響。雖然你可能會認為我都把重心放在降低最壞情況上是保守、悲觀的，而且也會錯失很多獲利機會，但事實恰恰相反。這是一種讓人覺得既解放又興奮的操作，因為已經考慮最壞的情況，所以這給了我安全、自由和能力去爭取美好的結果。

●分散風險。除了確保我已經考慮過我能想到所有最壞的情況，我還試圖透過分散風險來預備那些我無法想到的情況。從原理上來說，如果我有一堆有吸引力但互不相關的下注機會，我可以將我的風險降低80%，卻完全不會影響收益。這是我學到的一個數學知識，而且基本上深受吸引。雖然這聽起來像一個投資策略，但實際上是一個歷史悠久的生活準則。中國有句俗話「狡兔有三窟」，意思是指當任何一個洞穴出現危險時，可以在其他洞穴避難。這個原則在危難的情況下解救了許多人，也是我最重要的原則之一。

●先苦後甘，這樣你的未來會有更好的發展。

●集思廣益。多和聰明的人在一起，這樣可以對我的想法進行壓力測試，並向他們學習。

經由這些原則，儘管投資的路波折崎嶇，但我卻能在相對可控的風險下創造更好的回報。這就是我向你推薦這些原則的原因，當然你可以順著你的想法，決定接受它還是不接受它。

對於政策制定者以及其他感興趣的人來說，還有一件事：

可以使用我給你的衡量標準，或者拿著這些統計做成你自己的版本，來：1）衡量你的國家和你感興趣的國家的健康狀況，2）看看它以何種方式在改善還是在惡化，3）對未來的決定因素做出改變，以獲得更好的未來。

就是這樣。

我現在覺得，做這些事情讓我對各種可能性有了充分的了解，包括最壞的情況和機會，以及一個經過時間考驗的計畫來處理好這些問題。我也相信，我

已經在這本書和economicprinciples.org網站充分傳達了我對這個問題所知道的事：記取過去教訓如何幫助你應對未來。希望這些分享對你有些幫助。我會持續對這個計畫進行改善，讓它變得更好，也希望你可以跟我一起進行這個計畫。

　　願進化的原力與你們同在。

更多衡量指標細節

- **教育：**這個指標衡量的是基礎教育和高等教育，兩方面大致各佔一半。一半權重衡量的是各級受教育者的絕對人數，一半是品質，如高等教育排名、考試分數和平均教育年限。美國在這一指標上排名最高（受高等教育的絕對和相對指標的良好表現），中國緊追在後（由於大量的受良好教育人口）。

- **創新和技術：**這個指標衡量發明能力、技術進步和創業精神。它有一半的權重衡量一國關鍵創新指標（如專利、研究人員、研發支出和創投資金）的絕對比重，一半的權重配置在外部排名和人均創新指標的組合（反映發明創新在經濟中的廣泛程度）。由於美國在各種指標上都佔優勢，因此它在這一衡量標準中名列前茅，而中國由於其在全球研究支出、研究人員和專利方面的優勢，整體排名第二。中國在這個領域正在迅速崛起。

- **成本競爭力：**這個指標衡量的是一個人付出的相對回報。那些以太高的成本生產出最好產品的國家，儘管它們的品質排名很高，但並非好的生產模式。我們研究了經過品質和生產力因素調整之後的勞動力成本，以及其他生產力指標。主要的發展中經濟體（尤其是印度）在這一衡量指標中排名最高，而美國的排名大約在中間，歐洲國家排名最低（由於勞動力成本高）。

- **基礎建設和投資：**這個指標衡量的是基礎設施和投資支出的數量和品質。它反映了一個國家在全球投資中的絕對比重，以及一個國家優先考慮基礎設施品質和提高生產力投資的品質。該指標權衡了投資支出在世界投資中的比重、整體基礎設施品質、投資和儲蓄佔GDP的比重，以及物流表現。根據這個標準，中國目前是最強大的（在過去二十年急遽

上升），因為它在生產力投資項目相對於世界和它自己過去的規模都很高；美國是第二位，主要是由於它在全球生產力投資的比重高，但正在下降。

- **經濟產出**：這個指標是衡量一個國家經濟資源實力。我們主要透過GDP佔全球總額的比重來衡量產出（根據各國的價格差異進行調整）。我們將一些權重分配給人均GDP而不是GDP總量，比較能做到質化分析。中國在這個指標中排名第一，些微領先於美國，因為它的購買力平價調整後的GDP總額很大，也是上升最快的國家。歐洲排名第三。

- **預期經濟成長率（大經濟週期）**：這個指標衡量的是一個國家在未來十年經濟成長潛力。我們著眼於各種指標來預測未來十年的經濟成長前瞻性，將三分之二的權重放在預測生產率的指標上，三分之一放在預測債務對成長影響的指標上。目前，預測印度為成長最快的國家，其次是中國，預測美國的成長率為比平均水準稍低，而日本和一些歐洲國家預測成長速度最慢。

- **貿易**：這個指標衡量一個國家的出口能力。它看的是一個國家的出口總額佔全球的絕對比重。中國的得分最高（是世界最大的出口國），其次是歐洲和美國。

- **軍事實力**：該指標主要是由軍事開支的絕對佔比和兵員數、核武數量及軍事能力的外部指標來衡量。這個指標沒有考察不同地區或不同類型的軍事實力，因為我們無法得知俄羅斯和中國在特定地理區域和特定軍事技術類型的軍事優勢或聯盟的角色。根據這些衡量標準，美國仍然是整體最強大的軍事大國，在支出方面遙遙領先，其核武計畫也只有俄羅斯可以匹敵。中國現在排名第二，而且地位正在迅速上升。

- **金融中心**：這個指標是衡量一個國家的金融市場和金融中心的發展水準

和規模。我們看的是交易佔比和市值的絕對金額，以及金融中心城市的外部指數。在這個指標中，美國仍然是排名第一的大國（主要是由於美國在全球股票和債券市場中的佔比巨大），中國和歐洲分別位居第二和第三。

- **儲備貨幣地位：** 這個指標衡量的是一個國家的貨幣作為全球儲備貨幣運作的程度。我們以一個國家貨幣計價的交易、債務和中央銀行儲備的佔比來衡量儲備貨幣地位。與金融中心地位類似，美國在該指標中仍以顯著優勢位居榜首，歐洲和日本分別排在第二和第三。

- **債務負擔（大經濟週期）：** 這個指標是基於以下幾個方面：a）債務相對於資產的水準；b）外部和內部盈餘和赤字的規模；c）相對於GDP的償債成本規模；d）本國貨幣計價的債務相對於以外幣計價的債務的規模；e）本國公民持有的債務相對於外國人持有的債務的規模；以及f）其信用評級。我們之所以這樣評比，是因為事實證明這是我們預測貨幣和債務資產（接受貨幣的承諾）的實際價值下降的最可靠方法，無論它們是因為沒有創造足夠的貨幣和信貸來滿足過度的債務需求而出現債務違約，還是因為創造足夠多的貨幣和信貸來滿足過度債務需求而貶值。我編製的這個指數並不包括儲備貨幣地位，因為這樣我就可以看到一個國家在失去儲備貨幣地位後所面臨的風險。

- **內部衝突（內部秩序）：** 這個衡量標準著眼於國內衝突和不滿的程度。它衡量實際的衝突事件（如抗議），政治衝突（如黨派），以及人民的不滿（基於民調）。在主要國家中，美國在這個指標中排名最高，主因是受黨派偏見和內部衝突事件發生率較高，而且一直在快速上升。

- **治理／法治：** 這個指標衡量的是一個國家的法律體系在多大程度上是一致、可預測，以及有利於成長和進步。它結合了法治指標（主要基於在該國擴展業務的商業調查）和腐敗指標（透過外部腐敗指數和商業調查

的結合）。俄羅斯和印度在該指標中得分最低（最差），而英國、荷蘭和日本得分最高（最好），德國和美國緊隨在後。

- **地質**：這個指標衡量每個國家的地理優勢，包括土地面積和天然資源的價值。它包括能源、農業和工業金屬的總產量，以反映每個國家的絕對生產能力，還包括淨出口程度，可以反映每個項目相對自給自足的情況（此外還衡量一些其他天然資源，如淡水供應量）。俄羅斯和美國得分最高（其次是中國，中國仍需大量依賴世界其他國家來滿足其天然資源需求），而日本和英國得分最低。

- **貧富、機會和價值觀的差距**：這個指標衡量貧富／收入、機會和價值觀的差距有多大。它結合了a）財富和收入的不平等（例如，收入前1%的人相對於其他人的佔比）和b）政治衝突（例如，立法機構在意識型態上的分裂程度）的測量。印度、美國和中國的得分最低，因為它們的貧富和收入差距非常大（就美國而言，政治差距也很大）。分數最高的是歐洲國家和日本，因為一般來說，它們的收入和貧富差距相對較低。

- **個性／文明／決心**：這個指標試圖衡量各國人民的態度有多大程度上能創造一個支持文明和努力工作的環境，從而有利於成長和進步。它使用了a）關於努力工作和成功的態度的調查，以及b）衡量社會對自給自足和工作的重視程度（例如，政府轉移支付的規模、有效退休年齡），將其量化。中國和印度得分最高（美國排名第三），歐洲國家（特別是西班牙和法國）得分最低。

- **資源配置效率**：這個指標試圖衡量每個國家利用其勞動力和資本的效率。它考察國家是否有長期的高失業率（即沒有找到有效途徑來鼓勵就業），債務成長是否會隨著時間推移產生相對應的收入成長，以及關於勞動力市場剛性和獲得貸款難易程度的外部指數和調查。歐洲大部分國家（尤其是法國和西班牙）在這些指標上得分最低，而美國和德國的得

分最高而且接近。發展中國家（特別是俄羅斯，也包括中國和印度）在這一衡量標準中的得分也相當高——因為一般來說，他們每單位的債務成長會帶來更多收入成長。

- **天然災害：**這個指標衡量每個國家對天然災害的脆弱性和受其影響程度。雖然很難量化所有可能影響一個國家的各種天然災害，但我們使用以下標準：關於未來氣候變遷對每個國家GDP影響的專家評估，對每個國家天然災害準備的外部評估，以及新冠肺炎疫情的結果（因為那是一個針對天然災害的即時測試）。我認為這個評量馬馬虎虎，品質不高，還需要很多補充的資料來讓它更好。

- **外部衝突：**雖然不是個別國家模型的一部分，但外部衝突衡量指標衡量主要國家之間的經濟、政治／文化和軍事衝突的程度。在每個類別中，我們試圖找出一個結構性指標（建立國家間衝突的基準線）和即時性指標（標誌著超過該基準線的重大升級）的組合。例如，對於經濟衝突，我們追蹤國家之間的雙邊貿易、關稅以及制裁、貿易戰等的即時新聞。

附錄
世界主要國家現況和前景的電腦分析

正如我之前所描述的，我把資料輸入電腦，電腦就可以產出結果，總結全球主要國家的現況和長期展望。接下來的幾頁就是這些電腦產生的總結。我運用這些產出的資料來輔助自己的思考，還使用其他電腦模型幫助我了解這個世界。這個系統永無止境的運作，我至少每年會在economicprinciples. org更新一次；如果有任何重大變化，就會更頻繁地更新。

每個國家都會強調幾個主要指標以及每指標中的幾個統計數據，這些數據反映我們看到的大趨勢。我所呈現的綜合指標和最終的國家實力分數包括數百個單獨的統計資料，我們根據相關性、品質和跨國、跨時間的一致性進行彙整。為了更精準掌握一個國家的整體實力，我同時考慮了量化和質化的資料，但分析結構旨在更能掌握到誰將在競爭或戰役中獲勝。

美國的實力和前景

這是截至2021年8月我們對電腦產出的美國數據進行解讀。

根據對關鍵指標的最新解讀，美國是一個正在逐漸衰落的強國（在當今主要國家中仍排名第一）。如下表所示，美國之所以處於當前地位的主要優勢在

於其強大的資本市場和金融中心、創新／技術、高水準的教育、強大的軍事力量、儲備貨幣地位以及較高的經濟產出。它的弱點是不利的經濟／金融地位和大規模的國內衝突。截至目前，衡量實力的八個主要指標都非常強勁，但整體而言有下降的趨勢。尤其是美國在教育領域的相對地位、對全球貿易的重要性以及軍事相對實力正在下降。

下表顯示了我們衡量國家整體實力指標和主要驅動因素，以及當今十一個主要國家的各項實力排名和過去二十年的發展軌跡。

要了解一個國家，我們首先要看**大週期**，以及反映和推動一個國家**勢力**興衰的指標。雖然我們會單獨提到這些因素，但它們並不是獨立的；它們相互作用，相互強化，以推動一個國家沿著週期前進。

就整個大週期來說，美國看起來似乎是不利的。

美國在經濟和金融週期中處於不利位置，債務負擔很重，未來十年的實際成長預期相對較低（每年1.1%）。美國的外債明顯多於海外資產（淨國際投資頭寸佔GDP的-64%）。非金融債務水準很高（佔GDP的277%），政府債務水準也很高（佔GDP的128%）。這些債務中的大部分（99%）是以本國貨幣計價，這降低了不少債務風險。利用降息來刺激經濟的空間不大（短利率為0.1%），而且美國已經在印鈔票來將債務貨幣化。也就是說，美元作為世界上主要的儲備貨幣，對美國是非常有利的。但如果這一點發生變化，將大大削弱美國的地位。

內部混亂風險高。貧富、收入和價值觀的差距都很大。關於不平等現象，美國收入最高的1%和最高的10%分別佔全國收入的19%和45%（這兩個比例在主要國家中均排名第二）。美國的內部衝突指標非常高。這個指標衡量實際的衝突事件（如抗議），政治衝突（如黨派）和人民普遍的不滿程度（基於民調）。

外部混亂風險存在。最重要的是，美國和快速崛起的第二大國中國（考慮

所有因素）正在發生重大衝突。

　　細看衡量實力的八個關鍵指標，美國擁有主要國家中最大的資本市場和金融中心。股票市場是全球最大（佔總市值的55%和交易量的64%），全球交易大部分是以美元進行的（55%）。**在我們對主要國家的技術和創新的衡量中美國也是最強的。**全球專利申請（17%）、全球研發支出（26%）和全球研究人員（26%）的佔比也很高。此外，**在主要國家中，美國的教育實力也是最強的，**美國大學生約佔全球20%。在受教育年限方面，美國表現良好——學生平均接受13.7年的教育，而主要國家平均為11.5年。美國在衡量各國十五歲學生能力的國際學生評估計畫（PISA）中平均分數約為495分，而主要國家的平均分數為483分。美國還具有其他一些優勢，詳見下表。

美國——國家實力評分決定因素

整體國家分數(0-1)	分數0.87		排名 1	↘
大週期	水準	Z分數	排名	方向變化
經濟／金融地位	負向	-1.7	10	↘
債務負擔	高債務	-1.8	11	↘
預期成長	1.1%	-0.7	4	↘
內部秩序	高風險	-1.8	11	↘
貧富／機會／價值差距	大	-1.6	9	↘
內部衝突	非常高	-2	10	↘
外部秩序	有風險			↘
八項主要實力指標				
市場／金融中心	非常強	2.6	1	→
創新與科技	非常強	2	1	→
教育	非常強	2	1	↘
軍事實力	非常強	1.9	1	↘
儲備貨幣地位	非常強	1.7	1	↘
經濟產出	非常強	1.7	2	↘
貿易	強	1.1	3	↘
成本競爭力	普通	-0.4	6	→
其他實力指標				
地質	強	1.4	2	→
資源配置效率	強	1.3	2	↘
基礎建設與投資	強	0.7	2	↘
個性／決心／文明	強	1.1	3	→
治理／法治	強	0.7	5	↗
天災／不可抗力因素	普通	-0.2	9	

↗ 持續好轉　　↘ 持續惡化　　→ 持平

中國的實力與前景

這是截至2021年8月我們對電腦產出的中國數據進行解讀。

　　根據對關鍵指標的最新解讀，**中國是一個快速崛起的強國（在當今主要國家中排名第二）。如下表所示，中國的主要優勢是其強大的經濟和金融地位、基礎設施和投資、對全球貿易的重要性、高經濟產出、人民自給自足和積極的工作態度、高教育水準以及強大的軍事實力。**當下，衡量實力的八個主要指標都偏強，而且整體來說有急遽上升的趨勢。尤其中國對全球貿易、創新和技術，以及它作為金融中心的重要性都在增加。

　　這張表顯示了我們衡量國家總體實力指標和主要驅動因素，以及當今十一個主要國家的各項實力排名和過去二十年的發展軌跡。

　　要了解一個國家，我們首先要看**大週期**，以及反映和推動一個國家**實力**興衰的指標。雖然我們會單獨提到這些因素，但它們並不是獨立的；它們相互作用，相互強化，以推動一個國家沿著週期前進。

　　對中國來說，大週期看起來是有利的。

　　中國的經濟和金融週期處於較為有利的位置，債務負擔較輕，未來十年的預期實際成長率較高（每年4.3%）。中國的海外資產略多於外債（淨國際投資頭寸佔GDP 12%）。非金融債務水準很高（佔GDP 263%），但政府債務水準很低（佔GDP 48%）。這些債務大部分（96%）以本國貨幣計價，這降低了中國債務風險。利用降息來刺激經濟的能力適中（短期利率為1.9%）。

　　內部混亂風險中度。貧富、收入和價值觀的差距都比較大。關於不平等現象，中國收入最高的1%和最高的10%分別佔全國收入的14%和41%（在主要國家中排名第三和第四高）。中國內部衝突指標水準居於平均。這個指標衡量實際的衝突事件（如抗議）、政治衝突（如黨派）和人民普遍的不滿程度（基於民調）。

    外部混亂風險存在。最重要的是，中國和衰落中的第一大國美國（考慮所有因素）正在發生重大衝突。

    細看衡量實力的八個關鍵指標，中國是主要國家中最大的出口國。它的出口佔全球總出口的14%。此外，中國是主要國家中最大的經濟體。全球經濟活動有很大一部分在中國（22%；根據各國的價格差異進行調整）。**在主要國家中，中國的教育實力也是第二強**。中國大學生約佔全球22%。中國還具有其他一些優勢，詳見下表。

中國——國家實力評分決定因素

整體國家分數(0-1)	分數0.75		排名 2	↑
大週期	水準	Z分數	排名	方向變化
經濟／金融地位	相對有利	0.4	3	↘
債務負擔	低負債	0.3	4	↘
預期成長	4.3%	0.4	2	↘
內部秩序	中等	-0.1	7	→
貧富／機會／價值差距	相對大	-0.4	8	→
內部衝突	普通	0.2	5	→
外部秩序	有風險			↘
八項主要實力指標				
貿易	非常強	1.8	1	↗
經濟產出	非常強	1.8	1	↗
教育	強	1.6	2	↗
創新與科技	強	1.5	2	↗
成本競爭力	強	1.2	2	↘
軍事實力	強	1.0	2	↗
市場／金融中心	普通	0.4	2	↗
儲備貨幣地位	弱	-0.7	5	↗
其他實力指標				
基礎建設與投資	非常強	2.7	1	↗
個性／決心／文明	強	1.5	1	→
地質	強	0.9	3	↗
資源配置效率	普通	0	7	→
治理／法治	弱	-0.7	8	↗
天災／不可抗力因素	普通	-0.1	8	

↗ 持續好轉　　↘ 持續惡化　　→ 持平

歐元區的實力與前景

這是截至2021年8月我們對電腦產出的歐元區數據進行解讀。

根據對關鍵指標的最新解讀，**歐元區算得上是一個穩定發展的強大勢力（在當今主要國家中排名第三），處於持平的軌道上。如下表所示，歐元區的主要優勢是它對全球貿易的重要性和儲備貨幣地位。它的弱點是人民的工作態度低於平均水準，自給率低，勞動力和資本配置相對較差。**當下八個主要的實力指標偏強，但整體而言，是在橫向波動。

這張表顯示了我們衡量國家總體實力標準和主要驅動因素，以及當今十一個主要國家的各項實力指標排名和過去二十年的發展軌跡。

要了解一個國家，我們首先要看**大週期**，以及反映和推動一個國家**實力**興衰的指標。雖然我們會單獨提到這些因素，但它們並不是獨立的；它們相互作用，相互強化，以推動一個國家沿著週期前進。

對於歐元區來說，**大週期看來好壞參半。**

歐元區在經濟和金融週期中處於較不利的地位，債務負擔中等偏高，未來十年的預期實際成長相對較低（每年0.3%）。歐元區的外債和海外資產水準相近（淨國際投資頭寸佔GDP的0%）。非金融債務水準很高（佔GDP的241%），儘管政府債務只是當今主要國家的平均水準（佔GDP的104%）。利用降息來刺激經濟的空間非常低（短期利率為-0.5%），而且歐洲已經透過印鈔來將債務貨幣化。

內部混亂的風險很低。貧富、收入和價值觀的差距偏平均水準。關於不平等現象，歐元區收入最高的1%和最高的10%分別佔全國收入的11%和35%（在主要國家中排名第八和第七）。歐元區內部衝突指標是平均水準。這個指標衡量實際的衝突事件（如抗議）、政治衝突（如黨派）和人民普遍的不滿程度（基於民調）。

　　細看衡量實力的八個關鍵指標，歐元區是主要國家中的第二大出口國。它的出口佔全球出口的12%。**此外，歐元區擁有主要國家中第二大的儲備貨幣地位。**全球儲備貨幣有21%是歐元，而全球債務有22%是以歐元計價。

　　（這份摘要反映了我們對歐元區綜合實力的評估。對於大多數統計數據，我們使用的是歐元區八個主要國家的匯總。）

歐元區──國家實力評分決定因素

整體國家分數(0-1)	分數0.55		排名 3	➡
大週期	水準	Z分數	排名	方向變化
經濟／金融地位	中度不利	-0.9	6	↘
債務負擔	中等偏高	-0.3	6	➡
預期成長率	0.3%	-1	8	➡
內部秩序	低風險	0.3	5	↗
貧富／機會／價值差距	常態水準	0.3	6	↗
內部衝突	普通	0.4	4	➡
外部秩序				
八項主要實力指標				
貿易	強	1.3	2	➡
儲備貨幣地位	普通	0.1	2	↘
經濟產出	強	0.6	3	↘
市場／金融中心	普通	0.4	3	➡
創新與科技	普通	0.4	3	↘
教育	普通	0.3	3	➡
軍事實力	普通	0.3	4	↘
成本競爭力	弱	-0.6	8	➡
其他實力指標				
基礎建設與投資	普通	0.2	3	↘
地質	普通	-0.4	5	➡
治理／法治	普通	-0.4	7	
資源配置效率	弱	-0.8	9	
個性／決心／文明	弱	-1.0	10	➡
天災／不可抗力因素	普通	0.0	5	

↗ 持續好轉　　↘ 持續惡化　　➡ 持平

德國的實力與前景

這是截至2021年8月我們對電腦產出的德國數據進行解讀。

根據對關鍵指標的最新解讀，**德國是一個穩定發展的中等強國（目前在主要國家中排名第四）。** 如下表所示，**德國的主要優勢是其強大的經濟和金融地位以及其穩定的內部秩序。** 現今八項主要實力指標還算強勁，但總體而言在橫向波動。

圖表顯示了我們衡量國家總體實力指標和主要驅動因素，以及當今十一個主要國家的各項實力排名和過去二十年的發展軌跡。

要了解一個國家，我們首先要看**大週期**，以及反映和推動一個國家**實力**興衰的指標。雖然我們會單獨提到這些因素，但它們並不是獨立的；它們相互作用，相互強化，以推動一個國家沿著週期前進。

對於德國來說，**大週期看起來大致是有利的。**

德國在其經濟和金融週期中處於有利的地位，債務負擔較低，但未來十年的預期實際成長率非常低（每年0.3%）。德國的海外資產明顯多於外債（淨國際投資頭寸佔GDP的71%）。非金融債務是當今主要國家的平均水準（佔GDP的183%），政府債務水準也是（佔GDP的69%）。德國的債務大部分是以歐元計價，這增加了德國的債務風險，因為德國不能直接控制歐元。對於歐元區來說，利用降息來刺激經濟的能力很低（短期利率為-0.5%），而且歐洲已經透過印鈔來將債務貨幣化。

內部混亂的風險低。 貧富、收入和價值觀的差距在縮小。關於不平等現象，德國收入最高的1%和最高的10%分別佔全國收入的13%和38%（在主要國家中排名第四和第五）。德國內部衝突指標很低。這個指標衡量實際的衝突事件（如抗議）、政治衝突（如黨派）和人民普遍的不滿程度（基於民調）。

從八個衡量實力的關鍵指標來看，德國算是強國，沒有我要特別指出的優勢或弱點。

德國──國家實力評分決定因素

整體國家分數(0-1)	分數0.37		排名 4	→
大週期	**水準**	**Z分數**	**排名**	**方向變化**
經濟／金融地位	中等偏強	0.4	4	↗
債務負擔	低債務	1.6	1	↗
預期成長	0.3%	-1.0	9	→
內部秩序	低風險	0.7	3	↗
貧富／機會／價值差距	小	0.7	3	→
內部衝突	低	0.7	3	↗
外部秩序				
八項主要實力指標				
貿易	強	0.6	4	→
經濟產出	普通	-0.1	4	↘
創新與科技	普通	-0.1	5	↘
教育	普通	-0.2	5	→
市場／金融中心	普通	-0.2	6	↘
軍事實力	弱	-0.6	9	→
成本競爭力	弱	-0.6	10	→
儲備貨幣地位				
其他實力指標				
資源配置效率	強	0.6	3	↗
治理／法治	強	0.7	4	→
基礎建設與投資	普通	-0.3	7	→
個性／決心／文明	普通	-0.5	8	→
地質	弱	-0.7	9	→
天災／不可抗力因素	強	1.1	2	

↗ 持續好轉　↘ 持續惡化　→ 持平

日本的實力與前景

這是截至2021年8月我們對電腦產出的日本數據進行解讀。

根據對關鍵指標的最新解讀，**日本是一個逐漸衰落的中等強國（目前在主要國家中排名第五）。如表所示，日本的主要優勢是其穩定的內部秩序。它的弱點是不利的經濟／金融地位和相對缺乏自然資源。**衡量實力的八個主要指標，整體看還算強勁，但有下降的趨勢。特別是，日本在全球產出中的比重、對全球貿易的重要性以及創新和技術都在下降。

下表顯示了我們衡量國家總體實力指標和主要驅動因素，以及當今十一個主要國家的各項實力排名和過去二十年的發展軌跡。

要了解一個國家，我們首先要看**大週期**，以及反映和推動一個國家**實力**興衰的指標。雖然我們會單獨提到這些因素，但它們並不是獨立的；它們相互作用，相互強化，以推動一個國家沿著週期前進。

對於日本來說，**大週期看起來好壞參半。**

日本在其經濟和金融週期中處於不利地位，債務負擔較高，未來十年的預期實際成長率非常低（每年0%）。日本的海外資產明顯高於外債（淨國際投資頭寸佔GDP的68%）。非金融債務水準非常高（佔GDP的400%），政府債務水準也是如此（佔GDP的241%）。這些債務的大部分（99%）是以本國貨幣計價，這減輕了其債務風險。利用降息來刺激經濟的能力非常低（短期利率為-0.1%），而且日本已經透過印鈔來將債務貨幣化。

內部混亂的風險很低。貧富、收入和價值觀的差距都很小。關於不平等現象，日本收入最高的1%和最高的10%分別佔全國收入的12%和43%（在主要國家中排名第六和第三）。日本的內部衝突指標很低。這個指標衡量的是實際衝突事件（如抗議），政治衝突（如黨派），以及人民普遍的不滿程度（基於民調）。

從八個衡量實力的關鍵指標來看，日本算是強國，沒有我要特別指出的優勢或弱點。

日本——國家實力評分決定因素

整體國家分數(0-1)	分數0.30		排名 5	↘
大週期	**水準**	**Z分數**	**排名**	**方向變化**
經濟／金融地位	不利	-1.1	7	→
債務負擔	中性偏高	-0.4	7	→
預期成長	0.00%	-1.1	11	→
內部秩序	低風險	1	1	↗
貧富／機會／價值差距	小	0.9	2	↗
內部衝突	低風險	1.1	2	↗
外部秩序				
八項主要實力指標				
儲備貨幣地位	弱	-0.5	3	↘
教育	普通	0.2	4	→
創新與科技	普通	0.2	4	↘
市場／金融中心	普通	0.1	4	↘
成本競爭力	普通	-0.3	4	→
貿易	普通	-0.5	5	↘
軍事實力	普通	-0.1	6	→
經濟產出	普通	-0.3	7	↘
其他實力指標				
治理／法治	強	0.8	3	→
個性／決心／文明	普通	0.5	4	↘
基礎建設與投資	普通	-0.2	4	↘
資源配置效率	普通	0.1	6	↘
地質	弱	-1.1	11	→
天災／不可抗力因素	強	1.5	1	

↗ 持續好轉　　↘ 持續惡化　　→ 持平

印度的實力與前景

這是截至2021年8月我們對電腦產出的印度數據進行解讀。

根據對關鍵指標的最新解讀，**印度是一個正在逐步上升的中等強國（目前在主要國家中排名第六）。如下表所示，印度的主要優勢在其強大的經濟和金融地位以及具有成本競爭力的勞動力（在考量品質因素調整的基礎上）。它的弱點是國內衝突大、教育實力相對弱勢地位、創新和技術的表現不佳、腐敗與法治不健全，以及缺乏儲備貨幣地位。**衡量實力的八個主要指標，整體看還算強勢，且有向上趨勢。尤其是印度的相對軍事實力、創新和技術以及對全球貿易的重要性正在增加。

這張表顯示了我們衡量國家總體實力指標和主要驅動因素，以及當今十一個主要國家的各項實力排名和過去二十年的發展軌跡。

要了解一個國家，我們首先要看**大週期**，以及反映和推動一個國家**實力**興衰的指標。雖然我們會單獨提到這些因素，但它們並不是獨立的；它們相互作用，相互強化，以推動一個國家沿著週期前進。

對於印度來說，**大週期看起來好壞參半。**

印度在經濟和金融週期中處於非常有利的地位，債務負擔較低，未來十年預期的實際成長率較高（每年6.3%）。印度的外債略多於海外資產（淨國際投資頭寸佔GDP的-12%）。非金融債務水準較低（佔GDP的125%），儘管政府債務水準在當今主要國家屬平均水準（佔GDP的75%）。這些債務大部分（91%）是以本國貨幣計價，這減輕了印度債務風險。印度有一定利用降息來刺激經濟的能力（短期利率為3.4%）。

內部秩序混亂風險高。貧富、收入和價值觀的差距都很大。關於不平等現象，在印度，收入最高的1%和10%的人分別佔全國收入的21%和56%（這兩個比例在主要國家中都是最高的）。然而，在印度這樣一個快速成長的國家，

貧富懸殊並不那麼令人擔憂，因為快速成長可以讓所有人的財富不斷成長。

　　細看八個衡量實力的關鍵指標，印度在主要國家中擁有最廉價的勞動力。考慮勞動品質因素調整後，印度勞動力成本明顯低於全球平均水準。

　　相對來看，印度在教育方面相對弱勢，在創新和技術方面表現不佳，而且缺乏儲備貨幣地位。在受教育年限方面，印度表現不佳——學生平均只能接受5.8年的教育，而主要國家平均為11.5年。衡量各國十五歲學生能力的國際學生評估計畫（PISA）分數也很差——336分，主要國家平均為483分。在創新和技術方面，印度僅佔全球專利申請的一小部分（不到1%），佔全球研發支出的比例低（3%），而其研究人員比例不高（約佔全球3%）。

印度——國家實力評分決定因素

整體國家分數(0-1)	分數0.27		排名 6	↗
大週期	**水準**	**Z分數**	**排名**	**方向變化**
經濟／金融地位	很有利	0.8	1	↘
債務負擔	中度偏低	0.1	5	↗
預期成長率	6.3%	1.1	1	↘
內部秩序	高風險	-1.8	10	→
貧富／機會／價值差距	大	-1.8	10	→
內部衝突	非常低			
外部秩序				
八項主要實力指標				
成本競爭力	非常強	2.4	1	↗
軍事實力	普通	0.2	5	↗
經濟產出	普通	-0.2	5	→
儲備貨幣地位	弱	-0.8	6	
貿易	弱	-0.8	9	↗
市場／金融中心	弱	-0.8	10	→
創新與科技	弱	-1.2	11	↗
教育	弱	-1.2	11	→
其他實力指標				
個性／決心／文明	強	1.3	2	→
地質	普通	0.3	4	→
資源配置效率	普通	0.2	5	
基礎建設與投資	普通	-0.3	6	↗
治理／法治	弱	-1.1	10	↗
天災／不可抗力因素	非常弱	-2.4	11	

↗ 持續好轉　　↘ 持續惡化　　→ 持平

英國的實力與前景

這是截至2021年8月我們對電腦產出的英國數據進行解讀。

根據對關鍵指標的最新解讀，**英國是一個持平發展的中等國家（目前在主要國家中排名在後段班）。如下表所示，英國的主要優勢是其強大的法治／低腐敗。它的弱點是不利的經濟／金融地位和相對缺乏天然資源。**衡量實力的八個主要指標看起來都不算強，整體而言在橫向波動。

這張表顯示了我們衡量國家總體實力指標和主要驅動因素，以及當今十一個主要國家的各項實力排名和過去二十年的發展軌跡。

要了解一個國家，我們首先要看**大週期**，以及反映和推動一個國家**實力**興衰的指標。雖然我們會單獨提到這些因素，但它們並不是獨立的；它們相互作用，相互強化，以推動一個國家沿著週期前進。

對英國來說，**大週期看起來基本上是不利的。**

英國在經濟和金融週期處於不利位置，債務負擔很重，未來十年的預期實際成長率相對較低（每年0.9%）。英國的外債略多於海外資產（淨國際投資頭寸佔GDP的-28%）。非金融債務水準很高（佔GDP的260%），儘管政府債務水準在當今主要國家屬平均水準（佔GDP的106%）。這些債務的大部分（90%）是本國貨幣計價，這減輕了英國的債務風險。利用降息來刺激經濟的能力很低（短期利率為0.1%），而且英國已經透過印鈔來將債務貨幣化。

內部混亂的風險適度。貧富、收入和價值觀的差距都比較大。關於不平等現象，英國收入最高的1%和10%的人分別佔全國收入的13%和36%（在主要國家中排名第五和第六）。英國的內部衝突指標是處於平均水準。這個指標衡量實際的衝突事件（如抗議）、政治衝突（如黨派）和人民普遍的不滿程度（基於民調）。

從八個衡量實力的關鍵指標來看，英國總體上看起來偏弱。沒有我要特別指出的優勢或弱點。

英國──國家實力評分決定因素

整體國家分數(0-1)	分數0.27		排名 7	➡
大週期	水準	Z分數	排名	方向變化
經濟／金融地位	不利	-1.7	9	➘
債務負擔	高債務	-1.6	9	➘
預期成長率	0.9%	-0.8	6	➘
內部秩序	中等風險	-0.2	8	➘
貧富／機會／價值差距	相對大	-0.2	7	➘
內部衝突	普通	-0.3	7	➘
外部秩序				
八項主要實力指標				
儲備貨幣地位	弱	-0.6	4	➡
市場／金融中心	普通	0	5	➘
成本競爭力	普通	-0.3	5	➡
教育	普通	-0.2	6	➘
經濟產出	普通	-0.3	6	➡
創新與科技	普通	-0.3	7	➡
貿易	弱	-0.6	7	➡
軍事實力	普通	-0.3	8	➡
其他實力指標				
治理／法治	強	1.2	1	➡
資源配置效率	普通	0.3	4	➡
個性／決心／文明	普通	-0.4	7	➘
基礎建設與投資	弱	-0.6	10	➘
地質	弱	-0.9	10	➡
天災／不可抗力因素	普通	0.4	4	

➚ 持續好轉　➘ 持續惡化　➡ 持平.

法國的實力與前景

這是截至2021年8月我們對電腦產出的法國數據進行解讀。

根據對關鍵指標的最新解讀，**法國是一個持平發展的中等國家（目前在主要國家中排名在後段班）。如下表所示，法國處於目前這個位置的主要弱點是其不利的經濟／金融地位、人民低於平均水準的工作態度和低自給率，以及相對較差的勞動力和資本配置。**衡量實力的八個主要指標看起來都偏弱，整體而言在橫向波動。

這張表顯示了我們衡量國家總體實力指標和主要驅動因素，以及當今十一個主要國家的各項實力排名和過去二十年的發展軌跡。

要了解一個國家，我們首先要看**大週期**，以及反映和推動一個國家**實力**興衰的指標。雖然我們會單獨提到這些因素，但它們並不是獨立的；它們相互作用，相互強化，以推動一個國家沿著週期前進。

對法國來說，**大週期看起來基本上是不利的。**

法國在經濟和金融週期中處於不利地位，債務負擔中等偏高，未來十年的預期實際成長率相對較低（每年0.4%）。法國的外債略多於海外資產（淨國際投資頭寸佔GDP的的-25%）。非金融債務水準很高（佔GDP的268%），儘管政府債務水準在當今主要國家中屬平均水準（佔GDP的105%）。法國的債務大部分是歐元，這增加了法國的債務風險，因為法國不能直接控制歐元。對於歐元區來說，利用降息來刺激經濟的能力很低（短期利率為-0.5%），而且歐洲已經透過印鈔來將債務貨幣化。

內部混亂的風險很低。貧富、收入和價值觀的差距都很小。關於不平等現象，法國收入最高的1%和10%的人分別佔全國收入的10%和32%（在主要國家中均排名第九）。法國的內部衝突指標是平均水準。這個指標衡量實際的衝突事件（如抗議）、政治衝突（如黨派）和人民普遍的不滿程度（基於民調）。

從八個衡量實力的關鍵指標來看，法國總體上看起來偏弱。沒有我要特別指出的優勢或弱點。

法國——國家實力評分決定因素

整體國家分數(0-1)	分數0.25		排名 8	→

大週期	水準	Z分數	排名	方向變化
經濟／金融地位	不利	-1.2	8	↘
債務負擔	中等偏高	-0.8	8	↘
預期成長率	0.4%	-0.9	7	→
內部秩序	低風險	0.5	4	→
貧富／機會／價值差距	小	1.1	1	↗
內部衝突	普通	-0.1	6	→
外部秩序				
八項主要實力指標				
貿易	普通	-0.5	6	→
軍事實力	普通	-0.3	7	→
市場／金融中心	普通	-0.3	7	→
教育	普通	-0.5	7	→
創新與科技	普通	-0.5	8	↘
經濟產出	弱	-0.5	9	↘
成本競爭力	弱	-0.6	9	→
儲備貨幣地位				
其他實力指標				
基礎建設與投資	普通	-0.2	5	↗
治理／法治	普通	0.3	6	→
地質	普通	-0.5	7	→
資源配置效率	弱	-1.3	10	↘
個性／決心／文明	弱	-1.5	11	→
天災／不可抗力因素	普通	0.0	6	

↗ 持續好轉　　↘ 持續惡化　　→ 持平

荷蘭的實力與前景

這是截至2021年8月我們對電腦產出的荷蘭數據進行解讀。

根據對關鍵指標的最新解讀，**荷蘭是一個持平發展的中等國家（目前在主要國家中排名在後段班）。如下表所示，荷蘭的主要優勢是其穩定的內部秩序和強大的法治／低腐敗。它的弱點是相對薄弱的軍事實力和昂貴的勞動力（在考量品質因素調整後的基礎上）。**衡量實力的八個主要指標看起來都偏弱，整體而言在往橫向波動。

這張表顯示了我們衡量國家總體實力指標和主要驅動因素，以及當今十一個主要國家的各項實力排名和過去二十年的發展軌跡。

要了解一個國家，我們首先要看**大週期**，以及反映和推動一個國家**實力**興衰的指標。雖然我們會單獨提到這些因素，但它們並不是獨立的；它們相互作用，相互強化，以推動一個國家沿著週期前進。

對於荷蘭來說，**大週期看起來比較有利。**

荷蘭在經濟和金融週期中位置還算有利，債務負擔較低，但未來十年的預期實際成長率相對較低（每年1%）。荷蘭的海外資產明顯多於外債（淨國際投資頭寸佔GDP的90%）。非金融債務水準很高（佔GDP的286%），儘管政府債務水準很低（佔GDP的53%）。荷蘭的債務大部分是歐元，這增加了荷蘭的債務風險，因為荷蘭不能直接控制歐元。利用降息來刺激經濟的能力很低（短期利率為-0.5%），而且歐洲已經透過印鈔來將債務貨幣化。

內部混亂風險很低。貧富、收入和價值觀的差距都很小。關於不平等現象，荷蘭收入最高的1%和10%的人分別佔全國收入的7%和29%（在主要國家中均為第10高）。荷蘭內部衝突指標很低。這個指標衡量實際的衝突事件（如抗議），政治衝突（如黨派），以及人民普遍的不滿程度（基於民調）。

細看衡量實力的八個關鍵指標，荷蘭軍事實力相對弱且勞動力相對昂貴

（**在考量品質因素調整後的基礎上**）。荷蘭軍事支出佔全球比重很低（不到
1%），軍人人數比重也不到1%。在勞動力成本方面，根據品質因素調整
後，荷蘭勞動力成本明顯高於全球平均水準。

荷蘭——國家實力評分決定因素

整體國家分數(0-1)	分數0.25		排名 9	→
大週期	**水準**	**Z分數**	**排名**	**方向變化**
經濟／金融地位	些許有利	0.0	5	
債務負擔	低債務	0.8	3	↗
預期成長	1.0%	-0.8	5	
內部秩序	低風險	0.9	2	→
貧富／機會／價值差距	小	0.6	4	↘
內部衝突	低	1.2	1	↗
外部秩序				
八項主要實力指標				
創新與科技	普通	-0.3	6	→
經濟產出	普通	-0.3	8	→
市場／金融中心	弱	-0.5	8	→
貿易	弱	-0.6	8	→
教育	弱	-0.7	9	→
成本競爭力	弱	-0.8	11	→
軍事實力	非常弱	-1.9	11	↘
儲備貨幣地位				
其他實力指標				
治理／法治	強	1.0	2	→
個性／決心／文明	普通	-0.3	6	↗
地質	普通	-0.5	6	→
資源配置效率	普通	-0.1	8	↗
基礎建設與投資	普通	-0.4	8	→
天災／不可抗力因素	普通	0.5	3	

↗ 持續好轉　　↘ 持續惡化　　→ 持平

俄羅斯的實力與前景

這是截至2021年8月我們對電腦產出的俄羅斯數據進行解讀。

　　根據對關鍵指標的最新解讀，**俄羅斯是一個持平發展的中等國家（目前在主要國家中排名在後段班）。如下表所示，俄羅斯的主要優勢是其強大的經濟和金融地位、豐富的天然資源以及相對強大的軍事實力。它的弱點是經濟規模相對較小，腐敗和法治不健全，以及相對不具有全球金融中心地位。**衡量實力的八個主要指標看起來都偏弱，整體而言在橫向波動。

　　這張表顯示了我們衡量國家總體實力指標和主要驅動因素，以及當今十一個主要國家的各項實力排名和過去二十年的發展軌跡。

　　要了解一個國家，我們首先要看**大週期**，以及反映和推動一個國家**實力**興衰的指標。雖然我們會單獨提到這些因素，但它們並不是獨立的；它們相互作用，相互強化，以推動一個國家沿著週期前進。

　　對於俄羅斯來說，**大週期看起來比較有利。**

　　俄羅斯在經濟和金融週期中的地位還算有利，債務負擔較低，未來十年的預期實際成長率不高（每年2.5%）。俄羅斯的海外資產略多於外債（淨國際投資頭寸佔GDP的33%）。非金融債務水準很低（佔GDP的99%），政府債務水準也很低（佔GDP的14%）。俄羅斯的債務中有很大一部分（25%）是以外幣計價，這增加了俄羅斯的債務風險。利用降息來刺激經濟的能力很高（短期利率為6.6%）。

　　內部混亂的風險適度。俄羅斯的內部衝突指標在平均水準。這個指標衡量實際的衝突事件（如抗議），政治衝突（如黨派）和人民普遍的不滿程度（基於民調）。

　　細看衡量實力的八個關鍵指標，俄羅斯擁有相對強大的軍事實力。俄羅斯軍事支出在全球佔比約7%，軍人人事比重在全球比重偏高（13%）。

　　相對來看，俄羅斯經濟較小，且其金融中心的地位也不重要。俄羅斯股票市場在全球的比重也很低（總市值與交易量都不及全球1%）。

俄羅斯——國家實力評分決定因素

整體國家分數(0-1)	分數0.23		排名 10	→
大週期	**水準**	**Z分數**	**排名**	**方向變化**
經濟／金融地位	些許有利	0.5	2	
債務負擔	低債務	1	2	↗
預期成長	2.5%	-0.2	3	
內部秩序	中等風險	-0.5	9	↗
貧富／機會／價值差距				
內部衝突	普通	-0.5	9	↗
外部秩序				
八項主要實力指標				
成本競爭力	強	0.7	3	
軍事實力	普通	0.4	3	→
儲備貨幣地位	弱	-0.8	6	
教育	弱	-0.5	8	→
創新與科技	弱	-0.7	9	→
貿易	弱	-0.9	10	→
市場／金融中心	弱	-1.1	11	→
經濟產出	弱	-1.4	11	→
其他實力指標				
地質	非常強	1.9	1	→
資源配置效率	強	1.3	1	
個性／決心／文明	普通	0.1	5	
基礎建設與投資	弱	-1.0	11	↘
治理／法治	非常弱	-1.9	11	→
天災／不可抗力因素	普通	-0.1	7	

↗ 持續好轉　↘ 持續惡化　→ 持平

西班牙的實力與前景

這是截至2021年8月我們對電腦產出的西班牙數據進行解讀。

根據關鍵指標的最新讀數，**西班牙是一個持平發展的中等國家（目前在主要國家中排名在後段班）。如表所示，西班牙處於當前位置的主要弱點在其不利的經濟／金融地位、相對較差的勞動力和資本配置、對全球貿易相對不重要以及在創新和技術方面的表現不佳。**衡量實力的八個主要指標看起來都偏弱，整體而言在往橫向發展。

這張表顯示了我們衡量國家總體實力標準和主要驅動因素，以及當今十一個主要國家的各項實力排名和過去二十年的發展軌跡。

要了解一個國家，我們首先要看**大週期**，以及反映和推動一個國家**實力**興衰的指標。雖然我們會單獨提到這些因素，但它們並不是獨立的；它們相互作用，相互強化，以推動一個國家沿著週期前進。

對西班牙來說，**大週期看起來基本上是不利的。**

西班牙在經濟和金融週期處於不利位置，債務負擔很重，未來十年的預期實際成長率很低（每年0%）。西班牙的外債明顯多於海外資產（淨國際投資頭寸佔GDP的-73%）。非金融債務水準很高（佔GDP的249%），政府債務水準也很高（佔GDP的114%）。西班牙的債務大部分是歐元，這增加了西班牙的債務風險，因為西班牙不能直接控制歐元。利用降息來刺激經濟的能力很低（短期利率為-0.5%），而且歐洲已經透過印鈔來將債務貨幣化。

內部混亂風險適度。貧富、收入和價值觀的差距是平均水準。關於不平等現象，西班牙收入最高的1%和10%的人分別佔全國收入的12%和34%（在主要國家中排名第七和第八）。西班牙的內部衝突指標是平均水準。這個指標衡量實際的衝突事件（如抗議），政治衝突（如黨派），以及人民普遍的不滿程度（基於民調）。

　　細看衡量實力的八個關鍵指標，西班牙在全球貿易的地位相對不重要，它在創新和技術方面的表現也不佳。西班牙出口僅佔全球的2%。在創新和技術方面，西班牙專利申請在全球佔比不到1%，研發支出全球佔比約1%，研究人員全球佔比也很低，僅1%。

西班牙——國家實力評分決定因素

整體國家分數(0-1)	分數0.20		排名 11	→
大週期	**水準**	**Z分數**	**排名**	**方向變化**
經濟／金融地位	不利	-1.9	11	↘
債務負擔	高債務	-1.7	10	↘
預期成長	0.0%	-1.1	10	↘
內部秩序	中等風險	0.0	6	→
貧富／機會／價值差距	正常	0.4	5	↗
內部衝突	普通	-0.4	8	↘
外部秩序				
八項主要實力指標				
成本競爭力	弱	-0.6	7	→
市場／金融中心	弱	-0.6	9	→
軍事實力	弱	-0.8	10	→
經濟產出	弱	-0.9	10	↘
教育	弱	-0.9	10	→
創新與科技	弱	-1.0	10	↘
貿易	弱	-0.9	11	→
儲備貨幣地位				
其他實力指標				
地質	弱	-0.6	8	→
基礎建設與投資	弱	-0.6	9	↘
治理／法治	弱	-0.7	9	↘
個性／決心／文明	弱	-1.0	9	→
資源配置效率	弱	-1.6	11	↘
天災／不可抗力因素	弱	-0.7	10	

↗ 持續好轉　　↘ 持續惡化　　→ 持平

致謝

衷心感謝幫助我學習的各位人士，你們為本書做出了寶貴的貢獻。本書的問世離不開我們的交談、你們在著作中分享見解、從文檔中挖掘出來的歷史和資料。對於在世和過世的所有人，我永遠心存感恩。在此特別感謝亨利・季辛吉、格雷厄姆・艾利森、李光耀、保羅・沃克、馬里奧・德拉吉、保羅・甘迺迪、理查・N・哈斯、陸克文、史蒂文・克里格、比・朗菲爾德、尼爾・漢南、H・R・克斯、H・R・麥克瑪斯特、朱嘉明、勞倫斯・薩默斯、尼爾・弗格森、湯姆・弗里曼、王瑞杰、楊榮文、伊恩・布雷默和陳志武。

我還想感謝皮爾・佛里斯、班傑明・A・艾爾曼、柯嬌燕、西比爾・萊、高崢、洪源遠、馬卡比・克禮、大衛・波特、熊存瑞、大衛・坎納丁、派特瑞莎・克拉文、鄧肯・尼達、凱薩琳・申克和史蒂芬・平克，感謝你們提出的寶貴建議。

將這些概念和文章編成書的工作幾乎與提出這些概念一樣艱巨。因此，我想感謝馬克・柯比一直以來的奉獻、才華和耐心給了我極大的支持。感謝邁克爾・庫賓、亞瑟・戈爾德瓦格和菲爾・雷夫津對書稿提出了有益的真知灼見。感謝我的文學經紀人吉姆・萊文和編輯菲・費拉里－阿德勒。你們的幫助使本

書得以出版和發行。

　　還有許多人也給了我很大的幫助，包括加德納‧大衛斯、烏代‧拜斯瓦拉、喬丹‧尼克、邁克爾‧薩瓦雷塞、約‧博斯特、史蒂芬‧麥克唐納、艾琳娜‧岡薩雷斯‧馬洛伊、基亞‧庫爾巴赫、阿拉斯代爾‧唐納文、弗洛里斯‧霍爾斯特格、安塞爾‧卡齊、克里斯‧艾德蒙茲、朱莉‧法爾涅和布萊恩‧德‧洛斯托斯。你們做了大量的幕後工作，與橋水的同仁一起建立了人所能設想出的最佳學習平台。

作者簡介

　　瑞・達利歐（Ray Dalio）從事全球宏觀投資近五十年。他是橋水公司（Bridgewater Associates）的創辦人和聯合首席執行長，橋水公司是機構投資公司的翹楚，也是世界最大的避險基金。

　　達利歐生長在長島一個普通的中產階級家庭，十二歲時開始投資，二十六歲時，他在一間兩房公寓裡創立了橋水公司，並將它發展成為《財星》雜誌評估的美國第五大私人公司。在這個過程中，他為政策制定者提供諮詢，《時代》週刊也將他評為「世界百大影響力人物」。因為他具有獨特的創造性和改變行業的思維方式，《經理人》（CIO）和《連線》（Wired）雜誌稱他為「投資界的史蒂夫・賈伯斯（Steve Jobs）」。他還被《富比士》（Forbes）評為美國五十位最慷慨的慈善家之一。

　　2017年，他決定用一系列書籍和影片來傳授他成功背後的原則。他的第一本書《原則：生活和工作》是《紐約時報》暢銷冠軍和亞馬遜年度商業書冠軍，全球銷量超過三百萬本，翻譯成三十多種語言。他的三十分鐘YouTube影片《經濟機器如何運作》和《成功的原則》總共被觀看一億多次，他的《大債危機》一書同樣受到經濟學家、政策制定者和投資人的好評。

　　在這本新書《變化中的世界秩序》中，達利歐將用他看待世界的獨特方式來研究主要儲備貨幣帝國的興衰。他希望在這本書中分享的模型能夠幫助讀者為接下來不斷變化的時代做好準備。

譯者簡介

陳儀（第一至四章）

目前為專業投資公司高階主管，曾任投信基金經理人，財經與投資實務經驗豐富。譯作有《史迪格里茲改革宣言》、《大債危機》、《物聯網革命》、《索羅斯金融煉金術》（中文新譯版）、《貿易戰就是階級戰》、《大查帳》與《不公不義的勝利》等，譯著甚豐。

鍾玉玨（第八至十章）

台大外文系畢，夏威夷大學傳播碩士。現為自由譯者，譯作有《長勝心態》、《區塊鏈完全攻略手冊》、《為什麼常識不可靠？》、《為什麼我們這樣生活 那樣工作？》等。

顧淑馨（第十一至十三章）

從事翻譯多年，已出版譯作七十餘種，主要有與《成功有約》、《樂在溝通》、《季辛吉理想主義者》、《逆齡社會》、《最嗆的貿易史》等。

陳世杰（第五至七章、第十四章）

國立成功大學統計系畢業，美國林肯大學企管碩士。金融業工作資歷二十年，曾跨足證券、銀行及國內外資產管理公司。著有《小資向錢衝：用錢賺錢加倍奉還》、《100張圖輕鬆變成股市大亨》、《找一個真正會幫你賺錢的理專》等書；譯作《FinTech金融科技聖經》、《原則》。

變化中的世界秩序

作者	瑞・達利歐Ray Dalio
譯者	陳儀、鍾玉珏、顧淑馨、陳世杰
商周集團執行長	郭奕伶
視覺顧問	陳栩椿
商業周刊出版部	
責任編輯	林雲
封面設計	Bert
扉頁設計	©Richard Frank
內頁排版	林婕瀅
校對	呂佳真
出版發行	城邦文化事業股份有限公司-商業周刊
地址	115020台北市南港區昆陽街16號6樓
	電話：(02)2505-6789 傳真：(02)2503-6399
讀者服務專線	(02)2510-8888
商周集團網站服務信箱	mailbox@bwnet.com.tw
劃撥帳號	50003033
戶名	英屬蓋曼群島商家庭傳媒股份有限公司城邦分公司
網站	www.businessweekly.com.tw
香港發行所	城邦（香港）出版集團有限公司
	香港灣仔駱克道193號東超商業中心1樓
	電話：(852)25086231 傳真：(852)25789337
	E-mail：hkcite@biznetvigator.com
製版印刷	中原造像股份有限公司
總經銷	聯合發行股份有限公司 電話：（02）2917-8022
初版1刷	2022年4月
初版24.5刷	2024年9月
定價	台幣650元
ISBN	978-986-7778-17-8(平裝)
EISBN	9786267099384（EPUB）
	9786267099391（PDF）

國家圖書館出版品預行編目資料

變化中的世界秩序 / 瑞·達利歐（Ray Dalio）著；陳儀、鍾玉玨、顧淑
馨、陳世杰譯. -- 初版. -- 臺北市：城邦文化事業股份有限公司商業周
刊, 2022.03
　　面；　　公分.
譯自：Principles for dealing with the changing world order : why nations
　　　succeed and fail.
ISBN 978-626-7099-29-2（精裝）

1.CST: 金融史　　2.CST: 經濟史　　3.CST: 世界史

561.09　　　　　　　　　　　　　　　　　　　111003443